関西学院大学

心理学研究室80年史

(1923〜2003)

―― 今田恵の定礎に立って ――

関西学院大学心理学研究室

2012 年

関西学院大学心理学研究室80年史
(1923〜2003)
―今田恵の定礎に立って―

The 80-Year History of
the Psychology Department,
Kwansei Gakuin University
(1923-2003)
― Building on the Foundations Laid by Megumi Imada ―

はじめに

　関西学院の心理学研究室は1923（大正12）年に誕生した。したがって2013年には創設90周年を迎えようとしている。この歴史はわが国の私学においては最古であり、また国立大学を含めても東京帝国大学の1903（明治36）年、京都帝国大学の1908（明治41）年に次ぐ古さである（佐藤・溝口, 1997, p. 209）。

　これだけ長い歴史を持ちながら、これまでにわれわれの研究室には年史を書こうという動きはなかった。ところが2003年度に関西学院大学文学部の改組が行われ、それまでの9学科体制が3学科体制になり、その結果、心理学科は教育学科と統合され学科名称も総合心理科学科に改められた。時しも2003年は、心理学研究室創設80年という節目に当たる年であったので、その年の関西学院大学心理学学士会（文学部心理学科の同窓会）の総会は、『関西学院大学心理学研究室80年史（1923〜2003）』の発刊を決定した。つまり、新しい歴史が始まるため、それまでの歴史をまとめておかなければ、古いことを知る者が少なくなる中で、今後年史の編纂は不可能になると判断したからである。そしてその編纂には、戦後の関西学院大学文学部心理学科および大学院で学び、卒業後も続けて心理学科の教員として定年退職まで教育・研究に携わった宮田洋と今田寛が当たることになった。しかしその後、諸般の事情で計画の進行は滞り、今日に至ってしまった。

　執筆にあたってわれわれは次のような方針を立てた。

　第一は、本書を一大学一研究室の内向き・仲間内の書物とせず、できることならば日本の心理学界に多少とも寄与できるよう、一段高い視点に立ってまとめることを心がけた。つまり関西学院大学心理学研究室を具体例として、世界の中の日本の心理学の歩みが少しでも見えればと願った。したがって古い時代の生き証人の貴重な文章以外は、卒業生の思い出的文章は一般の年史に比べると少なくなった。また関西学院大学心理学研究室という'図'に対して'地'をなしている、関西学院という学校の記述も大切にした。

　第二は、本書を単なる歴史的事実の列挙に終わらすことなく、関西学院大学心理学研究室を導いてきた思想・哲学の流れと、そのもとで展開された諸事実の関係が明らかになるように心がけた。そのため思想の流れの源となっ

た今田恵についての記述が詳細にわたっている。後に見るように、わが国の心理学は'太平洋戦争前はドイツ、戦後はアメリカ'という歩みを辿った。その中で、本学の心理学のみは誕生当初より戦前・戦後を通してアメリカ機能主義心理学の伝統を守り続けた稀有の存在なのである。それは『関西学院大学心理学研究室80年史（1923〜2003）──今田恵の定礎に立って──』という本書のタイトルに反映されている。

　第三に、上記二点を併せて、とかく東京中心、国立大学中心の傾向が強い中で、関西の一私学の心理学研究室が生き・歩んできた姿を書き残しておきたいと考えた。関西の一私学の心意気も感じてもらえればと思う。

　第四に、本書でカバーする時代を、原則として2003年までの80年とした。ただ、80年の歴史を満遍なく回顧するのではなく、どちらかといえば古い時代に重きをおいた。特に太平洋戦争にいたるまでの戦前期、また戦後期でも戦後間もない頃を含む前期（1972年まで）に関する情報は大切にした。古い資料を今のうちに整理・記録しておかなければ散逸の恐れがあることと、古いことを知る生き証人が時とともに少なくなるからである。これに関連して、古い資料や写真は可能な限り掲載するようにした。なお2003年以後のことについては、「あとがき〜現状報告を兼ねて〜」に簡単に触れている。

　そして最後に、関西学院および同大学の心理学研究室の歴史に関連してこれまでに書かれたものは出来るだけ活用した。

　『日本心理学会五十年史（第一部）』（日本心理学会，1980, pp. 193-261）には「戦前の各心理学研究室の状況」の章があり、それによると太平洋戦争以前、つまり1941（昭和16）年以前に心理学研究室が設置されていた大学は15大学（国立8、私立7）[1]に過ぎない。一方現在はどうかというと、2011年秋現在、日本心理学会が心理学関係の行事や催しの案内を送付している心理学関連学科は368、大学数にして311に達している。このような心理学ブームの中で、本書がわが国の心理学の歩みに何らかの貢献ができればと願っている。

　1）国立大学は以下8校。東京帝国大学、京都帝国大学、東北帝国大学、九州大学、京城帝国大学、台北帝国大学、東京文理科大学、広島文理科大学。私立大学は以下7校。早稲田大学、慶応義塾大学、日本大学、法政大学、立教大学、同志社大学、関西学院大学。
　なお九州大学は、原典に従って九州帝国大学とはしていない。

執筆にあたっては、第1部の戦前のことは今田寛が、第2部の新制大学後のことは主に宮田洋が中心となって、最終的には賀集寛の協力も得て3名が協力して本書を完成させた。なお第2部第6章は、後続の章につなげるために、1960年代後半に世界の心理学に生じた革命的ともいえる変化と本学心理学の関係について、心理学史の観点から今田寛が執筆した。

謝　辞

　2003年の関西学院大学心理学学士会（同窓会）で本書の出版を決定しておきながら、随分遅れましたがようやく出版に漕ぎ着けることができました。その過程で、学内外の多くの方々からお励ましとご協力をいただきました。

　何よりも私費出版に近いこのような書物を出版するために、心理学の同窓の各位から多額のご寄付を頂きました。この基金がなければ本書の出版は不可能でした。また多数の卒業生に電話や手紙等での事実確認にご協力いただきました。一方研究室の現役の先生方には、いろいろな段階で原稿を読んでいただき、貴重なご意見をいただきました。とくに、2003年以後の就任なので本書には教員としては登場しませんが、2011年度の総合心理科学科心理学専修主任の成田健一氏には、随分ご協力いただきました。

　学内の他の部署のご協力もいただきました。貴重な写真等をご提供いただいた学院史編纂室、古い資料や大学要覧の照合をさせていただいた文学部事務室、古い図書情報で協力いただいた図書館運営課、P-TALKのカメラマンの清水茂氏、そして最後に、出版にあたっては関西学院大学出版会の田中直哉、松下道子両氏に大変お世話になりました。

　以上には書ききれませんでしたが、本書の出版を可能にさせてくださったすべての方々に心からの感謝の意を表します。そして最後に、このような書くべき豊かな内容を80年間にわたって残してくださった、すでに天に召された研究室の先達に心から感謝いたします。

　以上、言葉足らずですが謝辞といたします。

　　　　　　　2012年7月　関西学院大学心理学研究室80年史編集委員会

目　次（章）

序　章　1

第 1 部　前史：専門学校時代・旧制大学時代 11
　　　　　1889 〜 1948 年、明治 22 〜昭和 23 年

　第 1 章　前史：心理学研究室開設まで（1889 〜 1923 年、明治 22 〜大正 12 年）
　第 2 章　専門学校時代（1923 〜 1934 年、大正 12 〜昭和 9 年）
　第 3 章　旧制大学時代（1934 〜 1948 年、昭和 9 〜 23 年）
　第 4 章　手記に見る太平洋戦争中・終戦直後の心理学研究室

第 2 部　新制大学時代 129
　　　　　1948 〜 2003 年、昭和 23 〜平成 15 年

　第 5 章　文学部心理学科時代（前期）（1948 〜 1972 年、昭和 23 〜 47 年）
　第 6 章　前後期をつなぐ：行動主義から認知主義へ
　第 7 章　文学部心理学科時代（後期）（1972 〜 2003 年、昭和 47 〜平成 15 年）
　第 8 章　学科教育・研究以外の研究室の諸活動（1948 〜 2003 年、昭和 23 〜平成 15 年）

あとがき　〜現状の紹介を兼ねて〜　317

引用・参考文献　320

関西学院大学心理学研究室年表（1888 〜 2003）　352

付録　1　太平洋戦争後、1973 年度までの非常勤講師および担当科目一覧
　　　2　関西学院大学心理学研究室専任教員及び大学院生・研究員に交付された文部省（文部科学省）科学研究費補助金（1948 〜 2002 年度）
　　　3　2002 年度までの修士論文一覧
　　　4　関西学院大学心理学学士会会報 No.1（1960 年 10 月発行）

目　次（章・節・項）

はじめに　i

序　章 1

　　心理学研究室誕生の基準　1
　　80年の姿の概観　2
　　　　歴代専任教員　2
　　　　年次別卒業生数　2
　　時代区分と本書の構成　4
　　関西学院心理学研究室の歴史に関わる出版物　5
　　執筆にあたって　7

第1部　前史：専門学校時代・旧制大学時代 11
　　1889～1948年、明治22～昭和23年

第1章　前史：心理学研究室開設まで（1889～1923年、明治22～大正12年）...13

　　関西学院誕生（1889年）の頃の心理学の状態　14
　　関西学院初期の心理学（1889～1923年、明治22年～大正12年）　17
　　　前期：学院創立から高等学部発足まで　17
　　　　　普通学部／神学部／講義担当者
　　　後期：高等学部発足から心理学研究室開設まで　19
　　要約　23
　　　　コラム1-1　関西学院：その創立とキリスト教　15
　　　　コラム1-2　曾木銀次郎と心理学　20

第2章　専門学校時代（1923～1934年、大正12～昭和9年） 25

　　前期：心理学研究室設立から上ヶ原移転まで
　　　　（1923～1929年、大正12～昭和4年）　28
　　心理学実験室の誕生　28
　　　　図書／専門雑誌／実験機器と実験室
　　心理学の教育と研究　36
　　　　教育／研究
　　今田恵と心理学　50
　　　　生まれと生い立ち／関西学院神学部時代（1912～1917年、明治45～大正6

年）／東京帝国大学文学部時代（1917〜1922年、大正6〜11年）
　　後期：上ヶ原移転から大学発足まで（1929〜1934年、昭和4〜9年） 58
　　　　今田恵と心理学（続き） 58
　　　　　　留学時代（1929〜1930年、昭和4〜5年）
　　　　大学開設まで 63
　　　　　　教育／研究
　　要約 68
　　　　コラム2-1　専門学校発足後の関西学院の学部変遷（1921〜1948） 27
　　　　コラム2-2　ハミル館と心理学研究室 33
　　　　コラム2-3　関西応用心理学会（のち関西心理学会）のことなど 48
　　　　コラム2-4　関西学院の神戸から西宮への移転 56

第3章　旧制大学時代（1934〜1948年、昭和9〜23年） 69
　　前期：法文学部文学科心理学専攻の発足から太平洋戦争まで
　　　　　（1934〜1941年、昭和9〜16年） 71
　　　　心理学専攻発足時 71
　　　　　　心理学実験室は法文学部棟東翼2階の4室に／心理学専攻第1期生は3名、
　　　　　　第2期生は2名
　　　　教師陣と教育課程 74
　　　　　　教師陣／教育課程／研究／古武弥正の助手就任
　　後期：太平洋戦争の勃発と終戦、新制大学発足まで
　　　　　（1941〜1948年、昭和16〜23年） 88
　　　　教師陣 90
　　　　教育 90
　　　　研究：戦後につながる研究 90
　　要約 96
　　　　コラム3-1　今田恵著『心理学』（育芳社, 1939）の出版 81
　　　　コラム3-2　行動主義・操作主義・新行動主義 84
　　　　コラム3-3　戦時体制が強化された1939〜1941（昭和14〜16）年 85
　　　　コラム3-4　文部省の旧制高校心理学教育への介入の動きと反対運動 87
　　　　コラム3-5　戦時下および終戦直後の関西学院大学 89

第4章　手記にみる太平洋戦争中・終戦直後の心理学研究室..................97
　　大谷晃一（1946年卒）　戦時下の心理学教室 99
　　大角欣治（1947年卒）　戦中・戦後の思い出より 108
　　中塚（旧姓・安雲）美能子（1942〜1944年聴講生）の思い出より 113

今田（恵）の日記「為万世開太平」（1945 年 8 月 15 日〜）より（抜粋）　117
　　コラム 4-1　戦前・戦中・戦後の日本の心理学界　126

第 2 部　新制大学時代 129
1948 〜 2003 年、昭和 23 〜平成 15 年

第 5 章　文学部心理学科時代（前期）(1948 〜 1972 年、昭和 23 〜 47 年) 131

《研究篇》
新制大学の誕生と新制大学院の開設　133
新制大学開設時の心理学研究室の概観　134
　　教員と戦後初期の実験室の充実を支えた助手　134
　　心理学研究室と実験室の拡充　136
研究を支えた「3 本柱」　139
　　3 本柱の（1）：条件反射研究　141
　　　　戦後初期の古武を中心としたヒトの条件反射研究／その後の展開と研究領域
　　3 本柱の（2）：動物およびヒトの自発的条件行動の研究　153
　　　　戦後の実験的研究（1948 〜 1959）／動物およびヒトの自発的条件行動に
　　　　関する実験研究：その後の展開（1959 〜 1972）
　　3 本柱の（3）：言語学習（記憶）と言語行動の研究　165
　　　　実験室／実験器具／研究の概要
海外の研究者による戦後の関西学院大学心理学研究室の紹介　176
　　　　佐藤・グレアム（1954）／マッギニーズ（1960）／グレアム（1974）／
　　　　ストレンジ（1983）
研究雑誌の充実と国内研究者の来訪　179
《教育篇》
ハミル館への移転　180
教育課程と非常勤講師　182
　　開講科目　182
　　　　心理学実験実習／心理統計・測定／心理学演習／その他の授業科目
　　非常勤講師　185
　　　　大学院／学部専門科目／学部の「心理学」
使用テキストからみた教育の特徴　187
研究室での生活　192
大学紛争とハミル館　195
新体制への移行　196
　　今田（恵）と古武の退職　196

　　　　助手制度の改革　197
　　補足資料　戦後、1971年度までに使用された外国語テキスト　199
　　　　コラム5-1　新制大学の誕生の早期化に関西学院が果たした役割　135
　　　　コラム5-2　ソコロフから古武に送られた一冊の書物　149
　　　　コラム5-3　戦後初のスキナー・ボックスを自作する　157
　　　　コラム5-4　ラットの水なめ装置　162

第6章　前後期をつなぐ：行動主義から認知主義へ 205

　　戦後約25年間の心理学と関西学院大学心理学研究室　207
　　　　アメリカの新行動主義心理学の影響　208
　　　　ハルを中心としたイェール学派の流れと本学の心理学　209
　　1960年代後半に心理学に生じた変化：行動主義から認知主義へ　212
　　　　コラム6-1　学会発表に見る戦前と戦後の心理学の変化　210
　　　　コラム6-2　今田恵の心理学遍歴の終着点　214

第7章　文学部・心理学科時代（後期）
（1972～2003、昭和47～平成15年）..217

　　ゼミ体制の変化　220
　　　　3本柱が残った時代（1972～1981年度）　220
　　　　全教員が毎年持ち上がりで3・4年ゼミを担当した時代（1982～2003年度）　220
　　各ゼミの紹介　221
　　　　宮田　洋ゼミ（1966・3年ゼミ, 1971・持ち上がりゼミ, 1997）　222
　　　　新浜邦夫・今田寛ゼミ　228
　　　　新浜邦夫ゼミ（1959・3年ゼミ, 1966・4年ゼミ, 1972・持ち上がりゼミ, 1991）　229
　　　　今田　寛ゼミ（1969・3年ゼミ, 1971・持ち上がりゼミ, 2001）　230
　　石原岩太郎・賀集　寛ゼミ　242
　　　　石原岩太郎ゼミ（1959・3年ゼミ, 1965・4年ゼミ, 1969・持ち上がりゼミ, 1983）　242
　　　　賀集　寛ゼミ（1972・4年ゼミ, 1973・持ち上がりゼミ, 1996）　242
　　八木昭宏ゼミ（1986, 持ち上がりゼミ）　248
　　嶋崎恒雄ゼミ（1996, 持ち上がりゼミ）　255
　　浮田　潤ゼミ（1997, 持ち上がりゼミ）　256
　　中島定彦ゼミ（2001, 持ち上がりゼミ）　258
　　松見淳子ゼミ（2001, 持ち上がりゼミ）　260
　　雄山真弓ゼミ（2000年就任、ゼミ担当は2003年から）　263
　　　　コラム7-1　一体、パヴロフ型条件づけとは何だったの？　218

第 8 章 教育・研究以外の研究室の諸活動
（1948 〜 2003 年、昭和 23 〜 平成 15 年）... 265

教員篇　267

　心理学の教科書　267

　　今田恵『心理学』・『現代の心理学』／今田寛・宮田洋・賀集寛（編著）『心理学の基礎』／今田寛・八木昭宏（監修）現代心理学シリーズ

　専任教員の著書（単著、共著、編集、監修、訳書などを含む）　271

　　今田恵／古武弥正／石原岩太郎／新浜邦夫／賀集寛／宮田洋／今田寛／八木昭宏／浮田潤／中島定彦

　専任教員の学内役職　275

　　今田恵／古武弥正／石原岩太郎／新浜邦夫／賀集寛／宮田洋／今田寛／八木昭宏

　海外からの招聘講師・来訪者（1948 〜 2002 年度）　276

　　新制大学前期（1948 〜 1971 年度）／新制大学後期（1972 〜 2002 年度）

　学会年次大会・研究会などの主催　280

　　日本心理学会第 15 回大会（1951 年、昭和 26 年）／日本心理学会第 26 回大会（1962 年、昭和 37 年）／日本心理学会第 61 回大会（1997 年、平成 9 年）／他の諸学会の年次大会および研究会など／学会会長あるいは理事長

　科学研究費補助金　289

卒業生篇　291

　本学から修士および博士の学位を授与された者　291

　　修士論文／博士論文

　入学式および卒業式　291

　　入学式／卒業式

　心理学学士会　295

　卒業生の進路（就職・進学）　300

別れ・退職　304

　物故教員への追悼文・弔辞　304

　　今田恵／古武弥正／新浜邦夫／石原岩太郎

　退職教員の言葉　314

　　石原岩太郎／賀集寛／宮田洋／今田寛

　コラム 8-1　日本の科学的心理学の元祖・元良勇次郎の顕彰碑建立と関西学院大学心理学研究室　285

　コラム 8-2　ハミル鍋　293

あとがき　〜現状報告を兼ねて〜　317
引用・参考文献　320
関西学院大学心理学研究室年表（1888〜2003）　352

付録　1　太平洋戦争後、1973年度までの非常勤講師および担当科目一覧　360
　　　2　関西学院大学心理学研究室専任教員及び大学院生・研究員に交付された
　　　　　文部省（文部科学省）科学研究費補助金（1948〜2002年度）　363
　　　3　2002年度までの修士論文一覧　366
　　　4　関西学院大学心理学学士会会報 No.1（1960年10月発行）　379

序　章

　この序章は、以下の節・項からなる。まず何をもって80年の歴史の起点とするかについて述べた上で、その80年の姿を大づかみにするため、2つの大きな図を示した。その後に80年をどのように時代区分して記述するかを明らかにし、今回の執筆のベースとなった本学心理学研究室に関して書かれたこれまでの出版物一覧を紹介した。そして最後に、執筆にあたっての約束事などを16項目にわたってまとめている。

序章の構成

心理学研究室誕生の基準
80年の姿の概観
　　歴代専任教員
　　年次別卒業生数
時代区分と本書の構成
関西学院心理学研究室の歴史に関わる出版物
執筆にあたって

心理学研究室誕生の基準

　心理学は、ドイツの生理学者ヴント（W. Wundt, 1832～1920）が、ライプチッヒ大学に世界で最初の心理学実験室を創設した1879（明治12）年をもって科学として独立したとされている。本書でも同様に、関西学院に初めて心理学実験室が今田恵（1894～1970）によって開設された1923（大正12）年をもって本学心理学研究室が誕生したとする。ちなみに今田恵（以下、今田(恵)）は、その前年の1922年に、関西学院初の心理学専任教員として迎えられている。

80年の姿の概観

　研究室は教員と学生、そして広義には同窓生によって構成されている。そこでまず、80年を通しての歴代専任教員と、年次別卒業生数をグラフによって概観する。

歴代専任教員

　資料0-1の図は、1922年度から2002年度までに就任した本学心理学研究室の歴代専任教員の在任期間を示している。

年次別卒業生数

　資料0-2の図は、心理学専攻の最初の卒業生が出た1937年から2003年までの心理学研究室の学部卒業生数を年次別に示している。平行して、研究室に関連した出来事、またこの80年がどのような時代であったかが分かるよ

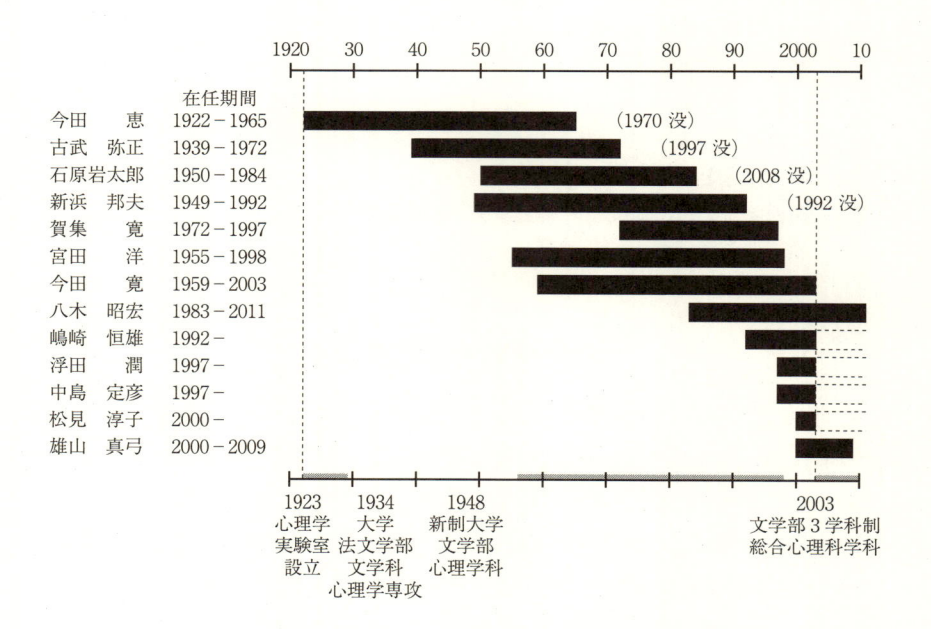

	在任期間	
今田　　恵	1922 – 1965	(1970 没)
古武　弥正	1939 – 1972	(1997 没)
石原岩太郎	1950 – 1984	(2008 没)
新浜　邦夫	1949 – 1992	(1992 没)
賀集　　寛	1972 – 1997	
宮田　　洋	1955 – 1998	
今田　　寛	1959 – 2003	
八木　昭宏	1983 – 2011	
嶋崎　恒雄	1992 –	
浮田　　潤	1997 –	
中島　定彦	1997 –	
松見　淳子	2000 –	
雄山　真弓	2000 – 2009	

1923　心理学実験室設立
1934　大学法文学部文学科
1948　新制大学文学部心理学科心理学専攻
2003　文学部3学科制総合心理科学科

資料0-1　歴代専任教員（1922〜2002年度就任者のみ）
　2003年後も、2011年まではそれまでの就任者の定年退職年は記入。下線上の灰色の期間は、研究室がハミル館にあった時代を示す。

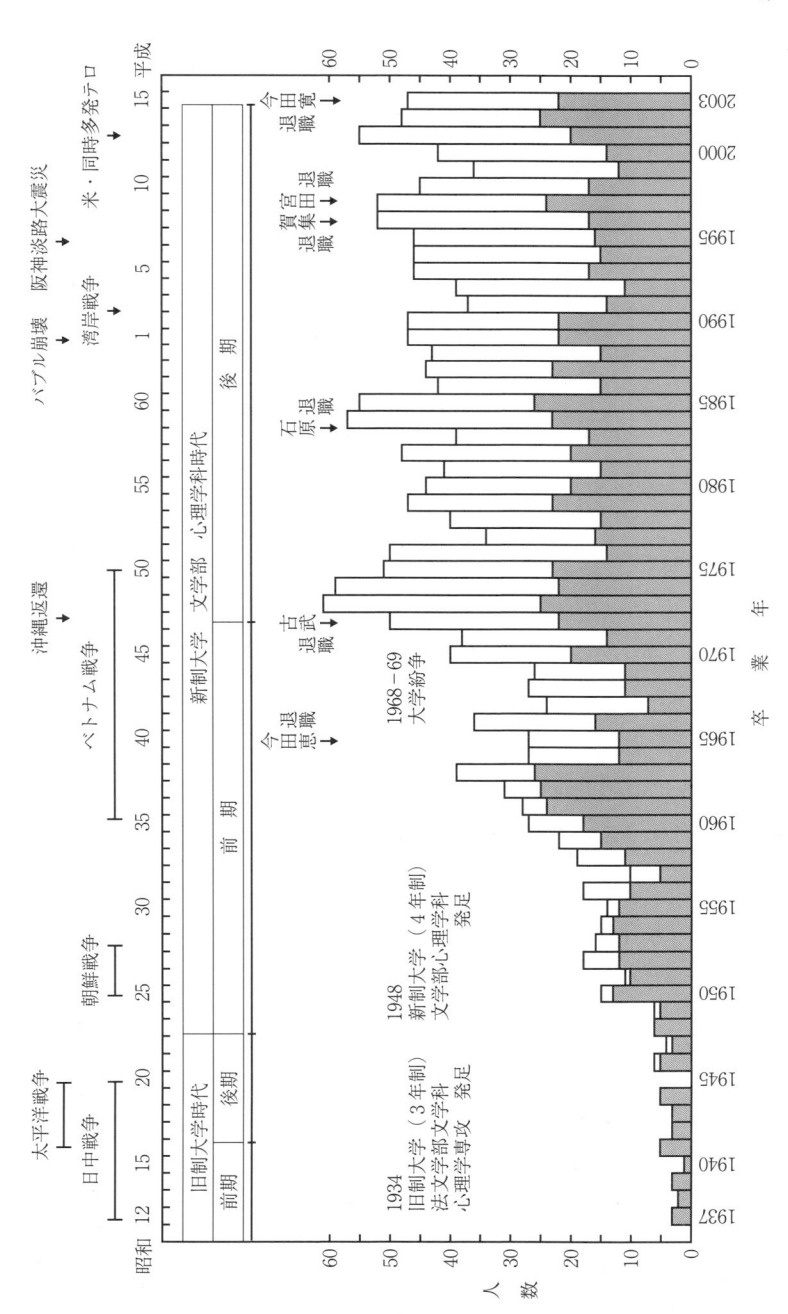

資料0-2 関西学院大学発足後の年次別心理学専攻者（卒業生）数
黒柱は男子学生、白柱は女子学生を示す

うに、社会・世界の主な出来事も書き込んでいる。この63年間の卒業生合計は2,065名（男子955名、女子1,110名）である。資料0-1と共に、予めの全体のイメージづくりに役立ててほしい。

時代区分と本書の構成

　関西学院における心理学の教育と研究の歴史を振り返ると、およそ次のように時代区分するのが妥当と思われる。

　前史（1889～1923年、明治22～大正12年） 関西学院創立から心理学研究室開設まで。

　専門学校時代（1923～1934年、大正12～昭和9年） 心理学研究室が開設されてから、関西学院が大学（旧制）に昇格し、法文学部文学科に心理学専攻が発足するまで。なおこの時期を、1929（昭和4）年に関西学院が神戸から現在の西宮市上ヶ原に移転するまでの前期と、それ以後の後期に分ける。

　旧制大学時代（1934～1948年、昭和9～23年） 旧制の関西学院大学が発足し、その法文学部文学科に心理学専攻が開設されてから、新制大学文学部心理学科が発足するまで。なおこの時期を、太平洋戦争が勃発するまでの前期と、それ以後の後期に分ける。

　新制大学時代（1948～2003年、昭和23～平成15年） 新制大学発足から文学部改組により心理学科が総合心理科学科に移行するまで。この時期を、大学紛争を経て、長く続いた今田―古武時代が終わった1972年（昭和47年）を境として前後期に分ける。

　文学部総合心理科学科時代（2003年～現在、平成15年～現在） 文学部改組により心理学科が教育学科と統合され、総合心理科学科に移行してから現在まで。

　「はじめに」にも述べたように、本書では2003年の文学部改組によって心理学科という名称がなくなるまでの80年間を中心に心理学研究室の歴史を振り返る。しかし心理学研究室設立以前の関西学院の心理学教育にも触れておくことは心理学研究室誕生の背景を明らかにする意味でも大切なので、そ

れを前史として加えた。そして全体を、第1部（前史、専門学校時代、旧制大学時代）と第2部（新制大学時代）に分けて論ずる。これはほぼ、太平洋戦争前（戦中を含む）と戦後にあたるが、本書では戦後の出発点を、占領国アメリカの影響のもとで学制改革がおこなわれ、新制大学としての関西学院大学が発足した1948（昭和23）年としている。

　なお本書のタイトルは『関西学院大学心理学研究室80年史』となっているが、本文中では原則として、専門学校時代には関西学院心理学研究室という呼称を、大学発足後は関西学院大学心理学研究室という呼称を用いている。関西学院という名称は、現在では初等部、中学部、高等部、大学、大学院からなる総合学園に対する呼称である。

関西学院心理学研究室の歴史に関わる出版物

　関西学院心理学研究室の通史に当たるものはないが、さまざまな機会に研究室の歴史に関わる文章が公にされているので、ここではそれらを出版年代順にまとめておく。本書ではこれらの文献が執筆に当たっての基礎資料となっている。

古武弥正（1950）．人間について条件反応研究十箇年（私とその共同研究者の知見）　脳研究，6, 135-160.

Kotake, Y., & Miyata, Y. (1958). Our seventeen years of research on conditioned responses in man. *Psychologia*, 1, 158-166.

今田恵（1959）．関西学院と私　関西学院七十年史　関西学院　pp. 553-557.

今田恵（1959）．関西学院と心理学―科学性の探求―　創立七十周年関西学院大学文学部記念論文集　関西学院大学文学部　pp. 566-588.

古武弥正（1959）．法文学部のはじめ　関西学院七十年史　関西学院　pp. 474-478.

古武弥正（1959）．条件反応研究二十ヶ年　創立七十周年関西学院大学文学部記念論文集　関西学院大学文学部　pp. 589-641.

古武弥正（1960）．私のこと、研究室のこと　関西学院大学心理学学士会会報, No. 1（本書付録4参照）．

今田恵(1965)．心理学的自伝　関西学院大学人文論究，15(No. 2)(今田恵教授退任記念号)，1-11．(今田恵(1967)．人間理解と心理学　創元社　pp. 137-152にも再録)

今田恵(1967)．わが心の自叙伝　神戸新聞　8月27日より10月15日まで7回連載(今田幾代(1971)．夫を偲ぶ　凸版印刷　pp. 9-34にも再録)

古武弥正(1971)．今田恵先生76年の御生涯を偲ぶ　心理学研究，41，330-331.

Kotake, Y., & Miyata, Y. (1971). Our thirty years of research on conditioned responses in man. *Kwansei Gakuin University Annual Studies*, 20, 73-82.

石原岩太郎(1980)．関西学院大学心理学研究室　日本心理学会(編)　日本心理学会五十年史［第一部］　金子書房　pp. 259-261.

石原岩太郎(1982)．今田恵(1894-1970)日本の心理学刊行委員会(編)日本の心理学　日本文化科学社　pp. 112-118.

Strange, J. (1983). A note on psychology at Kwansei Gakuin University 1922-1941. 関西学院大学人文論究，33 (No. 2), 17-21.

吉尾直純(1985)．『今田　恵』論　Part Ⅰ　四国学院大学論集，61，64-86.

吉尾直純(1986)．『今田　恵』論　Part Ⅱ　四国学院大学論集，62，93-109.

吉尾直純(1986)．『今田　恵』論　Part Ⅲ　四国学院大学論集，63，173-186.

今田寛(1989)．原田の森から移設したハミル館　関西学院高中部百年史　関西学院高等部　pp. 134-135.

長尾文雄(1991)．原田の森から上ケ原へ(1)　ハミル館　関西学院母校通信，No. 87, 23.

梅本堯夫・大山正(編著)(1994)．今田恵　心理学への招待：現代心理学の背景　サイエンス社　p. 305.

関西学院大学文学部史編集委員会(1994)．関西学院大学文学部60年史　心理学科年表　関西学院大学文学部史編纂委員会　pp. 410-414.

宮田洋(1997)．関西学院大学心理学研究室と生理心理学―"よだれ"から"まばたき"まで60年―　生理心理学と精神生理学，15，43-50.

宮田洋(1998)．古武弥正先生追悼の記　心理学研究，69，156-157.

今田寛（2001）．わが国心理学界への行動主義の受容―今田恵と関西学院大学心理学研究室を中心に―　心理学評論，44，433-440．

今田寛（2001）．新浜邦夫先生について　関西学院大学心理学研究室（編）　関西学院大学心理学研究室―過去および現在―　pp. 15-16．

賀集寛（2001）．出勤簿　関西学院大学心理学研究室（編）　関西学院大学心理学研究室―過去および現在―　pp. 17-18．

関西学院大学心理学研究室（編）（2001）．関西学院大学心理学研究室―過去および現在―

宮田洋（2001）．関学心理学研究室と「小倉屋の塩昆布」　関西学院大学心理学研究室（編）　関西学院大学心理学研究室―過去および現在―　pp. 19-20．

今田寛（2004）．関西学院初期の心理学教育（1889-1923）　関西学院史紀要，第10号，1-36．URI: http://hdl.handle.net/10236/2606

西川泰夫・高砂美樹（2005）．今田恵と関西学院大学心理学研究室（佐藤達哉執筆）　心理学史　放送大学教育振興会　pp. 176-178．

三宅進（2006）．ハミル館のパヴロフたち　もうひとつの臨床心理学事始め　文芸社

今田寛（2007）．私が受けた心理学教育と経験を背景にわが国の心理学教育について考える　今田寛（2007）．日本の大学・大学院における心理学教育をめぐる諸問題　第Ⅲ章，pp. 44-56．オーバーマイヤー，J.B.・今田寛（2007）．心理学の大学・大学院教育はいかにあるべきか　K.G.リブレット No. 20　関西学院大学出版会

宮田洋（2008）．関西学院大学心理学研究室　新制大学発足後五五年の歩み　関西学院史紀要第14号，77-95．URI: http://hdl.handle.net/10236/2978

賀集寛（2009）．石原岩太郎先生を偲んで　心理学研究，80，159-163．

執筆にあたって

1. 執筆にあたっては、原則として日本心理学会『執筆・投稿の手引き』（2005改訂版）に準じた。

2. 年号は、新制大学前期（1972年、昭和47年）までは、原則として西暦と和暦を併記した。しかし前後の関係で、余りにも煩瑣になる場合には西暦を優先させた。なお1972年以後は原則として西暦のみを用いている。
3. 時代区分の区切りは、学校の年度替わりを基準としているため、例えば関西学院の旧制大学時代は1934～1948、新制大学時代は1948～と、1948を2度重ねて用いている。年度を用いる場合には、その都度明記している。
4. 心理学研究室の歴史そのものとは直接関係がないが、その背景として必要な情報の提供・解説のため、また歴史の流れに乗りにくい特記事項の記載のため、コラム欄を設けた。したがって歴史の流れを止めることなく読み進める場合には、コラムは後で読んでもらってもよい。
5. 引用文は""で括っているが、原則として引用は原文のままとした。ただし歴然とした誤植は訂正し、読みが困難な場合にはルビをつけ、説明が必要と思える場合には編者の判断で（注）をつけた。
6. 引用・参考文献は末尾に掲載した。
7. 引用する人物名は、外国人の場合にはカナで記し、括弧内に原名を記している。また内外を問わず、本書にとって重要と判断した人物については初出時に生年と没年を記している。
8. 研究に関する記述は、修士論文についてはすべて記載したが、1971年度までは名前、提出年度、論文タイトルを記載した。ただし1972年度以後は名前と提出年度のみの記載となり、個々の論文名は付録3に収めた。学士論文への言及は、古い時代のいくつかの例外を除き、紙幅の関係で不可能であった。
9. 公刊論文に関しては、大学院修了者の学士・修士・博士論文研究に関わりのあるものは出来る限り掲載するようにしたが、専任教員のものは歴史の流れの中で重要なものに限った。但し、今田(恵)と古武のものは、古い記録を残す本書の方針にしたがって、本文中への引用の有無にかかわらず分かる限りすべてを掲載した。
10. 公刊された研究業績について述べるときには、執筆されたものが印刷・出版されるまでの時間のずれを考えて、本書で行っている各時代区分の

11. 図表・写真の番号は、資料という名で統一し、各章ごとに章番号を頭に付した。たとえば資料1-3は第1章の3番目の資料という意味である。またコラムも同じ原則にしたがい、コラム4-1のように表現した。
12. 注は、当該頁に脚注として掲載しているが、コラムの中の注は当該コラムの末尾に記している。
13. 記述はできるだけ分かりやすくし、専門的なこともできるだけ解説的に平易にするよう心がけた。平易さの目安としては、現在は心理学を離れていても心理学科卒業生が読んである程度理解できる程度とした。ただし第5章の前半と第7章は、研究室の研究業績の記録なので、かなり専門的な記述にならざるを得なかった。また大学院生の研究活動の記述も大切にしたため、この両章にはかなりの紙面を割いている。
14. 漢字・仮名の使いわけに関しては、読みやすさを優先させたので、それほど統一されているわけではない。なお人物名の表記も、読みやすさを重んじ、例えば古武彌正は弥正、新濱は新浜としている。
15. 第1部は、第2部に比べてストーリー性が高いので、第1～3章の末尾には要約をつけた。第4章以後には要約はないが、全書を通して、各章の冒頭に当該章の構成が示されているので、これによって各章の概略が把握できるはずである。
16. 2003年以後、現在にいたるまでのことについては「あとがき～現状報告を兼ねて～」に簡単に触れるにとどめている。

関西学院創立時（定方塊石画）

第 1 部
前史：専門学校時代・旧制大学時代

1889 〜 1948 年
明治22 〜 昭和23 年

　第1部では、関西学院が1889（明治22）年に創立された初期の草創期、専門学校時代、旧制大学時代を経て、1948（昭和23）年に新制大学心理学科が発足するまでの60年間にわたる本学の心理学教育・研究の歴史について述べる。記述に当たって、時代を、本学の心理学研究室が開設されるまでの前史時代（1889 〜 1923年、明治22 〜 大正12年）（第1章）、心理学研究室が設立されてから旧制大学が発足するまでの専門学校時代（1923 〜 1934年、大正12 〜 昭和9年）（第2章）、旧制大学法文学部文学科心理学専攻が発足してから太平洋戦争を経て、戦後に新制大学文学部心理学科が設立されるまでの旧制大学時代（1934 〜 1948年、昭和9 〜 23年）（第3章）の3つの時期に分ける。なお、大学の諸機能が殆ど機能しなくなった太平洋戦争の時代（1941 〜 1945年、昭和16 〜 20年）のことについては情報・資料が乏しいため、その時代を直接経験した卒業生などの手記を掲載した第4章を設けた。

　なお第1部は、殆どが研究室の創始者・今田（恵）の独り時代であり、ようやく1939（昭和14）年に、旧制大学法文学部文学科心理学専攻の第1期生である古武弥正が専任助手に就任することによって指導が2人体制となり、戦後の新制大学を迎えることになる。

第1部の章構成

第1章　前史：心理学研究室開設まで（1889 〜 1923年、明治22 〜 大正12年）
第2章　専門学校時代（1923 〜 1934年、大正12 〜 昭和9年）
第3章　旧制大学時代（1934 〜 1948年、昭和9 〜 23年）
第4章　手記に見る戦中・戦争直後の関西学院大学心理学研究室

1900（明治33）年頃の関西学院
右は後に3階建てに改築される本館。左は自助会の牧場。
背後（北）には六甲山系が、前（南）には瀬戸内の海が広がる。

第1章

前史：心理学研究室開設まで
(1889〜1923年、明治22〜大正12年)

　　本章では、1889（明治22）年に関西学院が創立されてから1923（大正12）年に心理学研究室が誕生するまでの関西学院創立初期の心理学教育について、今田(恵)(1959b)の「関西学院と心理学」と今田(寛)(2004a)の「関西学院初期の心理学教育(1889〜1923)」などを参考にしながら回顧する。以下は本章の構成である。

第1章の構成

関西学院誕生（1889年）の頃の心理学の状態
関西学院初期の心理学（1889〜1923年、明治22〜大正12年）
　　前期：学院創立から高等学部発足まで（1889〜1912年、明治22〜45年）
　　　　普通学部／神学部／講義担当者
　　後期：高等学部発足から心理学研究室開設まで（1912〜1923年、明治45〜大正12年）
要　　約
コラム1-1　　関西学院：その創立とキリスト教
コラム1-2　　曾木銀次郎と心理学

関西学院誕生（1889年）の頃の心理学の状態

　関西学院創立の1889（明治22）年は、ドイツのヴントが世界で初めての心理学実験室をライプチッヒ大学に創設してからちょうど10年目に当たる。またアメリカでは、ヴントのもとで学んだホール（C. S. Hall, 1844〜1924）が、1882年にジョンス・ホプキンス大学に、1888年にはクラーク大学に心理学実験室を設けている。そして日本では、そのホールのもとで学んだ元良勇次郎（1858〜1912）（コラム8-1参照）が1888（明治21）年に東京帝国大学において日本で初めて精神物理学の講義を行ったばかりの頃であった。そしてアメリカ心理学独立の書といわれるジェームズ（W. James, 1842〜1910）の『心理学の原理』（James, 1890）が出版されたのは、学院創立翌年の1890年のことであった。

　したがって関西学院創立の時代は、世界の心理学が動き始めた頃、わが国でも心理学がようやく芽をふき始めたばかりの頃であった。

　しかし関西学院の初期の心理学教育が、当時のアメリカの宣教師によって始められたことを考えると、彼らがアメリカの大学において受けたであろう、それよりも一時代前の心理学教育の様子を知っておかなければならない。今田（恵）著『心理学史』の「ジェームズ以前のアメリカ心理学」の節によると、"1870年代まで、心理学は大抵カレッジの校長によって教えられる興味のない一学科であり、そしてその校長たちの多くは牧師であって、その内容は著しくスコットランド学派の傾向を帯びていた（今田（恵），1962, p. 288）"とある。スコットランド学派の心理学とは、普通の人間には常識的なこと—例えば外界の実在—でさえ疑うイングランドの非道徳的・反宗教的な考えに反発して、宗教心の強いスコットランドに18世紀に起こった立場のことで、自明な常識まで疑うことをしないために常識学派Common Sense Schoolとも呼ばれた心理学のことである。18世紀後半から19世紀にかけてスコットランドの大学で学んだ者が多くアメリカに移民し、その何人かが、当時聖職者養成を主な目的にしていたアメリカの大学の教育者・行政者になるに及んで、スコットランド学派の心理学が、道徳哲学（moral philosophy）の名のもとにアメリカで大きな影響力をもつようになった。アメリカから来

コラム 1-1　関西学院：その創立とキリスト教

　創立当時の学部とその変遷　関西学院は、アメリカ合衆国（以下、アメリカ）南メソジスト監督教会（以下、南メソジスト教会）の宣教師ランバス（W. R. Lambuth, 1854～1921）によって、普通学部（入学資格：満14歳以上の高等小学校卒業の男子）と、キリスト教の伝道者養成を目指す神学部を持つキリスト教主義学校として1889（明治22）年に神戸の地に設立された。神学部は1908（明治41）年には専門学校令による本科5年の私立関西学院神学校（入学資格：中学校卒業）となり、普通学部は1915（大正4）年には中学部に改称された。専門学校・神学部が誕生して4年後、1912（明治45）年には4年制の専門学校・高等学部も設立されたが、この飛躍はカナダ・メソジスト教会が1910（明治43）年に関西学院の経営に参加することによる財政基盤が整ったことによるものであった。なお高等学部は文科と商科からなり、文科は英文学科、哲学科、社会学科の3学科構成であった。高等学部の文科と商科の2学科は、1921（大正10）年には、将来の大学昇格も視野に入れて、文学部と高等商業学部の2学部へと独立し、関西学院は、神学部と合わせて3学部からなる旧制専門学校と中学部を併せた学校になった。

1889	1908	1912	1915	1921
M22	M41	M45 / T1	T4	T10

普通学部（6）			中学部（5）	
神学部（英語神学科3、邦語神学科4）	神学校（5）†	神学部（本科5、別科3）		
		高等学部（文科4、商科4）††	文学部（4）	
			高等商業学部（4）	

†　正しくは私立関西学院神学校（専攻科、別科など詳細省略）
††　文科は英文学科、哲学科、社会学科で構成

資料 1-1　関西学院の学部変遷（1）　関西学院初期の学部構成の変遷
　　　　　括弧内は修業年数。網掛け部分は専門学校令による旧制専門学校。

　明治のキリスト教系学校とキリスト教　明治年間にはプロテスタント・キリスト教主義学校が女子校35、男子校18、合計53校設立されたが、関西学院の明治22年創立というのは、今日大きな大学を持つキリスト教主義学校、例えば青山、立教の明治7年、同志社の明治8年、明治学院の明治10年などの創立年に比べるとかなり遅く、53校中41番目になる。特に関西学院と青山学院は同じ教派・メソジスト系の学校であるにもかかわらず設立年にこれだけの違いがあるのは、アメリカ南北のメソジスト教

> 会が黒人問題をめぐって意見を異にし、関西学院の設立の母体となった南メソジスト教会は、青山学院の母体となったアメリカ・メソジスト教会から1845年に分裂し、その後の南北戦争（1861～65）の敗戦による経済的疲弊が、同教会の外国への宣教運動の制約になったためのようである。
> 　なお青山学院、関西学院以外の学校の創立当時の教派は、立教は英国国教会・聖公会、同志社は会衆（組合）派、明治学院は長老派であったが、太平洋戦争中、これらの教派は、国家統制の観点から当時の政府によって日本キリスト教団に統合された。そして戦後、メソジスト派や会衆派のようにそのまま日本キリスト教団に留まった教派もあったが、日本聖公会や長老派（の一部）のように、元に戻って独立した教派もあった。したがってメソジスト派や会衆（組合）派という名称は、現在では旧教派名ということになる。なおこのコラムの冒頭にメソジスト監督教会という名が出てきたが、監督教会とは、監督制度という一種の階級制度を採る教会のことで、その意味では監督教会はきわめて民主的な会衆（組合）派とは伝統を異にし、聖公会に近い。メソジスト監督教会（Methodist Epispocal Church）は、初期にはその頭文字MEに「美以」と当て字をし、漢字では美以教会、あるいは南MEの場合は南美以教会と表現されていた時代があった。

日した初期の宣教師たちの心理学教育の背景はきっとこのようなものであったであろう。

　なおわが国での最初の心理学書は西周（にしあまね）（1829～1897）訳『心理学』（西，1875，1876）であるが、1857年に出版されたその原本 *Mental philosophy*（Haven, 1857）の著者・ヘイヴン（J. Haven, 1816～1874）も、道徳哲学を担当する神学者・牧師であって、スコットランド学派の流れをくむ人物であった[1]。

　このような中で1887年から1890年にかけてラッド（Ladd, 1887）、ボールドウィン（Baldwin, 1889）、ジェームズ（James, 1890）等の科学的心理学、すなわち「新心理学」の著書が矢継ぎ早に出版されることになるが、1886年には、哲学的心理学、すなわち「旧心理学」の最後を飾る3書、すなわちマコッシュ（McCosh, 1886）、バウン（Bowne, 1886）、デューイ（Dewey, 1886）による3書が出版された。この3書の著者に関して、『ウィリアム・ジェームズ以前のアメリカ心理学』を書いたフェイ（Fay, 1939）は、「独断的で自己主張

1）ヘイヴンについては佐藤・溝口（1997, pp. 26-27）に詳しい。

的なマコッシュ」、「迫力があるが攻撃的なバウン」、「体系的で観念論的なデューイ」と評しているが、それによってある程度「旧」と称される意味が察知できるであろう。とにかく、関西学院の創立時のアメリカ心理学はまさに「旧」から「新」への移行期にあったといえる。そして後に述べるように関西学院初期の心理学教育にもっとも影響があったのはデューイ（J. Dewey, 1859～1952）の旧心理学であった。

関西学院初期の心理学
（1889～1923年、明治22年～大正12年）

　以上の背景をもって関西学院心理学研究室が設立されるまでの学院の心理学教育について述べるが、この前史にあたる時期を、高等専門教育の端緒となった高等学部開設の1912（明治45）年までと、それ以後に分けることにする。

前期：学院創立から高等学部発足まで
（1889～1912年、明治22～45年）

　普通学部　明治22年9月兵庫県知事に提出された関西学院設立願書中の学科課程によると、普通学部の中に哲学という科目があり、その中に「心理、論理等の諸科を教へ」とある。普通学部は予科2年、本科4年からなり、論理学と心理学は本科第4年に割り当てられている。なお普通学部本科の入学資格は14歳以上である。学院の普通学部が、文部省が定める中学校の学科課程に準拠するようになったのは1906（明治39）年であるが、それまでは可成り自由な教育を施していたようであり、心理学がすでにこの時期に教えられていたことになる。

　当時すべての学科は英語の教科書をもって教えられ、学科毎にその教科書が挙げられているが、『関西学院五十年史』（関西学院五十年史編纂委員会、1940）に掲載された「教科書用書籍表」には次の一行がある。

　　「心理学　全1冊　1879年　チューエー　米　バーンス」

　チューエーという名に相当する心理学者はいないので、これは多分デュー

イのことと思われる。ただしデューイの『心理学』が出版されたのは、先の解説にも述べたように1886年のことであるから、1879年は明らかに誤りと思われる。この誤りについては今田(恵)も同じ意見で、次の証拠を挙げている。"この本は相当長く使われたものであろう。当時は学生のために所要部数の教科書が備えつけられていて、これを貸与していたもので、今もそれが教科用書として相当部数図書館に残っている（今田(恵), 1959b, p. 568)。"しかし2010年現在、これらを図書館で見つけることはできない。おそらく重複図書として残念ながら処分されたのであろう。

神学部　他方、神学部では1年生対象に心理学が教えられており、1910(明治43)年頃の「神学校教科書図書簿」によると、ここでもデューイの教科書が重要視されていることがわかる。

このデューイの『心理学』であるが、先にこれを旧心理学の教科書と述べたが一体どのような心理学だったのだろうか。実はデューイは1890年にジェームズが『心理学の原理』を出版した後は完全に同書に共鳴し、ジェームズの機能主義的心理学を発展させた人物であるが（今田(寛), 2005)、1886年当時はまだ大学卒業後2年目の27歳であり、その心理学はヘーゲル哲学の色彩が強い観念論的なものであった。ただしこの教科書は記述が体系的であり、また手ごろなサイズであったことに加え、新旧心理学の奇妙な混合が見受けられることもあってか、教科書としては成功を収め、版を重ねることになった。

内容的には同書は、第一部は知識 (knowledge)、第二部は感情 (feeling)、第三部は意志 (will) と、知情意の三分法に従って構成され、意志の部の第3章は意志によるコントロールを扱っている。そして道徳的コントロールの章は、「倫理的欲求の発達」、「倫理的選択」、「道徳的行為の結果」の3節からなり、それに続く最終章は「理想と其の現実の源としての意志」で終わっている。ローバック (Roback, 1961) はデューイを「倫理的哲学者」と評しているが、このことがキリスト教主義学校・関西学院でこの教科書が用いられたのと関係があるのかもしれない。内容とは別に、アメリカで出版されてまだ3年しか経っていない本を教科書に採用しているところに、当時の関西学院の進歩性を感じるものである。

講義担当者　この時代に心理学の講義を担当したのは、ニュートン（J. C. C. Newton, 1845〜1931）(資料2-11に写真)、ウェインライト（S. H. Wainright, 1863〜1950）、蘆田慶治（1867〜1936）、ヘーガー（Hager, S. E., 1869〜1950）など、すべて宣教師・牧師などの聖職者であって、時代を考えれば当然のこととはいえ、まだ心理学の専門家は一人もいない。用いられた教科書や参考書の詳細については今田(寛)（2004a）にゆずるが、医師でもあり宣教師でもあったウェインライトはデューイのものも用いているが、参考図書にはロッツェ（H. Lotze）、ボールドウィン（J. M. Baldwin）、バウン（B. P. Bowne）、サリー（J. Sully）の名があげられている。これから察すると、教えられていた心理学は哲学的色彩の強いものであったと思われる[2]。蘆田は神学部第一期生で、後にアメリカの大学で神学士号（BD）と修士号（MA）を取得し母校に戻った人物であるが、教科書・参考書にはデューイのものを用いている。

後期：高等学部発足から心理学研究室開設まで
(1912〜1923、明治45〜大正12年)

　この時代のことは、1912年に神学部に入学し、自ら学生としてこの時代を経験した今田(恵)（1959b）に語ってもらうのがもっとも良いので以下引用する。

　"一九一二年は明治四十五年であってこの年に高等学部が開設された……これが関西学院における専門高等教育の端緒の確立であり、大学の基礎となったことは忘れてはならない。それは当時の教育制度において専門学校であったけれども、その内容上からいえば、今日の新制大学の性格を備えていたものである。第一に一般に専門学校が三年課程であった時に、四年課程のカレッジであった。第二は、専攻部門は商科と文科に分かれていたがいずれの科においても今日のいわゆる一般教育が重んじられていた。商科にも、哲学、心理学、論理学、文明史などの学科が必修させられていた。神学部、高

---

[2] 参考書としてあげられているロッツェ、ボールドウィン、バウン、サリーの書名については、今田（寛）（2004a, p. 19）を参考にしてほしい。

コラム 1-2　曾木銀次郎と心理学

　1910年に関西学院神学部に迎えられた曾木銀次郎（1866～1957）（資料2-11に写真）という人物について一言触れておかなければならない。それは、後に見るように曾木は関西学院初期の心理学教育に直接関わった人物であるのみでなく、「曾木銀次郎自伝*」の中には、関西学院就任以前の東京時代に、わが国初期の心理学の歴史との関係で記録に留め置いてよいと思われることがいくつか記されているからである。

　曾木銀次郎は大分県に生まれ、福沢諭吉の出身地・中津の中学校を卒業後単身上京し、1887年カナダ・メソジスト教会経営の東洋英和学校神学部に入学し、1893年卒業後、按手礼を受けて正牧師になった。神学生時代にスコットランド出身のカナダ・メソジスト教会宣教師ウィッティングトン（R. Whittington, 1850～1946）に心理学を学び、心理学と哲学にも深く関心を抱き、その後独学を続けた人物である。曾木は1903（明治36）年、東京帝国大学の近く、当時の本郷区春木町にあるメソジスト教会・中央会堂に派遣されるが**、そこで毎日曜日の夜、1年間、学生たちを相手に宗教心理学を講じている。また中央会堂が経営する中央学生寄宿舎の舎監もつとめるが、その当時の寄宿生の東京帝大生の中に、後に京都帝国大学心理学教室の設立時（1906）にその基礎を築いた野上俊夫（1882～1963）がいたとある。なおこの野上には、後に今田（恵）は、関西学院の非常勤講師を依頼することになる。

　曾木の自伝には見当たらないが、1905（明治38）年10月、ボストン大学哲学部長バウンが中央会堂で講演を行っている。このバウンは、すでに述べたように1886年に哲学的心理学書『心理学理論入門』（Bowne, 1886）を著し、プロテスタント・キリスト教界に少なからぬ影響を与えた「人格主義」を唱えた唯心論者であった。当時の中央会堂でのバウンの講演を回顧した『中央会堂五十年史』の編者は"ハーバート・スペンサーを向に廻はして極めて論難攻撃の矛を振りかざし、その助け太刀にカントの学説を引用して自己の人格主義を主張せることを想いおこす（武藤，1940, p. 125）"と述べている。なお曾木は1914年にはバウンの『思考及認識原理』（Bowne, 1897）を翻訳出版している（資料1-2参照）。

　バウンが来日した1905年には、曾木はすでに駒込教会に移っていたが、自伝には"明治37（1904）年から38（1905）年に亘って一ヵ年間青山学院神学部において心理学を、同年より39年に亘る二ヵ年間青山女学院専門部において倫理学を教授した…"とあるので、この頃までに曾木は、キリスト教界では心理学に詳しい牧師としての評価が出来上がっていたようである。

　その後曾木は哲学書を読みすぎて信仰をなくす危機を感ずるようになるが、海老名弾正氏の助言によって、"疑義は疑義として其のままにして置き其れから主として心理学の研究に頭を突っ込み、ウィリアムゼームス、スターバック、スタンリーホール、ミュンスターバーグ等色々と心理学及宗教心理学の著書を読んで居る内、精神活動の如何にも玄妙なのに心打たれなんとなく頭の下がるのを覚へると同時に其れがやがて自然に宇宙の大と奥妙さに思い及ぼす事となり、茲に再び神観念がやや明らかになり基督教信仰に本当安心する事の出来る様になった事は仕合せの事であった"という経験をする。

曾木は駒込教会のあと浜松教会を経て、1910年には関西学院に就任しているが、この人事は、曾木がカナダ・メソジスト系の東洋英和学校神学部出身であり、カナダ・メソジスト教会が1910年から関西学院の経営に参加するようになったことに関係していると思われる。なおこれ以後のことは後述する。

＊「曾木銀次郎自伝」（関西学院学院史編纂室所蔵の手書き資料）。
＊＊現在の日本基督教団本郷中央教会（文京区本郷3丁目）。当時の中央会堂は関東大震災で崩壊した。

等学部文科、商科共に第一学年において心理学が課せられ、はじめその担当は曾木銀次郎教授であった。私もその講義によって心理学に開眼させられたのである。講義筆記の方法であって、教科書はなかった。そのノートは今ももっているが、後になって考えて見ると、ピルスベリーの心理学によっていたようである（今田(恵), 1959b, pp. 568-569)。"
　ここで述べられているピルスベリーは、その広く用いられた教科書『心理学の本質』(Pillsbury, 1911) の中で、心理学は「人間の行動の科学」('the science of human behavior') と定義するのが一番よいと書いている（今田(恵), 1962, p. 363)。ここで注目すべきことは、曾木は1912年に、その前年に出版された書物を参考書として用いていることと、それが行動の科学を目指す科学的心理学の書であったことである。引用をつづけよう。
　"文科教授陣に、大正二年小山東助、大正四年岸波常蔵[3]来任、共に哲学であるが心理学を担当した。小山東助は間もなく政界進出のため学院を去ったが、その後心理学はずっと、岸波常蔵の担当であった。文科の初期の当科課程には心理学概論の外に高等心理学があって、R. C. アームストロング教授が担当した。当時の学生・原野駿雄の記憶によれば、ティチェナーの心理学が教科書として用いられ、ランドの『古典心理学者』(Rand: *Classical Psychologists*) が参考書として指定されたとのことである。デューウィー―ピルスベリー―ティチェナーと変わり、又今も心理学史の好参考書であるラ

---

3) 今田(恵)の原典には、岸沢とあるが、これは明らかに岸波の誤りであるのでここでは訂正した。

ンドが用いられたことは、学院の心理学が、学問の進歩に伴い、正しい方向を保っていたことが証明される（今田（恵），1959b, p. 569）."

　ここで前史前期ともっとも異なる点は、心理学講義担当者に宣教師、牧師、神学者以外の者も加わるようになったことであろう。顕著な例は小山東助(おやま)（1879～1922）である。小山は東京帝国大学文科哲学科卒業後、東京毎日新聞社に入社し政治的な主張を紙上で展開し、その後早稲田大学講師として倫理および新聞研究科の講座を担当したが、1913年に関西学院高等部文科に文科長として就任している。加えて曾木のように、牧師ではあるが心理学の準専門家ともいうべき教員が着任した点も前史前期と異なる点である。

　この時期の第2の特徴は、心理学が1年生を対象に講義されたのに加えて、上級生を対象に「高等心理学」（Advanced Psychology）が、最初は文科のみ、後には商科においても開講されるようになったことである。高等心理学は上の引用にもあるように、アームストロング教授（資料2-11に写真）による英語の講義であった。また上の引用にはないが、1918年以後は、文科社会学科4年生を対象に「社会心理学」が開講されるようになったが、これを担当したのは岸波常蔵であったと思われる[4]。

　第3に付け加えるべきことは、1914（大正3）年に曾木によってバウンの書物（Bowne, 1897）が出版されたことである。この翻訳書は、関西学院の専任教員によって出版された初めての心理学書であり、関西学院心理学研究室の前史を語る上で意味のある出版といえるだろう（資料1-2参照）。

　なおこの時期の関西学院卒業生で、のちに動物心理学・昆虫学の領域で業績を残した神田左京（1874～1939，1900年，明治33年普通学部卒）がいる。神田は普通学部在学中に、日本で最古の男声合唱団・関西学院グリークラブの創部（1899年創部）に大いに貢献し（『関西学院グリークラブ八十年史』，pp. 6-8）、卒業後、元良勇次郎の書生を経てアメリカに渡り、クラーク大学のG. S. ホールのもとで1909年に修士学位を取得した（大泉，2003，p. 358）。（コラム8-1も参照）

　4）　今田（寛）（2004a, p. 17）には、社会心理学の担当もアームストロングであろうと推測しているが、1922（大正11）年の文学部要覧に岸波が社会心理学を担当していることが明らかになったので、今回は岸波に改めた。

資料1-2　曾木銀次郎によるBowne（1897）の翻訳書（1914）

要　約

　この前史編では、関西学院初期の心理学教育について、関西学院創立から心理学研究室が開設されるまでの34年間、すなわち1889〜1923年（明治22〜大正12年）の間を、高等学部（旧制専門学校）が発足した1912（明治45）年を境に前半と後半にわけて回顧した。記述にあたっては、当時の心理学の状態などの時代背景の中で、またキリスト教主義学校関西学院という大きな枠の中で事実をとらえる姿勢を大切にした。

　前史前期では、関西学院では開学当初から普通学部、神学部ともに心理学が教育課程に組み込まれていたが、その教育には専ら宣教師、牧師などの聖職者が当たった。しかし後期になると、聖職者以外の者が心理学を担当するようになり、中には準専門家とみなされる教員も心理学教育に加わるようになった。さらに高等学部1年度生に提供されていた心理学のみでなく、上級生には高等心理学や社会心理学なども開講されるようになった。

　教授された心理学の内容の面から言えば、前後期ともに1886年出版のデューイの『心理学』が重きをなし、特に前期には哲学的色彩の強い心理学が教えられたが、後期になると、行動を対象とした科学的心理学も教えられるようになり、全体を通して見れば、関西学院初期の心理学教育は、学問の進歩に対応した適切な発展を遂げてきたといえる。

第2章

専門学校時代
(1923〜1934年、大正12〜昭和9年)

　本章では、専門学校時代の関西学院心理学研究室を振り返る。すなわち1923年に今田(恵)により心理学研究室が開設されてから、関西学院が大学(旧制)に昇格する1934年まで、大正12年から昭和9年までの11年間の研究室の歴史を顧みる。この時代はまだ心理学研究室が事実上その設立者・今田(恵)の独り時代であるので、この時期の研究室の歴史を語ることは今田の心理学者としての歩みを語ることになる。幸いこの時代のことについては今田自身が書き残した、「関西学院と私」(1959a)、「関西学院と心理学」(1959b)、「心理学的自叙伝」(1965)、「わが心の自叙伝」(1967a)などがある。ここではこれらの論文の中からその都度、文脈に合う部分を引用しながらまとめることにした。

　なお関西学院は大学昇格を目指して1929(昭和4)年にキャンパスを神戸から西宮・上ヶ原に移しているので、この時期を上ヶ原への移転前後に分けて論ずることにする。

　以下が本編の構成である。

第2章の構成
前期：心理学研究室開設から上ヶ原移転まで(1923〜1929年、大正12〜昭和4年)
　心理学実験室の誕生
　　図書／専門雑誌／実験機器と実験室
　心理学の教育と研究
　　教育／研究
　今田恵と心理学
　　生まれと生い立ち／関西学院神学部時代(1912〜1917年、明治45〜大正6年)／東京帝国大学文学部時代(1917〜1922年、大正6〜11年)

後期：上ヶ原移転から大学発足まで（1929 〜 1934年、昭和4 〜 9年）
 今田恵と心理学（続き）
  留学時代（1929 〜 1930年、昭和4 〜 5年）
 大学開設まで
  教育／研究
要　約
コラム2-1 専門学校発足後の関西学院の学部変遷（1921 〜 1948年、大正10 〜 昭和23年）
コラム2-2 ハミル館と心理学研究室
コラム2-3 関西応用心理学会（のち関西心理学会）のことなど
コラム2-4 関西学院の神戸から西宮への移転

コラム 2-1　専門学校発足後の関西学院の学部変遷（1921〜1948）

　まず、新制大学発足以前の関西学院の学部変遷をまとめておく。資料2-1は、前章コラム1-1の資料1-1で示した関西学院初期の学部変遷に続く部分を、中学部を除き、大学、特に文学部の発展につながる部分を中心に学部の変遷を図示したものである。前章でも述べたように、明治が終わる1912（明治45）年に関西学院は2学部からなる旧制専門学校となり、さらに1918（大正7）年の大学令の制定により、学院では大学昇格運動が積極化し、1921（大正10）年には高等学部が文学部と高等商業学部の2学部制になり、さらに1929（昭和4）年には大学昇格を目指して現在の西宮・上ヶ原に関西学院は移転した。そして1932（昭和7）年には大学設置が認可されて大学予科が、そしてその2年後の1934年には法文学部と商経学部の2学部からなる3年制の旧制関西学院大学が発足した。なお法文学部は法科と文学科からなり、文学科には哲学、倫理学、心理学、宗教学、社会学、英文学の6専攻が配された。

　なお大学発足後もこれまでの専門学校としての文学部は残り、専門部文学部への名称変更、規模の縮小、4年制から3年制への変更、哲学科の廃止などを伴うが、1944年まで継続され、その教育には基本的には大学法文学部の教員が当たった。

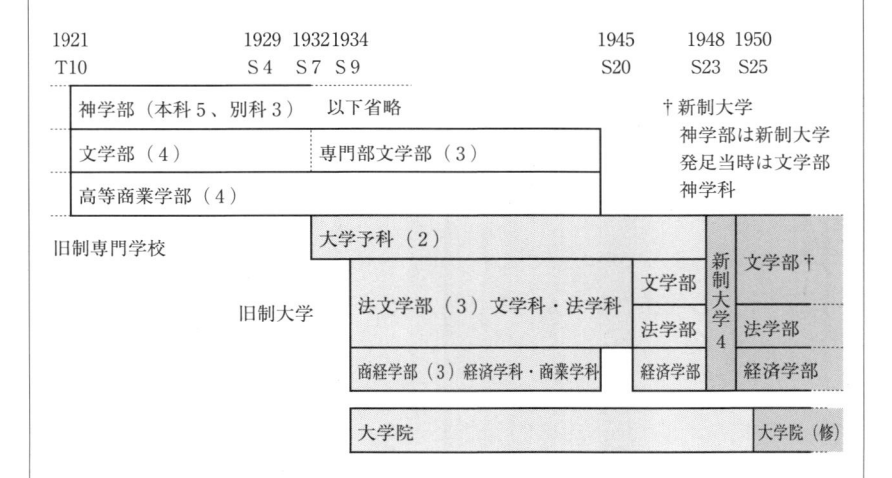

1921	1929	1932	1934	1945	1948	1950
T10	S4	S7	S9	S20	S23	S25

```
神学部（本科5、別科3）　以下省略                                    †新制大学
                                                                 神学部は新制大学
文学部（4）            専門部文学部（3）                             発足当時は文学部
                                                                 神学科
高等商業学部（4）

旧制専門学校   大学予科（2）                          新  文学部    文学部†
                                            文学部  制
               旧制大学   法文学部（3）文学科・法学科          法学部  4  法学部
                                            経済学部       経済学部
                         商経学部（3）経済学科・商業学科

                         大学院                                 大学院（修）
```

資料2-1　関西学院の学部変遷（2）旧制専門学校、旧制大学、新制大学への移行に伴う学部構成の変化
　　　　　括弧内は修業年数。

前期：心理学研究室設立から上ヶ原移転まで
（1923～1929年、大正12～昭和4年）

心理学実験室の誕生

今田（恵）は、1922（大正11）年、東京帝国大学文学部心理学科を卒業するとともに、心理学の専門教育を受けた初の教師として関西学院文学部に迎えられた。なお、今田は1917（大正6）年に関西学院神学部を卒業しているので、5年振りに母校に戻ってきたことになる。着任にあたって今田は、心理学に関する図書を300円分買うこと、数種の心理学の専門雑誌を購読すること、実験室をつくること等を希望し、これらがすべて受け入れられている。なお実験機器購入のためには400円の予算が割り当てられた。このことについて今田は"小さい専門学校の一教科のために、駆け出しの若い教師の申出を寛容に承諾されたこと"に感謝し、同時に自由であった当時の関西学院の気風を懐かしんでいる（今田（恵）、1959b, p. 570; 1965, p. 3）。今田、27歳の着任である。

図書　図書購入費用として希望した300円については、"三百円でも一冊平均三円としても百冊買える（1965, p. 3）。"とあり、また"ヴントの生理学的心理学の大冊三巻が十二円であった（1959b, p. 570）"とあるので、当時の300円の価値のおよその見当がつく。その300円でどのような書物が購入されたかは興味あるところであるが、ここでは、今田が注文し、関西学院図書館図書原簿に最初に記帳された6種類10冊を見てみよう。記帳日は1922（大正11）年9月11日とある。

その6種類の本というのは、ジェームズ（James, 1890）『心理学の原理』（2巻）、シュテルン（Stern, 1914）『知能をテストする心理的方法』（ドイツ語からの英訳）、ブレット（Brett, 1912, 1921）の『心理学史』（3巻）、ボールドウィン（Baldwin, 1920）の『子どもおよび人種の心的発達』、スタウト（Stout, 1918）の『分析的心理学』（2巻）、そしてワトソン（Watson, 1919）の『行動主義者の立場から見た心理学』である。興味深いのは、ここで挙げられている書物はほとんどすべて、後の今田（恵）と関西学院大学心理学教室の実質上の

資料2-2　今田（恵）が関西学院に着任して最初に購入した書物

　左から、James（1890）（Vols. 1 & 2）、Watson（1919）、Stern（1914）、Baldwin（1920）、Brett（1912）（Vols. 1 & 2）、Stout（1918）（Vols. 1 & 2）。なおBrettのVol. 3は亡失。Watsonの1919年の初版本は痛みがはげしく再製本されてしまったので、ここには代わりにオリジナルの古さを残している1924年版を掲載している。

ルーツとなっている点である[1]。資料2-2の写真は最初に購入された書物である。

　以上の6種10冊以後、今田（恵）は就任後の1年間に、分類番号150番台（心理学）の書物を、和書5種5冊、洋書30種37冊（うち独語16種20冊、仏語3種4冊）を購入している。価格の分からない洋書が10冊あるが、購入金額合計は200円強と推定される。

　1）　ごく簡単に後の章との関わりに触れておくと、ウィリアム・ジェームズは今田が後に傾倒することになる心理学者であり、本書はアメリカ心理学独立宣言の書といわれるものである。シュテルン（W. Stern, 1871〜1938）は人格主義を唱えるドイツの人格心理学者であり、アメリカの人格心理学者オルポート（G. W. Allport, 1890〜1978）に多大な影響を与え、そのオルポートの心理学に共鳴し、その著書（Allport, 1961）の翻訳も行っているのが今田（恵）（1968）である。また心理学史は、後に今田（恵）の専門領域の一つとなり、1962年には広く読まれた『心理学史』を岩波書店から出版している。さらに児童心理と子どもの発達は、本文でみるように、今田（恵）が世から求められて足を踏み入れた領域であり著書もある。最後にワトソンの著書は、長く関西学院心理学の根底をなしてきた行動主義、新行動主義の原点の書である。

専門雑誌　「数種の専門雑誌」というのは、今田(恵)が着任した1922以前に刊行されていた雑誌ということになるから、それを基準に調べてみると、おそらく次の6種類であろうと思われる。記された年号は当該雑誌が学院で購入されたもっとも古い年のものであり、括弧内にはその年の巻番号を示している。例えば「アメリカ心理学雑誌」の場合、創刊は1887年で、第1巻に遡って購入されているようである。「英国心理学雑誌」の場合には1922年の第13巻から購読を開始し、バックには遡っていない。ただバックナンバーの購入は後になって行われたケースが多いようである。

　　アメリカ心理学雑誌（*American Journal of Psychology*, 1887（1-））
　　英国心理学雑誌（*British Journal of Psychology*, 1922（13-））
　　実験心理学雑誌（*Journal of Experimental Psychology*, 1916（1-））
　　心理学評論（*Psychological Review*, 1894（1-））
　　心理学要覧（*Psychological Bulletin*, 1904（1-））
　　心理学索引（*Psychological Index*, 1922（28-））

実験機器と実験室　実験器具の購入に関しては今田(恵)(1959b)から引用する。"最初の実験器械は、丁度ドイツに留学中であった城戸幡太郎氏[2]に依頼して、ライプチッヒのチンメルマン社から購入した。カイモグラフ、マーレーのタンブール、時間記録器、記憶実験器、いろいろの感覚測定器等、一応標準的な実験の出来る器械が備わることになった。神戸の税関に大きな箱（注：2個）がついた時には一人ひそかによろこんだものであるが、当時はまだ、その喜びを分かつ人はいなかった。ただ一人でこつこつとつみ上げて行く気持ちであった（今田(恵), 1959b, pp. 570-571)。"そして続いて改行して短く、"これが関西学院大学心理学実験室の生まれた時の姿である"と感慨をこめて振り返っている。

---

[2]　城戸幡太郎（1893～1985）。東京帝国大学心理学研究室副手を経て、1922年からドイツに留学。1924年法政大学教授。教育科学を標榜する教育心理学者。1957年より第二代日本教育心理学会理事長。北海道教育大学学長など大学行政にも貢献。なお城戸は松山の出身で、夏目漱石の「坊ちゃん」が泊まったことになっている「きどや」の息子である。同氏は今田（恵）の松山時代には尋常小学校のほぼ同期で、今田（恵）は招かれて、いなりずしをご馳走になったことがあるという（今田（恵), 1967a)。

第 2 章　専門学校時代　31

```
LEIPZIG    E. ZIMMERMANN    BERLIN
Physiologische, Psychologische und Psychotechnische Apparate, Mikrotome

  Bankkonto: Deutsche Bank Leipzig.                         Telegramm-Adresse:
  Commerz- und Privatbank Leipzig, Depositenkasse G.   Th.  Mikrosigma, Leipzigstötteritz.
  Postscheckkonto: Leipzig Nr. 50758.                       Telefon: 23237, 26261

Kom. Nr. 17871                         Leipzig-Stött., den 30. August 1923.
Verk.-B. Fol.                          Wasserturmstr. 33.

                         RECHNUNG

für Herrn Professor Dr. Imada, Kwansei Gakuin, College of Literatur, Kobe
```

Preise verstehen sich für Lieferung ab Fabrik und exkl. Verpackung. Reklamationen finden nur innerhalb 8 Tagen
nach Empfang der Ware Berücksichtigung. Verpackung geschieht sorgfältigst; für Bruch komme ich nicht auf.

Ihre Nr.	Meine Nr.	Stück		L	sh.	d.
			Sandte Ihnen zufolge Ihres gefl. Auftrages vom 30.8.1923 auf Ihre Rechnung und Gefahr per Eilgut, unfranko, bis Hamburg versichert:			
			1 Kiste (ausgezinkt) E.Z.17871 enth:			
3750.	2	Mareysche Tambours à 1.14.—	L	2.	8.	—.
1861.	1	Graph. Chronometer	"	8.	10.	—.
1703.	1	Elektromagnetische Stimmgabel	"	3.	16.	6.
120.	1	Satz Farbige Papiere	"	—.	6.	—.
1610.	1	Satz= 2 Stimmgabeln auf Resonanzkasten	"	5.	10.	6.
1745.	1	Metronom mit Quecksilberkontakten	"	2.	19.	6.
1803.	1	Dreifacher Markiermagnet	"	7.	4.	6.
940.	1	Aesthesiometer nach Spaerman	"	1.	—.	6.
54.	1	Stereoskop	"	1.	14.	—.
3011.	1	Pneumograph nach Lehmann	"	1.	1.	6.
3050.	1	Plethysmograph	"	4.	1.	—.
2506.	1	Registrierapparat nach Fühner	"	12.	6.	6.
2511.	1	Stativ dazu	"	1.	5.	6.
129.	1	Helligkeitsskala	"	—.	8.	6.
				L	52.	12.	6.
		Verpackung und Ausfuhr und Versicherung bis Hamburg	"	1.	7.	5.
				L	53.	19. 11.

```
L 53.19.11.
" 52.19.11.  Anzahlung
L  1.—. —.  Rest.

     I certify this bill to be true and correct !
```

資料 2-3　最初の心理学実験機器の購入
　　　　Ａ　チンメルマン社からの送り状（Rechnung）

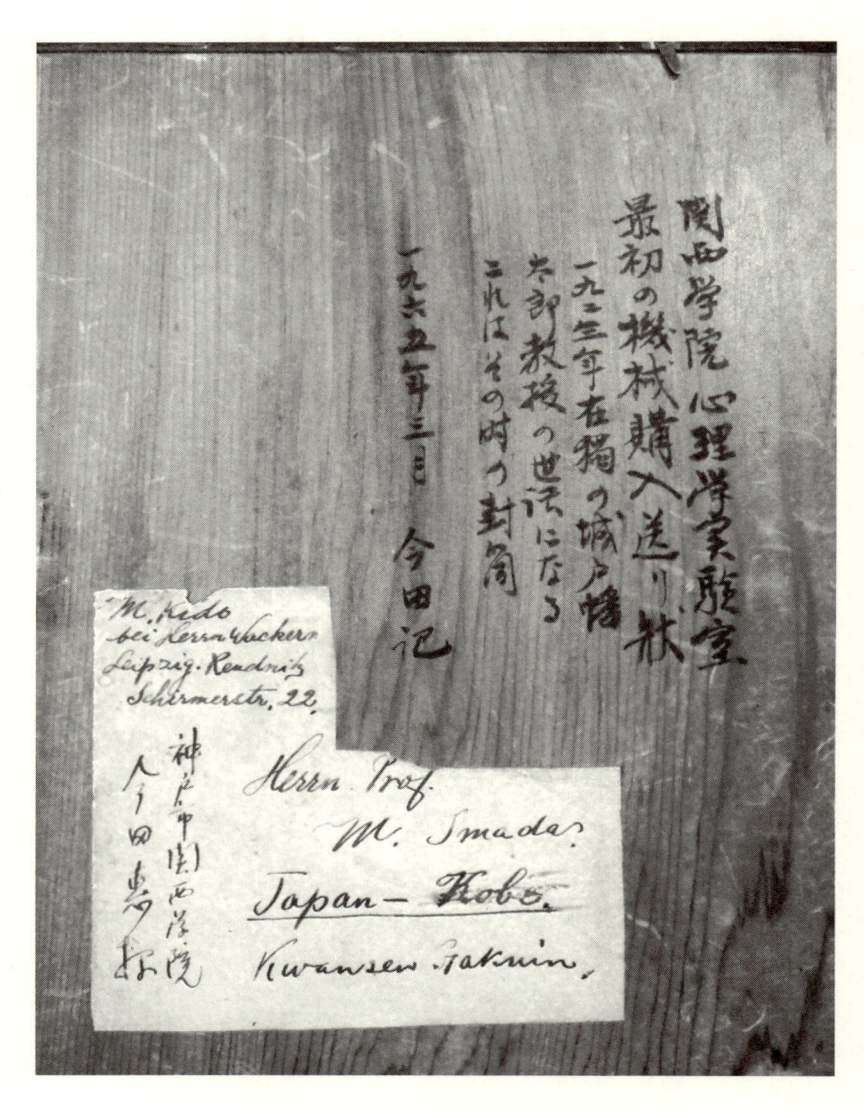

32　第1部　前史：専門学校時代・旧制大学時代

資料2-3　最初の心理学実験機器の購入
　　　　B　送り状を掲げていた額の裏面

資料2-3は、城戸氏から郵送されてきた器械の送り状である。肩の日付は「30. AUG. 1923」とあるので、荷が神戸港についたのは大正12年も暮に近い頃ではなかっただろうか。この時をもって関西学院心理学研究室は正式の第一歩を踏み出したのである。

　そして実験室には、ハミル館の2階の3室が割り当てられた。ハミル館については下のコラム2-2を見てほしい。なお実験室内の様子は、後の資料2-7に見られるとおりである。

コラム2-2　ハミル館と心理学研究室

　関西学院の創立の母体・南メソジスト教会は、もともと子どもの宗教教育に力を入れ、日曜学校教育に熱心であったが、同教育のわが国での中心的推進者であり神学部講師でもあった三戸吉太郎牧師（**資料2-11に写真**）*が、南メソジスト教会のハミル（H. M. Hamill）氏を中心とした寄付金をもとに、関西学院が提供した土地に日曜学校教師養成のために建てたのがハミル館であった。建築年は、建物の外壁下部に「A. D.1917　大正6年之建」とレリーフされているのでわかる。この建物は1918年に完成し、1921（大正10）年発足の文学部のための新校舎完成まで一部その仮校舎に使われ（関西学院文学会編集部，1931）、今田（恵）の就任式もここで行われた。そして心理学実験室も同館内に設置されたのである。資料2-4Aは神戸・原田の森のハミル館の外観、同Bは館内の平面図である。設計はW. M. ヴォーリズ（1880〜1964）によるもので、一階の天井が高く二階のそれが低い、八角形の独特のデザインである。なお資料2-5Aは、1928年当時の原田の森キャンパスの平面図、同Bは絵葉書であるが、ハミル館も見えている。

　なお1929（昭和4）年に関西学院が西宮に移転したときに、ハミル館は寄付者の好意をむなしくしないために移築され、関西学院教会付属・仁川幼稚園園舎として1954（昭和29）年まで使用された。しかし幼稚園が現在の上甲東園に移転後、1956年からは心理学研究室の専用建物となり、1998年にF号館に移るまで42年間使用され、第5章、第7章で述べるような活発な教育・研究活動の基地となったのである。その後同館は修理・改装され、2003年からは再び心理学研究室別館として用いられている。なおハミル館は原田の森から移築された唯一の建物であるので、上ヶ原キャンパスでは最古の歴史的建造物ということになる。

＊三戸吉太郎の孫・三戸牧子は、1964（昭和39）年に本学文学部心理学科を卒業している。

34　第1部　前史：専門学校時代・旧制大学時代

A　外観

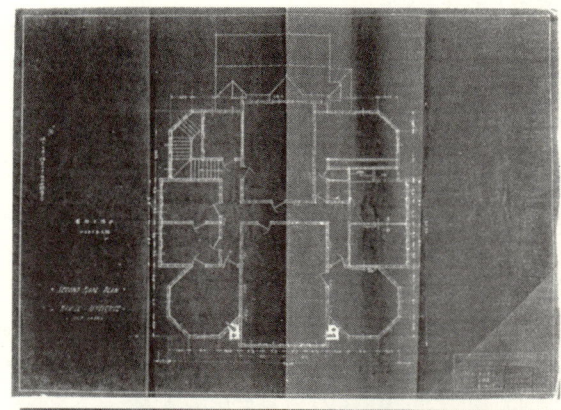

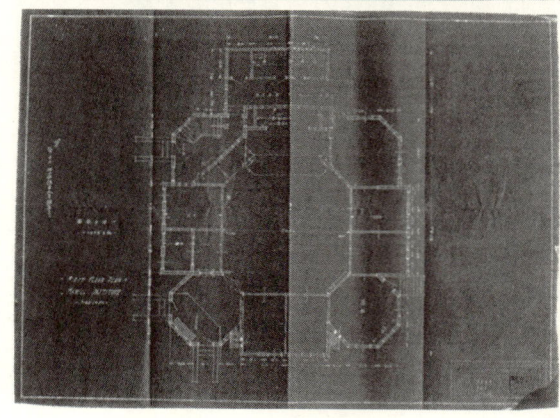

B　館内平面図
上：2階
下：1階

資料2-4　神戸・原田の森にあったハミル館

第 2 章　専門学校時代　35

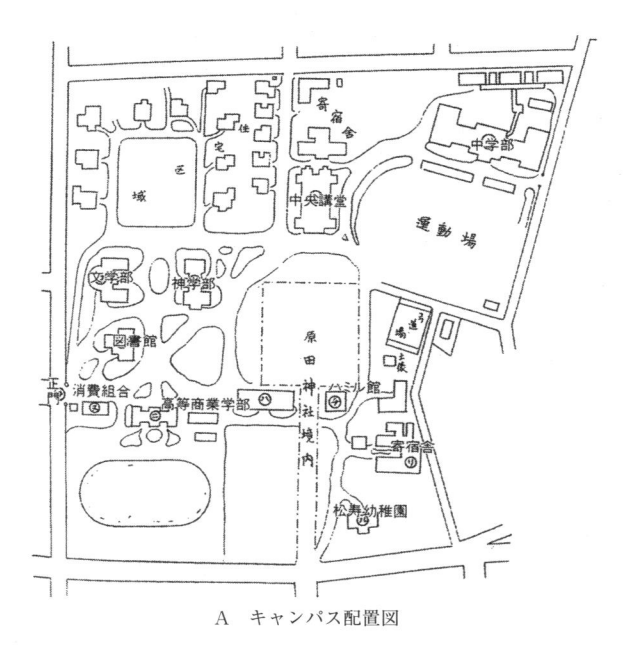

A　キャンパス配置図

B　1928年当時のキャンパスの絵葉書
中央下、手書きのAirのAの上にハミル館が見える

資料2-5　1928年当時の原田の森キャンパス

心理学の教育と研究

　もとより今田(恵)は関西学院全学の心理学教育の担当者として招かれたのであるから、その主たる任務は心理学の教育にある。しかし同時に研究者としての活動も内外で行ったことは言うまでもない。ただハミル館の実験室は、関西学院の上ヶ原移転に伴ってわずか7年間用いられただけで、1929 (昭和4) 年には上ヶ原キャンパスの法文学館の2階4室に移ることになる。

　教育　教育については、まず今田(恵)の文章を見てみよう。"大正十一年の春卒業すると同時に、関西学院の教師になって帰って来た。まだ専門学校であった文学部、高等商業学部、神学部全部の心理学を、昭和九年大学開設まで一人で教えた。そのため全校の学生に接する機会があったことは楽しい思い出である (今田(恵), 1967a)"とある。当時の学生数は3学部合わせてもほぼ1,000人前後であったので、学生総数20,000人を超える現在からは想像もできない家族的な古きよき時代であったようである。

　当時の要覧を見ると、心理学は3学部すべてにおいて第一学年に開講されている。以下、文学部を中心に述べるが、文学部以外で上級学年に心理学が配置されていたのは高等商業学部の産業心理学であった。この時代についての今田(恵)の記述を見ると、"やがて高等商業学部の中には、産業心理学が設けられ、A. P. マッケンジーが担当した。彼は後にロンドンの国立産業心理学研究所に行って研究して帰り、学院の中にもその設備をして益々これを発展させた (今田(恵), 1959b, p. 572)"とある。

　では今田(恵)が所属した文学部についてはどうだろうか。文学部要覧をみると、着任の1922（大正11）年から数年間にいくつかの重要な変化が見られる。

　第一は、多分着任時には印刷が間に合わなかったのであろう、心理学担当者は岸波常蔵となっている。そして開講科目名は「論理学・心理学」であり、専任教員一覧の岸波の専門領域は「哲学・心理学」となっている。翌年と翌々年には担当者は今田恵になっているが、開講科目名は前年度に引き続き「論理学・心理学」である。しかし今田(恵)の専門領域は「心理学」に特化されている。そして開講科目名までが「心理学」に改められたのは1926（大正15）年

のことなので、ここで初めて心理学を専門とする教員・今田(恵)が心理学という開講科目名のもとに教育を行うようになったのである。駆け出しの新任教員が自然に逆らわず徐々に地歩を固めていく様がうかがえる。

第二の変化は1926（大正15）年に見られる。この年から文学部哲学科の選択科目として、2年次に「実験心理学」、3年次に「心理学特殊講義」、4年次に「心理学演習」が開講されている。これはまだ心理学専攻が独立していない専門学校の教育課程としては、かなり進んだものというべきではなかろうか。今田の地歩がさらに固まった感であるが、この時、今田(恵)31歳であった。

なお1927（昭和2）年の「心理学研究」第2巻第3号「彙報」の欄には、関西学院を含む13大学等について、「本年度心理学科講義題目」が紹介されている。その関西学院のところを見ると、上に述べた科目名とやや異なるが、"「心理学概論」、「実験心理学」(Meyers & Bartlett, *Textbook of Psychology*)、「心理学講読」（増田惟茂、実験心理学序説）"とテキストとともに書かれており、担当者は「社会心理学」が後述の大石講師であるのを除き今田教授になっている。これを見ると実験心理学の比重が高く、この頃からすでに本学の基礎重視の姿勢が見えるように思う。なお、この「心理学概論」の講義のために、今田(恵)は謄写印刷（いわゆるガリ版刷り）のテキストを配布している。資料2-6の写真はその上巻の表紙（A）と第一章の最初の頁（B）である。当時の大学の講義は口述筆記形式が一般的であったことに今田は疑問をもち、「序」において次のように述べている。"心理学概論の講義に当たって、口述筆記の方法によるときは講義時間が一種の労働となり、内容の理解も十分ならず、且修め得る内容も僅少なるが故に其弊を避けんがため、予め之を印刷して配布し、教室に於て可成多く理解し得る方法に依らんとして本書を作った"とある。これが関西学院最初の自前の心理学のテキストである。序の終わりに、「大正十四年四月四日　著者識」とあるので1925年のことである。なおガリ版切りのアルバイトには高等商業学部三年の岡村雅人があたった。

次の資料2-7の写真は、ハミル館内の最初の実験室の様子である。後列右が今田(恵)、その左が後に述べる私設助手の前田貞五郎であるが、学生服の2人は「実験心理学」の受講者かもしれない。この写真の裏には「大正15年原田森ハミル館二階」と書かれている。

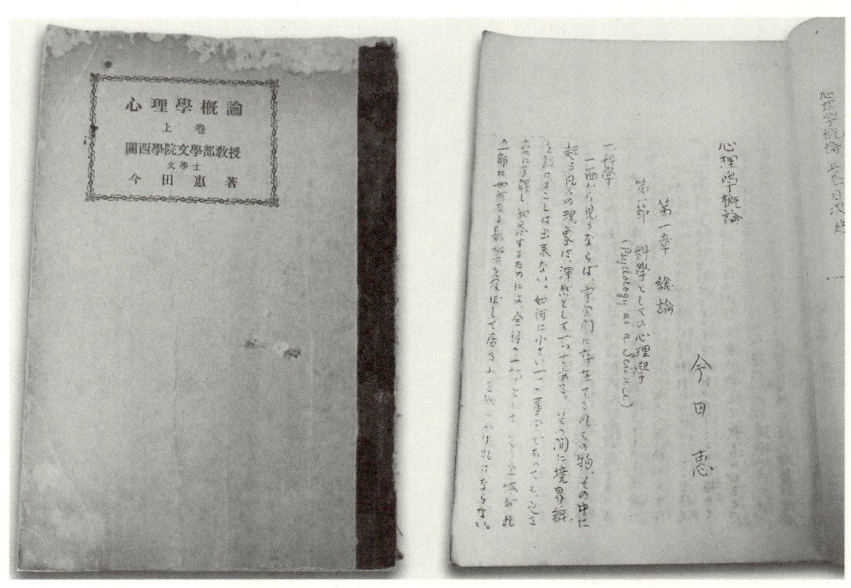

38　第1部　前史：専門学校時代・旧制大学時代

　　　A　表紙　　　　　　　　　　　　B　第一章の最初の頁
　　　　資料2-6　今田恵『心理學概論』上巻（1925）

　　資料2-7　関西学院最初の心理学実験室（1926年、大正15年）
　　　　写真の裏面には、学生の名前が、右・高原小丸、左・藤田一幸とある。

第三に、今田(恵)着任以前から社会学科の上級生には「社会心理学」が開講されていたが、今田(恵)はこの時期のこの科目について次のように述べている。"文学部は、英文科、哲学科、社会科の三つに分かれていたが、哲学科は当時は学生がなかった。一年の心理学以外に、社会科の四年には社会心理があった。今田赴任の年は、新明正道が担当の予定で、教科書もロス[3]の社会心理学と定められていたが、今田はこれを受けついで教えた。そのクラスに後に群集心理学を著した大石兵太郎がいた (今田(恵), 1959b, p. 572)" とある。この大石はその後東北帝国大学に進み、政治学・政治思想史を専攻し、1926（昭和元）年に文学部に教員として迎えられ、1930（昭和5）年には、厳松堂書店より『群集心理学』を著している。なお既に述べたように1927年度には大石講師は「社会心理学」を担当している。

　教育の面で、次に述べる研究との関連でも重要な事柄は、今田(恵)のランバス女学院（後、聖和女子大学、聖和大学、関西学院大学教育学部）と幼児教育への関わりである。

　"(大正)十一年の秋の学期から、大阪の上本町六丁目にあったランバス女学院で心理学と児童心理学とを講義することになった。今の聖和女子大学の前身であるが、幼児教育の科と神学科とがあり、幼児教育科は、日本の幼稚園教育史において記憶さるべきクック先生（注：原文にはリックとあるがクック M. Cook, 1870～1958 の誤り）が、非常な熱情と進歩的見解をもって、高度の幼児教育者の養成に夢を抱き実現につとめられた。私は長い間この学校に関係したが私の児童心理、発達心理に関する興味と研究は、そのおかげであるとして深く感謝している。（改行あり）ランバス女学院には児童相談所が開設された。健康と心理の二部から成り、健康の方は、竹村、入間田両先生が担当され、心理の方は私が担当した。大正十年前後は日本における児童相談所、または児童研究所の勃興した時期であって、京阪神地方にもたくさんあった。私が多少とも関係したものは、大阪、神戸のものと兵庫県のものが

　3）　ちなみに社会心理学という題名の本が英米から各一冊、初めて世に出たのは1908（明治41）年のことであり（McDougall, 1908; Ross, 1908）、ロスのものはアメリカからの一冊である。なお引用文中にある、英文科、社会科は、正しくは英文学科、社会学科であるが、原典通りとしている。

あってそれぞれ責任者があって熱心な活動がつづけられていた。兵庫県の児童研究所を中心として、兵庫県教育心理研究会が組織され定期の発表会を開きその発表は相当長い期間に亘って紀要として出版されていた（今田(恵), 1965, p. 6)."この点については後のコラム 2-3 の脚注も参考にしてほしい。

　後にみられる今田(恵)の児童心理学に関する研究・活動・出版のルーツがここにある（今田(恵), 1933c, 1934a, 1966)。

　ここでいま一つ、形態主義（ゲシュタルト心理学）に関しての次の今田の文章を見てほしい。"形態主義について想起することは、わたしが自覚せずに極めて早い時期にコフカの発達心理学をその英訳 (Koffka: *The Growth of the Mind*, 1924) に基づいて講義したことである。確かには覚えないが昭和の極く初めの頃であった。当時神戸地方にも心理学者は比較的少なく、従ってその人々は毎月集まって読書会をしていた。何かといえばその少数の心理学者が地方の要求に応じて動いたものであった。この講義も専門家ならぬ神戸幼稚園で幼稚園の先生たちのためにしたものであった（今田(恵), 1959b, p. 585)."この後、今田の形態主義に対する意見が述べられているが、ここでは省略する。ただ今田が必ずしもアメリカ心理学一辺倒ではなかったことと、また形態主義をとり上げた時期がかなり早い昭和初年（1926年頃）であったことは注目に値する。ちなみにゲシュタルト心理学の出発点となった論文が著わされたのは1912年であり（Wertheimer, 1912)、日本でゲシュタルト心理学が初めて紹介されたのは、1921（大正10）年にドイツより帰国した高木貞二による東大心理学談話会での話題提供だったという（日本心理学会, 1980, p. 203)。しかし"新しい風潮として一般に知られるに至ったのは1923年（大正12年）頃から……（今田(恵), 1962, p. 376)"であって、その普及に貢献した人物は佐久間鼎と小野島右左雄とされている。したがって昭和の初めの1926年頃に今田(恵)がゲシュタルト心理学の講義をしたというのはかなり早い時期ということになる。なお、ゲシュタルト心理学と小野島については第3章コラム 3-4 を参考にしてほしい。

　研究　この時期の今田(恵)の研究活動については、1.東京帝国大学卒業論文「思考作用と言語表象との関係」、2.生理心理学への関心、3.私設助手・前田貞五郎、4.ウィリアム・ジェームズ『心理学』の翻訳出版、5.学会活動、に

わけて、できるだけ今田 (恵) 自身の文章を引用しながら述べることにする。

1. 東京帝国大学卒業論文「思考作用と言語表象との関係」 今田 (恵) の標記の卒業論文は次のような考えに基づくものであった。"思考は意識過程であるが言語は、思考の結果を盛りこれを伝達する手段であるばかりでなく、思考の過程そのものであり、言語は思考の手段又は道具である。その時私の頭に浮かんだのは言語は思考の乗り物 (vehicle) であるということであった。すなわち言語なくしては思考は出来ないのではないか。殊に第一次的表現要素としての言語活動が思考にどの程度必要性があるのかを実験的に明らかにしたいと考えたのであった。既に古くは内語 (inner speech)、心像なき思考 (imageless thought) の問題が論じられており、又丁度その頃には、ワトソンがその行動主義を思考作用に及ぼして、思考は無発声の話し (Thought is subvocal speech) という説をなし、英国心理学雑誌は之の問題をとり上げて、その或る号をその討論に費やし、喧々たる問題となっていた。わたしの問題はそれと同じ問題ではあるけれども、そこから与えられた問題ではなくて、この問題をとり上げてから後にその論文を見出したのであった (今田 (恵), 1959b, pp. 579-580)。"

なおアメリカのワトソン (J. B. Watson, 1878 〜 1958) がラディカルな行動主義を唱えたのは1913年のことである (Watson, 1913)。彼は、心理学が真の科学になるためには、その対象として意識のような抽象的なものではなく、直接観察できる具体的行動を対象とするべきであるとし、1919年の『行動主義者の立場から見た心理学』ではその考えを思考にまで敷衍し、思考も言語化されない喉の筋と腱の動きに還元することができるとの立場を明らかにした。上の記述によると、今田 (恵) はワトソンのことを知らないで1921年頃に類似の考えを持ち、それを実験的に検証しようとして卒業論文に取り組んだことになる。

それでは具体的にどのような実験を行ったのだろうか。引用を続けよう。

"わたしはこの問題を実験する方法をいろいろと考えた。しかし当時の設備と時間と技術とでは、満足すべき方法を見出すことは出来なかった。当時用いられた諸方法も余り希望がもてそうになかったので、普通の言語活動をもってこれを実験することは断念して、これに代わるものとして聾唖者の手

指の運動を観察することとし、思考過程としては、マッカーシーの計算能力検査の一部を用いた (今田(恵), 1959b, p. 580)。"

　この卒業研究は後に「日本心理学雑誌」の第一巻の第一号と第二号の2度に分けて掲載されることになるが (資料2-8) (今田(恵), 1923a,b)、その中には次のようにある。"私は自ら言語運動と思考作用の関係について、内省法によらず、器械を用ひて微細なる発声器官の運動をも記録し得る実験がして見たいと思ったのであるが、……今俄に之を為すことが出来ない事に気づいた。此に於て極めて準備的なる実験として、外部より比較的運動を観察することの容易であると思われた聾唖者について、その指語と思考との関係を見んと欲したのである (今田(恵), 1923b, p. 157)。"

資料2-8　今田(恵)の卒業論文が掲載された『日本心理学雑誌』
第一巻の第一号と第二号 (1923a,b, 大正12年)

要するに、発声器官の微細な動きの測定は困難である。それならばと、聾唖者が言語の代わりに用いる指の動きに注目し、計算作業を指の動きを伴って行わせるときと、それを禁じて行わせた場合の比較をし、指語という「言語」の思考に果たす役割を見ようというのが狙いであった。結果は"厳密なる意味に於いては、何等結論と云うべきものに到達することが出来ない。ただ大体の方向を指示し得るに過ぎない"ものであった。その他の要点については今田(寛)(2001a)を参考にしてほしいが、ワトソン自身が何等実証的研究を行っていない時代に、東洋の小国で、当時まだワトソンの主張を知らないでこのような研究がなされていたことは、世界に知られていない心理学史上の秘話というべきではないだろうか。

　なお、今田(恵)がそもそもなぜ自分の卒業論文のテーマとして思考と言語の関係を取り上げたかについては次のような個人経験を挙げている。自分は物を書いたり写したり考えたりするときに、しばしばかなりはっきりした発声運動を伴っている、また自分が本を読むのが遅いのは、読書に際して明確な発音をするわけではないが、外に表れない発音運動、少なくとも発声器官の緊張感を伴うことに関係があると論文中に記載している。このような心理学の研究テーマを日常経験の中に見出す姿勢は、今田(恵)の心理学の特徴の一つであったように思う。つまり実験のための実験のようなことを行うことはしなかった。実はこの姿勢は、今田(恵)が後に傾倒することになるW. ジェームズにも見られる。彼が弟子の一人に"そうさね、ミラー君。その理論はまだボクには暖かい事実ではないよ。まだ冷たい観念だ"といったという言葉を連想させる。

　2. 生理心理学への関心　上のような卒業論文を書いて大学を卒業した今田(恵)が関西学院に赴任して最初に何をしたか。次の文章は、今田(恵)がどのような心理学を目指していたかをよく示すものといえよう。

　"こうして、わたしは大学を卒業して関西学院に赴任した。卒業の時に抱いた科学的心理学は生理学的に基礎づけられねばならぬという信念に基づいて、学院に赴任すると直ちに、現在の大阪大学医学部の前身である府立の大阪医科大学の学長室に当時の学長楠本博士を訪ね、目的を述べて、生理学教室と精神病学教室に出入りする許可を乞い、その承諾を得たのであった。し

かし学校の方が忙しかったのと、自分の怠慢のためにこれは十分に実行できなかったのは誠に残念であった。しかし心理学は意識の実証的科学であり、意識は神経系統の機能であるが故に、科学的心理学は生理学的心理学でなければならぬという考えは変わらず、専らその方向に向かって進んだのであった（今田(恵), 1959b, pp. 580-581）。"この姿勢はさらに後に述べるように留学時代（1929～30）に引き継がれ、またその時代に新しい展開を見せることになる。

3. 私設助手・前田貞五郎 再び引用から始めよう。"最初の助手は、自ら申出て無給ではたらいた、前田貞五郎(資料2-7に写真)であった。彼は高等商業学部の出身であった（注：1924, 大正13年卒）。勿論当時の専門学校としては、助手の制度などなかった。ある日一人の高等商業学部の四年生が来て、卒業したら先生の助手にして下さい、心理学殊に児童心理学を勉強して将来幼児教育に従事したいのですという。この人が前田貞五郎君で、それから二、三年間無給でわたしの私設助手となって、ハミル館を根城に勉強した。この時何か仕事のテーマを与えなければならないので、与えたのが、児童の色彩好悪の調査であった。御影から須磨までの幼稚園児、小学校の児童について、色彩愛好の順序を調査した。これがその後各方面に反響を呼んで同様の研究の出発点となり、その結果は海外の文献にまで引用されるようになったものであり、このような影響は予測されないものだと感じた。前田貞五郎はその後目的通りその道に進み、児童相談所につとめ又自身で幼稚園を経営している（今田(恵), 1959b, p. 572）。"

なおこの児童の色彩好悪の研究成果は、「心理学研究」の第一巻に掲載されている（今田(恵), 1926）。また後述するように神戸市児童相談所の例会で前田が報告している。

4. ウィリアム・ジェームズ『心理学』の翻訳出版（1927） 今田(恵)は、アメリカ心理学の父といわれるウィリアム・ジェームズの心理学の研究者として後に良く知られるようになったが、そのきっかけになる出来事もこの時期に起こっている。

"私が関西学院に赴任した、大正十一年の夏休み、故郷の岩国で、ジェームズの「心理学原理」上下二巻を読み上げた。どうも私と心理学とは夏に縁故

があるようである[4]。ともかくもジェームズが1890年、十二年の歳月を費やしてこれをなしとげたとき、この大きな著述を完成したことについて彼が満足したように、私自身もこの大冊を読み上げたという一種の満足を感じた。(改行あり)ところが、その頃から、岩波書店から、心理学に関する欧米の古典的名著を翻訳出版する計画が起こり、高橋穣氏[5]から、私にジェームズの「心理学」(ブリーファー・コース)を訳すようにという交渉をうけた。私がプリンシプルスを読んでいたということは御存知なく、ただ英語だから頼まれたと思うが私にとっては非常に幸せな偶然であった(今田(恵),1965,p. 4)。"ブリーファー・コースというのは、1890年のジェームズの「心理学原理」が全2巻、総1393頁の大著であったので、これを教科書としてより使い易い総478頁の簡易版に改めたものである。'英語だから頼まれた'という記述は興味深いが、今田(恵)の時代の関西学院神学部の授業のほとんどが宣教師による英語によるものであったため、今田(恵)の英語の力には、多分ドイツ語の方が重んじられていたであろう当時の東京大学では、一目置かれていたのではなかろうか。

　今田(恵)は依頼に応えてこの本 (James, 1892) の翻訳に取り掛かり、1926 (大正15) 年2月に訳し終え、約1年後の昭和2年2月に第一刷が岩波書店から出版された(**資料2-9**)。これがその後長く今田(恵)がジェームズ心理学と関わりをもつようになった端緒である[6]。なおその後のジェームズとの関わりについては今田(恵)(1965, p. 5)に詳しいが、1956 (昭和31) 年には『ジェームズ心理学—その生成と根本思想—』(今田(恵), 1957)によって京都大学から文学博士号を授与されている。

---

4)　後にのべるように、今田(恵)は関西学院神学部2年生の夏には松本亦太郎の『実験心理学十講』を、同5年生の夏にはジェームズの『宗教的経験の諸相』の原書 (James, 1902) を、それぞれ一夏かけて読み上げている。

5)　高橋穣(ゆずる)(1885〜1968)は東京帝国大学文学の今田恵の9歳年上の先輩。心理学者、倫理学者。著書に『心理学』(1925)がある。1922年当時は法政大学に所属していた。なお高橋穣は、わが国の科学的心理学の元祖、元良勇次郎(**コラム8-1参照**)の娘婿でもある。

6)　なお心理学名著叢書1として刊行されたが、結局後が続かず、1冊だけの叢書に終わったが、1939 (昭和14) 年には岩波文庫 (上・下) に編入され版を重ねた。しかし漢字・文体が旧くなり昭和51年を最後に版が絶えていたものを、今田(寛)がそれを下敷きに1992年(上)、1993年(下)に改訳した。

46　第1部　前史：専門学校時代・旧制大学時代

A　今田（恵）が翻訳に用いたジェームズのPsychology: Briefer course（1892）（上）と同訳本（今田（恵），1927）（下）。

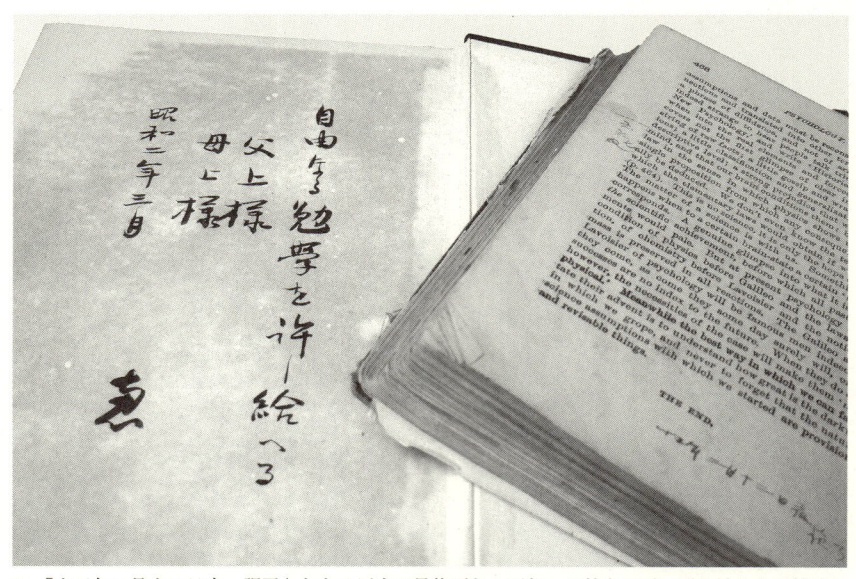

B　「十五年二月十二日夜　訳了」とある原本の最終頁と、両親への献本の扉の頁に見られる献辞。親の期待に反して、牧師の道でなく心理学の道に選んだ呵責の念が表れているようにみえる。

資料2-9　ジェームズの著書（1892）とその訳本（1927）

5. 学会活動　ここで大正末期から昭和初期にかけてのわが国の心理学の状態に少し触れておく必要があるだろう。この時期はちょうどわが国で心理学の専門誌の創刊、学会の創立が見られた頃である。

わが国における最初の心理学雑誌は、心理学の一般への普及を目指して発刊された『心理研究』で、東京帝国大学内に本部を置く「心理学研究会」から、1912（明治45）年1月に第1巻第1号が発行された。しかし1923（大正12）年の関東大震災などを経て、経営上の困難もあって、同誌は1925（大正14）年に第28巻4号（165号）で終刊となった。一方、より専門的な日本独自の心理学誌を目指して1919（大正8）に京都帝国大学から『日本心理学雑誌』が発刊されるようになったが、これも財政的理由で1922（大正11）年の第3巻をもって終巻となった。そしてこれを同じ名前で引き継いで1923（大正12）年に創刊されたのが東京帝国大学刊の『日本心理学雑誌』であり、その創刊号とそれに続く第2冊に掲載されたのが、先に述べた今田（恵）の東京大学卒業論文だったのである（今田（恵），1923a,b）。なお同誌も1925（大正14）年で廃刊となり、『心理研究』と、東大刊の『日本心理学雑誌』が合体されて、1926（大正15）年に今日に続く『心理学研究』が創刊されることになる。そして、すでに見たように今田（恵）の「児童の色彩好悪」に関する論文は、その第一巻に掲載されたのである。ちなみに『心理学研究』刊行の母体は、東京帝国大学心理学研究室に本部を置いた日本心理学会であるが、同学会の第1回大会が開催されたのが1927（昭和2）年4月7日のことである。

そしてまさに同じ年の4月10日に、後に関西心理学会に発展する関西応用心理学会の第一回大会が京都大学で開催されている。関西応用心理学会は、コラム2-3に見られるように、京都府少年教育相談所（1926, 大正15）、神戸市立児童相談所（1921, 大正10）（大正15年より教育相談所）、大阪府立産業能率研究所（1925, 大正14）、倉敷労働科学研究所（1921, 大正10）、愛知県立児童研究所（1925, 大正14）（括弧内創立年）など、心理学の応用を目的とする諸機関の連携を目的として、京都府少年教育相談所の千葉信（後・鈴木信）の提案によって発足した地方学会である。

ここでは『心理学研究』第1巻第2・3合併号（1926, 大正15年6月）に紹介されている「神戸市児童相談所の近況」を見てみよう。そこには、同相談所の

心理部主事として、大正15年に東京大学心理学科を卒業したばかりの田中政太を迎えた報告に引き続き、次の記述がある。"なほ関西学院教授今田恵学士指導、相談所の後援の下に児童研究会が組織され、毎月例会を開き会員も既に百名を超過したとの事である。既に三回の例会を開き第一回は今田文学士の児童心理学の趨勢、第二回は前田某氏（注：前田貞五郎のこと）の児童の色彩の嗜好状態調査、藤村氏の保護児童所見、第三回は田中文学士の連想の研究について各々報告あり、……（p. 193, 通巻p. 365）"とある。

関西応用心理学会は、当時このように方々の児童・教育相談所で行われていた心理学の応用活動の連携を目指して始まったのである。

コラム2-3　関西応用心理学会（のち関西心理学会）のことなど

　わが国に現在9つある地方学会の中で、関西心理学会は九州心理学会と共にもっとも古い地方学会である（今田寛, 1988a; 苧坂, 2005）。その母体となったのは関西応用心理学会であるが、その創設期の様子を鈴木（旧姓千葉）信氏の談話から引用しよう。"大正15年（1926年）京都府から京都大学心理学教室に、京都府少年教育相談所を設立したいというので、所長1名、主任研究員1名の推薦依頼があった。当時京大の心理学は教授が野上俊夫（注：コラム1-2も参照）、助教授（講師？）は岩井勝二郎氏であったが、野上先生が外遊中であったため岩井先生が推薦の任にあたり、結果、所長に藤沢乙夫、主任研究員に京都大学を出たばかりの千葉（のち鈴木信）が選ばれた。なお、藤沢乙夫氏は、明治42年の京都大学の心理学の第1回の卒業生で、現京大教授の梅本堯夫氏の実父にあたる。京都府少年教育相談所は当時室町にあり、身体障害者、不良児、精薄などを対象とする他、高等小学校、尋常小学校を卒業したものたちの、一般職業指導を行っていた。ちょうど大正10〜15年頃は方々に類似の研究所相談所が出来ていた（鈴木, 1977, p. 11）。"とある*。

　千葉はさらに続けて、"これらの研究所、相談所のいずれにおいても臨床的テスト研究がさかんであったため、京都府立少年教育相談所の千葉信は、それらのテスト研究についての連絡と、一堂に会しての討議の必要性を感じ、藤沢所長、さらには京大の岩井先生に提案した"と続けている。そして上記各研究所・相談所の賛同を得て、野上教授の帰国を待って昭和2（1927）年4月7日、京大楽友会館において第一回研究会がもたれたのである。そして"会の終わりに近く、出席者から、非常によい研究会であったので定期的に行おうという提案があった。また（多分桐原先生の提案だったと思うが）関西応用心理学会として発足させるという動議が出され、満場一致の賛同を得、本日をその第1回の会合ということになった。また会長としては野上俊夫、幹事役としては京都大学との連絡もあるので千葉信が選ばれた（鈴木, 1977, p. 12-13）"とある。これが関西心理学会の誕生時の様子である。そして京都—大阪—神戸—名古屋—倉敷の5箇所を回り、春秋2回の会合をもつことが決まったという**。

なお資料2-10は、昭和2(1927)年10月12日、大阪府立産業能率研究所で開催された第2回の出席者の写真である。出席者の名前を写真下に示すが、この中で第2回からの参加者は、鈴木、今田、大伴と女性2名、上野（義雄）であった。

資料2-10　関西応用心理学会第2回大会参加者

当日の出席者は「心理学研究」第2巻第6号（130頁）によると次の18名である。分かる範囲で当時の所属と写真との対応を補足した。野上俊夫（京都帝国大学、前列中央）、岩井勝二郎、谷口直彦（神戸中央職業紹介所）、藤井宗三郎（大阪中央職業紹介所）、今田（恵）（関西学院、前列右から3人目）、藤沢薫（1928より台北帝国大学）、大伴茂（野村教育研究所、前列右から4人目）、川上トシ（同）、清水貞子（同）、鈴木治太郎（大阪市視学）、桐原葆見（倉敷労働科学研究所、前列左端？）、上野義雄（同）、藤沢乙夫（京都府少年教育相談所）、千葉信（同）、田中政太（神戸市児童相談所）、丸山良二（愛知県児童相談所）、伊藤熊太郎（大阪府立能率研究所）、松行翁介（同）

＊この心理学の応用分野の拡大について『日本心理学会五十年史（第一部）』には次のようにある。"大正5、6年頃から、わが国でも社会の諸分野において心理学の援助を求める声が高まった。これは第一次大戦を契機として欧米諸国において心理学の実用性が認められてきた事情に対応するものであった（日本心理学会, 1980, p. 199）。"そして東京帝国大学文学部心理学教授の松本亦太郎教授も、この応用の熱心な推進者であったとの記述が見られる。このことについては今田（恵）も、先に述べたように（39頁参照）、"大正10年前後は日本における児童相談所、または児童研究所の勃興した時期であって、京阪神地方にもたくさんあった"と述べている。

＊＊関西応用心理学会発足当時の様子についての千葉（鈴木）氏の談話は、1975年6月23日に、当時関西心理学会幹事をつとめていた今田（寛）の同氏へのインタビューにも基づくものである。当日の録音テープは今でも今田（寛）の手元にある。

今田恵と心理学

　これまでは関西学院心理学研究室の開設に関わる事実との関係で今田(恵)のことを述べてきたが、次の時代に移る前に、ここで人間・今田(恵)について少してまとめておきたい。その理由は、まだ心理学の方向性が定まらぬわが国の心理学草創期にあって、どのように心理学に出会い、牧師から心理学者の道に転じ、一つの私立学校の心理学研究室を創設し、科学的心理学を追い求めながらもキリスト教的人生の求道者でもあり続けた一人の心理学者の心の遍歴をたどることは、関西学院大学心理学研究室の歴史にとって大切と思うからである。また今田(恵)は、日本の心理学の草創期に貢献があった人物の一人としての評価を得ているので(梅本・大山, 1994, p. 305；西川・高砂, 2005, pp. 176-178)、このことは、わが国の心理学の歴史を考えるに当たっても意味があると思う。特に、帝国大学・首都圏・ドイツ心理学が重んぜられてきた時代にあって、地方の一私学でアメリカ心理学を守り続け、わが国にあって「異色の学風」(石原, 1980, p. 261)を育てた姿は、日本の心理学の歴史の知られざる側面を明らかにするのではないかと思う。

　回顧するに、心理学の草創期というのはロールシャッハのインクのしみのように、まだ心理学という絵の形が定かでなく、したがってそこから何かを読み取り、自分の理想とする心理学を築き上げる自由度は今よりはるかに高く、それ故に一研究室牽引者としての責任の重さは今日の比ではなかったのではなかろうか。そして「異色の学風」も、牧師心理学者・今田(恵)と、学生・教師時代を通して今田(恵)を包んでいた北米文化と自由な私学・関西学院の産物ではなかったのだろうか。

　生まれと生い立ち　今田(恵)は1894(明治27)年、旧岩国・吉川藩の藩士からメソジストの牧師に転じた今田参(わかつ)の次男として山口県三田尻(現・防府市)に生まれた。成長期は父親の任地の関係で瀬戸内沿いの町を3、4年毎に転々としたが、1912(明治45)年に宇和島中学を卒業し、同年秋、まだ神戸にあった関西学院神学部に入学した。子ども時代、路上伝道をしている父親の横で提灯をもって立っていると、石を投げられたような時代である。

　関西学院神学部時代(1912～1917年、明治45～大正6年)　"私が心理学に

始めて接したのは大正二年(一九一三)関西学院の神学部二年生の時、曾木銀次郎から聞いた講義である（注：曾木についてはコラム1-2および資料2-11参照）。当時私が興味を感じた学科……の一つは心理学であるがこの方は特に興味を感じたわけではないが、唯一のやや自然科学的な講義であることに印象づけられた。神経系統の構造についての話などが記憶に残っている。しかし、当時はまだ心理学を専攻するつもりはなかったが、やはり幾分興味はあったのだろう。夏休みに岩国の家に行った時、田舎町の白銀という本屋で、松本亦太郎先生の『実験心理学十講』を買って来て、読みふけった。その中で、理解に骨が折れたが今も記憶に残ったのは、ウェーベル・フェヒネルの精神物理学であった（今田（恵），1965, p. 1）。"その結果、"心理学の科学性にいっそう強く印象づけられたが、その後はそれ以上心理学の本を読んだとは思わない（今田（恵），1959b, p. 576）" とある。

そして神学部5年生、1916（大正5）年の夏、神学生として宇和島に夏季伝道に派遣された時に、今田（恵）はW.ジェームズの『宗教的経験の諸相』

資料2-11　関西学院神学部卒業時（1917）の今田恵（後列左から5人目の学生帽姿）
　これまで文中に登場した人物を挙げると、今田の左隣の背広姿は曾木銀次郎（コラム1-2参照）。前列中央はニュートン宣教師、その右隣はベーツ宣教師（注7参照）、左端はアームストロング宣教師。なお後列右端の背広姿は三戸吉太郎（コラム2-2参照）。

（James, 1902）の原著を一夏かかって読んでいる。今田はこの本を宗教の研究として読んだと続けているが、同時に別のところでは"何故ジェームズを選んだかははっきりした記憶はないが、観念的な哲学や神学に興味がなく、それらは人間経験にしっかり基づいたものでなくてはならぬという考をもち始めていたためだろうと思う（今田(恵)，1965, p. 2）。"ともある。

　1917（大正6）年春、今田(恵)は神学部を卒業するが、"偶々ベーツ先生[7]（資料2-11に写真）が、関西学院を止めて東京の本郷春木町の中央会堂の宣教師として行かれることになって、私に一所に行こう、そして自分を手伝いながら東京帝国大学で勉強しないかとすすめられ……"（今田(恵)，1965, p. 2; 1967b, p. 138）東京行きを決意する。そして送別会の席上、次のように挨拶している。"神学校で学んだ宗教の説明は、真物ではあるかも知れないが、出来上がったものをそのまま超越的に与えられるもので、たとえば三角形をその一つの頂点で立たせたような不安定感を与えられる。わたしは同じものでもよいから、それを一つの底辺で立たせたいのだ。そのためには人間性と人間経験に基づくものとしなければならない。その役目を果たすものは心理学であると思うから宗教を人間性の中に確立するものとして心理学を学びたいと思う（今田(恵)，1959b, p. 577）。"と述べている。後に宗教心理学の書を著し、また人格心理学に興味をもつようになる原点もここにあるように見える。

東京帝国大学文学部時代（1917〜1922年、大正6〜11年）　このようにして今田(恵)は東京に行くことになるが、当時の東京大学は9月始まりであったので、9月までの間しばらく青山学院神学部の研究科に在籍し、1917（大正6）年9月に東京帝国大学文学部に入学している。もっとも当時の東京大学は旧制高等学校卒業者以外の正規入学は認めていなかったので、専門学校出の今田(恵)はまずは選科生として入学している。しかし選科生には徴兵猶予の特典がないので、1918（大正7）年12月から1年半学業を中断して広島歩兵

　7）　ベーツ（C. J. L. Bates, 1877〜1963）は、カナダ・メソジスト教会の宣教師であり、1912年にカナダ・メソジスト教会が関西学院の共同経営に参与すると同時に学院に赴任。1920年には第4代関西学院長に就任。以後20年間にわたって院長として関西学院の発展に尽力し、関西学院の礎を築いた。

第71連隊に1年志願兵として入隊し、1920年5月30日に除隊になり大学に復帰、その後きびしい検定試験を受けて正科生になっている。なお軍隊時代のことについて今田(恵)の書いた文章を一つ紹介しておこう。"1年半の軍隊生活は、私にとっては得がたい人生経験であった。まずあらゆる種類階層の人たちと生地で接する経験を得た。そこには単純な軍隊的階級はあるが、社会的貧富、階層、教育程度の差などは、軍服に着替えた瞬間全くなくなって平等になる。私は人間にはあまり差のないこと、いわゆる下層から来た人の中に立派な人間のいることを知った(今田(恵),1967a)。"もっとも当時はまだ、後の軍隊でよくみられた、ビンタを張るなどの人権蹂躙は自分は経験しなかったとある。

ところで当時の東京大学の心理学研究室はどのような状態にあったのだろうか。東京帝国大学文学部に松本亦太郎の設計による心理学実験室が設置されたのは1903(明治36)年、心理学が文学部の中で独立学科になったのが1904(明治37)年、松本が東京大学の教授として就任したのが1913(大正2)年である。したがって今田(恵)は松本就任4年目の1917年(大正6)年に東京大学に入学したことになる。当時の研究室の様子を今田(恵)本人の記述によると次のとおりである。

"東京大学においては松本亦太郎先生が教授、桑田芳蔵先生が助教授、千輪浩先生が助手であった。松本先生からは「概論」と「感情の心理」、「意志の心理」等の講義を聞き雑誌文献の購読演習をうけた。購読演習は学生が任意の雑誌論文を読んで行って発表するのであり、先生は丁寧にノートを取っておられた。桑田先生からは「民族心理学」「思考の心理」の講義をきいた。久保良英先生が講師として「メンタルテスト」について講じられていた。大体においてヴントの心理学が支配的であった。桑田先生の「思考の心理」において、ヴントに対する、やや批判的立場としてヴュルツブルグ学派の主張にふれることができた(今田(恵),1959b,p.578)。"また別のところで"松本先生はよく発掘的作業ということをいわれ、事実を掘り下げて集めていくことの必要性を強調し、思弁的なことには警戒的であり、アームチェア・サイコロジーには賛成されなかった(今田(恵),1965,p.3)"とある。

今田(恵)の当時の考えを、書かれたものから拾い上げ、繋いで見ると次の

ようになろう。"意識的な経験を単にその生理的基礎に結びつけるだけでは、感覚や知覚の説明はつくかも知れないけれども、精神作用の根本にはふれかねるように感じた。……問題はむしろ……意識的なものが如何にして生理的なものに結びつき、それによって説明されるかという点にあった。いわゆる心身の関係……はおそらく最も困難な問題であ（る）……しかし、わたしは心理学の究極の問題は、そこにあることは否定できないと信じ、この問題にとりくみたいという志をいだいた。卒業論文の口頭試問の時松本先生は、そんな問題に頭をつっこんだら到底出てくることが出来なくなる。元良先生[8]がその問題に没頭して遂に出られなくなって了った。それは止めた方がよいと忠告された。恐らく先生はそのような問題は結局哲学的形而上学的な思弁に陥ることになって、事実的な科学的研究から遠ざかることを警戒されたものであると思う。しかしわたしは、これを事実的科学的に研究する道がある筈であり少なくともその方法の探究があってよいと考える（今田（恵），1959b, pp. 578-579）。"

なお東京大学の心理学科時代の今田（恵）について、辻荘一は、"私の同級は故今田君と、なお健在の石井君と、名は忘れたが女子聴講生だけであった。今田君は年長でもあり、篤信のクリスチャンで、時には教会で説教をするほどの温厚そのものというべき人がらで、心理学の本筋をまっしぐらに進んだ"と内田・クレペリンテストで知られた内田勇三郎の追想集（内田, 1977, p. 24）で述べている。ただ辻は心理学の道をまっしぐらには進まず、のちに音楽史の道を選んだ。また同期で心理学科を卒業した岡本重雄は、同追想集の18頁に、"大正十年に卒業した勇三郎ただ一人と、大正十一年に卒業した私と今田恵氏二人と、大正十二年に卒業した松井三男氏、増田幸一郎氏らと四人とを加えて「じゃじゃ馬会」なるものができた。開芳楼で無茶苦茶に駄弁る会であった"と学生時代を懐かしんでいる。資料2-13Bは、この文中にある大正十一年東京帝国大学文学部心理学科卒業の2名が卒業記念に背広姿で撮った写真である。同Aは学生時代のものである。

---

8) 元良勇次郎（もとら）（1853～1912）。わが国で初めて1888（明治21）年に東京帝国大学で精神物理学の講義を行い、松本亦太郎を教えた。元良顕彰碑除幕式に果たした本学心理学研究室の役割についてはコラム8-1を参照。

資料2-12　長谷川路可筆の松本亦太郎の肖像画（1928）と、今田（恵）が製本して保存していた松本教授述「心理学概論」講義ノート（総189頁）

B　大正11（1922）年東京帝国大学文学部心理学科卒業記念撮影
右・今田恵、左・岡本重雄

A　大正10（1921）年、東大キャンパスにて
中央座位・今田恵　中央立位・岡本重雄

資料2-13　東京帝国大学時代の今田（恵）

東京大学を卒業するに当たっての今田(恵)の卒業論文のこと、引き続いての関西学院への教師としての就任のことなどは既に述べたとおりである。
　以上、少し長くなったが、今田(恵)が心理学について生涯に亘って問い続けた疑問のルーツにあたるものに触れた。牧師を目指しながら心理学に転向した今田(恵)にとって、心理学は一生を賭けるに値する学問でなければならなかった。科学と宗教の調和も大きな問題であり続けたし、心身問題という古くからの哲学的問題に科学的に迫るにはどうあるべきかについても生涯問い続けることになる。そして、その過程で次の留学時代が一つの転機となって、新しい方向に今田(恵)の眼が開かれることになる。
　その前に関西学院の西宮への移転について述べておかねばならない(コラム2-4参照)。

コラム2-4　関西学院の神戸から西宮への移転

　関西学院は1929(昭和4)年、長年の悲願であった大学昇格の実現を目指して、神戸原田の森の校地2万6千余坪を売却し、現在の西宮市上ヶ原(兵庫県武庫郡甲東村上ヶ原)に7万坪を購入した。資料2-14Aは当時の上ヶ原の様子を示している。まったくの農地であるが、右端にはヘルメット状の甲山(標高309.4ｍ)が見える。そこに、神戸時代と同じくW. M. ヴォーリズの設計になる上ヶ原キャンパスが誕生した。資料2-15は移転当時の上ヶ原キャンパスの北半分のジオラマである。実はこの

資料2-14A　同窓・定方塊石画伯による移転前の上ヶ原

写真の中央下の正門から真下（東）に向かって直線道路が約400m延びているが、その末端点（現在関西学院教会のある位置）と、写真中央の時計台尖塔の真上（西）の位置にある甲山の頂上を結んだ約2.4kmの直線の軸を中心にキャンパスは左右相称にデザインされているのである。実にスケールの大きな日本離れしたキャンパス・デザインと言える。

この甲山について、江戸後期の儒学者・頼山陽（らいさんよう）は、「甯山歌（ちゅうざん）」という38文字からなる漢詩を残している（資料2-14B）。故郷・広島の竹原と京都の間を何度となく山陽道を往復している間に、自分はすっかり白髪になり、母親も老いたが、甲山（甯山）は変わらないと、限りある人生と甲山を対比させている。

資料2-14B　甲山森林公園にある頼山陽「甯山歌」の碑

資料2-15　移転当時の上ヶ原キャンパス北半分のジオラマ（右上ハミル館）

後期：上ヶ原移転から大学発足まで
（1929～1934年、昭和4～9年）

今田恵と心理学（続き）

留学時代（1929～1930年、昭和4～5年） 今田(恵)は関西学院の神戸から西宮への移転を終え、1年半海外留学する。後のことは、後に大学予科教授になる東京大学の後輩・中江悳に託して7月に出発した。そしてこの時代にも今田(恵)の迷いと心理学遍歴の旅は続くのである。

この留学期間で長く滞在したのはアメリカ・コロンビア大学での1ヵ年間とイギリス・ケンブリッジ大学での1学期であり、残りは欧米各地を歴訪している。コロンビアでの学年が始まるまでに、カリフォルニア、ノースウェスターン、ピーボディ等の各大学を訪問し、9月にはイェール大学で開かれた第9回国際心理学会の大会に出席している。資料2-16の写真はそのときのものである。

なお、この大会では、ハーバード大学で開かれた生理学会に出席していたロシアのパヴロフが講演をしたのを今田(恵)は直接聞いている。そのとき会場では出版されたばかりのパヴロフの著書『Lectures on Conditioned Reflexes』(Pavlov, 1928) の英訳が販売されており、今田(恵)はそれを購入しパヴロフのサインをもらっている。資料2-17は同書とパヴロフのサインである。先の集合写真の中にも白いひげのパヴロフを見つけることができるであろう。

このときの留学のことについて今田(恵)は次のように述べている。"九月はじめにイェール大学で開かれた第九回国際心理学会に出席した後、一年間はコロンビア大学にとどまった。コロンビア大学で勉強したといいたいのであるが、そういえないのを遺憾とする。私は心理学の目標について迷っていたのである。どこかにほんとうの心理学があるだろうと思って、野良犬のようにあっちこっちを嗅ぎまわったといっても言い過ぎではないであろう。心理学の研究は手をつけてみれば皆面白い。ほかのことを忘れてこれに没頭出来たらどんな楽しいことだろうと思う。しかしそれが科学として心理学の窮極の目標にいかに連なるか、それが人生の目的にいかに役立つか、と考える

と自分の一生を打込む価値がないような気がする。小さくともよいからもっと本質に迫った研究がしたいが、それがつかめない。世界の一流の心理学者の集まっている国際大会にも出、沢山の心理学者に会って他の哲学者や自然科学者について自分のイメージに描いているような、偉大なる人物という印象をうける人がいないということが、いささか私を失望させた。それは学者として本質的な問題をつかんでいないためではないだろうかなどと思った（今田（恵），1965, pp. 6-7）。"[9]

このように、まだ今田（恵）の悩みは続いていた。

しかしコロンビアでは2つの方向に目が開かれたという。一つはウォーデン（C. J. Warden, 1890～1961）の動物心理学であり、今ひとつはマーフィー（G. Murphy, 1895～1979）の心理学史である。

ウォーデンに関しては次のようにある。"私はなお生理学的心理学の考えをもっていたので、かねて希望しながら機会を得なかった神経系統の研究をしたいと思ってメディカルセンターにおける顕微鏡的実験を含んだ神経生理学をとったのであるが、わたしに新しい見解を開いてくれたものは、ウォーデンの比較心理学の講義であった[10]。……これを契機として、心的現象は決して意識に限るものではなく、それは生命的現象であり、従って心理学は生物的科学でなくてはならぬと思うようになった。心的過程を意識に限ることは明らかに狭すぎる。生物進化の段階のある点に心的なものが始まると考えることは出来ない。心は生命と同範囲であると考えねばならない。その意味においては生物の行動の中に認めなければならないけれども、さればとて意識を除外することは恣意的であって、意識的経験も否定すべからざる心的事実である。故に行動主義には賛成であるけれども、その否定面であるところの意識の否定には賛成することができない。この意味においてわたしは新行動主義に賛成するものである（今田（恵），1959b, p. 584）。" 1929年当時、まだ

---

9) 一方、東京大学時代のことについて今田（恵）は次のように書いている。"私はいろいろの講義をきいた。私は初代日本人教授の晩年の講義をきくことができたことを喜んでいる。井上哲次郎先生の哲学、中島力造先生の倫理学、建部遯吾先生の社会学などである。講義の内容よりも碩学の風ぼうから受けるものが多かった（今田（恵），1967（1971, p. 28））"とある。

10) 講義の内容は、のちのWarden他の著書（1935,1936）の内容と同じである。

60　第1部　前史:専門学校時代・旧制大学時代

A　記念写真（全体）

B　全体写真を一部拡大したもの
　左前方のシャツ姿はソーンダイク、その後ろの白い顎鬚はパヴロフ。その左はラッシュレー。パヴロフの列の右5人目に今田（恵）。

資料2-16　第9回国際心理学会（1929）記念写真（イェール大学にて）

第 2 章　専門学校時代　61

Photo by Elite Studio New Haven, Conn.
NINTH INTERNATIONAL CONGRESS of Psychology
SEPT 1-7, 1929

資料 2-17　パヴロフ著『条件反射講義』(共訳, 1928) と同書の内表紙に今田 (恵) がもらったサイン
カバーには J. B. ワトソンと H. G. ウェルズの推薦の言葉がある。ワトソンは「今や英語圏の人間がパヴロフ教授の条件反射についての偉業を読めるようになったことは、まことに喜ばしい。『条件反射講義』は非常に明快なので、教養人であれば誰もが理解できる」と評している。

新行動主義はようやく現れようとしていたときなので、これは後になっての意見であろう。しかし"心を神経系統の函数ではなくて、生命の属性と思うようになった (1965, p. 7)"点で、ここに今田 (恵) の考え方に一つの転機が見られる。さらに続けて、"生命の始まるところ心の始めであると考えるようになった"ともある。これまで指向していた生理心理学的から生物学的心理学への転向といえようか。

　実は今田 (恵) の考えはここで終わってはいない。しかしその考えの展開は恐らく後の時代になってからのことと思われるので、ここでは後へのつながりを分かりやすくする布石となる文章を引用するに留めおく。"生理学的心理学こそ科学的心理学であると考えた時代から、心理学はもっと広い生物学的科学であり、心は生命現象として研究されねばならぬという考えを推進めているうち、人間と他の動物との差異の問題に打突った。人間は確かに生物である。そして進化の産物であるかも知れない。しかし鳥は最早爬虫類でないように、人はもはや動物でない面をもっているということを認めねばならぬのではないか。マクドウガルの主張するイマージェント・エボリューションが科学理論としてどのように認められているかは分からないけれども、事実としては、人間心理学には動物心理学にない問題があり、それを無視しては人間心理学は成立しないといわざるを得ない (今田 (恵), 1959b, p. 586)。"そして人間を他の動物から区別するものとして文化をあげ、"文化という事実を無視しては人間精神の説明は不完全である"と考えるに至るが、この考えへの展開については第6章のコラム6-2を参考にしてほしい。

　一方いま一つ、今田がコロンビアで出会った心理学史についてであるが、心理学史は1929, 1930年頃に新しい展開を見せていた。簡単に言えば、それまでの心理学史が、心理学が哲学から如何に生まれてきたかが中心であったのに対して、コロンビア大学のマーフィーの『現代心理学への歴史的導入』(Murphy, 1929) も、イェール大学の国際心理学会会場に展示されていたボーリングの『実験心理学史』(Boring, 1929) のゲラ刷りも、後に『現代心理学の諸学派』(Woodworth, 1931) として出版されることになるコロンビア大学でのウッドワースの講義も、いずれも心理学が独立してから後の心理学の歩みに中心点を移したものであったという (今田 (恵), 1965, p. 7)。そして続

けて今田(恵)は、"私はこの頃から心理学史に興味をもつようになった。それは過去の発達の出来事としての心理学史ではなくて、心理学が何を求めて如何に進んできたか、心理学のあるべき姿の探求の経過としての歴史である"と述べている。これまでの今田(恵)の遍歴と整合性のある考えといえよう。

今田(恵)はこの後、"アメリカの滞在を終わって、イギリスに渡り、一学期間ケンブリッジの実験室にあって、バートレット先生(F. C. Bartlett, 1886～1969)の演習に出、大部分の時間はその指示の下で、音響定位に関する実験をした。その結果は昭和6年、仙台における日本心理学会第3回大会において報告した(今田(恵), 1965, p. 8)"(今田(恵), 1931a)。

以上、「今田(恵)と心理学」について、その心理学遍歴を軸に比較的詳しく述べたが、この遍歴の旅はまだまだ続くのである。なお今田(恵)については、その教え子の一人・吉尾直純(1941, 昭和16年卒)が「『今田　恵』論」(吉尾, 1985, 1986a,b)と題して、四国学院大学論集に3度にわたり総54頁をかけて詳細に業績・人物などを敬愛の念をもって紹介している。

大学開設まで

1930(昭和5)年12月に今田(恵)が関西学院に戻って約1年2ヶ月経った1932(昭和7)年3月7日に、大学令による関西学院大学設立の認可が下り、同4月から大学予科が開設された。そして"予科の開設と共に中江濱(資料3-2に写真)が予科教授となり、今まで一人であった心理学の教師が2人となり、同学の仲間が出来たことを喜んだ(今田(恵), 1965, p. 8)"とある。そして1934(昭和9)年からは、いよいよ大学が発足することになるのである。なお中江は、戦後岡山大学法文学部に転出するまで大学予科教授を勤めた。

教育　先にも述べたように、1926(大正15)年度から文学部哲学科の選択科目として、2年次に「実験心理学」が開講されていたが、その時代の記録と報告書があるので紹介しておく。

1. 実験実習データ(1932)　資料2-18は、記録用紙上に見られるように「昭和七年11月2日」に行われた視野闘争(binocular rivalry)の実験実習のデータである。記録はカイモグラフ(kymograph)を用いて行われている。

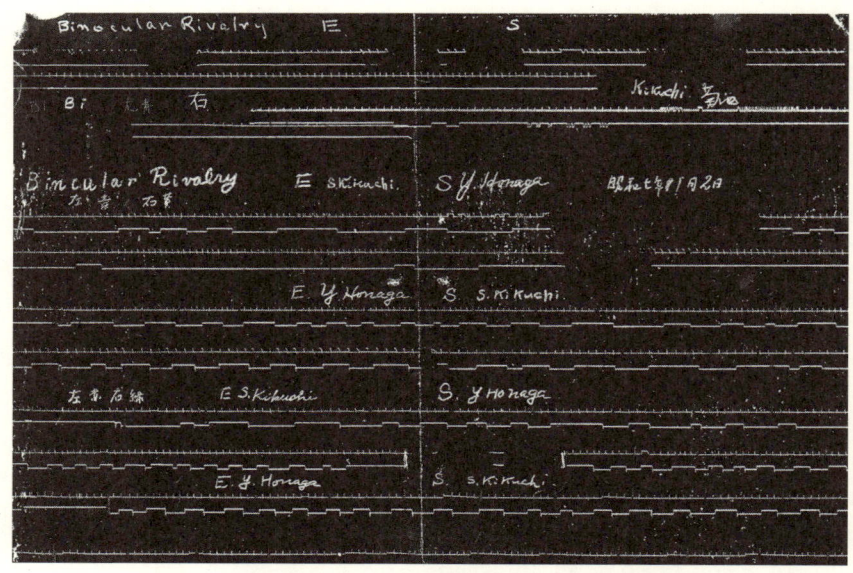

資料2-18　1932年当時の心理学実験実習の反応記録（部分）

少し説明すると、回転するドラムの上に煤の膜面をもつ用紙を貼り付け、その煤を記録ペンが剥がすことによって記録され、それを後にニスで固定して保存する方法がとられている。いまどき考えられない手間であるが、煤を紙に付着させる作業、煤面に触れないように固定させる手間など、昔はなかなか大変だったのである。しかしその分だけ仕事に愛着を持てたように思う。実験の性質についてはここでは説明しないが、おそらく実体鏡で左右の目に（たとえば）緑色、赤色を別々に提示し、緑に見えたり赤に見えたり切り替わる様（視野闘争の現象）を被験者がボタンを押して報告し、それがペンの上下動で記録されたのであろう。実は記録紙上に見られるKikuchiとHonagaは、当時は専門部文学部哲学科の学生・菊池三郎、穂永豊であるが、1935（昭和10）年に卒業後は、発足したばかりの大学法文学部心理学専攻で今一人の同期生中井宗一とともに今田(恵)の私設助手を勤めている（穂永の写真は資料4-3、8-13）。

2. 実験実習報告書（1933）　資料2-19は、当時専門部文学部英文科4年生で、翌春には関西学院大学法文学部文科心理学専攻の第一期生となる古武弥

正の「昭和八年五月十二日」提出の、ミュラー・リヤーの幾何学的錯視の実験報告書である。専攻が始まる前にこのように充実した心理学実験実習が行われていたのである。

研究　学院に戻ってから大学が発足するまでの3年半の今田(恵)の研究業績については、引用・参考文献に掲載しているが、ここでは世間に求められて行った講演・執筆に関わる2つの領域のものを紹介しておく。

1.『**宗教心理学**』**(1934b)**　まず次の引用を見てほしい。"私の継続的な興味の領域の一つである『宗教心理学』を出版したのは、昭和九年（1934）の春である。主として執筆したのは、昭和八年の夏休みであって、文学部本館の中の私の研究室今の文学部本館の北東隅の部屋であった。恩師松本亦太郎先生からご懇篤な激励とお賞めの手紙をいただき、同じく恩師桑田芳蔵先生が、仏教大学での講義に採用していただいたことは身に余る光栄として忘れ得ないことである。この本は、今の日本基督教団(第1章(注2)参照)に合同された日本メソジスト教会の宗教教育双書の一冊として計画されているもので、専門の学術書ではないが、基本的な考えにおいては、学術書として書いても、表現を除けば差はないと思っている（今田(恵), 1965, p. 9）。"宗教心理学への関心は牧師・心理学者であった今田恵の一つの側面であると同時に、これは今田(恵)晩年の人間性の心理学やオルポートの人格心理学への関心の源でもある。また本書が特定宗教に偏した宗教心理学にならないように心がけたと序論に書かれていることが、恩師桑田先生が佛教大学での講義への採用によって証明されているように思う。またこの姿勢は今田(恵)らしい公正性をもあらわしている。この点については第6章のコラム6-2も参考にしてほしい。

2.『**児童心理学**』**(1933c)**　すでに述べたように1922（大正11）年に関西学院に着任以来の関わりをもつようになったランバス女学院からの求めで、今田(恵)は児童心理学を教えるようになり、その領域での指導・講演などが自ずと今田(恵)のレパートリーを広げることとなった。そして『児童心理学』（今田(恵), 1933c）、『学齢期の子供の心理』（今田(恵), 1934a）を著わしている。なお前者は、宗教教育に応用できるような児童心理学を書くようにとの求めに応じたものであり、タイトルの頭には「宗教々育応用」とある。また後

資料2-19　古武の実験実習報告書（1933）

検査成績

	A_I	A_{II}	B_I	B_{II}	C_I	C_{II}	D_I	D_{II}	E_I	E_{II}	F_I	F_{II}
$I_o →$	79	74	76	75	84	90	82	80	79	76	77	74
$II_i ←$	74	73	75	77	81	79	80	79	75	75	72	70
$III_o ←$	77	75	80	80	86	80	81	78	72	75	77	75
$IV_i →$	73	72	77	73	83	81	83	81	76	71	69	67
A.V.	75.8	73.5	77.0	76.3	87.3	82.5	84.0	79.5	75.5	74.3	73.8	71.5
	74.7		76.3		84.9		81.8		74.9		72.7	
M.V.	±1.8		±1.8		±3.9		±1.7		±1.9		±3.1	
N-AV Amount of Illusion	-25.3		-23.7		-15.0		-18.2		-25.0		-27.3	

結論. 如上ノ條件範圍ニ於テハ
(1) 錯覺量ハ角度ガ減ズルホド大デアリ 斜線ガ長ナルホド大デアルガ 角度ヨリモ斜線ニ影響サレル樣デアル (AトFヲ比較シテ)
(2) 被驗者ハ左眼ガ近視（相當強度）デアリ 光線ヲ右ヨリ取リ爲カ Vヲ右ニ置キタル場合ノ方ガ錯角度量ハ少ナシ（全表ヲ通ジテ明瞭）
(3) 錯覺量ノ最モ少キ場合（C）ト最モ多キ場合（F）ニオイテ M.V. 最大キク ノ群ノ觀測價ガ非常ニ不揃ヒデアルコトハ興味ヲヒク.
(4) 第四集團ニ於テハ明ニ被驗者ノ疲勞ガ見エル（暑氣不備ノタメ檢査時間長キニワタリタル爲カ）
(5) 錯角量ガ非常ニ多イ

者は、「母親教育シリーズ6」として、5回のNHKのラジオ放送をまとめたものであり、1941（昭和16）年に再版されている。また戦後には、マッセンの『児童心理学』(Mussen, 1963) の翻訳を岩波書店から依頼されている（今田(恵), 1966)。

要　　約

　本章は、関西学院心理学研究室が1923（大正12）年に誕生してから、1934（昭和9）年に旧制・関西学院大学法文学部文科に心理学専攻が開設されるまでの研究室の歴史を顧みた。この時代は、まだ心理学が専攻・学科として独立する以前であるので、その回顧は研究室の創始者・今田(恵)の歩みを辿ることになった。今田(恵)は関西学院神学部を卒業後、東京帝国大学文学部心理学科に入学し、1922年に卒業すると同時に当時まだ神戸にあった関西学院に初の心理学の教師として着任し、1923年にはハミル館2階3室が心理学実験室として提供され、ここに心理学研究室が正式に誕生した。まず初期の実験機器、図書、専門雑誌、教育、研究等について述べられた。研究については東京大学に提出され、『日本心理学雑誌』創刊号に掲載された今田の卒業論文のユニークさが紹介され、教育については当時の関西学院の心理学教育の先進性が強調された。しかしハミル館に生まれた心理学実験室は7年間用いられただけで、1929年には関西学院は大学昇格を目指して、現在の西宮・上ヶ原キャンパスに移転した。1929年に移転を完了した今田は、1年半欧米への留学が許されるが、その前後の今田(恵)の心理学についての悩み、考えの変遷などについてある程度詳しく述べた。後の関西学院心理学の教育課程と研究の理念的背景をなすと考えたからである。その他、この時期に生まれた日本心理学会、関西応用心理学会と今田恵との関り、また今田(恵)とジェームズ心理学、心理学史、児童心理学、宗教心理学との関係などについて述べられた。

　こうしてみると、関西学院心理学研究室は、ドイツ心理学が主流であった我が国の心理学の中で、誕生以来、常にアメリカ機能主義心理学の流れを、意思をもって追及し続けたわが国では「異色の」研究室であることがわかる。

第3章

旧制大学時代
(1934〜1948年、昭和9〜23年)

　　15年来の大学昇格の念願がかない、いよいよ1934（昭和9）年4月から3年制の旧制・関西学院大学が法文学部と商経学部の2学部で発足した。法文学部は文学科と法学科からなり、文学科には哲学、倫理学、心理学、宗教学、社会学、英文学の6専攻が配された。本章では大学法文学部文学科に心理学専攻が設置されてから、戦後の新制大学が発足するまでの間の心理学専攻の歩みを、太平洋戦争勃発を境に二分して回顧する。しかしこの時代は、1937（昭和12）年から対中国の日中戦争が始まり、また1941（昭和16）年には対米英の太平洋戦争が始まるなど、両戦争を含む第二次世界大戦が敗戦をもって終結する1945（昭和20）年まで、わが国はずっと戦時下にあった。特に1943（昭和18）年には日本は総力戦態勢に入り、「学徒出陣」の名のもとに大学生の戦列参加が義務づけられる等、大学は教育・研究どころではなくなるのである。したがって大学における教育・研究の中身が乏しい分、この異常な時期の説明のために他の章に比べてコラムがかなり多くなっている。

第3章の構成

前期：法文学部文学科心理学専攻の発足から太平洋戦争まで（1934〜1941年、昭和9〜16年）
　心理学専攻発足時
　　　心理学実験室は法文学部棟東翼2階の4室に／心理学専攻第1期生は3名、第2期生は2名
　教師陣と教育課程・研究
　　　教師陣／教育課程／研究／古武弥正の助手就任
後期：太平洋戦争の勃発と終戦、新制大学の発足まで（1941〜1948年、昭和16〜

23年）
　教師陣
　教育
　研究：戦後につながる研究
要　　約
コラム3-1　　今田恵著『心理学』（育芳社，1939）の出版
コラム3-2　　行動主義・操作主義・新行動主義
コラム3-3　　戦時体制が強化された1939〜1941（昭和14〜16）年
コラム3-4　　文部省の旧制高校心理学教育への介入の動きと反対運動
コラム3-5　　戦時下および終戦直後の関西学院大学

文学部（旧法文学部）本館
　手前東翼の2階の奥半分の4室が心理学研究室。戦後になって研究室は同翼の地下にも拡張された（資料5-3参照）。

第 3 章　旧制大学時代　71

前期：法文学部文学科心理学専攻の発足から太平洋戦争まで
（1934 〜 1941年、昭和9 〜 16年）

心理学専攻発足時

　心理学実験室は法文学部棟東翼2階の4室に　法文学部文学科心理学専攻の実験室には、法文学部棟（現在の文学部棟）（第2章、資料2-15参照）の東翼2階の4室が割り当てられた。上ヶ原キャンパスの設計もヴォーリズ設計事務所によるものであったが、資料3-1の図面は、法文学部棟の東翼を中心とした2階の設計図の1部である。

　心理学専攻第1期生は3名、第2期生は2名　大学発足当時の法文学部の様子については、戦後の関西学院大学心理学研究室をリードすることになる

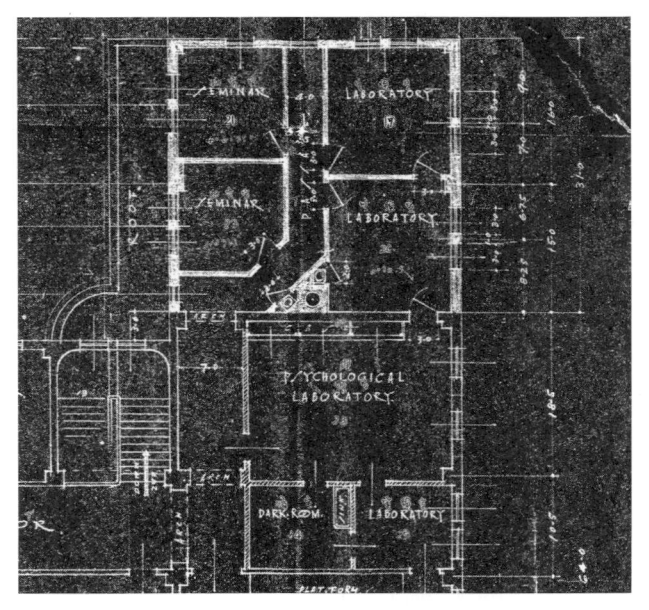

資料3-1　法文学部棟・東翼2階の心理学実験室の平面図

　右上からLABORATORYと記されている4室であるが、4つ目はDARK ROOMとあるように、暗室を含む実験室である。なお右上の部屋は今田教授の個人研究室として使用された。図の上が北、下が南で中央芝生側にあたる。図の左上の2室は心理学に関係のない部屋である。

古武弥正（1912〜1997）が、「法文学部のはじめ」という興味深い文章を書いている（古武, 1959a）。古武は1930（昭和5）年、旧制専門学校時代の関西学院文学部に入学し、2年次末に文部省からの大学認可の報に接し喜び、専門部文学部英文科卒業と同時に、発足したばかりの関西学院大学法文学部文学科心理学専攻第1期生として入学したのである。"予科に入らなかった私共が四年制の課程を終わった年即ち昭和九年四月はいよいよ大学学部の開設である。中学を卒業して二ヶ年の課程を終わって学部に来る予科生とその倍の四年間を勉強した我々が同じ大学々部の一年生になるのはちょっといやだったが法文学部を受験することにした。……四月下旬だったかも知れない。とにかく予科の甲類から進む無試験組と、予科乙類と文学部四年制卒業者で入学試験合格者合わせて八十人。勿論めずらしい新しい大学をめざして集まった他の専門学校出身者もいたが、この八十人中文学科は三十人ばかりだったように思う。……哲学が一人、宗教が一人、心理が三人、あとは英文である

資料3-2　法文学部2階の心理学実験室と第一期生

左から、古武弥正、中江徳大学予科教授、今田教授、正木正講師、高橋調三、林滋基（座位）。撮影場所は資料3-1の図面の上から3つ目の部屋。

A 1933（昭和12）年3月、心理学専攻第一回の卒業生と今田教授
左から、林滋基、古武弥正、今田教授、高橋調三。

B 法文館正面入り口での心理学専攻第2期生と今田教授。左端は森実、右端は武田正信。

資料3-3　大学心理学専攻第1期生と第2期生

（古武, 1959a, pp. 475-476）。"

　なお心理学専攻の3名とは、上記の古武の他に、林滋基、高橋調三である。林は卒業後兵役服務中に病死し、高橋は実業界で活躍し、長く学士会（心理学科の同窓会）会長をつとめ後輩の面倒をよく見た。また心理学専攻第2期生は、武田正信、森実の2名であったが、武田は卒業後、応用心理学の方面に進み、大阪産業能率研究所、大阪府立浪速大学（現大阪府立大学）を経て戦後1958（昭和33）年に母校に戻り、文学部教育学科で長く教育心理学、職業指導を教え、また森は少年鑑別所で長く働き、和歌山少年鑑別所所長も勤めた。なお森の二人の実弟（彬、1944卒、幹、1955卒）も関西学院大学の心理学を出て、少年鑑別所に勤めた。

　資料3-3は心理学専攻の第一期生と第二期生の写真である。また、高橋、武田の後年の写真は資料8-13にある。

教師陣と教育課程

教師陣　心理学専攻の専任教員は今田 (恵) 一人であったが、社会学専攻の大石兵太郎助教授が社会心理学を担当した。また発足当時の院内講師としては予科教授の中江漣が加わり、非常勤講師としては当時浪速高校の正木正が性格学を教え、大阪大学の梶原三郎が生理学を教えた。なお正確な時期は明らかではないが、古い時代の非常勤講師として、横川四十八（よそはち）（神戸女学院）、野上俊夫（京都大学）の名前も挙げられている（今田 (恵), 1959b, p. 575）。

教育課程　"学則によれば、心理学概論、特殊講義、実験心理学、発達心理学又は社会心理学が必修で、それだけである（今田 (恵), 1959b, p. 574）"との記載がある。

　資料3-4は、第一期生の古武が保存していた大学開設年の「昭和九年度法文学部時間表」であるが、当時を回顧して古武は、開講科目数が少なく時間が余って困ったのでやたら方々に出かけて講義を聞いたとある。ただ"どの教授も助教授もはりきりであった。ほんとに創業の意気は天にひびいていた（古武, 1959a, p. 477）"とある。それと同じ思いが、教えた側の今田 (恵) によっても次のように書かれている。"その時の新興の意気は今思出しても胸躍る思いがする。独り教授団ばかりでなく学生も一丸となって、大学の建設

資料3-4 昭和9年度法文学部時間表

につとめた（今田(恵)，1959a, p. 554)。"[1]

　資料3-4の時間表に見られるように、初年度の心理学関係科目は水曜日1・2時限の「心理学」と、火曜日5・6時限の「実験心理学」であるが、幸い古武がこの年度に提出した「実験報告書」が残っているので、どのような実験課題がどのような順番でとり上げられたかが分かる。

握力と打叩速度における右利左利	5月22日提出
視野の実験	6月5日提出
練習の実験（ABC及びいろはの順位逆位暗誦の練習）	6月26日提出
相対比較法による色彩感情の実験	10月9日提出
運動による距離知覚の実験	11月提出
残像の実験	11月提出
注意の範囲	12月3日提出
連想の実験	2月提出
反応実験　其の二	2月提出

---

　1)　関西学院は財政状態が整わず、1918年の大学令公布から大学設置申請に到るまでに10年以上を要している。その間に、1920年には早慶をはじめ同志社など8大学が、1922年には関西、立命が大学設置認可を受けている。このように関西学院は旧制大学の設置認可を受けるまでに24の私立大学がすでに認可されていただけに、大学昇格は関西学院にとってまさに悲願達成であり、学内は喜びに沸きに沸いたのである。

資料3-5は昭和9年度に古武が提出した実験報告書であるが、この報告書のフォーマットは前章で見た昭和8年度のもの(資料2-19)と同じである。しかし大学が発足したこの年度には印刷されている。

この時期の教育について今田(恵)は、"昭和八・九年頃「心理学研究法序説」と題して、心理学史の一覧図表を作成し、大学開設の二年目から毎年心理学史の講義をし……（今田(恵), 1965, p. 8)"と書いているのも見逃すことができない。資料3-6は印刷された心理学史研究序説の第一頁と一覧図表の一部であるが、これが何に掲載されたものかは明らかでない。同論文には1590年から1930年代までをカバーした心理学関連人物とその著作業績についての詳細な横長(縦23cm、横幅約60cm)の年表があり、表に示されている人物は合計80名以上に及ぶ。これが今田(恵)が戦後1962（昭和37）年に岩波書店から出版することになる『心理学史』に基礎になっている。

資料3-7は当時の授業風景である。中央の今田教授の左隣に、第一期生の古武が背広姿で座っているのと、教授の右隣に第二期生の武田、その右に森が学生服姿であることを見ると、1938（昭和13）年の写真と思われる。他は3名いた第三期生（井関悦三、室田正浩、矢野義孝）のうちの2名。右端が井関、左端が矢野と思われる。この時、今田(恵)44歳である。

研究　この時期の研究は、教室協同研究と、今田(恵)自身のものに分けて述べる。

1. 教室協同研究　"その頃、夏休みのはじめの時期を利用して教室協同研究をした。利手の研究である。甲東小学校の児童を被験者として、握力、叩打、マッチボード、鋏、鉛筆の五つの作業を用いて、左右の能力を比較し、更に、眼の右利左利を検査してその利手との関係を調査し、この研究を六年間（注：1935〜1940）連続して、その逐年的変化を見た。児童発達の縦断的測定を行ったわけである。これによってその結果を得ると共に、教室の研究的協力をすすめる楽しさを味わうことができた（今田(恵), 1959b, p. 574)。"これに学生として参加した古武も、"研究室の仕事も又元気にみちていた。三人の助手が働いていた。夏休みを返上してはだかで頑張った今田教授、……（古武, 1959a, p. 477)"とある。ここで述べられている助手は前章で述べた(64頁参照)私設助手と思われる。

資料3-5　1934年度の心理学実習実験報告書（提出者：古武弥正）

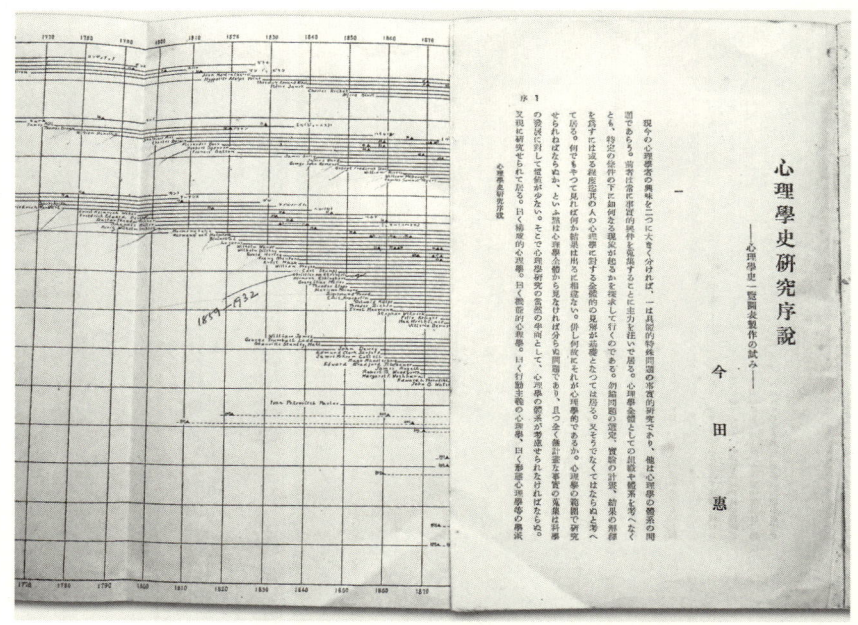

資料3-6 「心理學史研究序說　心理学史一覧図表作製の試み」
第1頁と一覧図表の一部。

資料3-7　1938（昭和13）年の心理学の授業風景

2. 著書・論文等　この時期（1934〜1941）の今田 (恵) の著書・論文・学会報告は、専攻発足時の資料として分かっているものはすべて引用・参考文献に掲載している。1934年に出版された2冊の著書はすでに前章でとり上げたので、それらを除く1935年からのこの時期の業績をみると、合計26件（著書1、翻訳2、論文16、学会報告）と、やはり研究協力者ができた心理学専攻発足時の勢いが感じられる。内容的にみると個別テーマに関するものとしては上に述べた6年間にわたる教室協同研究の成果に関するものが多いが、色彩に関するもの、宗教と発達・児童に関するもの、その他がある。また個別テーマの研究を超えた心理学全般に関わる業績として、心理学の教科書と心理科学論に関するものがあるが、ここでは、この心理学全般に関する業績を中心に紹介するにとどめる。

　心理学全般に関わるものとして教科書『心理学』（今田 (恵)，1939b）の出版があるが、まずこれに先立って同年前半に著された今田 (恵) の論文「心理学の体系に関する考察」（今田 (恵)，1939a）を見てみよう。その冒頭にはこうある。"我国の心理学界に於て、不思議に閑却されつつありし問題は、心理学の体系に関する問題であった。そのもっとも主要なる原因は、科学としての心理学は経験的事実に基づくべきものにして、その理想的方法は実験であり、思弁は哲学的心理学時代の遺物として排斥すべきものとの概念及び態度であった。従って体系の問題に没頭するが如きは、いたずらに思弁に耽るものとして故意に回避せられたるかの観がある。（改行あり）然るに科学が特定の領域の事象に関する組織的なる知識であり、その一任務が法則の発見とこれによる説明であるとの事実よりみて、体系的ならざる科学はあり得ない。個別的事実は科学の与件であって科学ではない。……（2度改行後）特殊事象の個別的観察が我国心理学界の進展に寄与せし功績は大である。然るに、その特殊問題が何故心理学的問題であるか、或いはそれが心理学全体に対して如何なる位置関連を有する問題であるかが明白ならず、単なる偶然的思ひ附のような研究を見聞することも時々あったように思う（今田 (恵)，1939a, p. 16）。"

　つまり単なる個別の実験事実をいくら寄せ集めてもそれは科学ではない。事実を相互に関連づけ説明する体系が必要である。この"心理学的体系に対

する欲求と渇望とは私にとって実に長いものである。そして過去二十年を垂んとする私自身の研究生活はその満たされざる欲求による不安と焦慮とに悩まされて居た(同上, p. 17)"のであるが、"此所数年の間に、何となく、多少自分の安住できる心理学の形態が、極めて漠然とした傾向感から、次第に朝霧の晴るゝ如く明らかとなり来るのを感じて居たが、今度出版する「心理学」を書くに至って、漸く一応纏まったのである (今田(恵), 1939a, p. 19)"とある。これが育芳社『心理学』(今田(恵), 1939b) の出版に至った背景である。そしてこの今田(恵)の不安と焦慮は、次に述べる統一科学運動、操作主義との出会いによってさらに軽減されることになる。ただそこに進む前に、コラム3-1で、この書物にまつわるいま一つの背景を見てみよう。

なお同じく1939年には、1927年に岩波書店から出版されていたウィリアム・ジェームズの翻訳書『心理学』が岩波文庫(上・下)に編入され、普及化されるに至っている (今田(恵), 1939f)。また「ウィリアム・ジェームズ」(今田(恵), 1938d)、「形態心理学を繞る論争について」(1939c)、「アメリカの心理学」(今田(恵), 1940b) など、心理学の体系や理論に関する執筆もこの頃から目立つようになっている。そしてこれは次の戦時中に更に大きな展開を見せるようになる。

この時期の今田(恵)の研究には科学論との出会いによる新しい展開がある。今田(恵)は1940(昭和15)年頃に偶然「心理学と科学の科学」という論文(Stevens, 1939) に出会い、それが契機となって心理学という特殊科学を超えた科学の本質論、科学哲学の問題に目が開かれるようになる。そして翌年には重要な論文一つと翻訳書を一冊著すにいたっている。

実はその少し前からアメリカでは、特殊科学の枠を超えて科学の本質を論じようとする傾向が生まれていて、それが心理学者たちの関心を引き起こしていたのである。その一つはハーバード大学を中心とした操作主義 (operationism) であり、その源になったのが今田が翻訳することになるノーベル賞受賞物理学者・ブリッジマン (P. W. Bridgman, 1882～1961) の『現代物理学の論理』(Bridgman, 1927)(今田(恵)・石橋(訳), 1941) である。この考えでは、"科学の直接取り扱うものは具体的操作によって得られた'構成概念'(Construct) である。故に具体的操作を規定することができれば、従来意

コラム3-1　今田恵著『心理学』（育芳社，1939）の出版

"この本の出版には懐かしい友情物語りがある。私が大正七年から九年（注：1918〜20年）まで、一年志願兵として広島の歩兵第七十一聯隊に入隊していた時の同年兵に加崎喜代三君がいた。人物評は失礼であるが、真実味のある真面目な人として印象づけられていた。除隊後八丁堀の近くで本屋を開いていたが、やがて出版に志し、ある日甲東園の私の家に現れて、自分は学術的に価値ある出版をしたいと思い、すでに広島大学（注：当時は旧制広島文理科大学）の教授の本を二冊出した。三冊目として君の本を出したいと思う。印刷、製本、君の注文どおり何でもそのとおりする、自分はただよい本を出したいので利害などは考えていないという、熱心なすすめであった。私は自分の心理学になんとなくある方向が出来かけて来たように思っていたところであったので、喜んで承知した。それからというもの、毎月一回位上京の途中で立ち寄られる。それに督励されて出来たのが、育芳社の「心理学」である。

はじめ三百頁位と思ったのが六百頁を超え、戦争前夜の物資欠乏の折柄、加崎君が確保しておいた用紙が不足し、五百部は後に補給したやや悪い質の紙になった。その後加崎君は故郷の広島県古市の町長になり今も郷土に善政をしいている。この心理学を書き改めたのが岩波書店から昭和二十七年（一九五二）に出版された「心理学」である（今田（恵），1965, p. 10)。"

資料3-8　育芳社から出版された『心理学』(1939)とカバー

なお、加崎氏との出版をめぐっての軍隊時代以来20年ぶりの交流はよほど今田（恵）の心に残るものがあったのであろう、上のような文章を残すほか、自分用に手元においていたコピーの内表紙には、加崎氏と共に撮った写真が添付されていた。

識的な名辞をもって表現せられていたものも、科学的概念となることができる。ここから、操作主義が心理学と結びついた（今田(恵), 1962, p. 442)"のである。いま一つはオーストリアのウィーンに起こった統一科学運動に源を持つシカゴ大学を中心とした論理的実証主義（logical positivism）である。この立場も、"科学の研究は、結局科学の言語の研究である。その根本において科学の概念を表す'語'は、物理的に規定することのできるものでなければならない……"と考えるから、"この考えもブリッジマンの操作主義によく似ている（今田, 1962, p. 443)。"今田(恵)はアメリカのこの二つの考えに共鳴して前述の翻訳と、それに先立って「米国心理学の操作主義と科学統一運動」（今田(恵), 1941b）と題する論文を『理想』の7月号に著している。なおこれは戦後のことになるが、今田(恵)は統一科学運動の共鳴者であるブランスウィックのモノグラフ『心理学の概念的構成』(Brunswik, 1955)に関心をもつようになり、関西学院大学や京都大学の大学院のテキストとして用いている。

資料3-9　ブリッジマン (1927) の今田(恵)・石橋による日本語訳（1941年版）と戦後再販された1950年版

なお心理学者・今田(恵)が物理学の書物を訳するに到ったいきさつを補足するために、戦後1950年に再度出版されることになった同書の訳者序論から引用することにする。"私がこの書に興味をもったのは昭和十五年頃心理学への影響からであった。そしてその翻訳を企てたが、専門外の物理学に関する部分については私だけではできず又なすべきでもないと思って、その方面の専門である若き同僚石橋栄君の協力を得、毎夜私の書斎で、私が訳し石橋君が書き、一字一句の末まで共訳したのであった。そして創元社から創元科学叢書の一巻として出版されたのは昭和十六年である。此の細心の注意は幸いにして成功し、当時朝日新聞の書評に渡邊慧教授が専門的学術語に誤訳のないことは殊に心地よいと評されたことは私を最も喜ばせ又安心させた。又此度新しい翻訳規程の下に出版するに際しその審査員である東京大学の山内恭教授が詳細に目を通されて、出版所を通じて聞いた所では最優秀と評された由、過分であるが喜んで居る。何となれば私は、悪い翻訳ほど著者を誤り読者を誤り有害無益なものはないと思うからである。此度版を改めるに当たっては、今一応本文と対照したが、極めて少数の字句の訂正の外、改訂の必要を見なかった。しかし如何なる誤がないとも限らぬ。読者の協力を願ひたい。(改行あり)今度の新版が出る時に、前の協力者石橋栄君は、昭和二十年十二月四日ハバロフスク近郊において歳有為の材を懐いてたほれ、その遺家族は近くに住んで居られる。感慨無量である。しかしその業績が再び世に出ることは喜んで貰へると思ふ (今田(恵), 1950a, pp. 5-6)。"なお本書が戦後再度出版されるに至ったいきさつについては次のようにある。"原著は価値ある著述として、G.H.Q.より推薦され、入札によってその翻訳の版権が認められ、此所に日本訳の出版を見るに至ったものである (今田(恵), 1950a, p. 3)"とある。多分G.H.Q.推薦の背後には、著者ブリッジマンが1946年にノーベル物理学賞を受賞したことがあったと思われる。

操作主義と論理実証主義に関してはこれまでとし、詳しくは今田(恵)の『心理学史』(今田(恵), 1962, pp. 441-444)を参考にしてほしい。また戦後日本の心理学界を風靡した新行動主義に、この考えがどのように影響を与えているかについては、コラム3-2を参考にしてほしい。

コラム 3-2　行動主義・操作主義・新行動主義*

　20世紀はじめまでの心理学は、意識を対象とし、意識の自己観察をその方法とする意識主義（mentalism）の心理学であった。これに対してアメリカの心理学者ワトソンは、有名な論文「行動主義者からみた心理学」(1913)で激しく挑戦し、意識主義に対して行動主義（behaviorism）を提唱した。彼の主張は次のようなものであった。心理学が自己観察法によって意識を観察している限り、それは私的なデータを主観的に観察しているに過ぎない。科学にとって必要なことは公共データの客観的観察でなければならない。すなわち観察されたものについて観察者間の一致がなければならない。したがって心理学が先進諸科学と同様の発展をするためには、意識を対象とするべきではなく、客観的観察あるいは測定が可能なものを対象としなければならない。そこで心理学は、対象としては意識ではなくて行動（筋と腺の動き）を、方法としては自己観察法ではなくて客観的観察法をとるべきである、というのである。これが行動主義の主張である。

　ワトソンの主張は筋が通っているが、心理学から意識的な概念をすべて排除しなければ科学として成り立たないとするのは、今から考えれば何か単純すぎるように思える。意識的な概念を保持しながらも科学として存立する道があるはずだと多くの人が考えたに違いない。そのときに参考になったのが物理学であった。

　物理学では観察事実の記述を重んじると同時に理論も重んじる。理論では諸現象を統一的に説明するために観察不可能な仮説的実体（たとえば原子）の導入が不可欠とされる。したがってここで重要になるのは、これらの仮説的実体を表す概念の問題である。そしてこの概念の問題は2つに分かれる。一つは概念の定義の問題であり、いま一つは概念導入の効用の問題である。

　心理学に関連づけて説明すると、ワトソンは素朴な科学観に基づいて心理学からすべての意識的概念を追放したが、この物理学の考えによれば、それ自身観察不可能な意識的概念であっても、それらがしっかりと定義されており、またそれらの概念を導入したほうが導入しないよりも諸現象の説明や予測がうまくいく場合には、それらを大いに用いてもよいという科学観が成り立つのである。すなわち科学であることの基準が、対象の客観性から概念定義の客観性へと変わるのである。

　そのような科学観に裏付けられて生まれた、より柔らかな行動主義が新行動主義であった。そして概念の客観的定義を可能にさせたのが、物理学で生まれた操作主義（operationism）の考えに基づく概念の操作的定義の方法であった。これによってワトソンによって駆逐されていた多くの心的概念が、媒介変数（intervening variable）あるいは理論的構成概念（theoretical construct）の形で再び心理学に戻ってきたのである。

＊このコラムは、基本的には今田（寛）(1994) の本文の一部（p. 220）と、同書231頁のコラムを合体させたものである。

古武弥正の助手就任　関西学院大学法文学部文学科心理学専攻の第一期生として1937（昭和12）年春に卒業した古武は、パーキンス・インスティテュートとハーバード大学へのアメリカ留学を経て、1939（昭和14）年に関西学院大学法文学部の専任助手に就任している。初めての専任助手である。しかしこの頃から日本の戦時体制は年々強化されることになる。ただ古武は視力に障害があったために、後の太平洋戦争中も兵役を免除され研究を続け、それが戦後の心理学研究室の活動に継続されることになるのである。

コラム3-3　戦時体制が強化された1939～1941（昭和14～16）年

　以上のような心理学専攻発足当初の意気盛んな様や、活発な教育・研究活動をみると、1937（昭和12）年から続いていた日中戦争や、間近に迫った太平洋戦争の影響は、大学にはほとんど無かったかのような印象を受けるかもしれない。しかし1939（昭和14）年頃になるとかなり事情が変化する。日中戦争の拡大・長期化に加えて、同年9月にはドイツ軍がポーランドに侵略、これに対して英仏両国がドイツに宣戦し第二次大戦が勃発。そしてドイツ寄りの姿勢を強めていたわが国は、1940年9月には日独伊三国同盟を締結し、これに対してアメリカは英中両国を支援する姿勢を鮮明にしたため、日本と米英の関係は急速に悪化する。それがあらゆる面での戦時体制の強化につながり、ついには1941（昭和16）年12月には太平洋戦争勃発へとつながることになるのである。

　このような情勢の中で、文部省は1939（昭和14）年度から、全国の官公私立大学等の学生を組織して中国等に派遣し、第一線部隊の警備を含む後方支援勤務や、開墾、建築、輸送、医療などの労働に従事させる興亜学生勤労報国隊の結成を各学校に指示するようになった。そして関西学院も同年夏、合計35名の大学生・専門学校生を教員引率のもとで中国北部、満洲（中国東北部）に派遣している。資料3-10の写真は今田（恵）が引率する興亜学生勤労報国隊・法文学部北支班の中国北部での活動の様子である。この時学生一名が作業地で赤痢のために命を落としている。1939（昭和14）年8月11日のことである。

　1940年になると文部省は大学教育そのものを新体制に切り替えるように要求するようになる。その一つの現れが学生自治組織であった学生会の報国団への改組の要求である。もちろん、これよりもはるか以前から学生の言論・思想の弾圧はあったが、この時期になると学生の自治そのものを政府は認めなくなり、報国団の役員はすべて教員であることが求められた。そしてさらに対米戦開戦が迫った1941（昭和16）年後半になると、文部省は次々と指令を発し、教育機関を戦時体制に巻き込んでいくのである。つまり国際情勢の緊迫化による軍事的労務者の必要性から、報国団の軍隊組織化、修業年限の短縮、繰上げ卒業などが行われるようになったのである（**資料4-4も参照**）。

資料3-10　興亜学生勤労報国隊・法文学部北支班
引率者は今田恵（注：北支＝北支那＝北中国）

　わが国の米英との関係悪化は、北米からの宣教師たちの立場を困難なものとしたことは当然であった。1940（昭和15）年5月にはベーツ院長、つづいて6月にはアウターブリッジ法文学部長が相次いで辞表を提出し、同年7月から翌年3月末までに12名の宣教師とその家族がすべて帰国することになったのである。その結果、ベーツ院長の後任には神崎驥一（1884〜1959）が、アウターブリッジ法文学部長の後任には今田（恵）が就任することになり、対米英の太平洋戦争に突入することになる。

コラム 3-4　文部省の旧制高校心理学教育への介入の動きと反対運動

　コラム3-3で戦時体制下での「言論・思想の弾圧」という言葉を用いたが、ここでは1939（昭和14）年に国体明徴教学刷新の名のもとに心理学の教育に対して文部省が行おうとした介入のことについて触れておく。わが国の心理学の歴史の中で事件に当たるものがあったとすれば、この問題ではないかと思うからである。

　まず国体明徴教学刷新というのは何か。広辞苑によると、明徴とは「明らかに証明すること」とあるので、国体明徴教学刷新とは簡単に言えば、'天皇を中心とした日本という国のあり方をはっきりさせるために教育制度を改めること' といえるであろう。文部省は1937（昭和12）年、『国体の本義』をあらわし、全国の小・中・高・専門・大学・図書館に配布したが、その緒言には次のような意味のことが書かれている。つまり、今日の思想上・社会上の悪の根源は、個人主義を基調とする西洋近代思想にある。わが国が大切にしていることを国民が体得し、個人主義を克服して新しい文化を建設することが大切である、と。

　そして1939（昭和14）年、国体明徴教学刷新の見地から同年4月からの旧制高等学校の教授要目の改正案を発表し、それが次の東京朝日新聞（3月6日号）に見られるような反対運動を引き起こしたのである。"文部省が企図する高校の心理学教授要目改正案を中心に捲起った突風は我国の心理学界に大きな衝動を与え広く学界の注目を浴びて居るが、"心理学の危機"を叫んで起こった既報の帝大心理学諸教授と相応じて各私立大学側も一斉に反対、ここに殆ど官私立大学の歩調は一致して改正案の反対に結束するに到った。（改行あり）これ等の心理学者は戸川幸男（早稲田）横山松三郎（慶応）高島平三郎（東洋大）石井俊瑞（大正大）小熊虎之助（明治）城戸幡太郎（法政）渡辺徹（日本大）今田恵（関西学院）等の諸教授講師であり更にまた広島文理大塚原政次学長、同久保良英教授、同古賀行義教授、東京文理大田中寛一、同楢崎浅太郎両教授、東大淡路圓次郎助教授、一高須藤、中村両教授等……" とある。

　実はこの時、文部省にあって改正原案を作成したのは、文部省督学官、教育調査課長文学博士小野島右左雄氏であり、同氏についてはすでに40頁に述べたとおり、佐久間鼎とともに1923（大正12）年にベルリン留学から戻り、わが国に形態心理学つまりゲシュタルト心理学を普及させた人物の一人であった。その小野島が高等学校の心理学の教授内容を定めるにあたってゲシュタルト心理学に基づいた立案をしたことが反対運動の原因だったのである。なおこの提案は "佐久間九大教授、千輪東大助教授、小保内東高、岡本高知、相良城西各教授を改正委員" とする会議でも審議されていたが、"同委員中三名は形態心理学派の人であること等が明白となり……（以上、1939年3月13日帝国大学新聞）" 問題は大きくなったようである。結果的には反対運動が功を奏し、改正案は実現することはなかったが、このようなことがわが国の心理学の歴史にあったことは、当時の時代の空気を知るためのエピソードとしてのみでなく、このようなことを今後起こさないためにも知りおく必要があるのではないだろうか。

　それではなぜ、当時の日本の時局に合っているとして、このような改正案が提案されたのだろうか。第一に考えられることは、ゲシュタルト心理学の発祥国が日本の同

盟国ドイツだったことであろう。第二には、要素主義を廃し全体論の立場に立つゲシュタルト心理学の姿勢が、政治的な意味で全体主義をとろうとしていた当時の政府の方針と矛盾しなかったためであろうか。第三に、そして何よりも大きな原因は、提案者の小野島が"形態主義の戦闘的使徒（今田（恵），1962, p. 376）"であったことであろう。

なおこの問題に関しては、「形態心理学を繞る論争に就いて」と題して、今田恵が『理想』誌の1939年第99号（8月号）に説明とこの問題に対する自分の意見を述べている。そして本コラムもそれを参考にした。そこにおいて誤解のないようにと注意を促している点がある。つまり、このように"対照的に並べて見ると、如何にも我国の心理学界が、形態心理学派と、反形態心理学派との二色に截然と塗り分けられたかの如き印象を与えるのであるが、それは誤って居る。問題は何所までも、高等学校の教授要目として形態心理学のみ或いは少なくとも形態心理学的立場を支配的のものとして採用することの可否の問題である（今田（恵），1939c, pp. 33-34）"と。

いま一つの今田（恵）の重要な論点がある。それは、このようなことが契機となって形態心理学が槍玉に上がっているが、わが国の心理学者は形態心理学たるものについてどれほどのことを知っていたのだろうか。心理学のあるべき姿に照らして真剣に考えた者がどれほどいたのだろうかと、わが国の心理学界が心理学の体系に無関心であった姿を嘆いている。そしてこれを機会に、"自己の心理学、我等の心理学、日本の心理学の問題を、原理的体系的に考えさせられ（同, p. 37）"ることになるのであれば、これはむしろ喜ぶべきことだと述べている。この姿勢は、本文中に一貫して見られる今田（恵）の姿勢に一致するものであることに気づくであろう。

後期：太平洋戦争の勃発と終戦、新制大学発足まで
（1941～1948年、昭和16～23年）

1941（昭和16）年12月8日、ついに日本軍はアメリカ・イギリスに宣戦布告、太平洋戦争が勃発する。そして約3年半後の1945（昭和20）年8月15日に日中戦争、太平洋戦争は共に敗戦をもって終結する。コラム3-3に続く部分を、「戦時下および終戦直後の関西学院大学」としてコラム3-5にまとめておく。心理学の教育・研究という「図柄」が乗っかる「地」あるいは土台そのものが、空前の異常状態になったのである。

コラム3-5　戦時下および終戦直後の関西学院大学

　太平洋戦争の開戦当初こそ、戦局は日本にとって有利に展開したが、開戦後1年ほど経った昭和18年になると、戦局は日本にとって悪化の一途をたどり、そのような中で政府は非常時態勢を強化し、学徒出陣、勤労動員の名のもとに、戦力・労働力として大学生を求めるようになる。特に昭和18年10月には理系学生と師範学校生を除く文系在学生に対する徴兵免除が撤廃されたため、本学の20歳以上の学生はほとんどすべて徴兵され、残りの者も軍需工場に勤務するようになった。そのためキャンパスには学生がほとんどいなくなる。また大学・専門学校も時局の要請に応える方向に制度改革を迫られ、戦時下にあっては役に立たないとみなされた法文系や商業系の学部・学科は縮小または廃止され、理工系教育と国家に寄与する人材養成が強化された。また学生が居なくなった校地・校舎は軍隊に徴用され、また軍需工場が疎開してくるなど、戦争末期には関西学院はもはや教育機関の体をなさなくなってしまった。

　そのような背景をもって戦時中に関西学院で起こった以下の具体的変化を見ると、それらの意味が理解できるであろう。国文学専攻の新設（1942, 昭和17年10月）、神学部の閉鎖（1943, 昭和18年3月）、大学商経学部の学生募集停止と経済学科の法文学部への統合（1944, 昭和19年度）、専門部文学部と高等商業学部の統合と専門学校政経科への転換および理工科の併設（1944, 昭和19年度）、学徒出陣（1943, 昭和18年11月）、学徒勤労動員の通年化（1944, 昭和19年6月）、国民生活科学研究所の設置（1944, 昭和19年度）などである。この最後の研究所は、時局の要請に応ずる研究を行ったが、学生の減少で担当科目のなくなった教員の救済措置でもあった。研究所が設置された場所は、皮肉にも廃部を余儀なくされた旧神学部の校舎であり、心理学の研究室も同校舎に設置され、国から委託された実験が行なわれた（**103頁参照**）。なお、この研究室は戦後もしばらく引き続き使用されることになった。

　また昭和18年11月には海軍省より、海軍予備学生の教育の場として校地・校舎の借用の申出があり、結果、三万坪、13棟が翌年2月に三重海軍航空隊西宮分遣隊に引き渡された。また昭和20年1月からは、法文学部校舎を含むいくつかの建物が川西航空機の設計製図業務のために供出貸与され、中央講堂には同社の動力機械が据えつけられ軍需工場化された。

　当時の荒廃したキャンパスの写真は第4章の扉（**98頁**）に掲載されている。

　そして昭和20年8月15日、敗戦をもって戦争は終結する。戦争に駆り出され犠牲となった者は全学で218名であった。ただ幸いであったのは、大阪、神戸などの近くの大都市およびその周辺が空襲によって焼土と化したにもかかわらず、上ヶ原の学院キャンパスはほとんど戦災を免れ、荒廃していたとはいえ緑豊かな自然の中に迷彩を施されたままの校舎が残り、そこに続々と学生が復帰してきたのである。そして同年9月20日には早くも専門学校、大学予科の授業が再開され、続いて10月には大学も授業を再開する。ただ徴用されていた建物は返還されたとはいえ復旧には時間がかかり、使用が可能になるまでにしばらく時間を要したという。

教師陣

　コラム3-3でも述べたように1940(昭和15)年にアウターブリッジ法文学部長の辞任・帰国後、今田(恵)は法文学部長に就任し、1948(昭和23)年まで同部長をつとめ、その後文学部が法文学部から分離してからは1950(昭和25)年まで文学部長、戦中・戦後の困難な時期の学部長を合計10年間勤めた。また、その後さらに戦後初の院長公選制によって関西学院長に就任、さらに引き続いて1954(昭和29)年からは理事長と、学校行政に深く関わるようになる。

　一方古武助手は、先に述べたように視力の関係で兵役を免れたこともあって、後にのべるように戦時中から人間の条件反射の実験を行っている。そして1941(昭和16)年には専任講師、1944(昭和19)年には助教授となり、戦後1948年(昭和23)年に教授に昇進し、戦後、今田が学校行政に抜けた後の関西学院心理学研究室をリードするようになる。

教育

　戦時中の教育については、コラム3-5に書いたような状態の中で、教育どころでない状態であったと思われる。また当時の記録も乏しい。したがってこの時期の研究室のこと、教育のことは、次の第4章において、この時期を経験した卒業生や当時の聴講生の手記によって語ってもらうことにする。

研究：戦後につながる研究

　末尾の引用・参考文献にも見られるように、1942(昭和17)年からは今田(恵)の研究論文の数は一年に一本へと激減している。しかしこの時期は、わが国で唯一、アメリカ心理学を守りつづけてきた関西学院心理学研究室にとっては戦後につながる極めて重要な時期でもあった。すでに述べたように戦時中にもかかわらず、戦後に大きな影響力をもつようになる新行動主義の根底をなしたブリッジマンの操作主義に関する書物の訳出(今田(恵)・石橋, 1941)、今田(恵)の学生であった那須聖(きよし)によるワトソンの『行動主義』の翻訳(那須, 1942)、古武弥正による条件反射実験に関する論文(古武, 1943a,b,

1944a,b）など、戦後の飛躍に向けての下地が積み上げられたいわば雌伏の時期だったのである。したがってここで戦後の新行動主義から遡る形で、1923年以来の関西学院心理学研究室の戦前・戦中と少しの戦後を加えた時期の研究の流れを概観しておきたい。これまで今田心理学を、根っ子から幹を経て枝分かれしていく様を明らかにしてきたが、戦後の新行動主義という一本の枝・梢の先端からその源をたどっていくと、見事に本学心理学の幹、根っ子につながっていく様がこれによって明らかになると思うからである。

資料3-11の表は、今田(寛)の論文「わが国心理学界への行動主義の受容——今田恵と関西学院大学心理学研究室を中心に——」（今田(寛), 2001a）に掲載したものに一部加筆・修正したものである。

表の説明を少ししておく。

今田(恵)の東京大学に提出した卒業論文の発想の中にあった行動主義者・ワトソンの考えとの親和性についてはすでに詳しく述べた (41頁)。また行動主義が、ジェームズを祖とするアメリカの機能主義心理学の流れの中に生まれたことも述べた。さらに新行動主義に科学論的基盤を与えたのが操作主義であったことも述べた (84頁)。そこでまだ述べていなワトソンの著書『行動主義』（Watson, 1930）の翻訳・出版のことから述べる。

本書の翻訳者は1940（昭和15）年心理学専攻第4期卒業生の那須聖である（那須, 1942）。ただし日本語題名は『人間は如何に行動するか』となっている[2]。資料3-12は同翻訳のカバーと内表紙に書かれた著者からの今田(恵)への献辞である。

序は今田(恵)によって書かれているが、次の文章で始まっている。"ワッツソンによって唱道された行動主義は、近代心理学発達史上に於ける、アメリカの特異なる貢献であって、現代心理学諸学派中主要なるものの一つとして、その影響も甚だ大である。故に心理学を学ぶものは、一通り正しくその説を理解して置かなければならぬ筈である。然るに我国の心理学界では、他

---

2) 那須の訳したワトソンのこの書物は、1968年に安田一郎によって再び翻訳され、『行動主義の心理学』というタイトルで河出書房から出版されている。しかし不思議なことに、同訳書には那須の翻訳のことには一切触れられていない。対米戦争の最中にこのような書物が翻訳されていようとは思ってもみなかったのではないだろうか。

資料3-11　太平洋戦争前・中・後の、関西学院心理学研究室におけるアメリカ心理学および行動主義関連の出来事、出版（今田（寛），2001aに加筆・訂正）

年	事　項	備　考
1923（大12）	・今田恵「思考作用と言語表象との関係」 ・関西学院心理学実験室開設（開設者：今田恵）	・『日本心理学雑誌』第一巻、第1、2号 ・実験室3室　実験機器チンメルマン社より400円分購入
1927（昭2）	・今田恵（訳）W. ジェームズ『心理学』(1892) 岩波書店	・1939 岩波文庫　上下2巻に
1929（昭4）	・今田恵　欧米へ留学	・心理科学は如何にあるべきか？
1934（昭9）	・関西学院大学法文学部文学科に心理学専攻開設	・第一期生に古武弥正　梶原三郎大阪大学教授生理学担当
1939（昭14）	・古武弥正　人間の条件反射研究開始	
1940（昭15）	・今田恵「アメリカの心理学」	・『現代アメリカの経済及び文化』白楊社
1941（昭16）	・今田恵「米国心理学の操作主義と科学統一運動」 ・今田恵・石橋栄（訳）P. W. ブリッジマン (1927)『現代物理学の論理』	・『理想』第122号 ・創元社　新行動主義の科学哲学的背景
1942（昭17）	・那須聖（訳）J. B. ワトソン『行動主義』(1930) 翻訳版タイトルは『人間は如何に行動するか』 ・渡辺茂　白ネズミの試行錯誤学習実験を実施	・原著名：*Behaviorism* 創元社
1943（昭18）	・小林亮太「鼠の迷路学習に於ける頻度の法則」 ・古武弥正「人間に於ける条件反射の実験的研究（序報）」 　〃　　「条件唾液反射の形成、汎化、及び分化」	・卒業論文 ・『心理学研究』第17巻 　〃　　　　第18巻
1944（昭19）	・　〃　　「唾液分泌についての小実験」 ・　〃　　「「まだか、まだか」反射について－条件反射に於ける延滞と痕跡－」	・　〃　　　　第18巻 ・　〃　　　　第18巻
1946（昭21）	・今田恵「アメリカ心理学の現状」 ・古武弥正「人間の条件反射について」 　〃　　「ワットソンの心理学」	・『人間科学』(日本応用心理学会）創刊号 ・『哲学研究』第31巻　弘文堂 ・『脳研究』第3号
1947（昭22）	・新浜邦夫　動物実験開始	
1949（昭24）	・今田恵「行動主義の展開」 ・古武弥正「人間の条件反射－私どもの基礎実験－」 ・新浜邦夫・芦田幸男　スキナー・ボックスを自作し実験	・日本心理学会大会にて（今田恵，1953b）関西学院大学六十周年記念論文集 ・実験結果は、1950年関西心理学会、1951年日本心理学会で報告
1950（昭25）	・古武弥正「人間について条件反応研究の十箇年」	・『脳研究』第21号
1951（昭26）	・今田恵『アメリカ哲学の源流－ジェームスとその思想－』 ・今田恵（訳）P. W. ブリッジマン (1927)『現代物理学の論理』新版 ・古武弥正・新浜邦夫「条件行動についての予備的研究」 ・古武弥正「人間における条件反射の心理生理学的研究」 ・古武弥正・多河慶一「人間における電気性皮膚条件反射の延滞について」 ・古武弥正・美浜久春「人間における瞳孔反射の条件形成」 ・実験用サル一頭購入、飼育開始	・養徳社 ・新月社 ・『心理学研究』第21巻 　〃　　　　第21巻 　〃　　　　第22巻 　〃　　　　第22巻 ・名前はハル
1952（昭27）	・古武弥正・美浜久春「O.V. Hudgins の方法による瞳孔条件反射の有意統制」	・『心理学研究』第23巻
1953（昭28）	・今田恵「連合派・行動派」 ・古武弥正「人間の条件反射」	・中山書店『心理学講座』第1巻　日本応用心理学会 ・中山書店『心理学講座』第5巻　日本応用心理学会

資料3-12 那須聖（1942）によるワトソンの『行動主義』（1930）の訳書、カバー、および今田（恵）への献本にある那須のサイン

の様々なる心理学の主張に比して、行動主義はその名のひろく知られている割合に、その主張並びに内容が十分に知られず、比較的冷淡に取り扱はれて居る観がある。即ち、第一に行動主義は忠実に紹介せられて居らず、第二に之に対する批判検討が少なく、第三に一人の行動主義者も出て居ない（那須，1942序）."

そして、序は次の文章で終わっている。"訳者は、関西学院大学心理学科（注：まだ学科にはなっていない）卒業後、東京帝国大学航空心理研究室の一員として専ら実験的研究に従事せる新進学徒にして、特に英語に長じて居る。私が特に安心して本書の翻訳を慫慂（しょうよう）した所以である。今や日ならずして研究室を離れ、軍務に服せんとするに当たり、本書の印刷を了し将に出版されんとし、私に序文を徴さる。読者と共に行を壮にし、切に自愛を祈る."なお訳者の那須は、1916年に米国カリフォルニア州に生まれ、関西学院大学で学び、戦後はコロンビア大学でも学び、毎日新聞社外信部副部長、ワシントン特派員、ニューヨーク支局長、外交評論家・文筆家として活躍した。

上の序にもあるようにわが国の戦前・戦中の心理学界はほとんど行動主義

を本気でとり上げることをしなかった。十分理解しようともせず無視するのはおかしいではないか、という思いがこの序文からはよく伝わってくる。今田(恵)は行動主義・新行動主義の客観主義には賛同したが、生涯行動主義者にはならなかった。そして恐らく日本で最初の行動主義者は、その最初の教え子・古武弥正であったと思う。それは後に明らかになるであろう。

　その古武は、父君・古武弥四郎(1879〜1968)が大阪帝国大学の著名な生化学者であったことも関係があると思われるが、人間の条件反射関係の研究は大阪大学医学部で行っている。資料3-13は古武の論文($1943_{a,b}$; $1944_{a,b}$)が最初に掲載された『心理学研究』を示すが、その論文には古武の所属機関として、関西学院大学心理学研究室と並べて大阪帝大医学部第一生理学教室とあるのが見える[3]。また古武は1939(昭和14)年頃から条件反射の研究を始めているが、1943年3月東京文理科大学で行われた心理学会で報告した「人間に於ける条件反射の形成」の抄録末尾には「本研究は慶応大学医学部生理学教室林髞博士の後援により進行中のもの」と記している。したがって古武は条件反射の先達・慶応義塾大学の林髞教授の指導も受けている。なお資料3-14は、古武(1943a)にも掲載されている写真であるが、被験者は古武自身である。

　このようにして、関西学院心理学研究室は、戦後日本が受容することになる新行動主義の流れに、20年以上の継続的積み上げと一貫した思想をもって、きわめて自然に合流することになるのである。したがって今田(恵)は、戦後間もない頃の日本の心理学界におけるアメリカ心理学、行動主義の紹介者、スポークスマンであり、古武は新行動主義の主要テーマであった条件づけ・学習に関するわが国の研究をリードしたことが、表からも見て取れると思う。例えば1946(昭和21)年に戦後始めて開催された日本応用心理学会の大会では、今田(恵)は「アメリカ心理学会の現状」と題して招待講演を行っている(今田(恵), 1946a)。また戦後影響力のあった中山書店からの『心理学講座』には、今田(恵)(1953a)が「連合派・行動派」を、古武(1953a)が「人間の条件反射」を担当している。

---

　[3]　古武は、昭和16年に内地留学、17年には大阪大学医学部第一生理学教室に入室、18年には同嘱託研究員になっている。

第 3 章　旧制大学時代　95

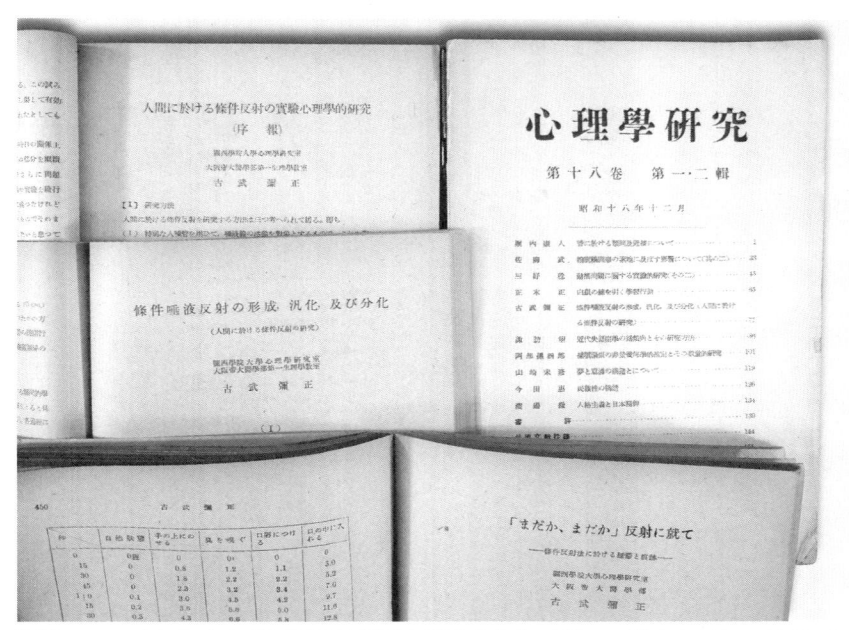

資料 3-13　ヒトにおける唾液条件反射研究に関する古武の最初の 4 論文（1943a,b；1944a,b）が掲載された戦時中の『心理学研究』
'「まだか、まだか」反射に就いて' の号に 2 論文（1944a,b）が掲載されている。

資料 3-14　古武がヒトにおける唾液条件反射の実験を始めた頃の写真
人唾管をつけているのは古武自身（古武，1943a, p. 460）

要　約

　1934（昭和9）年に、旧制関西学院大学が発足し、法文学部文学科に心理学専攻が設置され、古武弥正を含む第一期生3名が入学し、心理学研究室の活動は活発化する。しかしこの時代は1937（昭和12）年の日中戦争、1941（昭和16）年の太平洋戦争、1945（昭和20）年敗戦による両戦争の終結と、戦争に明け暮れした時代であった。特に昭和18年頃からは日本の戦局悪化にともない学生は兵力・労働力として駆り出され、大学は大学として機能しなくなる。そのような時代であったにもかかわらず、関西学院心理学研究室は、この時期に戦後につながる重要な積み重ねを行ったのである。たとえば太平洋戦争直前には心理学の体系についての今田（恵）の考えが少しずつまとまりはじめ、それが1939（昭和14）年の著書『心理学』（育芳社）に結実する。またその頃から個別科学を超えた科学論に今田は関心をもつようになり、それが戦後の新行動主義の主張の根底をなすにいたる操作主義への関心と、操作主義の提唱者の物理学者・ブリッジマンの著書『現代物理学の論理』の翻訳・出版（1941）へとつながる。また第一期生の古武は1939年には初の専任助手に就任し、条件反射実験を開始し、戦時中も一貫して人間の条件反射に関する実験を着実に積み重ねた。また1942年には第4期生の那須聖によるワトソンの『行動主義』の翻訳が『人間は如何に行動するか』の名のもとに出版された。このような戦時中を中心とした関西学院心理学研究室の研究業績は、1923年の研究室開設当初から積み上げられたアメリカ機能主義心理学の延長上にあり、そのために関西学院心理学研究室は思想的にも個別業績的にも見事な連続性をもって、戦後のアメリカ心理学中心の日本の心理学の世界に合流することになった。

第4章

手記にみる太平洋戦争中・終戦直後の心理学研究室

　　本章では、太平洋戦時中の心理学研究室の様子を、2人の卒業生、大谷晃一（1946, 昭和21年卒）と大角欣治（1947, 昭和22年卒）の手記を通してみることにする。また1942 〜 1943（昭和17 〜 18）年にかけて心理学研究室の仕事を手伝いながら聴講生でもあった中塚美能子の思い出の文章も参考にする。そして最後に、終戦の1945（昭和20）年8月15日からしばらく続いた今田（恵）の日記の一部を通して、終戦直後の世情、人の暮らしや思い、関西学院の様子等を見ることにする。

　　以下が本章の構成である。

　　なお本章では、執筆者本人の文章以外は、以後、原則として西暦のみを用いている。期間が戦争中（1941 〜 1945、昭和16 〜 20年）とその前後に限定されているので、煩さになるのを避けるためである。

第4章の構成

大谷晃一（1946年卒）**戦時下の心理学教室**
大角欣治（1947年卒）**戦中・戦後の思い出より**
中塚（旧姓・安雲(やすも)）美能子（1942 〜 1944年聴講生）**の思い出**
今田（恵）の日記「為万世開太平」（1945年8月15日 〜 10月9日）**より**（抜粋）
コラム4-1　　戦前・戦中・戦後の日本の心理学界

紀元節（現在の天皇誕生日）の宮城遙拝（1939.2.11）
中央芝生で脚にゲートルを巻いた学生が東（宮城の方向）に向かって整列している。時計台の右が法文学部校舎、その右は神学部。神学部は1948年3月には閉鎖、国民生活科学研究所となる。

戦時中の荒廃した上ヶ原キャンパス
左の建物は迷彩を施された図書館時計台、右は法文学部校舎

大谷晃一（1946年卒）　戦時下の心理学教室

　大谷晃一（おおたに・こういち）　1923年に大阪で生まれる。関西学院大学法文学部文科心理学専攻を1946年に卒業し朝日新聞社に入社する。大阪本社学芸部次長、編集委員をつとめ、1979年、帝塚山学院大学教授。伊丹市教育委員、同委員長を勤め、1996年より伊丹市文化振興財団理事長。1997年に帝塚山学院大学学長、2001年に退任し名誉教授となる。専門分野は伝記文学、歴史小説、近代日本文学研究。1988年に『大阪学』を開講。1971年に、「続関西名作の風土」で日本エッセイスト・クラブ賞を、1989年に伝記文学の全業績に対して大阪芸術賞を受ける。著書は「織田作之助」「評伝 梶井基次郎」「評伝 武田麟太郎」「鴎外、屈辱に死す」「大阪学」「続大阪学」「わが町大阪」「大谷晃一著作集」全六巻、他多数。正・続「大阪学」ベストセラーとなる。

　大谷氏からは2005年5月に原稿をいただいておりながら、出版がおくれたことをお詫びしたい。

　　A　学生時代の大谷晃一　　B　帝塚山学院大学学長時代（1998年）
　（1946年9月卒業送別会にて）

資料4-1　大谷晃一（1946, 昭和21年卒）

私が関西学院大学に入学したのは、昭和十八年(一九四三)十月だった。満十九歳。太平洋戦争の真っただ中である。法文学部文学科心理学専攻であった。
　心理学専攻を選んだのにはわけがある。昭和十七年(一九四二年)九月、大学予科の一年生二学期の初めだった。心理学の中江溥教授が私を呼んだ。心理学の試験が百点だったという。心理学班というクラブがあって、部員が皆無で有名無実の有様だった。これを立て直してほしい、と頼まれた。私は気をよくし、引き受けた。教授の指導で犯罪心理学の研究を始める。翌十八年二月、予科の学術研究発表会があって、心理学班として、私は「文章心理学」を発表すべくレポートはほぼ成った。が、感冒にかかり発表は出来なかった。予科誌「甲陵」に私は部報を書き、「心理学は人間を科学するものである」と大言を吐いている。そんないきさつがあった。実は文学をやりたかったのだが、それでは就職が難しいのを母も知っている。そこで、母には分からない心理学にしてごまかした。
　大学予科は二年制だった。昭和十六年(一九四一)から始まった戦争による学業繰上げで、この年も半年間の短縮に決まった。十八年九月で予科を修了した。その年の六月に学徒戦時動員体制確立要綱が決まり、大学や高等専門学校生の軍事教練と勤労動員が徹底されることになっていた。
　大学に入った。正門を入ると大芝生の正面に図書館があって、その右手のいまの文学部の建物がそのまま当時の法文学部であった。その手前に並んで、やはり神学部があった。変わらない。
　大学に入ったという喜びはなかった。十月一日に入学したのだが、翌二日に在学徴集延期臨時特例が公布された。文科系学生の徴兵猶予が廃止されたのである。若者を戦場に駆り立てようとしている。兵役から逃れようと大学を志した目的が吹っ飛んでしまった。十月二十五日から十一月五日までに徴兵検査を受け、学徒出陣の日は十二月一日と決まった。私は和歌山市で検査を受けた。軽いが結核の気胸療養中だった。翌年回しとなる。一年して検査を受け直せという。ああ、命が一年延びた。
　講義はともかく始まった。一緒に入学した心理学専攻は五人だった。浜口みづら、下向章、西本脩、大角欣治、私。浜口さんはやや年かさで、津田塾

を出た女性である。関西学院大学の女子学生の第一号となった。「男の大学へひとり落下傘で降りよったんや」と、古武弥正先生がひやかした。大角君はすぐに軍隊に入って、一度も会わなかった。

　私は十一科目を登録した。心理学概論Ⅰ（今田恵教授）、実験心理学Ⅰ（古武講師）、それに必修科目の哲学概論、倫理学概論、社会学原論、西洋哲学史Ⅰ、宗教哲学、独逸語、論理学及び認識論Ⅰ、選択科目の国文学総論、東洋哲学である。心理学専攻といっても哲学関係の科目が多かった。御大の今田先生は学部長だった。実験心理学は、前々年に助手から講師になられたばかりの若い古武先生で、パブロフの条件反射の理論と実験の話を聞いて、目を見張った。ある日、「条件反射は唯物論だ」と、古武先生が言われた。え、と思った。唯心論がやかましい時代だった。唯物論は共産主義の同意語とされていた。それを口にするだけで、特高警察や憲兵隊に引っ張られる。これはまずいと、先生が気付かれたようである。「いや、唯理論だ」と、言い直された。それまでの文科系、哲学系の心理学ではなかった。これこそ、科学であり、学問だと思った。パブロフ著、林髞訳『条件反射学：大脳両半球の働きに就いての講義』、フローロフ著、林髞訳『パブロフ及その学派』、アスラチャン著、柘植秀臣・丸山修吉訳『パブロフ：その生涯と業績』を読んだ。結局私は三年間心理学を学んだことになるが、何ひとつ身につかなかった。不勉強のせいでもある。社会へ出て、あまり役に立たなかった。だが、科学的、合理的、実証的にものを考えるのが生き方の基本になったのは間違いない。

　十二月の学徒出陣で、みな戦場へ行ってしまった。学園は残留学生と女子学生だけになった。私は下手な小説を書くのに熱中している。予科で同級だった友人と三人で回覧の同人雑誌をやり出す。命はあまり残されていない。何かせずにはいられない。この世に、何かを遺しておきたい。そんな思いに駆られていた。

　昭和十九年（一九四四）を迎える。私は二十歳になっていた。

　まだ講義が続いている。だが、それも危うい。一月十八日には緊急学徒勤労動員方策要綱が決まり、学徒勤労動員が年間四ヶ月となる。二月二十五日には決戦非常措置要綱が決定し、学徒動員の徹底や防空体制の強化が計られ

た。三月七日には、学徒勤労動員が通年になる。締め上げるように、戦争の気配が身辺に迫って来る。六月十九日のマリアナ沖海戦で、日本海軍は多くの航空母艦と航空機を失うた。敗色濃厚である。

　講義は何とか開かれている。私は割に出ている。ただし、診断書を提出し、教練と勤労奉仕は徹底してさぼった。七月、残った学生は勤労動員される。私はまた診断書を出し、大学の事務を手伝うことになった。銃二挺を神戸原田の神戸聯隊区司令部へ届けたりする。その七日に、サイパン島の日本守備隊が全滅した。実方清助教授が応召される。その最後の、国文学総論の講義を受けた。終わって正午に全員が起立して黙祷し、先生の壮行式とした。七月十九日だった。翌二十日に戦争を起こした東条内閣が総辞職した。二十六日から八月二日まで学年試験がある。心理学概論Ⅰの試験の問題は次の通りだった。(1)ゲシタルト心理学の根本主張、(2) a. 精神物理学的測定法、b. 度数分布の図示法、c. 中心的傾向標示の数、d. 標準偏差の算出法、e. 四分位偏差。

　九月になって学生は勤労動員のために神戸港へ荷役に行く。私は欠席した。

　九月二十六日に成績を受け取る。心理学概論Ⅰが九〇点、実験心理学が九五点だった。教練の学課試験は無茶苦茶な答案を出した。教練の点はないが、事務室に確かめたら進級できた由である。第二学年になった。

　十月、新学年になった。岸本晴子さんらが入学する。男子も入ったはずだが、すぐに戦争に行って定かでない。古武先生が講師から助教授に昇格された。科目の登録をした。心理学専攻の第二学年の必修科目は、心理学特殊講義Ⅰ(今田)、心理学演習Ⅰ(古武)、発達心理学(古武)、ほかに西洋哲学史Ⅱ、独逸語、論理学及認識論Ⅱ、生物学の七科目である。選択科目として、英文学特殊講義Ⅰ、哲学特殊講義、社会学特殊講義などを取った。だが、十月に入って満足な講義はなくなった。男子学生は次々に入隊してしまう。残っていた者は勤労動員で学校に出られない。わずかの女子学生、心理学のほかに英文学専攻に何人かが入っていたが、みな大学の事務を手伝っている。

　十月二十四日に、日本の聯合艦隊がフィリピンのレイテ沖海戦でその主力を失うた。翌十一月二十四日、マリアナ基地のB29爆撃機により東京が初空襲された。

その十一月、私は一年延期されていた徴兵検査を受けた。第三乙種合格となった。それまでの丙種不合格だったのを、みな新設した第三乙種に引き上げたのである。かくて、いつ現役入隊通知を受けて戦争に投げ込まれるかも知れない身の上になった。
　昭和二十年（一九四五）が来た。私は二十一歳である。
　一月、男子の残留学生は川西航空機宝塚製作所に勤労動員された。その跡が、いま阪神競馬場である。講義は全く中断された。私は学院の保健館に勤務となった。校医は宝来善次先生だが、ほとんど来られない。私はひとりで留守番をする。先生たちがやって来られる。風邪と下痢が多い。で、私は勝手にアスピリンに胃酸を調合したり、ビォフェルミンを投薬する。これでも割によく治った。ビタミン注射もした。親しい先生には薬用アルコールにシロップをまぜて出す。好評である。先生も閑だった。
　三月十三日、大阪はB29二百七十四機による大空襲に遭った。危ない。母たちは和歌山に疎開し、私は阪急六甲のアパートの一室を借りた。
　四月一日には、アメリカ軍が沖縄本島に上陸した。講義もないのに新入生が入って来た。すぐにいなくなる。氏名は分からない。二十二日に、古武先生を囲んでその歓迎会をする。宝塚から生瀬まで歩き、武庫川の上流で弁当を開く。六甲から保健館へ、私は通っている。保健館に謄写版と紙があるのを見つけた。同人雑誌を謄写刷りにすることを思いついた。甲東園の坂を大八車を引いて上がった。甲東園の古武先生の家から電気ストーブを運ぶ。三十日だった。もう私のような者しか労働力はない。その日、ヒトラーが自殺した。ドイツ軍が無条件降伏する。戦局はいよいよ重苦しい。
　神学部の建物が国民生活科学研究所になり、古武先生がそこで「深水下での高気圧の人間心理への影響」の実験研究をしておられる。人間が三、四人入れる函がつくられ、密閉して気圧を高めて実験する。私が運んだ電気ストーブも函に入れた。浜口さんと岸本さんのふたりの女子学生がこれを手伝う。文部省か海軍省の委嘱だったように思う。
　私の読書は文学書が多いが、正木正・依田新『性格心理学』を読んでいる。正木先生は本学の非常勤講師で、心理学特殊講義を担当しておられる。古武先生から渡された『Practical Psychology』の翻訳を始めた。

五月十一日、阪急芦屋川駅で爆撃に遭う。上ヶ原の大学予科の前にも爆弾が落ちた。
　残留学生が戦争協力のために、弦月正気隊なるものをつくった。私は彼らににらまれる。ゲートルを巻かない。戦闘帽をかぶらず角帽を通している。何かと勤労動員を免れている。
　六月一日の昼間、B29四百五十八機が大阪を襲う。学内の女性は山に逃れ、私たち男は地下室へ退避する。上ヶ原から大阪をながめると、紺青の空にB29の銀翼がきらきらと光り、事態をふと忘れる美しさである。同五日、留守中に六甲のアパートが全焼した。守口の祖父母方に身を寄せる。
　七月九日に、今田先生がゼミナールを始められた。イギリスの社会心理学者マクデューガルを取り上げる。講義が全くない中、時勢への抵抗であった。私は喜んで参加した。保健館の蜘蛛が盛んに巣を張っている。私はその生態を観察して、実験日誌をつけている。空襲下の日常と何か正反対のことをしたかった。科学らしいことをしたい。謄写刷りの同人雑誌も続けている。二十日未明、学生が動員されていた仁川の川西航空機工場が空襲で壊滅した。二十八日に、甲東園の学院職員の家の二階四畳半を借りる。実方先生がおられたが、応召して空いていた。
　八月五日夜は、甲東園にいた。空襲警報で起きて出て見ると、もはや西南の空が真っ赤だ。B29百三十機が西宮を焼夷弾で爆撃した。中心部が全滅する。門戸、上ヶ原、甲東園にも落ちた。空襲が終わると、肺然として大雨が降って来た。翌六日、広島に原爆が投下された。
　十四日昼、母が弟を連れて突然に保健館へあらわれる。八月十五日午後一時、和歌山市高松の中部第二十四部隊に現役入隊せよ、との通知を持って海南から出て来た。もう一日しかない。とたんに空襲警報が鳴る。学内にいる者はみな仁川の上流に逃げ、川西航空機の退避壕に入る。その横穴の中で、私は日記にしているノートに遺書を書いた。
　空襲と電車不通に悩まされながら、どうにか和歌山市にたどり着く。十五日になった。部隊の前に散髪屋があって、頭を刈った。正午、その店のラジオで天皇の声を聞いた。戦争が終わったのだ。正一時に営門を入った。身体検査をしたが、係りの下士官たちは、敗戦でそれどころではない。営庭に整

列させ、「体に自信のない者、三歩前へ」と来た。私は思い切って進み出た。幾人か、ぱらぱらと出た。即日帰郷となる。助かった。

　私が上ヶ原に出て来たのは、翌々十七日である。大芝生でみなと再会する。二十一日に大学に集合せよという。学生が軍隊や工場から続々集まった。

　混乱と興奮の時代になった。大阪も阪神間も神戸も焼け野が原である。食料が窮迫している。だが、死の恐怖とファシズムから解放され、思想と表現の自由を得た。気が高ぶり、じっとしておれない。関西学院劇研究会や文芸部の再興の話が起こり、文化祭も開くことになった。例の同人雑誌も発展させ、新しい文芸雑誌を出すことを決めた。私は忙しく走り回っている。

　小論文「新生気論批判」を一気に書き上げる。八月三十一日である。生命現象は自然科学の法則だけでは説明できない活力があるというのが新生気論で、これをやっつけた。パブロフの大脳生理学を武器にした。戦中の唯心論や精神主義のうさん臭さをたたきつぶさねばならない。

　九月十七日に、大学の講義が再開された。初日は竹友甬雄教授の英文学特殊講義と古武先生の心理学特殊講義Ⅱだった。他に心理学特殊講義Ⅰ、心理学概論Ⅱ（以上、今田）、実験心理学Ⅱ（古武）、哲学特殊講義、社会学特殊講義を取る。ことしに限り、同じ単位をもう一度とってもいいという。この一年はほとんど講義はなかった。続々と、復員した学生が不定期に帰って来る。登録も何も混乱していた。

　講義が再開されたばかりで、しかも休講も多い。が、十月下旬に試験がある。レポートの提出が多かった。古武先生の心理学特殊講義Ⅱの試験問題は、「心理学を純粋自然科学たらしめる為に所謂心身関係を如何に考ふべきか」である。心理学特殊講義Ⅱは八五点、心理学特殊講義Ⅰは九三点、心理学概論Ⅱは八五点、実験心理学は八〇点だった。ともかく第二学年は終わった。

　第三学年が始まった。法文学部規程によれば、必修科目は、心理学特殊講義Ⅱ、心理学演習Ⅱ、社会心理学である。しかし、混迷している。私は発達心理学Ⅱ、論理学及認識論Ⅱ、西洋哲学史Ⅱ、東洋倫理学、西洋倫理学、教育学などを登録した。しかし、心理学以外はろくに講義に出ない。出欠がきちんと取れないし、試験はレポートである。

昭和二十一年(一九四六)になった。私は二十二歳である。一月一日、甲東園の今田先生のお宅へ正月のあいさつに行く。古武先生を始め、復員した大角君や私など六人が集まった。心理学専攻は少人数で家族的だった。三日、こんどは同じ甲東園の古武先生のお宅へあいさつに行く。前年九月に聴講生として入った宮本佳代子さん、堀薫さんも一緒だった。一月上ヶ原は冷える。まだ暖房はない。古武先生のゼミナールは甲東園の坂をみなで下りて、先生のお宅でやることになる。こたつに入った。

　三月末から四月にかけて、また試験がある。何しろ不定期だった。やはりレポート提出が多い。心理学特殊講義Ⅱは「ワットソン心理学の特色」五枚以内、発達心理学Ⅱは「児童、動物、民族等心理学の発展」二十枚位であった。

　五月に新学期となった。宮本、堀のふたりが正式に入学した。改めて、心理学演習Ⅱ（今田）、心理学特殊講義（今田）、社会心理学（今田）、応用心理学（古武）、ほかに国文学特殊講義、国文学購読、日本文化史、日本芸術史、世界文化史、美学、社会政策、教育学特殊講義、英語を登録する。相変わらず講義にはあまり出ない。英文学の志賀勝教授の口述筆記を始めた。アメリカ文学が専門の先生は時代の花形になり、原稿注文が殺到している。が、病弱で家ではいつも床についておられる。とても追いつかない。で、私に頼まれた。甲東園のお宅に通い、『アメリカ文学史』『アメリカ文学概論』など三冊を仕上げる。雑誌発行も続けていた。ひどく忙しい。体はいつの間にかよくなっている。

　卒業論文は八月中に提出、ということになった。「日本文の性格心理学的考察」をやろうと思いついた。六月七日だった。これ以外やれるものがなかった。七月下旬から取りかかる。八月二十八日に、百六十四枚を完成した。菊池寛と宇野浩二の文体を分析して数値にした。そこから得た文章の性格と、両氏の体格との相関を明らかにする。たとえば、太った寛はセンテンスが短く、やせた浩二は長い。

　論文を書いているうちに、ふと思い立った。筆をもって世に立とう。だが、いま私の原稿を買ってくれるところはない。そうだ、新聞記者なら文章を書いて月給がもらえる。

九月になって、試験があった。やはりレポートが多い。社会心理学は「講義に関聯ある問題を各自選択して提出せよ」であった。

 この月の十七日に、父が単身赴任していた満州から無事引き揚げた。いまの中国東北である。

 昨十九年の十月以降の成績をもらった。心理学特殊講義（概論）が八五点、同（アメリカ心理学）が九三点、同（心身関係）が八五点、同（行動主義）が八五点、実験心理学Ⅱが八〇点、発達心理学が八〇点、他に哲学特殊講義、論理学及認識論、西洋哲学史、東洋倫理学、西洋倫理学、教育学、社会学、生物学、英文学特殊講義の計二十六単位である。単位が余った。あとは卒業論文だけである。

 卒論発表会は九月二十日に開かれた。ひとりずつ壇上で説明すると、一番前に居並ぶ文学科の先生方が質問を浴びせられる。他の学生にはあまりないのに、私が終わると次々に手が上がった。哲学の片山正直教授が、「これは心理学ではない」と指摘される。図星だった。少なくとも哲学的心理学ではない。だが、恐れ入ってられない。がんばる。英文学の竹友教授は「文学は数字で測れない」と突いてこられる。「この論文は文学でなく、文学の科学的研究です」と、私は言い返す。先生の顔が真っ赤になった。「ああ、これでは卒業はできまい」という思いが私の脳裏をよぎった。そのとき、古武先生が「先生に対してその態度は何だ」と、私を叱り飛ばされた。これでその場は収まった。助かった。会の終わりに英語学の大塚正信教授が「最後まで妥協しない態度は実に愉快であった」とあいさつされた。私の論文は八五点だった。審査には、とくに実方教授が加わられた。

 九月二十九日に、仁川の常楽園で卒業生の送別会があった。卒業したのは浜口さん、下向君、私たちである。翌三十日は卒業式だった。が、私は新聞社の入社試験があって式には出られなかった。

 もう甲東園の坂を上ることはなかった。だけど、戦争のただ中の上ヶ原の三年間こそが、わが青春であった。

大角欣治(1947年卒)　戦中・戦後の思い出より

　大角欣治（おおすみ・きんじ）氏は関西学院大学法文学部文科心理学専攻に大谷氏と同年に入学するが直ちに軍隊に志願・入隊、終戦。復員後復学して1947年に卒業。引き続き関西学院大学文学部の第3代目の専任助手に就任。その後は実業界で活躍し、心理学研究室の同窓会・心理学学士会の第2代会長をつとめた。なお大角氏は2010年現在87歳で、病気でお体がままならぬ中、執筆願った。ご本人は加齢による記憶喪失を嘆いておられるが、ご協力に心から感謝する。

　なお以下では、大谷氏との重複をさけ、編者のコメントを挟みながら紹介する。コメントの部分は段落を下げ、文字のポイントを落している。

A　海軍時代　　　　　　B　近影

資料4-2　大角欣治（1947, 昭和22年卒）

私が関西学院専門部文学部社会科に入学したのは昭和十六年四月で、当時既に社会全般に亘って戦時色が溢れている時代で、課外活動で運動部の他に国防部が創立されて、私は馬術部に入り、毎日先輩の鞭にしばかれて馬の背中で吐息をついて居りました。大谷先生の思い出の中にも書かれていましたが、大学や専門学校の卒業が繰り上げられて、本来ならば昭和十九年の春に卒業予定が半年繰り上がり、昭和十八年九月卒業になりました。私も何とか卒業し、大学の入試も合格しましたが、私は当時の情勢に炙られて海軍の予備学生に志願し、東京の海軍省経由で房総半島先端の館山まで行かされて、現地で身体検査で私は幸いにして（？）不合格となり東京へ送り返されました。折角の海軍の好意で、この間の休みを有効に使おうと、在京の友人たちと数日間を過しましたが、その間に母校関西学院では専門部の卒業式も大学の入学式も終わっていて、私は資格だけは関西学院大学の学生のまま、偶々満二十歳になっていたので、しぶしぶ乍ら徴兵検査を受けたら、皮肉にも今度は甲種合格。止むを得ず前の館山の件があったので、海軍を志望、十二月に入営といふ事で、広島の武山海兵団に入隊が決まりました。

　以上のような状態で学校の事は考える余地もなく軍隊に振り廻された形で昭和十八年は終わり、翌昭和十九年二月、海軍の都合で茨城県の土浦へ送られ、碌な手続きもなく、海軍予備学生の一員にされてしまいました。私の履歴を見て、「お前は大学で心理学専攻となっているから、適性部へ行け」と云われ（注：海軍航空適性研究所）、何事かよく判らぬま、に指定の場所に行くと、そこは所謂「予科練」を志望した若い人達の適性検査をする所で、模型の飛行機操縦装置が備え付けられ、志望者はこの機具の操作や、「クレペリン」の検査などを経て、操縦か偵察などと夫々に適した部門に振り分ける事を要務とする部門でした。一段落して廻りを見廻すと各大学の心理学専攻者ばかりが集められ、所長は高木先生と云う東大の教授（注：高木貫一）で文官として所長を勤められて居ました。私は偶然にも高木先生に気に入られて、稍々責任の重い仕事を仰せつけられた事が多く、相棒は東大の杉渓君（注：杉渓一言、1947年東大卒、日本女子大名誉教授）という学生で、よく気が合って楽しく仕事が出来ました。このような軍隊生活は想像もしていなかったので、日々生死と向い合ふような場所に派遣された同期生に申し訳なく、

その内に終戦となり昭和二十年八月末に復員して自宅へ戻り、早速関西学院へ駆けつけましたが、校舎もどす黒く塗りつぶされ、授業をやっている気配もなく、がっかりして帰った印象が今でも忘れられません。

　　その後、本『80年史』への寄稿が契機となり、大角氏と杉渓氏は2010年11月に65年ぶりに大阪で再会を果たしている。

　その後多少の推移はあったと思いますが、漸く学生らしい気分で通学出来るようになり、色々と講義も聞き、演習にも参加させて頂き、学生気分に浸ることが出来るようになりました。私は演習は古武先生の組に入れて頂き、先生は二人を一組にして夫々が考えた論題に向かって実験などをして経過や結果を報告させられました。私は丹羽喜代彦君(故人)と組み、彼の芦屋の豪邸へ連れて行って貰って、二階の彼の部屋で電気刺激が与える疲労の実験装置を作ろうと云うと、彼は立派なドアに細い筋目を切り込む作業を始めました。上等の材質のドアに思い切ったことをするので流石に芦屋のボンボンだなと感心したり驚いたりで、学校で演習の日の報告は私の役目でどんな事を話したか忘れましたが、その内に相棒の丹羽君が俄かの病いで僅かの間に亡くなり、ご家族のお気持ちを察すると淋しいやら悲しいやらでしばし茫然として居りました。次に多河慶一君(故人)と組むようになり、彼は仲々の勉強家で実験の方策も色々と考えてくれて、その頃どうしても欲しいと思っていたガルバノメーターを借金して求めてきたり、その大切なメーターを某君が遊び半分に逆手に取って覗き込んで、多河君が大変怒った事を想い出します。その頃まで私は隣りにあるハミル館が心理学研究室の揺籃の地である事は知りませんでした。多河君と相談してハミル館に一室を実験室として借りようと古武先生も賛成して頂いたので当時ハミル館一階にあった幼稚園の園長にお願いして、二階の小さな部屋を借り、多河君と二人でそこへ籠り電気刺激の装置を作ったりして喜んで居ました。折りから食糧難の時代で二人で小麦粉を持ちより、電熱機でお好み焼きを焼き、コテ替りにのこ切りを使ったりして楽しんでいましたが、電気を使いすぎてフューズをとばして、よく叱られました。以上の様な日々を送り、余りまとまった事も出来ず、それで

も何とか卒論も通り昭和二十二年九月に無事学部を卒業出来ました。

　　お好み焼きをひっくり返すためにノコギリを使ったとあるが、もののない当時、利用できるものは何でも転用した。また廃物利用という言葉も日常よく用いられた。何でも出来あいのものが製品で提供される今日とは大違いである。

私は大学院へ入りたいと希望しましたが、丁度当時助手をしておられた渡邊茂さんが、和歌山医大へ就職が決まり、助手の席が空くので、古武先生が私に助手になれと云はれ、自分でもよく判らぬうちに助手になってしまいました。私のような不勉強で実力の乏しい者が助手になったことは、あとで考へると学院にも、推薦して頂いた古武先生にも、その他の関係者の方々にもさぞかしご迷惑であっただろうと申し訳なく存じております。

　　この後、自分の文章が年史に掲載されることへの躊躇の表明があるが、その後の文章は以下のように続いている。

ただ、折角のお申し越し頂いたことでもありますので、お読み頂くのは時間の無駄で申訳なく存じますが、私の乏しい記憶の折々に出て来る場面を思い出して誠につまらぬ事でもあえて、以下に書いて見ます。
学生時代に一月一日（何年かは忘却）に今田先生のお宅へご挨拶に行った事や、読書会も寒い日だったので甲東園の古武先生宅でコタツに当たり乍ら、やった事はよく覚えて居ます。前述のハミル館の二階の他にも神学館にも一部屋あり、大きな暗室があったと思い出します。私もこの部屋でごそごそとつまらぬ事をしたり、読書した覚えがあります。助手時代だったかと思いますが古武先生の命により、大阪の桜島にあったF工業の製鉄所へ安全技師という役で週に二回程出張して、クレーンの運転手の方々にクレペリンのテストなどをして、運転手としての適、不適を判定し、K技術長に報告して喜ばれたこともありました。その他にも、第何回か忘れましたが、夏の高校野球の勝利チームの選手を集めて、クレペリンのテストをやって、そのチームの

強さがどの様な状態で推せき（？）出来るかについて、今から考えても、よくもあの様な勝手な判断を主催の新聞社に報告したものだと反省して居ります。以上の様に私は主として対外的な仕事によく使われて居り、その間学内の研究室では多河さんや新浜さんが黙々と勉強されていた訳ですが、どなたがどのような実験などをされていたかの記憶はありません。古武先生がある時冗談で、多河君は内務大臣で大角君は外務大臣だなあと笑われたことがありました。

　　　上の文章中にある、神学館にあった一部屋とは、大谷氏の手記にあったように、1944年に開設された国民生活科学研究所の研究のために古武が用いた部屋のことで、戦後もしばらく心理学実験室として用いられていた。

　多河慶一君と行を共にしたのは、東京の早稲田大学へ見学に行ったり、国立第一病院（？）の某先生にお話を伺ったりしました。肝心のその内容を覚えていないのは誠にお恥ずかしい限りです。多河君は後に東京の林研究所（注：条件反射研究で有名な林髞氏の研究所）で勉強されていました。右のような次第で私が主に対外的な仕事をやっていたので、学内での実験室での出来事には殆ど記憶がなく、心理学教室の年史に載せて頂くような事は残念乍ら記憶もありませんので、お役に立てないのが申し訳なく恥かしく思ふばかりです。強いて実験室と私が結ばれる処があるとすれば、実験室が出来たのが確か、一九二三年と伺ったように思うのですが、とすれば私も一九二三年生まれなので、生まれ歳が同じ事ぐらいのもので、私が心理学実験室に想い出や誌史にお話出来るような事実も資格もまったくありません……

　　　と恐縮して文章を終えている。

中塚（旧姓・安雲）美能子（1942〜1944年聴講生）の思い出より

　中塚さんは、1942年に関西学院の近くの神戸女学院を卒業し、同年9月から1944年3月までの1年半、関西学院大学で心理学専攻の聴講生として学び、また研究室のお手伝いをされた方である。手紙と手記より、上のお二人の手記との重複を避けて、編者が抜粋し掲載する。1942年現在、女子の正規学生への入学は"軍事訓練が出来ないなら認められない"ということだったようである。なお手紙と手記は、すでに2003年頃にいただいていたものであるが、出版が遅れたことをお詫びしたい。

　　まず1942〜43年当時の心理学実験室と教授研究室について次の記述がある。前章の資料3-1の研究室の図面も参考にしてお読みいただきたい。

当時心理学科で使用していた部屋は、今田先生、ドア続きで古武先生、又ドアつづきで研究実験室と三室使用して居り……今田・古武先生の御部屋は狭く、今田先生の部屋は先生の机と、当時の大きな電気計算機が場所を取り、本棚も少なくそこに私が居りましたので、来客を通す余裕も無かった様に思います。古武先生の御部屋は先生の机と、レミントンのタイプライターがあり、私もよく使いましたが、先生はじっと机に向かって居られることはあまりなく、学校に居られる時間は殆ど学生に接して居られ、実験の指導等もされて居りました。……（実験室には）鼠を5、6匹飼って居り、私達で世話をして居ました（夏休みは家へつれて帰りました）。これは渡辺さんが試行錯誤の実験に使っておられましたが卒業されてからは使った学生は居ないようです（2×3m位の木の箱を使用）。

　　後に関西学院心理学研究室で盛んになる動物実験、特にラットを使った実験がいつ始まったかについては、これまでは戦後のことと考えられていたが、この記述によると、1942年卒業で、戦後1946年に第2代専任助手に

なった渡辺茂がラットの実験を行っていたことになる。渡辺の一期下の小林亮太の卒業論文の題目は、前章の資料3-11の表にもあったように「鼠の迷路学習に於ける頻度の法則」であった。なお渡辺は1947年には和歌山医大に就職したので、大角が後任助手となった。渡辺がどのようないきさつで動物実験を行ったのかは定かでないが、戦前、戦中にかけて長く非常勤講師として本学に来られていた浪速高等学校の正木正先生が、戦争が始まる前頃から動物の学習実験に興味をもち、『心理学研究』にいくつかの論文を出されているのが何らかの影響があったのかもしれない。たとえば正木は『心理学研究』第18巻に「白鼠の糸を引く学習実験―行動の問題に関する報告Ⅵ―」（正木, 1943）を報告しているが、この論文の脚注に、"本実験の基礎装置は末永俊郎君の工作によるものである"として、後に著名な社会心理学者になり、戦後、本学も非常勤講師としてお世話になった末永氏への謝辞があるのが興味深い。

　……授業は今田先生の心理学概論（先生の著書、紺色の大きな本を使用）（注：育芳社の『心理学』（今田, 1939）のこと）、古武先生の発達心理学、正木正先生の性格心理学、他に阪大から来られる梶原三郎先生の生理学。次の年は古武先生の実験心理学と今田先生の民族心理学が短期間あり、それに関連して、英文科の教室へ先生の御伴をして学生各自の頭の前後、左右の寸法を取って記録したことがあります。民族による色彩の嗜好の差を調べる為、当時朝鮮人児童の多い兵庫区の東川崎小学校（東尻池？）、中国人の多い中華同文学校で色彩を使って調べ、又その時知能検査もしたと思います。学生も何人か同行しました。そのようなものをまとめられ、東京の学会には学生も何人か（私達女学生も）、今田、古武先生について行きました。

　　これは東京文理科大学で1943年3月27〜29日にかけて開催された「心理学会第二回大会」（後のコラム4-1参照）のことである。この学会で、今田は「民族性の構造」と題して報告（後に心理学研究第18巻に論文として掲載（今田, 1943））、また古武は「人間に於ける条件反射の形成」と題して報告している。なお古武はこの時、抄録の末尾に「本研究は慶応大学医学部生理学教室林髞

資料4-3　1943年3月29日、東京にて

東京文理科大学開催の心理学会第2回大会に出席のため上京中、神田のYMCA前で撮影。左から浜口みづら（本学心理学専攻女子学生第一号、1946年卒）、穂永豊（私設助手）、中村哲三（1944年卒）、田中達子（聴講生）、今田恵、中塚美能子（聴講生）、古武。右端は藤田正武（東京YMCA、今田恵の甥）。

博士の後援により進行中のもの」と記している。

……年を経るにつれて戦争の影響は迫って来ました。それでも学生等は明るく心理学教室は和やかで先生を含め何でも話し合える雰囲気で、よく研究室で賑やかに集まり話し合いました。時には教授の御宅まで押し掛け、夜おそくまで楽しく過し、御玄関脇の応接間の石炭ストーブにのぼせたりしたものです。私が送りました能勢行の写真もその当時の一端と言えると思います。法文学部の礼拝は週二回、階段教室で今田先生の司会説教、小林亮太さんがオルガンで、割合沢山集まって居ました。

資料4-4　1941〜43年度の関西学院の学生手帳・名簿

　次の4点から当時の国粋主義的な雰囲気が見て取れる。①学生会の名称が報国団になっていること、②西暦1942年が、神武天皇の即位年を起点とする皇紀で2602年と記されていること、③手帳の冒頭に「青少年学徒に賜りたる勅語」が掲載されていること、④1942年版までは、校歌として歌詞に英語が混じる「空の翼」が印刷されていたが、敵性語使用禁止に伴い、1943年度版からはすべて日本語の歌詞の「緑濃き甲山」のみが掲載されるようになったことなどである。なお新校歌の作詞は由木康、作曲は「空の翼」に引き続き山田耕筰で、関西学院同窓コンビによるものである。

今田(恵)の日記「為万世開太平」(1945年8月15日〜)より(抜粋)

　太平洋戦争は、1945年8月15日の正午の玉音放送によって終わった。今田恵は終戦の日の翌日から、粗末な大学ノートの表紙に「開平記」と墨書した日記を書き始めている。ここでは、その日記から本書の趣旨に適う部分を選んで紹介する。なお私的な部分を除くこの日記は、『関西学院史紀要』第7号資料、「為万世開太平(抄)〜今田恵の日記(一九四五年八月十五日〜九月二十日)〜」(今田(寛), 2001b)に掲載されている。この「為万世開太平」というタイトルは、太平洋戦争終戦の詔書、いわゆる天皇陛下の玉音放送にある「……然れども朕は時運の趨く所堪え難きを堪え忍ひ難きを忍ひ以って万世の為に太平を開かむと欲す」から採られたものである。クリスチャンであるとともに時代の子でもあった今田の心境、終戦直後の世相、当時の日本人の暮らしなど、この日記を通して垣間見ることができる。なお当時、今田は50歳。学校にあっては法文学部長と教務部長を兼任し、家庭にあっては6人の子供の親であったので、上の3名とは異なる視点からの思いが伝わってくる。〈　〉は解説者の注である。

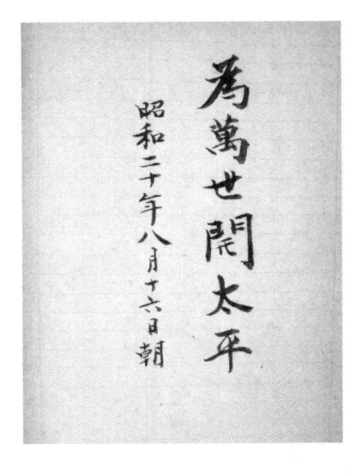

資料4-5A　開平記の内表紙

資料4-5B　開平記の書き始めの頁

八月十五日　（水）

　　　　日記は、資料4-5の写真に見るように、詔書の全文の書き写しから始まり、以下のように続いている。

　玉音放送を通して必ずしも明瞭ならざりしも、万感胸に迫り悲壮の感激に充つ。引き続き内閣の告諭。九日の交戦国との折衝の経過、ポツダム宣言とカイロ宣言との解説があった。殊に最後の聖断は感銘深いものがある。

　「各閣僚は敵側の回答文に対しいろいろ意見もあろうが、朕は天皇主権を承認しているものと思うから皆もそのように解釈せよ。朕の一身は如何にあろうとこれ以上国民が戦火に斃れることは忍び難い。朕は祖宗に対しまた国民に対し、忍び難きを忍んで、かねてからの方針通り進みたい。朕は世界の大局と各般の情勢を慎重に考慮した結果、この断を下すのである」。

　敗戦である。敗れたのである。無念ならざるものがあろうか。

しかし問題は解決した。希望は肺然として我胸中に漲った。正常に復したのだ。開戦以来の不審。しかも時代と共に流れ、黙す他なき思は今解放された。之からほんとの建設だ。戦って勝つを望むは当然であるが、二・二六〈事件〉、五・一五〈事件〉にはじまる叛乱の線にそうて、その底に流れるが如き思想がそのまゝ結実したとしたらそれこそ大変である。日本の禍である。余は日本国が苦難を経て此の誤りを正当化することを止め、清められて後、勝つことを希望した。そして平和を嘱望した。………

新しい希望にもえて家に帰った（注：写真4-5からも読み取れるように、8月15日は阪神芦屋の親戚を訪問しており、外出先で玉音放送を聞いている）。此の新日本の出発、新建設の発足に当たって記録を止めて置きたい。反省、回顧、希望交し、胸中に湧く。

帰途電車の停留所、車中において国民の表情をつぶさに観察した。皆黙って居る。二三何だ張合いぬけがしたという人の小さい声が聞こえた位だ。しかし心なしか顔つきがのびのびとして居る。一人、今津の焼け落ちた停留所の所に座って、両手でうなだれた頭をかかえている男を見た。

平和的精神的建設だ。犠牲は余りに大きい。台湾、澎湖島、琉球、樺太、朝鮮を失う。しかし之が緒となって次の戦いの原動力となってはならぬ。神の国とその義を求めよ。もし日本の道義が高まり文化が輝き、徳が光被するに及んでは、自ら翕然（きゅう）として集まる。徳は弧ならずである。食料問題も深刻化するであろう。しかし神は必要なるものを与え給う。ああ、思うことを思いのままに言える時代がうれしい。

戦争中に暴露した日本国民の道徳的、思想的、精神的文化の低さは、今後必ず矯正しなければならぬ大問題だ。明日から、もんぺゲートルも不要になろうが、反動的に華美な服装が叛乱するような形における国民の浅薄さ、弱さを暴露しないように祈る。

………

諸外国兵の国内諸地占領を思うと不愉快である。やや憂鬱になる。はやくよい政府を確立して撤退せしめる事である。

八月十七日　（金）　晴

　五時起床。八時半登校。九時より十時まで、予科における三回の特別講演最終「文化」について語る。「人間」「民族」「文化」の連続講演の最後が、恰も新文化建設の第一歩について語ることになったことを意義深く、熱情自からわいて若き学生の自重に訴う。

　　　　終戦という大事件の翌々日に、予定どおり講義が行われたことは驚きである。
午後一時教務主任会。
1. ………………
2. ………………
3. 休校について。

二十二日以後、相当期間休校とするに各科意見一致。村上大佐曰く、「戦争に負けたのだ。軍人はいらなくなったのだ。今後は窮屈になるだろうが、精神的に明朗な社会をつくることだ。精神文化の建設だ。かたきを打とうなどということは決して考えてはならぬ」と。

　　　　当時の教務委員会には配属将校も出席していたようであるが、狂信的な愛国主義者の少なくなかった軍人の中で、この村上大佐の冷静な発言には驚かされる。
………

八月十八日　（土）　晴

　五時起床。大村に行く。じゃがいも二貫、玉葱一貫五百と、南瓜一個もって帰る。

　　　　当時の親は家族の食糧確保に大変であった様子が伺える。一貫は3.75キログラムであるから、ジャガイモとタマネギだけでも13キログラムを超えていたわけで、それを勤務前に担いで歩いて家まで運んだということになる。
九時登校。………
陸海軍人に軍秩を守るべき勅語を賜る。殊に陸軍が停戦に反対であったらしい。殿下を首相とし陸相を兼務せしめられたのもそのため。軍の心事は諒とするも、時を知るべきであり、責任をとるべきである。何といっても軍の後退は喜ぶべきである。

十一時院長登校。会議を開く。二十一日に全学生生徒を集合せしめること。二十二日より九月九日迄休校すること、十日午前九時集合せしめることを決定する。………

八月十九日　(日)　晴
朝、稔〈長男〉のために下駄をつくる。これで九足目。十時礼拝に行く。
　　　　当時の親は、子供の下駄まで手作りしていた様子が見える。
………
戦争終末前よりエレミア哀歌を読み居るに、遠き彼方の未開時代の想像とのみ思い居りし記事が、そのまま現代にあてはまるのを不思議に思う。之こそ事実の体験記であり、しかして人間は昔も今も余り変わっておらぬ故に、一致するのであろう。民の餓、敗戦の苦、まさにそのまま。終わりに曰く、「エホバよ、ねがはくば我らをして汝に帰らしめたまえ。われら帰るべし。我らの日を新たにして昔日のごとくならしめたまえ」と。

八月二十日　(月)
五時起床。
今朝の放送、天皇陛下より直ちに燈火管制を廃し、街を明るくし、信書の検閲を廃止し、又娯楽機関を開けとの仰せありし由。誠にありがたきことなり。
　　　　この後の部科長会で、翌21日に予定している式の確認をしている。
………明日の式の順序を定む。………将来の教育について「精神と態度は進歩たるべし。しかし形は出来るだけ変更をさけ、従前的たるべし。しかして将来の教育は安易なる神秘主義を避け、合理主義に徹し、？？するやうすべし。そこに真に宗教に根ざしたる教育の行はるべきことを述ぶ。………
　　　　………

八月二十一日　(火)
………
九時から全校の集合。院長の時局に対する指示あり。

集会は式の形をとっていたらしく、式の順序が次のように記されている。
　　　順序　　　　　司会　今田
開式
宮城遥拝
黙祷　皇国の再建、英霊に感謝、戦傷病将兵の平癒
国歌
院長告示
教務部長注意
………

　まだ皇居に向かって遥拝したり、国歌を斉唱する戦時中の習慣が続いていたようである。またキリスト教式の式典様式はまだ復活していない。

八月二十六日　（日）　雨
今日は五十一回の誕生日だ。………
　この後、8月21日から毎日1章読み続けている旧約聖書・創世記に関する記述があり、引き続き、「被爆都市被害調査」（朝日新聞8月25日、26日）の表が2頁にわたって記載されている。項目は、回数、死者、重軽傷者、全焼戸数、半焼戸数、全壊戸数、半壊戸数、被災者数など。近くの都市の全焼戸数の概数を挙げると、大阪府32万、神戸11万4千4百弱、尼崎10万7百強、芦屋4千3百弱、西宮1万2千3百とある。

八月二十七日　（月）　曇／蒸暑
九時より部科長会。
芝田〈享一〉君より校舎返還に関する報告。原田〈脩一〉君より、二十四日文部省よりの指示事項の報告あり。十一日より授業をすること、及び二十日に卒業式をする決定をなす。
　この週は、9月1日（土）まで公的会合なし。8月29日には「終日在宅。Jamesの本をあれこれとなく読む」とある。また同日「かねて覚悟したることながら、米軍が進駐しはじめ、頭上に敵機の音を聞き、憤懣の情、禁じ難きものあり」とある。

九月二日　（日）

　　この日、関西学院教会で日曜日の説教を行い、その内容の要約が書かれている。その末尾の方に、今田恵が心理学の研究において一貫して求めてきた、すべての表面現象の根底にあるべき思想・哲学を大切にする姿勢と一致する次の言葉が見られる。

此の機に及んで我時来たれりと飛び出して時代に迎合した宗教家の軽薄なる言説を深く戒めるものである。深く反省沈潜して、今度こそは不動不滅の理論的根拠と熱情的精心の出来るまで沈黙し、懺悔すべきであると思う。

………

九月三日　（月）

九時、部科長会に出席。

………

教務関係の部科長会の決定、次の通り。

1. 卒業式委員　………
2. 始業　九月十日
　　　　九月十一日より九月十四日迄校舎整備及び校内清掃
　　　　九月十五日授業開始
3. 授業時間　八時半　　　　　　朝礼
　　　　九時 ― 十時二十分　　第一時限
　　　　十時四十分 ― 十二時　　第二時限
　　　　一時 ― 二時二十分　　第三時限
4. 復員学生数　　内藤調査
5. 復員学徒の取扱い　後期十月一日以後とす方法について原案作成

九月十日　（月）

午前九時学生集合。授業再開の式をする。………

九月十一日　（火）

………

午前十時、卒業式委員会、諸事決定。
引き続き、内藤、品川両氏と復員学徒に関する規定原案作成。
午後一時、教務主任会にて復員学徒規程及び教室配当について決定。

九月二十日　（木）

　　この日、午前十時から卒業式が行われ、法文24名、政経86名が卒業している。式次第は次の通りである。

　　　司式　　教務部長　今田恵
国民儀礼
君が代奉唱
教育勅語奉読　　学院長　神埼驥一
卒業証書授与　　同
告示　　　　　　同
祝辞　　　　　　文部大臣　前田多聞閣下
　　　　　　　　西宮市長　中松亀太郎殿
　　　　　　　　同窓生代表　同窓会幹事長
送辞　　　　　　在学生総代　大月一夫
答辞　　　　　　専門学校政経科　卒業生総代　大橋清秀
大学卒業生総代　森居小一

　　　　　　　　　　　　　　　　　　以　上

　　ここでもまだ国民儀礼、君が代奉唱、教育勅語奉読など、戦時中の習慣が残っている。

九月二十七日　（木）　雨

………

　　この日に、今田恵は母親を亡くしている。28日葬儀。司式は釘宮牧師、受付は田中達子（戦時中の聴講生）、浜口みづら（1946年卒）、岸本晴子（1947年卒）。29日には、約4キロ離れた西宮の火葬場まで、母親の棺を載せた大八車を自ら引いて運び、火葬に付している。当時の苦労が偲ばれる。

十月九日　(火)　雨

　一昨日来の豪雨止まず。武庫川鉄橋危険に瀕し、阪急電車西宮北口、塚口間不通。登校の者氏名調査の上休講する。学部の概論の講義に出てみれば研究室乱されて居り、チンメルマンの色紙全部紛失せり。その他には紛失したものもない。他に金目のものもあるにも関わらず色紙だけとり去るのは妙である。古武君と善後策の相談をする。多少難しいが目鼻がつかぬでもない。田中達子さんから白川君が十九年十一月十四日比島沖にて戦死したとの報が坂出の役場から公報があったという通知がある。心理学の教室で育った二人の作った家庭であるだけ淋しい。………

資料4-6　白川禎三（1941, 昭和16年卒）

　白川（昭和16年12月に繰り上げ卒業）は田中（**資料4-3参照**）の姓をついだが、その一人娘・昌子（1945（昭和20）年1月生まれ）は、1967（昭和42）年に本学の心理学科を卒業している。なお繰り上げ卒業とは、「緊迫せる時局に対処し国家の人的資源に対する最高度活用の要望に応ずるため」卒業年限を短縮する措置のことで、1941年10月に法制化されている。

| コラム 4-1　戦前・戦中・戦後の日本の心理学界 |

　太平洋戦争後期の日本の大学は、以上のように機能停止の状態になった。それでは日本の心理学界はどのような様子だったのだろうか。資料4-7は、戦時中（網がけ部分）を挟んで、戦前・戦後の関西応用心理学会と日本心理学会の様子をまとめたものである。

資料4-7　戦前・戦中・戦後の関西応用心理学会と日本心理学会の活動状況

年		関西応用心理学会			日本心理学会		
西暦	昭和	回	学会開催日	学会開催場所	回	学会開催日	学会開催場所	心理学研究
1939	14	24	6月10日	関西学院大学	7	4月3～5日	東京帝国大学	第14巻
		25	10月	兵庫県立児童研究所				
1940	15	26	4月1～3日	京都帝国大学				第15巻
		27	秋	不明				
1941	16	28	春	不明	8	4月3～6日	九州大学	第16巻
		29	秋	神戸職業安定所				
		学会名を心理学会関西地方会に変更			学会名を心理学会に変更（7月20日）			
1942	17	30	6月14日	兵庫県立児童研究所	9	3月21～23日	東京大学	第17巻
		31	11月	奈良学芸大学				
1943	18	32	7月4日	大津女子師範学校	10	3月27～29日	東京文理科大学	第18巻
		33	秋	同志社大学				
1944	19	34	春	不明				第19巻1号（7月）以後休刊
		35	秋	不明				
1945	20	36	春	京都中央児童相談所				休刊
		37	12月9日	京都北白川「愛国寮」				
1946	21	38	春	開催されず	総会	9月22日	東京帝国大学 学会名称を日本心理学会に戻す	休刊
		39	秋	大阪信濃橋公共職業安定所				
1947	22	40	6月29日	龍谷大学	11	10月17～19日	東京大学	休刊
		41	11月2日	京都大学				
		第40回大会より学会名称を関西心理学会に変更						
1948	23	42	6月5日	関西学院大学	12	8月25～27日	東北大学	第19巻2号（3月）
		43	秋	大阪弁護士会館				

余儀なくされた学会名称の変更　日中戦争が続き、緊迫した国際情勢のもと、政府は国家総動員体制のもとで統制を強化し、各種団体は類似のものは整理統合し国家統制のもとに入るように指導・要請するようになった。その結果、日本心理学会、応用心理学会、関西応用心理学会の3学会は合体し、全日本的な「心理学会」となった。学会名に「日本」がないのは、この学会はあくまで3学会の対等合併であるから、既存の日本心理学会の参下に入ったような印象を与える名称には断固反対という応用心理学会の反対があったからだという。この種の議論は、昔も今と変わらずあったようであり興味深い。この統合の結果、関西応用心理学会も、資料4-7の1941年の行に見られるように「心理学会関西地方会」となった。なお「心理学会」は戦時色が濃厚な6部会制に移行している。

学会の開催　一方学会開催について見ると、「関西地方会」は、前身の関西応用心理学会発足以来の年に2回開催の伝統を引き継ぎ、戦時中も年2回開催されている。ただ終戦前年の1944年については記録がなく、開催されたかどうかは不明である。当時のことを回顧した文章には、"終戦近くは関西地区の爆撃のため予定の開催が阻害されたこともあったが……"（牧, 1951, p. 75）とあることから見て、終戦の前年には大会は開催されなかったかもしれない。ただ唯一開催されなかったことが明らかなのは終戦翌年春の大会である。実は終戦後、約4ヶ月も経っていないときに、年表にあるように京都で第37回の大会が開催されているが、その時の模様を伝えた上の牧の文章は次のように続いている。"1945年（昭和20年）12月9日、京都市北白川の厚生施設「愛国寮」で戦後第1回の会合を開き、橘、佐藤、守屋その他の諸氏の研究発表もあり、近畿地区の主な心理学者はほぼ集合して、今後の心理学研究の復興について協議したのであった。しかし、本格的な活動は暫らく困難であったことも事実であった」"。そして翌年春の大会は開催されなかった。そして終戦後2年経った1947年の第40回大会において、学会名称を「関西心理学会」に改めている。なお年2回の大会開催は1965年まで続き、翌年からは年1回開催となり、2010年には第122回大会を迎えるにいたっている。

一方、全国からの会員移動を伴う全国的学会「心理学会」の大会の開催は、人の移動を抑制する時局の要請もあり容易ではなく、終戦の年とその前年の2年間の大会は開かれていない。しかし終戦の翌年の9月には大会ならぬ総会が開かれ、その席上で「日本心理学会」という旧名称が復活している。なお戦後の大会は、1947年の東大から始まり、東北大、慶応、早稲田、関学、日大と私学が4年間続き、1953年の広島大に引き継がれている。

『心理学研究』の発行状況　では同学会の雑誌『心理学研究』はどうなったか。幸い同誌は名称を変えることなく継続発行されたが、1944年7月に第19巻1号が発行後は「資源枯渇による用紙の配給の極端な悪化によって」（日本心理学会, 1980, p. 140）しばらく休刊となり、第19巻2号が刊行されたのは、戦後3年経った1948年3月のことであった。

ハミル館の版画

　この版画は、関西学院中学部の美術担当教諭であった故・甲斐淳吉氏の、今は故人となられた良子夫人から、2003年に今田が頂いたものを、ご子息・甲斐謙一郎氏の許可を得て掲載した。原画はA4大である。

第 2 部

新制大学時代

1948 ～ 2003年
昭和23 ～ 平成15年

　第2部では、新制大学文学部心理学科時代（1948 ～ 2003年、昭和23 ～ 平成15年）の55年間にわたる心理学科の歩みについて述べる。記述にあたって、まず心理学科の教育・研究については、前期（1948 ～ 1972年、昭和23 ～ 47年）（第5章）と後期（1972 ～ 2003年、昭和47 ～ 平成15年）（第7章）に2分割する。さらに第5章を研究篇と教育篇に分けた。前後期の境を1972年とした第一の理由は、1972年の古武の退職によって長く続いた今田・古武時代が終わり、新しい時代を迎えたことにある。第二の理由は1960年代後半に世界中を吹き荒れた反体制運動によって高等教育界にも大きな価値転換が起こったことにある。その反体制運動の一つの表れが1968 ～ 69年にかけてわが国の多くの大学で起こった大学紛争であり、その結果、各大学はカリキュラム改革を迫られることになった。また心理学界においても世界的反体制運動に連動して大きな価値転換が起こった。その解説のために第5章と第7章の間に前後期をつなぐ章として第6章を挿入した。これによって前期と後期にわれわれの心理学科の教育・研究に起こった変化の意味が明らかになると思うからである。なお前後期の区切りとした1972年は「沖縄返還」（5月）の年であり、またわが国で、またアジアで初めて国際心理学会が開催（8月）された年でもあった。その意味でも区切りの年といえる。

　そして第8章では、教育・研究以外に、われわれの研究室の歴史の中で記録にとどめるべき諸活動を、前後期を通してまとめた。例えば教員著・編の心理学教科書等の出版、本学で開催した学会、博士論文、入学・卒業・就職などの諸活動が前後期まとめて述べられている。そして最後に、「あとがき～現状の紹介を兼ねて～」があり、引用・参考文献でもって本書を締めくくっている。

なお新制大学時代の本学の研究室のことについては、宮田洋「関西学院大学心理学研究室　新制大学発足後五五年の歩み」（関西学院史紀要, 2008, 第14号, pp. 77-95）に資料が詳細に提供されており、本章も同資料に負うところが多い。
　因みに第5章が対象にする前期24年間と第7章が対象とする後期31年間の学部卒業生合計は、それぞれ584名（旧制大学卒業生2年間14名を含む）と1440名であり（**資料0-2参照**）、卒業生数の年平均は前期24.3名に対して後期は46.5名とほぼ倍増している。また修士論文提出者合計も、前期73名、後期167名と、年平均でそれぞれ3.0名と5.4名とこちらも1.8倍に増えている。
　なお第2部は、研究活動に関する記録を残すことが目的となるため、第5章の研究編と第7章の'各ゼミの紹介'はかなり専門的な記述が多くなっている。

第2部の章構成

第5章　文学部心理学科時代（前期）（1948～1972年、昭和23～47年）
第6章　前後期をつなぐ：行動主義から認知主義へ
第7章　文学部心理学科時代（後期）（1972～2003年、昭和47～平成15年）
第8章　学科教育・研究以外の研究室の諸活動（1948～2003、昭和23～平成15年）
あとがき　～現状の紹介を兼ねて～
引用・参考文献
関西学院心理学研究室年表（1888～2003）

第5章

文学部心理学科時代（前期）
(1948〜1972年、昭和23〜47年)

　　　　この章は研究篇と教育篇に分かれる。研究篇では、戦後の新制大学・新制大学院発足時の心理学研究室の研究活動、実験室の拡充の記述から始まり、3本柱と呼ばれた条件形成を核とした3つの研究領域を中心に、文学部心理学科時代（前期）(1948〜1972年、昭和23〜47年）の研究活動を述べる。この時代は、戦後の混乱期を含め、書き残しておくべき情報が多く含まれていることに加え、上記のように後期に比べて学生数がはるかに少なかった時代であったため、後期・第7章よりも個々の記述が詳細にわたっている。これは古いものに加重するという本書全体の方針にも沿うものである。後半の教育篇では、教育活動や研究室での生活などについて述べる。本章の構成は以下の通りである。

第5章の構成
《研究篇》

新制大学の誕生と新制大学院の開設
新制大学開設時の心理学研究室の概観
　教員と戦後初期の実験室の充実を支えた助手
　心理学研究室と実験室の拡充
研究を支えた「3本柱」
　3本柱（1）：条件反射研究
　　　　　　戦後初期の古武を中心としたヒトの条件反射研究／その後の展開と研究領域
　3本柱（2）：動物およびヒトの自発的条件行動の研究
　　　　　　戦後の実験的研究（1948〜1959）／動物およびヒトの自発的条件行動に関する実験研究：その後の展開（1959〜1972）

3本柱（3）：言語学習（記憶）と言語行動の研究
　　　　実験室／実験器具／研究の概要
海外の研究者による戦後の関西学院大学心理学研究室の紹介
　　　　佐藤・グレアム（1954）／マッギニーズ（1960）／グレアム（1974）／ストレンジ（1982）
研究雑誌の充実と国内研究者の来訪

《教育篇》

ハミル館への移転
教育課程と非常勤講師
　開講科目
　　　　心理学実験実習／心理統計・測定／心理学演習／その他の授業科目
　非常勤講師
　　　　大学院／学部専門科目／学部の「心理学」
使用テキストからみた教育の特徴
研究室での生活
大学紛争とハミル館
新体制への移行
　今田（恵）と古武の退職
　助手制度の改革
コラム5-1　　新制大学の誕生の早期化に関西学院大学が果たした役割
コラム5-2　　ソコロフから古武に送られた一冊の書物
コラム5-3　　戦後初のスキナー・ボックスを自作する
コラム5-4　　ラットの水なめ装置

補足資料　戦後、1971年度までに使用された外国語テキスト

《 研 究 篇 》

新制大学の誕生と新制大学院の開設

資料5-1　1952(昭和27)年当時の上ヶ原キャンパス
異なる2つの位置から撮影された航空写真。現在では周囲はすっかり宅地化された。

第2次世界大戦が終結した戦後、教育分野では1947（昭和22）年3月31日には新しい学校教育法が公布され、1948（昭和23）年には関西学院に文学部、法学部、経済学部の3学部[1]からなる新制大学が設置された（コラム5-1参照）。そして文学部には、哲学科、神学科、心理学科、教育学科、社会学科、国文学科、英文学科の7学科[2]が置かれた。

　大学院については、1950（昭和25）年に新制大学院文学研究科修士課程に哲学、心理学、英文学の3専攻が設置され、さらに1954（昭和29）年に日本文学、英文学、哲学、心理学の4専攻からなる博士課程が文学研究科に開設された[3]。資料5-1は、新制大学が生まれて4年後、1952（昭和27）年当時のキャンパスの写真である。

新制大学開設時の心理学研究室の概観

教員と戦後初期の実験室の充実を支えた助手

　開設時には専任教員として今田（恵）、古武弥正の両教授であったが、1950（昭和25）年からは石原岩太郎が専任講師として加わった。また開設時の専任助手は大角欣治であったが、1949年（昭和24）年からは新浜邦夫が専任助手に就いた。しかしこの2人の助手以外に、資料5-2に見るような人たちが専任助手・嘱託助手として戦後初期の苦しい時代、また今日のように実験装置などを製作・販売する会社などがなかった時代に、後に見るような様々な'手作り'の実験器具を製作し、戦後の実験室の基礎固めに貢献した。

　例えば、多河は微弱な生体電気現象の記録に詳しく、脳波、皮膚電気反

---

[1]　1951（昭和26）年には商学部が開設された。
[2]　1951年に史学科、1952年に美学科と社会事業学科、1959年にドイツ文学科、1963年にフランス文学科が開設された。しかし、文学部神学科が1952年に神学部となり、同社会事業学科が1960年に社会学部へ分離された。したがって、文学部には1963年以降、哲学、美学、心理学、教育学、史学、日本文学、英文学、独文学、仏文学の9学科があった。
[3]　修士課程はその後、1951年から神学、社会学、日本文学、1952年に教育学、1963年にドイツ文学、1967年にフランス文学、博士課程に関しては、1954年に美学、西洋史学、1965年にドイツ文学、1967年にフランス文学の各専攻が置かれた。

コラム 5-1　新制大学の誕生の早期化に関西学院が果たした役割

　占領国アメリカの影響のもとで制定され、1947年3月に公布された新学校教育法に伴う学制改革によって、現在に続く6・3・3・4の制度（小学校6年、中学校3年、高等学校3年、大学4年）が始まった。そして、中学校までが義務教育となり、女子教育が盛んになり、大学は新制大学となった*。関西学院大学にあっては、1947年に旧制の法文と商経の2学部制を廃し、文学部、法学部、経済学部の3学部制とし、1948年の新制大学化を目指して準備を進めていた。一方、文部省は新制大学の発足は1949年を予定していた。しかし結果的に関西学院大学を含む12大学は、1948年から新制大学を発足させることになる。そしてこの1年の早期化には、当時の関西学院院長・神崎驥一（1884〜1959）の果たした役割は極めて大きかった。
　実は1947年7月18日に、関西学院において「関西四大学学長懇談会」の第一回が開催され、関西の4つの私立大学（関西学院大学、関西大学、同志社大学、立命館大学、いわゆる関関同立）が集まった。今に続くこの懇談会は、その後しばらくは月一回のペースで開かれたが、同会は1948年度の新制大学発足を強く希望した。しかしこれは文部省の方針とは異なるため、神崎は直接、連合軍最高司令官総司令部（GHQ/SCAP, General Headquarters, the Supreme Commander for the Allied Powers）の民間情報教育局（CIE, Civil Information and Education Section）のホームズ（Lulu Holmes）や同高等教育顧問のイールズ（W. C. Eells）に働きかけた。イールズは11月8日の神崎との会見報告を次のようにまとめている。
　「神崎院長から四つの私立学校、すなわち京都にある同志社大学、立命館大学、大阪にある関西大学、西宮にある関西学院大学が、一九四八年四月に、新制の四年制大学に移行する準備をしているという報告があった。神崎は文部省の認可が取れるかどうか心配しているが、私は、現在、大学設置認可委員会（The Chartering Committee）設置を進めており、これができれば認可が与えられると神崎に説明した。神崎は、この大学設置認可委員会のメンバーであり、大学基準協会（The University Accreditation Association）の代表であって、これら四つの大学の要求を通す立場にいるのである。」（GHQ/SCAP文書、関西学院百年史編纂事業委員会（編）（1997），関西学院百年史・通史編Ⅱ，p. 104 より）
　この会見の結果、CIEからの文部省への強い働きかけがあって、1948年4月には12の大学が新制大学の第一陣として誕生したのである。12大学とは、関西学院大学、同志社大学、上智大学、神戸女学院大学、東京女子大学、聖心女子大学のキリスト教系大学と、津田塾大学、日本女子大学の女子大学、それに加えて関西大学、立命館大学、国学院大学、公立の神戸商科大学である。ここで特徴的なのは、働きかけの母体となった関関同立の4大学はもとより、キリスト教系の大学と女子大学が多いことである。これにはCIEの女子教育局の顧問であった上記ホームズ（1899〜1977）の影響が大きい。ホームズは戦前の1934（昭和9）年から1年間、アメリカ伝道会派遣宣教師として神戸女学院の教師を勤めていた女性で、女子教育とキリスト教教育の推進を強く望んでいた。そのため、当時はまだ専門学校であった神戸女学院大学、東京女子大学、聖心女子大学、津田塾大学、日本女子大学などが第一陣の新制大学に加えられた

ようである。長く逆境におかれていたキリスト教学校や女性に初めて光があてられたのである。　このように全国の大学に先駆けて1948年に新制大学化した関西学院大学であるが、これには上に見たように、神崎の英語によるGHQへの直接の交渉に負うところが大であった。これも戦後の大学史の知られざる一幕ではなかろうか。なお神崎は1901年に関西学院普通学部を卒業し、その後カリフォルニア大学・大学院で歴史学と政治学を学び、在米日本人会書記長を経て、1921年に関西学院に迎えられた人物である。

＊これは同じ敗戦国でありながら、教育制度の民主化が果たされず、階級制度を残すことになったドイツの場合とはかなり事情が異なっている。これには19世紀以来のドイツのヨーロッパ文明への寄与・貢献への占領国アメリカの敬意・遠慮と、米ソ対立の中で、西陣営の一員としてドイツを位置づけようとするアメリカの政策とドイツの保守派が手を組んだためといわれている（中野ら，1966, pp. 30-41）。

射、眼瞼反射の測定のために電極、増幅器、ペン書き現象記録装置や各種の刺激提示装置や刺激時間制御装置などを作った。澤井、黒田は多河とともに唾液採集用唾管や唾液反射の測定装置などをつくり、美浜は手動式および光電管式瞳孔反射測定装置を自作した。特に後者の光電管を用いた装置は海外の注目を集めた。また賀集は石原の最初の研究協力者として後述の研究の3本柱の1本の基礎を築いた。さらに学部生ではあったが芦田幸男（1951, 昭和26年卒）は旋盤操作の技術を持っていたため、後に見るように装置・機器製作にその腕を発揮した。

心理学研究室と実験室の拡充

　研究室・実験室は、第3章の資料3-1にその平面図を示した旧制大学法文学部時代のものをそのまま引き継いだ。しかしこの建物は、文学部と法学部の分離後は文学部の専用棟となり、正式には大学1号館、一般には文学部本館と呼ばれるようになった。資料3-1の右上にLABORATORYとある部屋が、図の上（北）から順に今田(恵)と古武の個人研究室、その下（南）の大きめの部屋は学術図書・雑誌棚と実験機械棚がある中実験室、更にその下には小実験室と実験用暗室があった。中実験室には助手の机が置かれ、小人数の

第5章　文学部心理学科時代（前期）　137

新浜邦夫（1949）　　美浜春久（1951）　　澤井幸樹（1950）

多河慶一（1948）　　黒田実郎（1950院）　賀集寛（1952）

A　戦後の実験室の基礎を固めた専任助手（上段）・嘱託助手（下段）。（　）内は卒業年。

B　第54回関西心理学会大会当日（1954、昭和29年）。左から多河、新浜、澤井。

資料5-2　実験室の基礎を固めた助手

授業、研究会や読書会など共同研究室として使用されることもあった。小実験室と暗室では新制大学になる以前の1947年頃に、新浜がラットの飼育や実験、新制大学になってからは1949年に多河が条件皮膚電気反射の実験を行っている。しかし、この小実験室は1950年に専任講師として就任した石原の個人研究室となり、われわれの研究室の記憶・言語行動の実験的研究がここからスタートした。

一方、研究活動のさらなる充実のためにはヒトの生理反応の測定、動物の飼育と実験のために防音や交流電気障害を取り除く特殊な実験ボックスや設備のある実験室が必要となり、1948年に同じ文学部本館の地下に実験室3室が増設された（資料5-3参照）。なおこの地下室は、戦前には学生控え室、暖房用ボイラー設備、貯炭、庭園等整備機材の保管のために使われていたもので、戦時中および戦後にはこのような利用はなく、放置されていた場所であった。

この3室のうち、（A）は最初は心理学科生の実験用白衣への更衣室・控え室として使われた。その後、同室は一時、記憶研究用の実験装置が置かれ、賀集が卒業論文作成のための実験を行ったが、後に神学部棟にあった心理学実験室の実験装置の一部である唾液測定装置がここに移転し、室内に黒田実

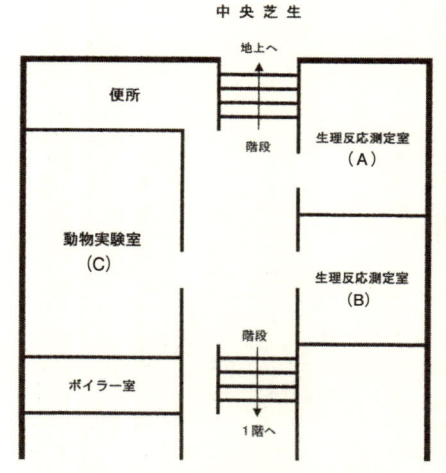

資料5-3 地下室に増設された実験室

郎によって唾液測定用ボックスが作られた。また、1954年には同じく神学部棟にあった美浜久春によって作られた瞳孔反射測定装置が隣接する実験室(B)内に移転し、これによって戦時中、国民生活科学研究所時代に神学部棟に設置された(第4章、大谷氏の手記参照)心理学実験室は姿を消した。したがって、古武を中心とした唾液反射、瞳孔反射、皮膚電気反射、眼瞼反射の条件形成実験がこれら2室で行われることとなった。さらに、動物実験室(C)が設けられ、そこには大きな実験用防音ボックス、アルビノ・ラット(白鼠)の飼育ケージ、スキナー・ボックスで報酬として用いる錠剤をつくる錠剤機(武田薬品株式会社寄贈)、実験器具製作のための旋盤機(東亜金属工業株式会社寄贈)、金工のための金床(勝山鉄工所寄贈)、炉などが置かれている工作コーナがあった。実験室は相当広く、その中に1949年から専任助手になった新浜の机、動物実験をする院生達の机も並んでいた。そして、この動物実験室において、後のコラム5-3にあるように、スキナー・ボックスなどを用いた学習実験・動物の条件行動の研究が新浜らによって開始された。

　以上のように、戦後の混乱期において旧制大学から新制大学へと推移していく中で最も重要だったのは、研究室と実験室の再建および実験設備の充実であった。

研究を支えた「3本柱」

　戦後、われわれの心理学研究室で行われた研究活動の主なテーマは、すべて条件形成（conditioning）が基盤であった。なお「conditioning」は通常「条件づけ」と訳されることが多いが、"条件づけという言葉は奈良づけみたいで、わしは嫌いじゃ"の古武のひと言で、初期のわれわれの研究室では「conditioning」を「条件形成」と呼ぶようになった。

　古武は私学における大学の研究室活動のあり方を院生達と話し合っている時に、"関学の研究室は「塩昆布の小倉屋」だ"と表現した。"国立大学は百貨店で、色々な食べ物を売っている。小倉屋がつくって売っているのは塩昆布だけで、シュークリームやアップル・パイのようなものは売っていない。関学にあるのは条件形成ひとつ、関学研究室にぶら下がっている暖簾に書かれ

資料5-4　Hilgard & Marquis (1940) *Conditioning and learning*（右）と、そのコピー本（左）

ている言葉は「conditioning」だけだ。私学の研究室には個性溢れる独自性がなければ、国立に負ける"としばしば持論を強調した。そして研究の対象とする行動を、複雑さのレベルにおいて、反射的・非随意的行動層、自発的・随意的行動層、言語行動層の3つにわけ、研究グループを以下の3領域にわけ、今田（恵）が構築したアメリカ機能主義的心理学の理論的基盤の上に、研究の3本柱を打ち建てた。すなわち、古武・宮田のヒトの条件反射（以下、CRと略す）および心的活動に対する生理心理学・心理（精神）生理学的研究、新浜・今田（寛）の動物の条件行動の研究を中心とした自発的・随意的行動とその変容に関する研究、石原・賀集の言語学習（記憶）・言語行動の研究の3本柱である。そしてこの3本柱が「条件形成と行動」という大きな屋根を支えたと言えよう。なお新浜、宮田、今田（寛）は、それぞれ1949年、1955年、1959年に専任助手に就任し、長く研究室の伝統を守った[4]。

　1949年にアメリカの行動心理学者、ヒルガード（E. R. Hilgard, 1904〜2001）からマーキスとの共著の *Conditioning and learning*（Hilgard & Marquis, 1940）が古武に送られてきた（資料5-4）。1950年頃にはこの本を全て手打ちのタイプライターで打ち、謄写版（ガリ版）刷りの複製本を作り、3本

---

4)　専任助手の系譜については本章の末尾（198頁）を参考にしてほしい。

3本柱の(1)：条件反射研究

戦後初期の古武を中心としたヒトの条件反射研究　ここでは、まず古武らのヒトの条件反射(CR)研究について述べる。戦争直後のCR研究は、多河、黒田、澤井、美浜などの先達によって進められたが、多河は兵庫農科大学、黒田は聖和女子短大、澤井は帝塚山女子短大に就職し、美浜は家業を継いだ。そこで1955年、それまで動物実験を中心に研究を進めていた宮田が専任助手に就任し、同時に古武の方針でCR研究に従事するようになり、その後のCR研究は古武・宮田体制の下で進められることになった。

古武は、心理学と大脳生理学の接点としてパヴロフのCR研究に強い関心をもっていたので、1939（昭和14）年に慶応義塾大学医学部生理学教室に留学し、林髞（たかし）のもとでCRの研究を始めた（古武, 1950a, pp. 157-8の注1と8を参照）。そして唾液腺の1つである耳下腺から分泌される唾液を採集するための器具である唾管（資料5-5）を自作した。唾管から採集された唾液は資料5-6に示されている唾液分泌測定装置（人唾管—マノメータ法あるいはLashley-Krasnogorsky法とも呼ばれている）によって計量され、無条件刺激（以下、USと略す）による強化は資料5-6の下部にある装置によって希薄な酸溶液などが口腔内に注入された。われわれの実験で測定された唾液分泌は耳下腺分泌であるが、本書ではすべて唾液分泌あるいは唾液反射と表現する。

すでに前章でも述べたように、古武は1943（昭和18）年に「人間に於ける条件反射の実験心理学的研究（序報）」と題して唾液CR実験の結果を学会誌『心理学研究』に発表した（資料3-13参照）（古武, 1943a）。古武は自らCR形成実験を受け（資料3-13）、CRが形成される過程を自分自身の内省により逐一実験者に報告するという興味深い研究を行った。結果として、CSとUSの対提示を15〜20回繰り返した実験4、5日目頃から、CS提示とともに唾液の流出感があり、CR形成が認められた。古武はこの時期にはCS開始からUSの注入までの間に「まだか、まだか」という期待にとらわれ、注意は極度に高まること

142　第 2 部　新制大学時代

資料 5-5　人唾管

外円と内円の間の空気を抜いて陰圧にして、頰の内側にある耳下腺開口部にこの唾管を接着する。内円部に分泌される唾液を導管によって 別室の唾液測定装置（資料5-6）のマノメータに接続して分泌量を記録する。

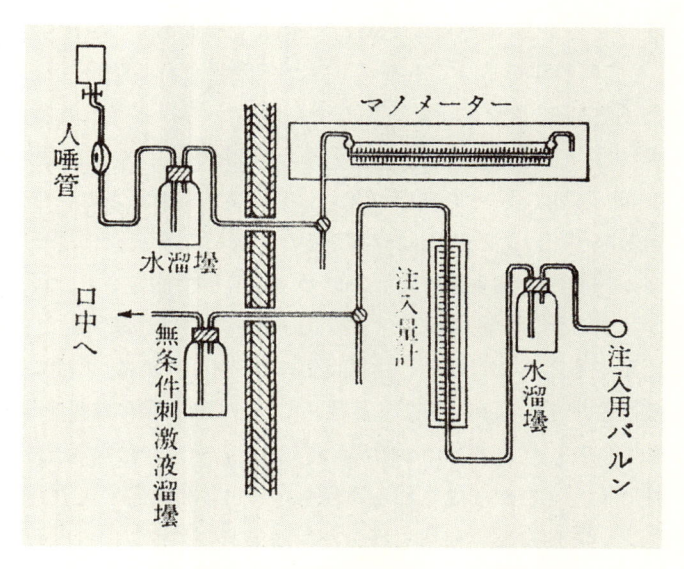

資料 5-6　唾液測定装置（上部）と US 注入装置（下部）

を内省している。そしてこれを「まだか、まだか反射」と名づけた。このような内省からCRの形成過程を3つの時期にわけ、第1期を混乱期、第2期をまだかまだか反射期、第3期を確立期と名づけた。さらにCRの形成過程は脱意識あるいは脱意欲の状態であると考えた。

　この実験に続いて、合計3つの実験研究（古武，1943b, 1944a,b）が翌年に発表され、刺激汎化、分化CR、延滞CR、痕跡CR、自然CRに関する詳細な分析が行われた。古武はこのCR研究を人間への科学的理解のための演繹的原理の確立のためとして位置づけ（古武，1950a）、さらに条件形成原理の臨床的応用を試みている（古武，1954）。そして古武はA. Salterの条件反射療法（Salter, 1945）に強い関心を示していた。

　唾液CRに関する古武の戦時中の研究を基盤として、戦後に皮膚電気反射や瞳孔反射などの他の反射指標を用いた研究が展開された。これらの反射測定のための遮音シールド室、電気生理学的生体反応測定装置の大部分、例えば、生体電気増幅器、ペン書きオシロスコープの紙送り記録器、純音発振器、光刺激提示器、電極、電極糊などは、研究室で澤井助手と多河嘱託助手によって自作された。記録ペンは注射針を作る極細の金属パイプを利用し、記録紙は掲示用紙を必要な幅と長さに切断し、糊でつなぎ合わせ、包帯巻き器を使って1本の記録紙ロールをつくった。測定・記録装置を作り、記録紙上に生理反応の生起や変化をペン書き記録することは大変な作業であった。このように古武、多河、美浜、澤井らの努力によって生理反応の測定が可能になり、CR研究を含めその後の生理心理学・心理（精神）生理学的研究、例えば、定位反射、自律反応のオペラント条件づけ、バイオフィードバック学習、睡眠研究などが展開された。なお、電気メーカが作成した装置が最初に購入されたのは1964（昭和39）年で、三栄測器（株）の万能生体電気現象記録装置（2チャンネル）であった。この装置の購入は古武がこの年に受賞した毎日新聞社学術奨励賞によるものである。

　その後の展開と研究領域　以上、戦時中および戦後初期の古武を中心としたヒトの条件反射研究について述べたが、以下、古武・宮田体制の下で行われた研究の中で、学会誌や専門誌に発表された研究と修士論文をテーマ別に紹介する。しかし紙面の都合上、研究者とテーマを挙げるだけに留め、内容

に触れることはできない。結果の詳細は引用されている文献を参照して欲しい。また、学士論文（卒業論文）については、紙面の都合上、触れることができないのは残念である。

　また、条件反射研究に用いられる専門用語として、「reinforcement」に対して「補強」という訳語を当てている大学もあるが、われわれは「強化」、「inhibition」に対して「制止」を用いた。また、研究の初期に用いた「条件反射」という表現が、後期では「条件反応」に替わる場合が多くなった。

　1. 反射・反応指標とその測定法　CR研究のために測定された反射は、唾液反射、皮膚電気反射、瞳孔反射、眼瞼反射、血管運動反射（脈波）、心拍、嚥下・開口運動、手の運動で、これらの測定法の詳細は「人間の条件反応」（古武・宮田, 1973）を参照して欲しい。また、生理的変化の電気的測定法に関する修士論文として、西岡昭（1956）「生物電気積算計について」がある。

（1）**唾液反射**　耳下腺分泌がラッシュレー・クラスノゴルスキー（Lashley-Krasnogorsky）法（人唾管―マノメータ法）、または、口腔内に歯科用脱脂綿を挿入する綿球法によって測定された（三宅・古武, 1958）。USは酒石酸溶液（1/8 mol）、オレンジジュース、カルピスなどが主に用いられた。

（2）**瞳孔反射**　従来の機械的測定法（古武・美浜, 1951）に改良を加え、資料5-7に示されているように光電管による測定法（美浜・古武, 1954）が用いられた。

（3）**皮膚電気反射**　1950年頃、皮膚抵抗反射は通電法により蓄電器式回路を用い、記録は検流計の針の触れを直読、或いは電磁オシログラフにより写真記録がなされた（古武・多河, 1951a, b）。

（4）**眼瞼反射**　機械的測定法、眼輪筋電位またはEOGによる測定法、光電管またはフォト・トランジスターによる電気的測定法が用いられた。

（5）**血管運動反射（脈波）**　光電管式容積脈波計（Miyata, 1961）が自作されたが、以後、市販のセンサーが使用された。

（6）**心拍**　標準的な誘導法で記録された心電図を用い、R波間隔の距離を物差で計り、瞬時心拍率などを計算した。

（7）**随意運動**　実験者の教示に従って行う随意運動、例えば、ゴム球を握る手の運動やお菓子などを食べるときに生じる嚥下運動がある。手の運動はゴ

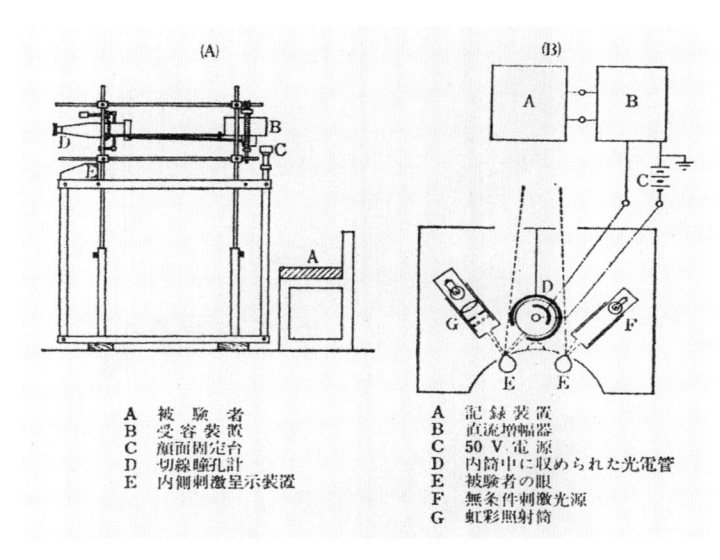

```
(A)                              (B)
[図]                             [図]

A  被  験  者              A  記  録  装  置
B  受  容  装  置          B  直 流 増 幅 器
C  顔 面 固 定 台          C  50 V 電 源
D  切 線 瞳 孔 計          D  内筒中に収められた光電管
E  内側刺激呈示装置         E  被 験 者 の 眼
                          F  無 条 件 刺 激 光 源
                          G  虹 彩 照 射 筒
```

資料5-7　光電管式瞳孔反射測定装置

ム球に連結されているタンブールによって、嚥下運動は甲状軟骨に接着されたタンブールで記録され、開口運動は視察、或いはカメラで撮影された（黒田，1952）。

2. 自然CR　梅干やレモンを見ただけで生じる"よだれ"を林（1950）は自然CRとよんだ。梅干を想像する、見る、手に取る、匂いをかぐ、唇につける、などの条件下で観察される自然CRについては古武（1944a）と佐久間（1962）の研究がある。資料5-8は梅干しを手に取る条件下での自然CRの測定場面である。

3. CRの強化、般（汎）化、分化、消去、内制止　CR形成過程については、古武の研究を上に述べたが、それ以外に延滞CRや痕跡CRの形成手続きによる唾液CR及び皮膚電気CRの強化過程、類似刺激に対する般化、分化、消去が分析された（古武，1943b，1951a；古武・多河，1951a）。強化スケジュールについては部分強化に関する研究の展望がなされた（宮田・山村，1970）。唾液CRの形成に伴って観察される脳波の変化に関しては多河・澤井・古武（1954）によって報告されている。唾液反射の他に、皮膚電気反射、瞳孔

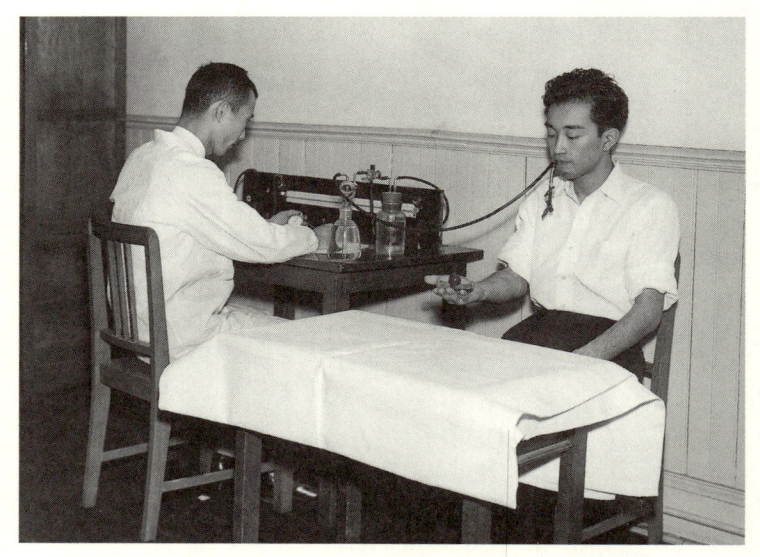

資料5-8　梅干しを手に取る条件下での自然CRの測定場面
梅干しを手にしている被験者は佐久間（1960、昭和35年卒）、実験者は宮田。

反射、眼瞼反射、血管運動反射(脈波)、随意運動の条件形成が実施され、特に皮膚電気反射の延滞CR形成において延滞期間中に見られるCR出現時点がUS提示時点に接近・移動していく過程（古武・多河, 1951b）の分析がなされた。内制止については、消去制止、分化制止、延滞制止、条件制止が、主として唾液条件反射、皮膚電気反射、で検討された（宮田・古武, 1958）。

　修士論文として、植田忠一（1955）「人間の眼瞼反射に於ける汎化及び分化とanxiety」、神谷伸子（1957）「眼瞼反射条件形成に於ける消去試行間隔と消去抵抗」、柿木昇治（1963）「瞳孔条件反射に関する研究」、浜野惠一（1964）「人間に於ける延滞条件反射の基礎研究」、森脇章次（1964）「随意運動形成過程の実験的分析」、笹野完二（1965）「人間条件反射の条件制止に関する研究」、山村健（1968）「部分強化に関する一実験的研究—眼瞼反射を指標として—」がある。

　4. CS強度、CS・US間隔およびUSの種類　CS強度とCR量との関係についての研究は内外に多い。しかし、識閾付近強度のCSを用いた研究は少な

く、西岡・大谷 (1954) は皮膚電気反射、古武・美浜 (1951) は瞳孔反射でこの問題を検討した。CSとUSの時間間隔の効果は瞳孔CRで美浜・古武 (1954) の研究がある。USの種類に関しては、柿木・古武 (1964) および柿木 (1965) は瞳孔CRの形成に対して光と電気刺激をUSとした場合の問題を論じている。

5. 分化強化法 分化については、古武・美浜 (1951) が興奮 (陽) 性CSと制止 (陰) 性CSを実験試行の最初から提示しつつ分化を形成する分化強化法を提案した。従来では、分化CRの形成では、興奮性CRを形成した後に制止性刺激を導入して分化CRを形成した。しかし、古武らは興奮対制止という認知的対比が可能な刺激提示条件の方が、ヒトの場合にはより安定した分化CRが早く形成されると考えた。この時期に認知要因を条件形成理論の中に取り入れたことは大変興味深い。なおこの分化強化法の有効性は、後に動物実験においても証明されることになる (Kawai & Imada, 1996)。

6. 系の形成と複合CR より複雑なCRとしては、唾液CRの系の形成 (連鎖CR) を内藤 (1957) が、同時複合CSによる複合CRの形成を佐久間 (1963) が行った。佐久間はヒトに用いた実験条件と同じ条件でイヌを用いて実験を行った。これはわれわれの研究室での最初のイヌによる唾液CR実験である。

修士論文として、内藤徹 (1956) 「人間唾液条件反射に於ける系の形成」、佐久間徹 (1961) 「唾液条件反射に関する一実験的研究―同時複合条件反射について―」がある。

7. 個体差 CRの形成に生活体変数が与える影響について、黒田 (1952) は嚥下・開口運動を指標として幼児のCR形成速度と知能・体格との関係を分析した。さらに、条件形成による幼児の行動変容の研究へと発展した。宮田 (1965) は血管運動反射を用いてパヴロフの神経の型理論による個体差の研究、また、1954年頃に澤井助手、院生の西岡、黒田、松永、大谷、内藤、学部生の植田によって、M.M.P.I. Anxiety Testの標準化の試みがなされ、これが後の性格特性とCR形成との関係の研究に大きな影響を与えた。

8. 有意統制 ハジンス (Hudgins, 1933) の方法で、澤井 (古武, 1951a) と川合 (1966) は唾液反射、古武・美浜 (1952) は瞳孔反射で有意統制を試みた。これは実験者が提示するCSの提示直前に実験を受ける被験者が「手を握る」

ような簡単な筋運動を行い、次いでそれをコトバに置き換えて「手を握る」と言い、さらにそのコトバを"心の中で言う"段階まで高次条件形成手続きで外部から与えられたCSの内在化或いは転移を行うものと考えられる。

修士論文として、川合京子（1965）「人間の唾液条件反射に於ける有意統制の基礎研究」がある。

9. 動物（イヌ・ネズミ）を用いた実験　上に述べたCR研究は主としてヒトを用いて行われたものであるが、イヌによる実験として、三宅（1957）は前肢屈曲反射を指標としたイヌの実験を試みた。宮田はポーランドのコノルスキー（J. Konorski, 1903～1973）の研究室で道具的条件形成と古典的条件形成の結合・分離の実験を行った（Miyata & Soltysik, 1971）。森田（1968）は回避条件形成の機制を検討するために回避事態での心拍変化を分析し、先に述べた佐久間の複合CRの形成も行われた。このようにしてヒトとイヌのCR形成の特徴を比較することが可能になった。また、脳生理学的研究として条件反射形成、特に延滞条件反射の形成と中脳網様体の働きに関する研究もなされた。

修士論文として、森田義宏（1969）「心拍反応を恐怖の指標とした回避学習機制の研究」、永田徹（1971）「延滞条件づけに関する一実験的研究—ネズミの中脳網様体の単位発射を指標として—」がある。

10. CRの同定に関する問題点　CRの形成を調べる方法として、ⅰ）般化、分化、消去などのCRとしての特性を示すかどうか検査する、ⅱ）USを提示しないテスト試行で反射が生起するかを調べる、ⅲ）CSが提示され、USが提示されるまでの間に反射が生じるかを検査する、の3つの方法がとられてきた。2番目の方法ではUSを省くことによって生じる定位反射との区別の問題が指摘される。最後のテスト法では観察される反射は予期的反射と呼ばれ、CS-US間隔に2つの頂点を持つ複合的変化が生じる場合（古武・多河, 1951b）が多く、CRの同定に困難な問題が生じることが指摘されている。強化を受ける実験群に対して統制群、例えば、"真の無作為"条件（宮田, 1969）などとの比較からCRを同定することも出来る。CRの同定や統制条件の種類、観察される反射の変化の有意性については宮田（1959）の研究がある。

修士論文として、鴨野元一（1970）「GSR条件づけに関する一問題—複合反応について—」がある。

コラム5-2　ソコロフから古武に送られた一冊の書物

条件形成に関する研究に加えて、ヒトの種々な心的状態や反応・行動に対する心理（精神）生理学的アプローチという新たな研究領域の拡張の契機となったのは、古武の在職中に届いた1冊の書物である。これは1958年に出版された当時ソビエトの生理学者ソコロフ（E. N. Sokolov, 1920～2008）の著『知覚と条件反射』（資料5-9）（Sokolov, 1958）で、古武宛のソコロフの手紙が添えられていた。"宮田君、このロシア語の本、一体、何の書物や？　すぐに調べてこい"との命令。当時、助手から専任講師になって2年目であった宮田はロシア語辞典を持っていたので早速書物のタイトルを調べ、『知覚と条件反射』であること、美浜・古武（1954）が作製した光電管式瞳孔変化計測装置が引用されていることがわかった。さらに、"わしの仕事をほめているのか、くさしているのかどっちじゃ。引用の内容を調べ！"との古武の命令で、宮田は神戸外国語大学ロシア語学科1年生に聴講生として入学することになった。ソコロフは関学研究室で自作した光電管式瞳孔計（資料5-7）が優れていると賞賛していた。

資料5-9　ソコロフと『知覚と条件反射』と彼のサイン

古武は、「条件反射理論でパーソナリティは説明できるが、知覚を説明するのは難しい」と、しばしば指摘していた。しかし、ソコロフはこの知覚の問題について新奇刺激に対する定位反射（orienting reflex）を知覚の基礎にある生理的機構の一指標としてとらえ、条件反射研究の枠組みの中で独自の知覚理論を展開していた。この定位反射とその慣れに関する研究が契機となり、多彩な心理（精神）生理学的研究が宮田と院生を中心として、特に1970年から1990年にかけて展開された。

11. 定位反射　1961年に宮田は、当時のソビエトにおいてソコロフを中心として行われた定位反射と探求反射の研究をロシア語の資料に基づいて紹介と展望（宮田，1961）を行い、実験的研究として、定位反射を誘発する新奇刺激が与えられる被験者の刺激に対する知識の有無と定位反射との関係について研究を発表した（Miyata, 1961）。研究の初期では"habituation"に対して"順応"あるいは"馴化"という訳語を用いたが、後には日本生理学会の専門用語の使用法にしたがい、訳語として"慣れ"を用いた。

定位反射の実験では、岩内一郎（1967）が個人間にみられる定位反応水準の相違と条件形成の困難度の関係について研究を行った。

修士論文として、岩内一郎（1966）「定位反射と条件反射形成に於ける個体差の基礎研究」、小西賢三（1971）「瞳孔反射に関する一研究—その定位性成分について—」がある。

12. 自律反応のオペラント（道具的）条件づけ　アメリカにおける当時の学習理論では、非随意的な自律反応は古典的条件づけ手続きで、随意的な骨格筋反応はオペラント条件づけの手続きで条件づけられると主張する学習2元論的な考えが支配的であった。しかし、自律反応のオペラント条件づけの可能性が証明された（Van Twyver & Kimmel, 1966; Miller & Carmona, 1967）。われわれの研究室では、自律反応のオペラント条件づけに関する実験的予備研究（柿木，1966）および文献的研究（Miyata & Hamano, 1967）、自律反応のオペラント条件づけに関する論評（濱野・沖田・宮田，1970）、ヨークト・コントロール法を用いた電撃回避事態での皮膚電気反応と心拍のオペラント条件づけの可能性の検討（Okita, 1971）がなされた。

修士論文として、関宏之（1969）「Instrumentalizationに関する実験的研究—意識性関与について—」、沖田庸嵩（1970）「自律反応の道具的条件付け—回避事態における可能性の検討—」がある。

13. 認知・知覚　眼球運動とサッカディック抑制、時間的に近接した2聴覚刺激の知覚、生理的要求と知覚の変容、閾下知覚（Ohtani, 1956）、時間知覚、視・聴覚情報の切り換え選択と注意、騒音による嫌悪事象の予測などの実験的研究が条件反射研究とともに行われ、条件反射研究の枠組みの中で知覚の問題をどのように位置づけていくかが議論された。

修士論文として、金賢中（1954）「知覚に及ぼす要求の効果―生理的要求阻害条件下に於ける知覚の変容―」、大谷璋（1955）「Subception促進要因としての断片的手掛り」、伊藤敏明（1969）「時間経過知覚と作成法」、森津誠（1971）「情報選択過程としての注意に関する研究」、三戸秀樹（1971）「誘発電位を用いた近接2刺激と反応の研究」。

14. 情動と生理反応、実験神経症　実験室内にいる被験者に実験的に異なる情動や態度を誘発・形成することは非常に難しい。恐怖の誘発には上腕や手掌に電気刺激を与えることが多い。これ以外には、強音、冷水を用いることもある。快状態をつくるためには、音楽や映像などを用いることがあるが、慣れが生じてしまう。このように情動の実験的誘発は困難で、その方法の有効性が実験結果を左右することが多い。宮田と八木昭宏は、不安、恐怖、安堵の状態をつくるために、小さなランプを逆T字型に並べ、光点が上から下に移動し、続いて右側に移動すれば終点で電気刺激が手に与えられ、左に移動した場合には電気刺激は与えられないという条件を設定した。この時、光点が上から下に移動している時はその後に光点が電気刺激が与えられる右側に移動するか、あるいは電気刺激のない安全な左側へ移動するかを予測することができないため不安が、右に移動した時には、電気刺激が与えられるため恐怖が、左側に移動した場合は電気刺激がないので安堵が形成されると考えた。この条件下で心拍の変化を比較した。この研究結果を学会誌に投稿するために原稿が完成していた。しかし、大学紛争時にハミル館の占拠と封鎖が起こり、研究資料や実験結果のすべてを館外に持ち出した時に、残念なことにそれらが紛失してしまった。しかし、修士論文として、八木昭宏（1967）「Anxiety, Fear, Relief時における心拍率の変化について」がある。また、条件反射形成手続きによる実験神経症の形成と治癒に関する文献的研究として、荒木光（1968）「実験神経症に関する研究の動向」がある。

15. 数学的モデルによる研究　いくつかの数学的モデルを用いて回避学習事態にたいしてシミュレーションが行われた。修士論文として、石田雅弘（1971）「学習事態における確率的モデルとComputer Simulationについての一考察」がある。

16. CR研究の問題点　以上に述べた実験研究のなかで、特に唾液反射と

瞳孔反射を用いた初期のCR研究に今後さらに検討されるべきいくつかの問題点を指摘することができる。その第一は、USの持つ情動喚起性の問題である。ヒトの実験で与えられるUSは酸溶液が主で、その濃度（1/8 モル）は酸味をおびているが飲み込むことができる程度のものである。しかし、それを飲んで渇を癒したいほどの飲み物でもない。要するに、URである唾液は出るが、"うまく"も"まずく"もない中性的な刺激である。強いて言うならば、被験者は実験者の教示により溶液を飲んでいるに過ぎず、その時にUSによる強い情動変化は認められない。イヌの実験では、酸溶液を与えると、それを吐きだそうとして多量の唾液が分泌され、イヌは口の周辺を前肢で拭くような防禦的な動作をする。そして、毎日の実験では実験台に上がることを嫌がる。一方、USが肉粉のような餌の場合は、USが提示されるとイヌは小躍りしてUSである餌を食べる。実験台にもイヌは自分から進んで上がる。このUSに対するイヌとヒトとの行動や分泌に関する大きな相異は、宮田がイヌで実験をした時に経験した大きな驚きであった、と述べている。イヌの場合にはUSに対する強い情動的変化がつねに随伴している。このような理由からヒトの場合はUSの情動換起性が低いためにCR形成のための強化数が非常に多く必要で、形成されてもCRの安定性が低い。ヒトの場合、美味い食物を与えることは、咀嚼により口腔内に着けられている唾管が外れる危険性があるため、仕方なく酸溶液を用いている。（この点、口に含んだ小さな脱脂綿球にしみ込んだ唾液量の重さを測る綿球法は自然で優れている）。

　この問題は瞳孔反射の条件形成に用いられたUSである光刺激にも同じことが指摘できる。単なる光の提示によっては、瞳孔収縮が生じても、USによる情動変化は喚起されない。これが瞳孔反射の条件形成が困難である決定的な理由であろう。一方、USとして電気刺激をあたえる瞳孔散大のCR形成は容易である。この場合はUSである電気刺激による情動変化（恐怖の生起）がある。

　第二の点は、唾液CR研究の初期の研究では、CS提示前の唾液分泌活動の基礎水準（基線）が計測されていない場合が多いので、CS提示中の変化が基線からどの程度の変化であるのかが不明である。したがって、CS提示中に記録された分泌量の変化は基線の自発的変動によるものが含まれているとい

う懸念が残る。

　第三の点は、被験者が1名である事例的研究が多く、多数の個体から得られた結果に対する統計学的な解析が望まれる。また、強化などの条件効果の同定に対して、適切なコントロール条件の設定が実験計画時に要求されよう。

　以上、われわれの研究活動を支える3本柱のうち、ヒトを中心としたCR研究の内容と1972年までの推移を述べた。しかし、CR研究は《後期》の1980年頃まで継続され、その後は、宮田を中心として展開された生理心理学・心理（精神）生理学的問題に関する研究に移行していった。これについては第7章の《後期》で詳しく述べられている。また、CR研究の経緯は10ヵ年ごとの報告（古武, 1950a, 1959b, Kotake & Miyata, 1971）があるほか、研究17ヵ年に関するまとめ（Kotake & Miyata, 1958）もある。

　なお心理学における条件形成についての考え方は、1960年代の後半から非常に大きく変化したが、これについては第7章、コラム7-1を見てほしい。

3本柱の（2）：動物およびヒトの自発的条件行動の研究

　ここではこの第2の柱の研究を、1959年を境にして2分割して述べる。1959年を境としたのは、この年に今田 (寛) が専任助手に就任し、この研究グループが新浜・今田 (寛) の2人体制になったことによるものである。ここではごく初期の卒業論文も貴重な情報として例外的にいくつか掲載している。

　戦後の実験的研究（1948〜1959）　1948（昭和23）年、旧制大学に在学していた新浜は卒業論文にラッシュレー（K. S. Lashley, 1890〜1958）の跳躍装置を用いて実験(卒業論文題目は不明)を行った。これが戦後われわれの研究室で行われた動物実験の最初であろう。古武が"新浜君がラットを跳躍装置の台に乗せても、台から跳ばないので困っていると言うので、実験を見に行くと、ハツカネズミを買ってきて跳躍台に乗せていた。ラットをマウスと間違えている"と大笑いをした[5]。そして新浜の同級生の池川三郎が「白鼠の"大イサ"の弁別について」の実験を行った。次いで、中西重美（1950, 昭和25

---

5)　家ネズミ大のラットと違い、小さなマウス（ハツカネズミ）は約20センチの空隙を跳躍できるわけがない。

年卒）がやはり「ラッシュレーの装置による実験」で卒業論文を提出した。この年にコラム5-3にあるようにスキナー・ボックスが自作され、芦田幸男（1951, 昭和26年卒）が「Skinner-Perin Boxによる条件行動の実験的研究：Primary response generalizationについての一実験」を卒業論文として提出し、助手に就任した新浜とともに学会に発表した（芦田, 1951; 新浜, 1951）。そして動物実験グループの研究会では専らハル（C. L. Hull, 1884 〜 1952）の *Principles of Behavior* (1943) がテキストとして用いられた[6]。

この頃から、卒業論文のために動物実験をする学生が少数ではあるが増え始め、1952（昭和27）年3月から1959（昭和34）年3月までに卒業した134名の心理学科生のうち19名の学生が動物実験を行い、この中から大学院に進み、動物の条件行動の研究をする院生は10名となった。

1958年度までの修士論文は以下の8篇である。勝山信房（1953）「回避条件形成に於ける一研究：CS強度に関する実験的研究」、松永一郎（1953）「動因累加の一実験」、宮田洋（1954）「道具的条件反応の刺激汎化：白鼠に於ける回避反応の刺激汎化に就いての一実験的研究」、荒木潔（1955）「反応変動性に関する研究」、三宅進（1955）「動物実験神経症：特に罹患因子としての興奮性に就いての考察」、石堂一雄（1956）「自発的条件形成に於ける反応測度」、広瀬栄治（1956）「条件形成事態における反応変動性に関する研究」、今田寛（1958）「回避反応に対する罰の効果についての一実験」。なおこれらの研究の中で、以下の3篇が学会誌に公刊されている（宮田, 1956; 荒木, 1957; Imada, 1959）。

以上の実験のほかに、新妻（1954、昭和29年院中退）は、ミラーとダラードの『社会的学習と模倣（*Social learning and imitation*）』(Miller & Dollard,

---

6) 動物を用いた条件行動の研究を始めた頃のことについて、古武（1950a）は次のように述べている。"私の共同研究者、新浜邦夫学士が、芦田幸男、中西重美君等を指揮し条件行動の研究にとりかかったのは昭和二十三年であった。行動潜時の問題から入って意欲の問題に条件反応理論をおしすすめんとする努力である。既に数種の成績が出ているが、昭和二十四年四月の日本心理学会総会（於慶応大学）にはスキナー及びペリンによって考えられた実験箱を使用した行動潜時の研究及び、ラッシュレイの飛込台による同様の研究が序報として報告せられている。Hull, C. L.: *Principles of Behavior* はこの研究の導き手である。我々はハルの考えを充分に批判し再実験し、願わくばハルをのりこえて、動物実験から人間実験へと進んでゆきたいと思っている。"（古武, 1950a, p. 160の註32）。

1941）を読み、ラットの模倣学習の実験を試みた。また、三宅（1956, 昭和31年院）の研究テーマはラットの実験神経症の研究であったが、ラット以外にイヌ、ヤギを飼育した。イヌはハミル館の近所を徘徊しているイヌを数匹、焼き芋でつりながら連れてきてハミル館の前の藤棚に繋いで飼っていたが、後にそのうちの1匹が近隣住民の飼い犬であることが分かり、謝罪して返したこともあった。他のイヌ「富士子」を使って前肢の防禦性屈曲反射の条件形成の実験を行い、関西心理学会で結果を発表したが、この富士子という名は1950（昭和25）年、第1回ミス日本コンテストでミス日本に輝いた大阪出身の山本富士子に因んでの命名であった。またヤギも実験に用いたが、ヤギは常にペアを組んでいる相手が実験室内で横にいないと静かにしないので実験の実施に困った。これらのエピソードから、手探りで動物実験を始めた頃の様子や、当時の世相がある程度見てとれるであろう。

　ここで、ラットを飼育する上で直面したいくつかの苦労話を紹介してみたい。動物実験がスタートしたものの、動物に与える肝心の飼料を入手することが一番の問題であった。当時はまだ食料が不足し、特に米穀類には厳格な配給制度があって自由に買うことができなかった。そこで精米時に出来る米の欠片（砕米）を精米所で購入する特別許可を兵庫県庁で貰い、飼料を購入した。リヤカーで西宮市上ヶ原から尼崎まで買いに行くのが松永と宮田の役目であった。この砕米を野菜の屑と一緒に炊いたものに、肝油を少々加えて与えた。ラット用の餌箱はブリキ板で作り、水の容器を飼育ケージの中につけた。餌の分量を秤で計り食餌箱に入れて水を与える作業は、ラットの排泄物の掃除とともに夕方の数時間を要する重要な若手院生の仕事であった。また、飼育ケージは、体育館で破棄処分にされる古いロッカーで横10列、縦5段に並んでいるものに金網の扉をつけて改造したもので（資料5-10）、不完全でしばしばラットが逃げだした。一度は地下室の実験室から1階の文学部事務室の事務机の中に入りこみ、そのラットを罠を作って夜間に捕獲するのも大仕事だった。

　このように条件行動の実験的分析が新制大学の設立前後から主に新浜を中心として行われてきた。当時の日本の大学で動物実験を行い、学会でその成果を発表できた大学は数少ない。日本心理学会の1951（昭和26）年第15回大

資料5-10　初期のラット飼育ケージ

会と1954（昭和29）年第18回大会で動物実験に関する報告があった主な大学は、北海道大学、東北大学、東京大学、東京文理科大学／東京教育大学、慶応義塾大学、早稲田大学、関西学院大学、京都大学である。したがって、われわれの研究室の存在は、特に東京以西では京都大学と共に貴重な存在であった。

　自発的・随意的行動を主たる研究対象とする2本目の柱の研究は、上記のように動物実験を中心に始まったが、ヒトを被験者にしたハルの行動理論に関する実験や、フラストレーションやコンフリクトに関する実験も、この頃に卒業論文の研究として行われている。またヒトの不安度を測定するために、M.M.P.I.をもとにしてテイラー（Janet A. Taylor, 1923〜）によって開発された顕在性不安尺度（MAS, Manifest Anxiety Scale）（Taylor, 1951）の日本語版が、武庫川病院（現在の兵庫医科大学病院）に就職した松永一郎により作成され、MKAI（Mは武庫川のM、Kは関学のK、AIはAnxiety Inventory、つまり不安に対する個人の感受性を測定するためのテスト）という名前で公にされたので、同テスト関係の研究もこの頃に始められている。なお不安尺度で測定された不安度は、ハルの行動理論の中の動因の指標とされていたため、MAS関係の研究はハルの行動理論に関する動物実験とも共通の基盤を

コラム5-3　戦後初のスキナー・ボックスを自作する

　動物（ラットやハト）のオペラント条件づけ研究には、日本においてもアメリカの有名な心理学者、スキナー（B. F. Skinner, 1904～1990）が考案したスキナー・ボックスが実験に用いられてきた。この装置が研究に必要な場合は、現在では、実験装置・器具類を扱っている業者に注文すればよい。しかし、戦前・戦後の日本では、このような装置は研究室で自作しなければならなかった*。われわれの研究室では、エール大学のペリンの論文（Perin, 1942）に掲載されている装置に若干の改良を加えて、1949年頃に当時助手であった新浜と学部生の芦田によって、戦後における最初のスキナー・ボックスが2台作られた。このボックスでは、ラットがバーを押す反応の強度が測定されるように改良され、バーをある一定範囲の強さで押さないと餌による強化が行われないような条件設定も出来た。さらに、バーは普段は常に出ているが、条件によっては反応ごとに壁の側面に取り付けられた半円筒形のシャッターが下降することによって随時隠されるような工夫も加えられていた。記録は、フォノモーターによって一定速度で回転する円筒上に記録紙を走らせ、ペンによってラットがボックス内に入る入口のドアーの開閉、シャッターの上下移動、バー押し反応、時間（秒単位）が同時記録された。このスキナー・ボックスを用いて行われたラットの条件行動に関する実験の成果は、1950年に新浜によって関西心理学会第47回大会、1951年に新浜と芦田によって日本心理学会第15回大会で発表され、次いで古武・新浜（1951a）の論文がスキナー・ボックスの装置の図（**資料5-11参照**）を入れて心理学研究第21巻に掲載された。そして他大学の多くの研究者がこのボックスの仕組みを実際に見るために関学の研究室に来訪した。なおスキナーは、1951年にスキナー・ボックスを東京大学（ラット用）と慶応義塾大学（ハト用）の研究室に送っている。

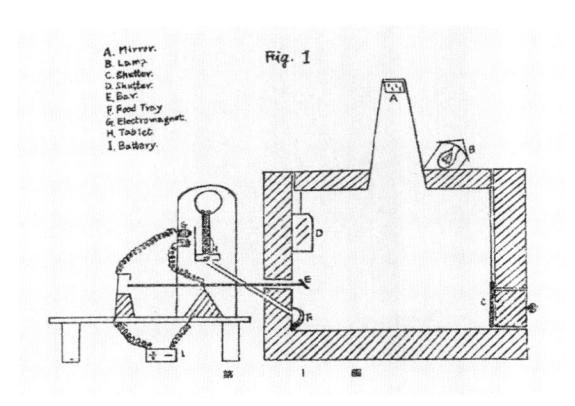

資料5-11　手作りのスキナー・ボックス
注：業者製の最近のスキナー・ボックスは資料5-14参照

われわれの研究室では、スキナー・ボックスや逃避・回避条件づけ用シャトル・ボックスなどを設置するために防音室（約4平米）も自作した。防音室の壁内部には防音のために学内の柔道場で廃棄された古い畳、ベニヤ板、テックス、金網などで防音層を作り、壁の厚さは約30cmになった。また、スキナー・ボックスで用いる報酬用の餌は、米粉と魚粉を6：4の割合で混ぜ、錠剤製造機で作った直径6mm、厚さ3mmの錠剤であった。その錠剤を新聞紙上に並べ、陽に当てて乾かしたが、小鳥が錠剤を食べに来るので、乾燥するまで誰かが棒をもって番をしなければならなかった。他学科の友人に冷やかされながらの番であったが、これも研究活動の一部であった。

　また、新浜（1955）は、その後サル用のスキナー・ボックスをつくり、反応変動性と反応汎化の一連の研究を展開した。この実験では、サルがT字型のバーをある一定範囲内（1.5～2.0 kg）の強さで牽引すれば、報酬（幼児用球形ビスケット、0.9g）が与えられ、この条件下で形成される牽引反応の変動性を分析した。心理学領域でサルを用いた実験も戦後では日本初の研究であろう。

　ところでサルを実験に用いるようになった経緯であるが、1951（昭和26）年の秋頃に、古武から宮田にサルを見つけて来いとの指令がでた。宮田は宝塚の動物園で購入先などを尋ねたが、当時、サルを手にいれることは殆ど不可能であった。しかし、神戸三宮センター街の散髪屋の店先にサルが客寄せのために繋がれているということを聞き、早速、松永と宮田がそこに出向き、雌サル（Macaca cyclopis, 生後約2年）を入手することに成功し、サルをダンボール箱に入れて阪急電車で研究室まで持って帰った。名前はアメリカの行動心理学者・ハルに因んでハル（**資料5-12**）と名づけた。当時、京都大学の心理学研究室の前にもサルが繋がれていて、佐藤幸治先生がよくサルの仕草を観察されていたことを覚えている。

資料5-12　実験用のサル・ハル

---

*　日本における最初のスキナーボックスは1943（昭和18）年に東京大学の梅岡義貴によって自作され、心理学研究, 1943, 18巻にその装置の図が掲載されている（梅岡, 1943）。

もっていた。

動物およびヒトの自発的条件行動に関する実験研究：その後の展開（1959〜1972）　以上のように動物学習研究は1949年専任助手に就任した新浜邦夫を中心として切り拓かれ、ハルの行動理論を柱として展開された。その後、今田（寛）が1959年に専任助手に就任し、動物学習研究のグループの専任教員は2人となり研究範囲も広がり、動物・ヒトを対象とする研究が数多く行われるようになった。

資料5-13は1959年度から1971年度までの13年間に新浜・今田（寛）グループに属する者の学士論文および修士論文を研究テーマ別、また用いた被験体別に分類したものである。この期間に提出された論文は合計142（学士118、修士24）、その内、動物実験が78（学士60、修士18）ヒトの実験が64であった。以下、それらを研究領域別に解説をする。なおここでは領域ごとにこの時期の修士論文と公刊論文のみを掲載する。

資料5-13　動物・ヒトの条件行動に関する学士論文・修士論文（1959〜1971年度）
　　　　　研究領域別、被験体別件数

研究カテゴリー	学士論文 ラット	学士論文 ヒト	修士論文 ラット	修士論文 ヒト
ハル・スペンス理論等、学習理論関係の研究	16	19	5	4
動物を用いた嫌悪条件づけの研究	38	−	13	−
フラストレーション・コンフリクト・異常行動の研究	6	10	−	−
MAS・MPIと、ヒトのパフォーマンスに関する研究	−	18	−	1
学習一般、ゲーム理論など	−	11	−	1
合　計　1	60	58	18	6
合　計　2	118		24	
合　計　3	142			

1. ハル・スペンス理論等、学習理論関係の研究　初期にはハルとその高弟のスペンス（K. W. Spence, 1907〜1967）のとなえるハル・スペンスの学習理論の実験的検討に関するものが多かった。動因（D）、誘因（K）、制止（I）などに関する研究や、当時ハルとトールマンの学習理論からの予測が食い違うことで話題になった部分強化や潜在学習といったテーマが動物実験ではよく

取り上げられていた。ヒトを対象とした実験においても、運動学習の手法をもちいてハルの制止（禁止）に関する理論の検証などがよくなされた。なお当時専任助手であった今田(寛)は、1961〜1963年にかけて米国アイオワ大学のスペンスのところにフルブライト留学し、博士学位（Ph.D.）を得て帰国し、その留守は鹿野輝三（1958年学士、1960年修士）が守った。なお今田(寛)の留学当時、上記MASの開発者のテイラーはスペンス夫人（Janet Taylor Spence）としてアイオワにいた。

　この領域に属する動物関係の修士論文は以下のとおりである。括弧内は、修士論文提出年度である。宮本健作（1959）「ラッテに於ける禁止要因に関する行動分析的研究」（注：ラットのドイツ語）、久野能弘（1961）「反応遂行に及ぼす報酬量の効果」、斉藤通明（1963）「動因累加に関する一研究」、坂上洋平（1967）「自発的交替反応に関する研究」、橘秀嗣（1968）「rgの直接的測定に関する一研究―完了反応の古典的条件づけの側面から―」。

　人間関係の修士論文は、白岩義夫（1961）、「反応般化に関する一研究―反応強度般化と反応制止―」、下仲順子（1965）「運動学習に関する一実験―動機づけの函数としての反応制止―」、北川睦彦（1967）「言語強化に関する研究」、村中哲夫（1970）「図形弁別における幼児の選択行動の研究」。

　なおこの領域に関する公刊論文の主なものとしては次のものがある（Imada, 1966; Imada & Niihama, 1966; 橘・今田・新浜, 1970）。

　2. 動物を用いた嫌悪条件づけの研究　ラットを被験体とし、電気ショックのような嫌悪刺激を用いた回避条件づけ、恐怖条件づけ、情動性に関する研究が精力的に展開され、資料5-13の修士論文の数からも想像されるように、この時期の研究室の活動の中心をなした。この領域の研究は、不安・恐怖といったヒトの神経症の理解に含みをもつため、基礎と臨床を結ぶ観点からも関心を集めた。なお1970年頃からは、第6章で紹介するように、学習心理学の世界に大きな変化が生じ、それにともなって、嫌悪条件づけは、それ自身をテーマとするよりは、むしろ別のテーマを追求する技法として用いられるようになった。したがってここには次の時代に主流となるこの種の新しい研究も、下記の修士論文を含め数点含まれている。

　この領域の修士論文は以下のとおりである。鹿野輝三（1959）「恐怖反応の

消去に関する一実験―特に部分強化と消去抵抗の関係について―」、福岡修(1962)「回避学習における刺激般化の一研究」、西川一廉(1963)「恐怖条件づけに関する研究―驚愕反応を指標として―」、河内知子(1967)「回避学習事態における情動性と電気ショック強度の関係について」、大野秀樹(1967)「Counter Conditioningの有効性に関する一研究―消去の般化の問題を加えて―」、曽我昌棋(1967)「罰の特性を明らかにするための基礎的実験―回避反応の消去過程に於ける罰の効果に関して―」、甲斐雅子(1969)「回避反応の変動性―不安減少理論は回避反応の方向固着性を説明しうるか―」、福安祥子(1969)「回避反応の消去過程における分析的研究」、吉田恒子(1969)「有害刺激事態における弁別の問題に関する一研究」、宮下照子(1970)「恐怖条件づけにおけるProper Control Groupについて」、投石保広(1971)「有害事態における安全期間及び逃避・回避反応の生活体に及ぼす効果の検討」。

この領域の公刊論文の主なものとしては次のものが挙げられる(Kunitomi, Shikano, & Imada, 1964; Imada & Shikano, 1968; Yoshida, Kai, & Imada, 1969; Kai & Imada, 1970; Miyashita & Imada, 1971; Imada & Soga, 1971; 獅々見・今田, 1972; Imada & Niihama, 1972)。

3. フラストレーション・コンフリクト・異常行動、行動療法の研究 1940年代のアメリカで提唱され、まだ当時話題であったフラストレーション理論やコンフリクトに関する動物およびヒトに関する実験的研究、学習心理学に基礎をもつ治療法としての行動療法も興味を集めた。初期の頃はハルの行動理論との関係で取り上げられることが多かったが、次第に新しい展開を見せるようになった。

この領域の公刊論文としては次のものが挙げられる(今田, 1966, 1969a,b, 1971a; 久野・島田・今田, 1968; 富永・今田, 1968)。

4. MAS・MPIとヒトのパフォーマンスに関する研究・動物の個体差の研究 上記のMASや、イギリスのアイゼンク(H. J. Eysenck, 1916～1997)によって開発されたMPI (Maudsley Personality Inventory)は、前者は個人の不安に対する敏感さを測定する尺度であり、後者は個人の情緒的安定性と外向性―内向性の度合いを測定する尺度であるが、いずれの尺度もハルの学習理論と強い親和性をもつものであったため、新浜・今田(寛)の研究グループのヒ

トを対象とした研究ではよく用いられ、様々な実験が展開されることになった。なお今田(寛)は、1968〜69年にかけて、ロンドン大学精神医学研究所のアイゼンクのところに、ブリティッシュ・カウンシル奨学金による留学をしている。

　この領域の修士論文としては古賀愛人（1969）「タッピング作業におけるパーソナリティ要因について」がある。公刊論文の主なものとしては松永・内藤・今田(寛)（1961）、今田(寛)・鹿野（1962）などがある。

　ラットの個体差に関する修士論文としては、大和田健夫（1966）「ネズミに於ける情動的行動—恐怖条件形成に及ぼす個体差の影響に関する一考察—」、田巻義孝（1969）「ネズミの素因的要因としての情動性」がある。また公刊論文としてはImada（1972）他がある。

　5. ゲーム理論　これまでの研究室の伝統の中にはない研究例として、北海道大学の戸田正直教授の指導を受け、独自に自分の道を切り拓き、修士論文まで仕上げた滝川哲夫（1971）の「繰返し零和2人ゲームにおける経験的ベイズ戦略」もある。

コラム 5-4　ラットの水なめ装置

　すでに本章コラム5-3で芦田・新浜が苦労して自作したラット用のスキナー・ボックスの紹介をした。1960年代のはじめにアメリカに留学した今田(寛)が目の当たりにしたのは、資料5-14Aに示すような立派な業者製のスキナー・ボックスがずらりと並んで、それが自動制御で動いている姿であった。まるでデータ生産工場のようで、'これじゃいくらがんばってもアメリカには勝てぬ'という印象を受けた。そこで帰国後、実験の効率性ということを考えるようになって考案したのが資料5-14Bに示す、通称'水なめ装置'であった。

　当時、まだ図に示したような立派なスキナー・ボックスを購入するお金はない。また報酬に用いる錠剤の餌（ペレット）の値段も馬鹿にならない。当時今田(寛)が関心をもっていた問題は恐怖の条件づけであった。音と電気ショックを何度か対にして実験用のラットに与えると、ラットは音を聞くと身を固くして恐怖の兆候を見せるようになる。この音に条件づけられた恐怖を定量的に測定するために考案したのが水なめ装置であった。

　理屈はこうである。喉の渇いたラットをこの箱にいれて訓練すると、5分間ほど殆ど連続して写真が示すようにチューブの先端からペロペロと安定して水をなめるようになる。1秒間に5〜7回のペースである。そこでその水なめの最中に例えば5秒間の音を鳴らし、それに続いて瞬時の電気ショックを床から与える。恐怖の条件づけの

手続きである。これを繰り返すと、ラットは普段は平気に水をなめているのであるが、音がするとピタリと水を飲まなくなる。火災警報がけたたましくなっている中で平気で飲食をする人はいないのと同じ理屈である。この水なめの抑制の程度でもって音を恐がっている程度を量的に測定することができるのである。資料5-15に記録されたデータを示している。音が鳴ったときに水なめ行動が抑制されている様子が見られるであろう。実は実験室には最初は3台、後6台の装置を設置して、平行して複数匹分のデータが得られるようになっていた。これによって実験効率は大いに上がった。また報酬は水道水であるから、ただ同然である。この種の実験の本家のアメリカでは、スキナー・ボックスのレバー押しが安定して起こるようにしておいて音とショックを対提示し、音によるレバー押しの抑制で測定するのが一般的であった。お金がなくても工夫次第で同じことが手作りで安価に作ることができたのである。

　この水なめ装置を用いた恐怖条件づけの実験が最初に公刊されたのは、先に述べたYoshida, Kai, & Imada（1969）であった。そして次の時代にはこの装置を用いた実験は毎年数多く行われるようになり、われわれのグループの特徴をなすようになったのである。

A　スキナー・ボックス　　　　　　　B　水なめ装置

資料5-14　ラット用実験装置

資料5-15　水なめ装置3台で行われた恐怖条件づけの実験データ
A　1秒の刻み　B, C, D　3匹のラットの水なめ記録（縦線は5秒毎の線、その上の数字は5秒間の水なめ回数）　E　最初の線の立ち上がったところから5秒間の音　CS、それに続き、線が一段下がったところで0.7秒間の電気ショックが与えられた。

実験用のラットの飼育ケージの戦後の初期のものは既に資料5-10に示したが、資料5-16Aはその後の各時期に用いられたラットの飼育ケージである。左ほど古い時代のものであるが、長い間、ラットの排泄物は悪臭源であったとともに、その処理は大変な作業であった。例えば真ん中の大きなケージは棚からぶら下げるタイプのものであり、その下には糞皿が置かれ、その上に新聞紙を置き、そこに落下した糞尿を日に一回丸めて焼却する方式であった。資料5-16Bは2011年現在のラットの飼育室の様子を示している。同じくケージは懸垂式であるが、下のステンレスの板の上に落ちた糞尿は定期的に水で洗い流され、また臭気はダクトで外に放出される方式であり、エアコン完備の飼育室である。昔のことを思えば信じられない改善である。ラットのケージが資料5-10の時代には、あの横で弁当を食べていたのであるから、今では想像できない情景である。

A　歴代のラットの飼育ケージ

B　現在のラットの飼育室

資料5-16　ラットの飼育ケージ

3本柱の（3）：言語学習（記憶）と言語行動の研究

　このグループは石原岩太郎専任講師(後に助教授を経て教授)が中心となって1950（昭和25）年にスタートし、この年の秋、心理学科生の賀集寛（1952, 昭和27年卒）が、さらに1期下の久保和男、中田義朗（共に1953, 昭和28年卒）、さらに坂口順治（1955, 昭和30年卒）が加わり、石原の研究を補佐した。また、旧制心理学科卒の森本博（神戸山手女子短期大学教授）（1944, 昭和19年卒）が学外から参加・協力することになり、グループの研究体制が次第に整っていった。

　実験室　実験室は、当初短期間、石原の個人研究室に隣接した小実験室を使用していたこともあったが、文学部本館地下室に設けられた（資料5-3（B）、138頁参照）。なお、同図の（A）は心理学科生の控え室として使用された。

　実験器具　器具は数多くを要しないが、言語学習実験に使用する言語刺激を、定速、定間隔に正確に提示する装置が必要であった。当初研究室には、手動式のランシュブルグ記憶検査器があった。しかし、アメリカの文献によると、メモリードラムというのが使用されており、自動的に材料を提示できるもののようであったが、写真で概観がうかがえるのみで、この器具の仕組み等のくわしいことは把握できなかった。ところが、当時の心理学科生の芦田幸男（1951, 昭和26年卒）が旋盤操作の技術を有していることを知った石原は、彼にメモリードラムの話をしたところ、これを作ろうということになり、芦田の手によってメモリードラム（資料5-17）が完成、これによって、個人実験によるデータ収集が大きく前進した。その後、久保がカード式の言語材料提示装置を作成し、実験に活用された。

　被験者は図の左の窓の前に座り、実験開始と共に開かれる窓の中に提示される刺激語を見ることができる。窓に順次提示される刺激語は、モーターによって一定時間、また一定間隔で提示される。

　また、実験は個人実験だけでなく、集団実験によってもよく行なわれたが、当時はスライド提示装置もまだ十分普及されていなかった。そこで、言語刺激を画用紙に記入して、メトロノームやストップウォッチに合わせて手動で提示する、いわゆる紙芝居方式がよく用いられた。この他、聴覚提示の

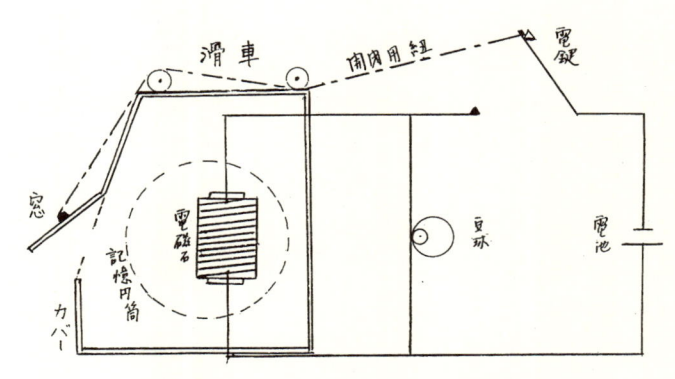

資料5-17　手製のメモリードラム（側面）

みによる場合、あるいは視覚提示と聴覚提示併用の場合にはテープレコーダーが用いられた。時代が進むとともに、専門業者によって種々便利な器具が作成されたが、現在は情報関連の機器の飛躍的な発達によって、材料提示の方法が大きく進歩し、これに苦労することはなくなった。正に昔日の感を禁じえない。

研究の概要　はじめに「言語学習」と「言語行動」についてのべておかなければならない。石原の初期の研究は、今日の用語でいえば、「記憶」であるが、当時は「記憶」よりも、「言語学習」という用語が用いられることが普通であった。言語学習というのは、エビングハウス（H. Ebbinghaus, 1850～1909）流の記憶実験で、彼が無意味音節なるものを創ったように、実験に使用することばの意味をできるだけ排除して、学習過程に重点をおく研究を指す。一方「言語行動」は、言語についての被験者の知識や経験、さらには意味をはじめとする言語の諸特性そのものが人間行動に及ぼす影響や機能を研究するものである。石原は、行動を刺激（S）に対する反応（R）として捉える場合、Sの物理的属性よりも意味の方が大切とみるべきであるとし、こうした考えから彼は、当初から、言語学習の実験の枠組みでも、言語行動の研究であると考えて研究を進めていたのである。このことは、彼および彼と共同で行なった言語を対象とする研究の学会における発表には、すべて"言語行動の研究"という統一した表題と通し番号がつけられていることにも、その意

図がはっきりと表わされている。以下石原グループの主要な研究について述べる。なお以下の記述では、例えば'1955修'は1955年度の修士論文を意味している。

1. 意味的反応般化の研究 ―意味関係と学習転移― この領域の研究を次の3つに分けることができる。

(1) 類似、反対関係の意味と学習転移 石原・賀集（1953）は刺激語Aと反応語Bの対連合を学習した後、同一刺激語Aに対して反応語Bと意味関係にある語B'を学習するという、学習転移の手続きによって3つの実験を行なった。実験Iでは、BとB'の関係は類似語（S）、実験IIでは、反対語（O）と無関連語（N）を加え、実験IIIでは、3リスト設けた。材料は刺激語はアルファベット2文字の組あわせ、反応語は3音節動詞であった。3つの実験結果をまとめると、転移率はS＞N、O＞N、S＝O、侵入反応は、S, OともNと違って、リスト間侵入や関連語侵入が多かった。これらはいずれも反応般化が生じている証拠である。以上の結果から石原（1960）は2つの仮説を導き出した。般化分化系仮説と共通媒介仮説である。

(2) 般化分化系仮説 上記3実験でみられたリスト間侵入反応は、同一刺激語と連合された意味関連反応語との間に意味般化が生じた証拠である。と同時に転移率がプラスであることは、これ以外の意味関連語との間に分化が生じていると考えるのである。一般に条件形成実験ではまず般化が生じ、ついで分化が生じるという継時的過程とみられているが、言語の場合、般化と分化の両者は同時に成立するとみる方がより素直な見方である。このような過程を般化分化系仮説となづけた。そして、その後、同音異義語に基づいて2つの異なる文脈を実験的に構成した反応般化の実験IV（石原・森本, 1957）、実験IVを刺激般化事態に置き換えた実験V（森本・石原・久保, 1957）を行ない、さらに、2つの異なる文脈語3語提示後に与えられた同音異義語に対する連想反応を求める中田（1956）の実験の、3つの実験によって、般化分化系仮説をより強固なものにしたのである。

(3) 共通媒介仮説 石原・賀集（1953）の研究でBとB'の関係が反対語（O）の場合、類似語の場合と同様の促進がみられた。この結果は当時注目されていたオスグッド（C. E. Osgood, 1916～1991）の相互制止説（Osgood, 1946,

1948) を否定するものであった。オスグッドの説はある語と反対関係にある語は互いに相容れないので制止しあい、両者は同時に活性化しにくい。従って、反対語は学習しにくいというのである。これに対し石原は反対語は意味が反対の語であるというのである。反対語の間にも、類似語同様共通の意味の結びつきがある。実験で生じた侵入反応の種類と頻度が、類似語の場合と似ていることがその表れであるとする。この共通の意味次元が互いに引き合い媒介して学習を促進するのだという、共通媒介過程説を提唱して、オスグッドの説を批判した。そして、類似や反対の意味関連度を高中低と従来の研究よりもより細かくした、賀集寛（1954修「言語学習における意味的汎化の一研究」, 1955）の研究や、同音異義語に対して連想反応を求めたもう一つの中田義朗（1955修「文脈的意味の基礎研究」）の研究がいずれも、S＝O＞Nとなったこと、さらに、後述する賀集・久保（1954）が標準化した3音節動詞の連想価表に基づいて、学習材料を選択することにより、リスト構成の精度を高めて行なった実験Ⅵ、Ⅶ、Ⅷ、によって、この共通媒介過程説をより強固なものにしたのである（石原・森本・賀集・久保, 1956; 久保・中田・石原・森本, 1958; 石原, 1960, pp. 128-134））。

　なお、言語学習の実験ではないが、2つの同意関係、2つの反対関係の語から、それぞれに共通する概念を発見させるという坂口順治（1956修「意味関係と学習度の函数としての概念形成過程」）が行なった概念学習の実験でも、結果は反対語の場合、抑制的に働かなかった。これはオスグッド説批判を側面からサポートするものといえよう。

2. 3音節動詞の連想実験　―意味般化語の尺度作成―　この領域の研究を次の6つにわけて紹介する。

(1) 実験の実施　言語学習（記憶）の実験では記憶材料の選定が重要である。しかし選定するために依拠すべき資料は、われわれが研究をスタート当時は京都大学の梅本（1950）が作成した無意味音節の連想価表があるだけで、有意味語に関しては皆無だった。上述の石原らの数々の実験での学習リスト構成は、その都度グループメンバー合意の上で、類似や反対の意味関係が適当かどうかを決定したのである。しかし、研究をより大きく展開するためには、意味般化についての客観的で大規模な資料の作成が必要と考えた賀集は、石

原の了解を得たのち久保その他の協力のもとに、その実行にとりかかった。刺激材料はこれまでの実験に使用してきた3音節動詞で、その大半にあたる523語。方法は、意味関係を幅広く調べるため、1語30秒間に出来るだけ多数の意味的に関連のある動詞を連想させる集団的多語制限連想法によって、1語当たり80名から反応を収集した。

(2) 連想の方向性　実験の結果、523の刺激語から多数の2語間連想語が得られたが、それらのうち、実験に使用した範囲内の語に対するもののみをとりあげ、つぎのように整理した。まず、Aという語からBという語への連想反応数を参加者数(80)で割った値(％)を連想価とした。これが2語間の意味般化の尺度であるが、本実験では、Bも刺激語になっているので、BからAへの連想価もカウントできる。つまり、AとBについて正逆両方向(A→B；A←B)の2語間連想価が得られたのである。これらの詳細は賀集・久保(1954)が'3音節動詞の連想価表'として公刊した。これで、大規模な意味般化リスト作成という所期の目的は達成されたことになるのである。そして、早速前述のように、石原の実験Ⅵ、Ⅶ、Ⅷの学習リスト作成に用いられたのである。

　ところで、この表を見て気づくことは、正逆連想価のいずれかが10％以上のものが1109対あったが、そのうちの937対(84％)が2語間の正逆の方向によって、連想価の間に差があったのである。これはたいへん興味ある現象である。これが何に由来するかは後述するが、その前に実験結果について今ひとつの新しい分析を試みることができた。

　Aという刺激語から3音節動詞の他の諸語になされた総連想反応頻度と、逆に、Aという刺激語へ他の諸語からなされた総連想反応頻度を調べることができた。前者はある語からの連想なので、From-association、略してF連想、後者はある語への他の諸語からの連想なので、To-association、略してT連想と名づけた。なお、この命名は、いずれも、石原の助言によるものである。そして、F連想頻度の合計を80で割った値をF価、一方T連想頻度の合計を80で割った値をT価と略した。このようにして、2語間の場合と同様、単独項目の総連想頻度についても、両方向の分析をすることができたのである。

(3) F連想とT連想の特性　T価を各語について眺めていると、T価の高低と使用頻度や熟知度の高低とが平行するように思えた（一方、F価についてはこの点がはっきりしなかった）。そこでこの線に焦点をしぼって分析を進めた。まず、F価とT価の523語全体の分布曲線をそれぞれ画いてみると、T価は、ジップ (G. K. Zipf, 1935) が画いた語の使用頻度の分布曲線によく似ているのである。F価についてはこのような傾向はみられなかった（賀集・石原・坂口, 1957; 賀集・坂口・石原, 1958a）。

以上のように、T価は使用頻度を暗示するところから、当時出版されていた4種の言語使用頻度表の頻度を、それぞれ低→高4段階にわけ、各段階に掲載されている3音節動詞のT価の平均を調べると、4つの頻度表ともT価は段階を追って上昇した（賀集・坂口・石原, 1958b）。この他1・2の分析結果を総合して、T価は使用頻度と関連深い特性を有しているといえる。これに対して、F価についても同じ分析を施したが、使用頻度との関連は見出せなかった。

次に、使用頻度と熟知度とは関連性が高いと考えられているので、T価と熟知度との関連を調べた。3音節動詞より選択した105語について5段階評定で求めた熟知度と、105語のT価との順位相関が高かった（r=.667）ことと、もうひとつの同様の実験とともに、T価は熟知性に近い特性を有していることが分かった。なお、今回もF価については積極的結果は得られなかった（賀集・石原・坂口, 1957; 賀集・坂口・石原, 1958a,b）。

また、語の有意味度として注目され、学習実験によく使用されたノーブル (C. E. Noble, 1952) のm価は、彼によると熟知度や使用頻度とも関連があることが見出されているので (Noble, 1953, 1954)、3音節動詞のm価を求めると、T価と高い相関が得られるだろうと予想される。そこで、3音節動詞から選んださきの105語を用いて、Nobleと同じ手続きでm価を求めたところ、同じ語のT価との間に有意な順位相関が得られた。同じ手続きをF価についても行なったが、m価との関連はみられなかった。

終わりに、以上のようなT価の特性を考えると、3音節動詞を学習実験材料として用いた場合、材料のT価の関数として学習は促進されると予想される。このことは保持項数法（自由再生法）、対連合学習法、系列学習法によ

(4) **a連想とd連想** さきに、2語間連想価は順方向と逆方向で、多くの場合、大きく食い違っていることが判明したが、データを眺めていると、そこに何らかの法則性のようなもののあることが感じられた。それはA→B＞B←Aのとき、Bの方が使用頻度や熟知性が高い語のように思えた。使用頻度や熟知性はT価と関連深いことを述べたばかりなので、1109対の2語間連想価のT価の関係を調べた。その結果、A→B＜B←Aのとき、ほとんど例外なしに、AのT価＜BのT価ということが明らかになった（1109対中1030対＝93％）。このことから石原の助言により、賀集は、T価小→T価大の連想をascendant association、略してa連想、T価大→T価小の連想をdescendant association、略してd連想、また、それぞれの連想価をa価とd価と呼ぶことにした（賀集, 1966）。

2語間連想のa価とd価の違いが学習転移に反映すると考えられるが、前述の石原らの実験Ⅵ、Ⅶ、Ⅷではaとdの差も考慮して転移リストが構成された3実験とも転移率においてa方向＞d方向という結果が得られた。だが、a方向の場合転移リストの反応語自体のT価がd方向よりも大きいので、促進効果が純粋にa価によるものかどうか、問題を残している。この問題を解決すべく加藤恭子（1960修「言語行動の一研究」）は2リスト反応般化事態で、また、山内康弘（1965修「対連合学習に於ける研究—転移事態に於ける般化の方向性とT価の高さについて—」）は3段階からなる媒介連合図式で取り組んだが、いずれもa方向がd方向よりも有利だったものの、反応語のT価の効果を十分分離することはできなかった。

(5) **言語習慣の実験的形成** 賀集（1966）は、自身の行なった3音節動詞の連想実験において発見した諸事実をより確実なものにするため、これに対応する言語習慣を人為的に形成し、その後、語連想を行なうというやり方が必要であると考えた。そのため、複数対連合法と称する方法（1つの刺激語に複数の反応語を連合させる）を考案して、4つの実験を行なったところ、賀集が発見した諸事実はほぼ裏付けられた。しかし、自然の言語習慣に基づく複雑な語連想の解明のほんの入り口に過ぎず、今後のデータの積み重ねが必要なことはいうまでもない。

(6) **連想的意味**　これまで連想の問題を色々扱ってきたが、連想のメカニズムの分析が中心で、ことばの意味内容や意味の構造に関するものではなかった。この問題に関してディーズ (Deese, 1965) はある語から諸語への連想的分布が連想的意味であるとし、そして2つの語からの連想的分布の重なりを示す交差係数が意味関係の度合いであるとした。これを多くの語について求め、これに基づいて因子分析を行ない因子構造を求めた。桐村雅彦 (1967修「連想法による意味の因子分析的研究―類似・反対関係の分析―」, 1968) は、類似、反対関係にある3音節動詞の1語自由連想を行ない、その結果をディーズの方法に倣って因子分析によって分析したところ、因子構造は反対の意味関係を中心としたものであることがわかった。

3. セマンティック・デファレンシャル (SD) 法　オスグッドは相互制止説の提唱の数年後、古典的条件づけの枠組みに基づいた意味理論を提唱し、ことばの情緒的意味を測定するセマンティック・ディファレンシャル法を考案した (Osgood, 1952)。この方法はすべての言語や文化に普遍的であるといわれる、評価、力量、活動の各因子を表す反対の意味の形容詞の対、数個ずつを含む評定尺度で構成される。われわれも早速SD法をとりあげた。この方法が公にされた頃、われわれは学習や連想の実験で類似関係や反対関係に関心が向いていたので、意味関係のSD法と連想法による比較といったところから検討に入った。

　まず、森本・賀集・中田(1957)は、賀集・久保(1954)の連想価表より同意語、反対語が含まれるよう10語選び、15スケールによるSD評定を行なった結果、連想強度は連想価表で頻度の高いものを選んだので、同意語同士、反対語同士いずれも連想価は高かった(S ≒ O)のは当然であるが、SD評定におけるDスコア(評定の差)は同意語は小さく、反意語は大きかった(S < O)。また、因子分析の結果、タテ軸を第1因子、ヨコ軸を第2因子にして、各語の因子負荷量をプロットすると、同意語は接近して同一象限内に位置し、反意語は図の原点を挟んでほぼ等距離の対称象限に位置した。このように、連想法では同意語と反意語は区別されなかったが、SD法でははっきりと区別された。

　次に、内山三郎 (1966修「ことばの意味の研究 (SD法と連想法とによる分

析)」)は色々なカテゴリの語の使用等、語の種類や語数を増やし、連想の方法も1語連想や多語連想、それに整理の仕方も、前述のディーズの交差係数による分析をするといったように、森本・賀集・中田 (1957) の研究を大きく発展させて、連想とSDの関係を研究した。その結果、両者の関係は刺激語によって異なるというものだった。

木下功 (1965修「Connotative meaningの分析」) は、情緒語と色彩名との間の一定の意味関係があるといわれていることを、まず連想法で見出した。そしてこの関係がSD法でも見られるかどうかということを、4段階にわたって検討し、最終的に因子分析を行なったところ、情緒語と色彩名の関係についてはほぼ似た結果が見みられたが、完全なものではなかった。そこで、情緒語と色彩の関係を見る時、SD法だけでは不十分で、連想法等との併用が望まれるとしている。

4. 音韻類似 (音韻相通) と学習転移 これまで述べてきたように、石原らの実験でも賀集らの実験でも、言語の意味関係を扱ってきた。しかし、言語の要素には意味の他に音韻がある。石原は意味と並んで音韻類似にも注目して研究を展開しようとした。その際石原は古代からの日本の音韻学における音韻相通という理論に注目した。これは、五十音図のタテの行の5音 (母音) 内、ヨコの行の10音 (子音) 内の音はそれぞれ互いに通用するというのである (例えば、アメ→アマ〈雨〉、シチ→ヒチ〈七〉)。このことから、類似する音韻の間には般化が生じるだろうと予想することができる。この音韻般化を、意味般化とともに、グループの今ひとつのテーマとして、久保が実験を担当した。

久保和男 (1954修「音韻相通の函数としての学習転移及び遡向抑制」) は無意味音節を用いて、(石原らの実験と同じ) A－B→A－B'の学習という反応般化事態で学習後、A－B再生の逆向事態で実験を計画、そして、BとB'の関係が、タテの行とヨコの行でそれぞれ音韻相通と音韻不相通になるようにリストを作成し、実験を行なったところ、相通リストが有利となる結果を得、音韻的反応般化が生じたといえる。また、本研究の結果は学習リスト構成に際して、有意味語、無意味語の使用の如何を問わず、使用する語の音韻に留意すべきであるということを示唆するものである。

以上のように、大学院生の修士論文は、石原の研究に関連したテーマのものが多いが、それ以外のテーマの論文もいくつかある。

　5. 知覚の研究　上に述べた記憶・言語行動の実験的研究がなされた2階の実験室内で、特に知覚の研究が谷、大谷によって行なわれた。谷は本川法による色彩の研究を網膜電位により研究を試み、Ohtani（1956）は瞬間露出器を用いて、閾下知覚の研究を展開した。修士論文として、大谷（1955修「Subception促進要因としての断片的手掛かり」）がある。

　6. 学習に関するもの　長谷川節（1965修「孤立効果に関する一研究」）は、ゲシュタルト心理学の孤立効果を、無意味音節の連想価を関数として検討した。折戸由紀子（1970修）は修士論文において、「対連合学習とその保持に及ぼす項目間連想関係と刺激語使用頻度の効果」と題する研究を行なった。小川嗣夫（1971修）は、「言語学習におけるimageryの効果に関する一研究」において、当時注目され始めた、心像性の効果を4つの転移図式で調べ、結果の説明の際し、ペイビオ（A. Paivio）のconceptual-peg仮説と2過程説の比較を行なった。長野文典（1964修）は「検査作業の一研究」において、弁別検査作業を行ない、作業困難度とともに、見過ごし率と語反応が増大することを発見した。田中憲太郎（1971修）は「弁別事態における知覚過程の研究」において、弁別学習に含まれる知覚過程と反応過程のうち、知覚過程に重点をおき、人間の知覚能力の限界と知覚過程の変容という2つの仮定を検証する実験を行なった。

　7. 記憶の中断効果　和田綾（1955修）は、「完了・未完了行動の再生―その要因分析―」において、ツァイガルニク（B. Zeigarnik）（1927）の未完了行動の再生の実験で、その頃まで未完了行動と完了行動の再生の解釈を、緊張の残存と解消によって説明していたのに加えて、自我定位：課題定位や抑圧説等による解釈が出始めていたが、これらを比較検討できる実験を行なった。

　8. 連想に関するもの　内田照彦（1969修「自由連想による発達的研究」）は、小2から大学生までの連想発達の経過を、自由連想法によって調べた結果、刺激語が名詞、代名詞の場合はアメリカの研究結果と一致したが、形容詞と動詞では異なる結果となった。

　9. 日本の言語学習研究の普及と紹介　ここでは石原グループの研究の、

関西、日本、世界との関わりについて述べる。
(1) **関西言語学習研究会**　石原グループのメンバーは、日本心理学会や関西心理学会に所属し、研究発表をする以外に、学外の同学の研究者と交流を持った。その一つが関西言語学習研究会であった。当初は、京都大学の梅本教授のグループとの言語学習についての研究会で、本学と京都大学を交互に会場としてスタートしたが、やがて、関西の同学の徒にも呼びかけ、大阪、京都、奈良の当時の学芸大学（現在の大阪教育大学、京都教育大学、奈良教育大学）、や奈良女子大学等の研究者や学生多数の参加を見、盛大な研究会に発展していった。このような活発な研究会の様子が関西以外にも広がり、言語学習や言語行動の研究者の輪が大きく広がり今日に至っているが、われわれと京大とで始めた関西言語学習研究会がこれに大きく寄与したといえると思う。
(2) **日本の言語学習研究の内外への紹介**　石原は『心理学評論』誌の編集委員であった1960年に、同じく編集委員であった、京都大学の苧阪良二教授、東京大学の肥田野直教授とともに特集「言語の研究」を編集、当時漸く関心の持たれ始めた言語学習と言語行動に関する、日本における研究論文の掲載に

資料5-18　石原の研究グループ（1957年、昭和32年）
前列中央が石原。同左・久保和男、同右・坂口順治、後列左から、谷嘉代子、中田義朗、大谷璋、中西（森本）博、賀集寛。

尽力した（因みに、賀集の論文も掲載されている（賀集, 1960））。また、1966年には、石原 (1966) は「言語学習と言語行動十ヵ年」と題する論文で、言語学習から言語行動への推移を解説した後、主としてわが国における1956年からの10年間の研究論文を紹介したが、これはこの領域の多くの研究を刺激するきっかけになったといえよう。

そして、1972年には第20回国際心理学会議が東京で開催されたが、石原はその組織委員に任ぜられ、日本初の心理学の国際学会を成功に導くために尽力した。これと同時にこの学会のシンポジウムにおいて、"Studies of verbal learning and word association in Japan"と題して講演し、日本の言語学習研究の現状を紹介した (Ishihara, 1972)。なお、このシンポジウムは、カナダのE. Tulving教授がchairman、賀集がco-chairmanとなって進行された。

海外の研究者による戦後の関西学院大学心理学研究室の紹介

以上、3本柱の研究を紹介したが、これらは内輪の者によって執筆されたので、多少身びいきの記述もあったであろう。そこで最後に、われわれの研究室の外部評価に当たるものを、3人のアメリカ人の書いたものの中に見てみよう。

佐藤・グレアム（1954） 戦後の日本心理学に大きな影響を与えた1952年の「京都アメリカ研究セミナー」（第6章、207頁参照）の心理学の講師として来日したコロンビア大学のグレアム (Graham, C. H., 1906～1971) は日本訪問の経験を背景に、佐藤幸治京都大学教授との共著で「日本の心理学」(Sato & Graham, 1954) という論文を著している。そしてその中にも本学の研究室のことが出てくる。第一に、第一次世界大戦（1914～1918）後の好景気に中で生まれた12の古い心理学研究室のひとつに本学が挙げられている。第二に、第二次世界大戦後の数年間の傾向が述べられている中で、"行動主義の潜在的な影響が今やかなり確たるものになってきた。1941年には今田がブリッジマンの『現代物理学の論理』を翻訳し……(Sato & Graham, 1954, p. 450)"とある。第三に、戦後の学習研究について述べている中で、"人間の条

件づけの実験は、殆ど専ら古武のもとでの関西学院大学の実験室に限られている"（同, p. 451）とあり、GSRと瞳孔の条件づけに関する論文を含む古武らの3論文が引用されている。第四に、パーソナリティの領域の紹介の中で、"最近、何人かの心理学者（例えば北村と今田）が、自我の問題を考えている"（同, p. 451）とある。そして第五に、"戦後7年間の間に、中心的関心となるトピックが変化した。最初は、戦時中および戦後に起こった社会的および文化的現象の分析にかなりの努力が払われた"とあり、引用文献に今田恵『宗教心理学』(1947)（注：正しくは1946b；1934b年の再版）が挙げられている。そして最後第六に、まだ実験機器をそろえるのが困難な戦後の貧しい日本の中で、"いくつかの大学では（例えば関西学院大学）、研究設備は良好である"（同、p.456）と賞賛している。これは既に本章のはじめの資料5-2に紹介した、'戦後の実験室の基礎を固めた助手'による手作りの精巧な機器がグレアムに強い印象を与えたためであろう。

マッギニーズ（1960） 上述のグレアムが日本を訪問してから8年経過した段階での日本の心理学の状態について調べたのがメリーランド大学のマッギニーズである（McGinnies, 1960）。まず戦後の日本の心理学研究で盛んな研究領域として知覚と学習を挙げ、学習の節は次のように始まっている。"知覚とは異なり、学習の研究は殆ど第二次世界大戦以後に展開された。ただ関西学院大学におけるヒトの被験者を用いた条件づけ研究は1941年に遡る。関学で展開されている計画的な研究は、唾液分泌を測定する方法としてLashley-Krasnogorsky法を使用し、古典的（レスポンデント）条件づけ手続き、道具的（オペラント）手続き、そして言語あるいは意味条件づけに集中している。これらの領域での研究のレビューはKotake and Miyata（1958）によってなされている"（McGinnies, 1960, p. 558）とある。つづいて改行され、本学で進行中の5領域の研究が紹介されている。

グレアム（1974） 1952年に京都セミナーのために来日したグレアムは、1960（昭和35）年にも日本の心理学の現状調査のために再度来日している。その訪問について自叙伝の中に次の一文が見られる。"私は最も活発で著名な12の心理学実験室を訪問した。すなわち、南から北の順に、九州、広島、関西学院、大阪、名古屋、東京、東京教育、早稲田、慶応、東北、北海

資料5-19 心理学研究室で講演するグレアム教授

道であった (Graham, 1974, p. 121)."訪問先に選ばれた12大学の中には私学は3大学しかないが、本学が含まれているところに戦後期における本学の存在の大きさが感じられる。グレアムは1952年夏にも本学の心理学研究室を訪問しているが(第6章、207頁参照)、この時にグレアム夫妻を迎えたのは1956年に文学部本館から移転した後のハミル館の研究室であった。氏は9月10日の午前中は実験室を視察し、午後はハミル館2階の演習室で知覚に関する講演を行い、今田(恵)が司会・通訳を務めた。資料5-19はその時の写真である。

　ストレンジ（1983）　ジャック・ストレンジ（Jack Strange）は本学の姉妹校であるテキサスの南メソジスト大学（SMU）からの交換教授として1981年から1年間本学に滞在し、人文論究（関西学院大学文学部紀要）に英語の論文「関西学院大学の心理学についての覚書：1922-1941」を残している（Strange, 1983）。その中で氏は"関西学院大学の心理学科の主任として、今田恵はウィリアム・ジェームズの機能主義心理学を継承し、ジョン・B・ワトソンの行動主義の日本への再導入への下地を築いた。したがって、第二次世界大戦後にドイツ心理学からアメリカ心理学に急激に変化が起こった時に、関西学院大学は一つのモデルの役割を演じた"（Strange, 1983, p. 17）と述べ、ドイツ心理学一辺倒であった戦前の日本にあって、今田(恵)と本学の心理学が例外的存在であったことを具体例を挙げながら述べている。

研究雑誌の充実と国内研究者の来訪

　実験的研究を行っている時に、非常に重要なものは優れた実験設備以外に、他の研究者による関連実験が報告されている内外の研究雑誌の存在である。古武は我々の研究は実験が中心であるから、専門図書を買う金があれば研究雑誌を購入したい、としばしば言われた。戦前からの持っていた洋雑誌に新たに海外から取り寄せられた専門雑誌が加わり、研究室内の図書室に当時約30種類の雑誌が開架されるようになった。関西地方にある諸大学の心理学研究室で1950〜1970年頃にこのように多くの洋雑誌を揃えていた研究室は他になく、多くの研究者が雑誌閲覧のために来訪された。当時はコピーなるものはなかったため、ノートに書き写して帰り、文献を読まなければならなかった。コピーが可能になったころには、他大学からの雑誌論文の複写依頼が図書館や研究室に送られてきて、本学の中では、心理学研究室への複写依頼が最も多く、嬉しい悲鳴であった。

　ある時、海外からの来訪者が図書室で1894年に発行された*Psychological Review*の第1巻、1904年の*Psychological Bulletin*の第1巻が書棚に置かれているのを見て、"自分の大学では、このような古い貴重な雑誌の第1巻は特別陳列ケースに入れてあって簡単には手に取ることが出来なかった、しかしここでは、無造作に雑誌棚に開架してある"と、驚かれたのを憶えている。

　現在では、研究雑誌は約140種類、その内約130種類が洋雑誌である。このように研究雑誌が充実された一方では、電子化が進み、自由に文献を入手する事が出来るようになったが、戦後間もない当時では、関西学院大学心理学研究室の洋雑誌の存在は国内では誇ることが出来るひとつの知的財産であった。

《 教 育 篇 》
ハミル館への移転

　実験を中心とする関学心理学の研究体制にとって、文学部本館（大学1号館）内にある4つの実験室（生理2、動物1、記憶・言語1）では手狭になってきた。そこで1956（昭和31）年にハミル館に移転することになった。奇しくも28年振りに心理学研究室発祥の建物へ戻ることになったのである[7]。ハミル館への移転のいきさつについて古武（1960）は次のように述べている。"ハミル館がボロボロになっていたので私が眼をつけ今田先生に相談して無血侵入を企てた時には、文学部教授会で「あんなきたないところで何をする気か」とむしろ哀れんだ人もいた。ところが300万円かけてハミルばあさんを化粧させたところ一寸立派なものになった。すると「心理はあんないい建物をもってけしからん」などといっている連中もいる。"ということであった。

　立地は、資料2-15に見るとおりキャンパスの北端であり、建物の外観は資料5-20（第2部扉の版画も参照）が示すとおり、基本的には建設当時の外観（資料2-4A）と変わっていない。教授個人研究室5室、助手研究室1室、大学院研究室1室、実験室9室、実験実習ホール、演習室1室、研究雑誌室1室、工作室1室、動物飼育室1室、労務員室1室がハミル館内の構成であった。さらに1960（昭和35）年には館の北側に動物飼育室が建てられ、その後に工作室と実験装置保管室も増設され、資料5-21にもあるように14の実験室を持つ独立した心理学科のための教育・研究施設になった。ハミル館修復のための費用は学院から出たが、移転のために働いた学生の人件費（食事代）、机12卓、椅子36脚、カーテンなどの購入の費用は約12万円で、そのうち大学および文学部から約8.6万円の補助が出た。

　このようにして、ハミル館という独立した空間で、今田（恵）、古武、石原、新浜が、関学にしか見ることができない自由な学問的雰囲気の中で助手、院

　7）　このハミル館については、すでに第2章〈コラム2-3　ハミル館と心理学研究室〉で見たとおりであるが、関学の1929（昭和4）年の上ヶ原移転後は、仁川幼稚園（関西学院教会付属幼稚園）の園舎として使われていたが、1954（昭和29）年に仁川幼稚園が学外に移転したので空き家状態になっていた。

第 5 章　文学部心理学科時代（前期）　181

資料5-20　ハミル館の外観（1974年頃）

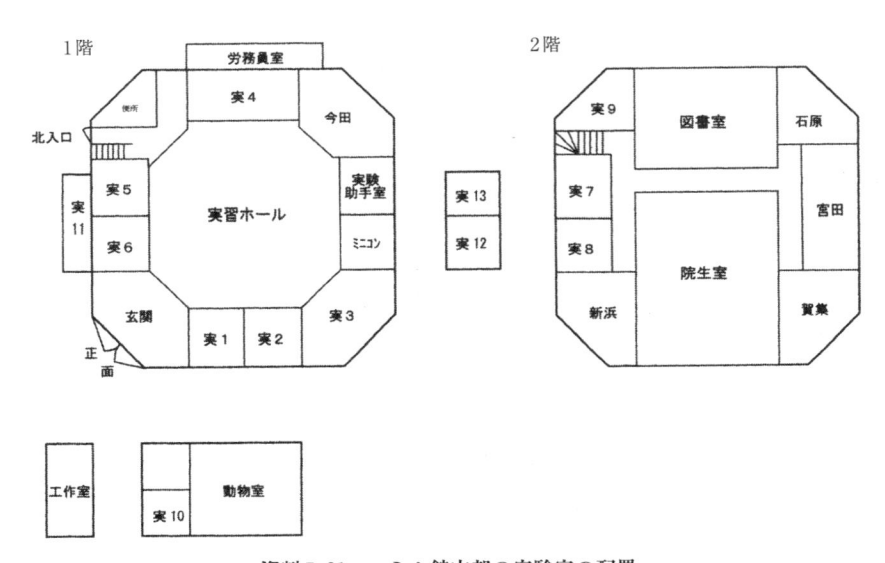

資料5-21　ハミル館内部の実験室の配置

生、学部生とともに教育・研究を共有し、生活と一体化した研究が展開された(後の「研究室での生活」の節も参照)。この独自の雰囲気は、今日に比べれば管理体制がはるかに緩やかな時代に、建物が校地外扱いのキャンパスの北端に立地していたための自由と、後に述べる管理人の「岩坂のおばさん」による適度の規律との組み合わせによるところが大であったように思う。

教育課程と非常勤講師

開講科目

　新制大学開設時の学科課程は大学学則によれば、卒業に必要な履修単位数は一般教養科目16科目48単位、専門科目28科目84単位以上、計132単位以上であった。専門科目は、心理学概論、発達心理学、実験心理学、応用心理学、生物学(後に生理学に変更)、心理学史、社会心理学、臨床心理学、心理学特講、心理学演習の10科目である。初年度では、入学した1年生に対して一般教養科目である心理学概論(後に心理学に変更)が開講されただけである。しかし、年度が進むにしたがって学科の教育課程が改善され、例えば、1954(昭和29)年度には心理学関連の専門科目のうち必修科目として、心理学概論、心理学講読演習、心理学研究演習Ⅰ・Ⅱ、心理学史、心理学実験実習、発達心理学、教育心理学、応用心理学、社会心理学、臨床心理学、精神医学、生理学が開講され、卒業に必要な総単位数は144単位に増えた。

　大学院の学科課程は、修士課程が完成した1951(昭和26)年度には、心理学演習、心理学特殊研究、実験心理学研究、心理学臨床法特講、発達心理学特講の5科目が開講された。

　心理学実験実習　すでに第2章および3章で述べたように、本学の実験心理学、および実習の開講の歴史は古い。すでに専門学校時代の1927(大正15)年から文学部哲学科の選択科目として実習を伴う「実験心理学」が開講されており、1934年に旧制大学がスタートする前にはかなり実習は本格的なものとなっていた(資料2-18, 19参照)。さらに旧制大学法文学部文科心理学専攻が始まった頃には、戦後の実験実習の原型ができていたようである(資料

3-5)。

　戦後の新制大学時代には、心理学実験実習は2・3年生の必修で、実験課題として、痛点の検出、皮膚2点閾の測定、圧秤による重量弁別、キノマトメータによる運動感覚と距離知覚、視野の範囲、幾何学的錯視、混色、残像、注意の範囲、迷路学習、暗記学習、鏡映描写、自由連想と制限連想があった。実習は1時間目で、授業が午前8時30分から始まった（1時間目と2時間目の間にチャペルがあるために、大学ではあるが小・中学校と同じように8時30分に授業が始まった。現在では、9時開始になっている）。遅刻は厳禁、定刻に実習室に鍵がかかり、遅刻は欠席となり3回欠席で履修名簿から氏名が抹消された。担当教員は初期は古武、石原で、後に新浜になった。ある時、新浜が遅刻したので学生が逆に鍵をかけてしまった。新浜は入室できず、恐らく実習は休講になったのではなかろうか。

　実習報告書は提出すれば、紙面が真っ赤になるほど訂正が入り、少なくとも受理されるまでに3回の書き直しが必要であった。卒業生は、就職してから大学で一番役に立った授業はこの心理学実験実習で、会議、出張、研修、計画立案などの報告書を上司に提出したら、"このような書き方や書式をどこで教えてもらったのか。いい報告書だ。"と褒められたという卒業生が多い。

　心理統計・測定　実験結果の統計的処理については、1954（昭和29）年頃にスネデカー（G. W. Snedecor）の『統計的方法：農学および生物学における実験のための』(1952)をテキストにして統計学が専門の西治辰雄商学部教授の指導で輪読会を持った。同年の日本心理学会でのわれわれの動物実験の発表で、平均値の群間の差の有意性検定にt検定を使っていたところ、F検定をすべきだと、梅岡義一北海道大学教授から注意された苦い経験を持った。早速、*Psychometrika*に掲載されているF分布の論文をペンでノートに写し（当時、コピーなるものはない）、分散分析の勉強をした。

　学部の講義科目として心理統計・測定が開講されたのは1956（昭和31）年からで、奈良女子大学・岩原信九郎が非常勤講師として心理学実験実習あるいは心理学講読演習を担当し、心理統計・測定を5年にわたり講義した。その後、心理統計・測定は1963年度には辻岡美延関西大学教授が担当したが、1964（昭和39）年からは今田 (寛) が6年間にわたり担当した。その後は、滝野

千春奈良教育大教授、生沢雅夫大阪市立大学教授が担当した。

心理学演習　心理学研究演習（以後ゼミと略す）は、1951年から8年間は今田(恵)ゼミと古武ゼミの2つのゼミを4年生で履修することが求められた。今田ゼミでは、歴史、理論、方法に重点を置いた講義形式の授業で、テキストとしては主に次節「使用テキストからみた教育の特徴」(章末の補足資料も参照)にあるように、英米の心理学者の著書が選ばれていた。古武ゼミでは、卒業論文作成の指導が中心で、そのための実験や調査の計画、方法、結果などを、ゼミ生が順次個人発表をする発表形式の授業であった。このような今田(恵)—古武によるゼミ体制は1958（昭和33）年頃まで続いた。ただ1951年には今田(恵)が学院院長職についた関係で2年間は古武–石原の体制でゼミが行われた。

　1959年からは、心理学演習の履修単位数が3年生で4単位、4年生で4単位、合計8単位となったが、4年ゼミを今田(恵)と古武が担当する体制は1965年の今田(恵)の定年退職まで続いた。なお1964年度からは石原が4年ゼミ担当に加わっているが、この時までに4年ゼミはいずれか1つ履修すればよい体制に変わっていた。そして3年ゼミは2つの履修が必要で、担当はその時々の若手が当たった。その頃の大学要覧を見ると、3年ゼミは「心理学の主要問題を外国文献によって研究する」とあり、新浜担当のゼミは「動物研究中心」とあり、石原担当ゼミは「動物研究を除く」とあるので、2人で分担していた姿が見える。1966年度からは新浜が4年ゼミ担当にまわり、宮田が3年ゼミを一人で担当する体制に変わっている。なお、以上は変遷のおよその方向であって、年度による多少の変形はある。

　そして、後述する大学紛争によるキャンパス封鎖によって夏から授業が始まった1969年度に、「3本柱」がゼミの形態や教育体制にも明確に現れるようになる。この年度から今田(寛)が3年ゼミ担当に加わり、若手が3年ゼミを担当して4年ゼミ担当の長老にバトンタッチする体制となり、宮田→古武、今田(寛)→新浜、石原→石原の3本柱の形が明確になった。学科の教員の定員は当時5名であったため、石原のみ3、4年両ゼミを担当した。そしてこれらの3領域のゼミを、学生たちはそれぞれクラシカル、オペラント、バーバルと呼んでいた。

なお1971年度からゼミ体制に変更があるが、これ以後のことは第7章であわせて述べることにする。

4年ゼミの集大成である卒業論文の提出は、毎年12月20日で2部提出しなければならなかった。そして翌年の2月に卒業論文口頭試問が全教員出席のもとで実施され、他のゼミの教員からの質問を交え、時には試問の時間が1時間にも及ぶことがあった。

その他の授業科目　学部の生理学の講義では、1950年から1954年まで大阪大学医学部の吉井直三郎教授が担当し、学生の目の前で色々な生理現象のデモンストレーションがあった。これに必要なカエルを多河が用意していたが、あるとき檻から逃げ出し、受講生一同でカエルを探し回わり、見つけた時には授業時間が終わりかけていた。吉井教授は大学院の授業では、シェリントン（C. S. Sherrington）やエードリアン（E. D. Adrian）の書物の一部をテキストとして用いた。阪大の院生と関学の院生の訳を比較されるので、関学院生たちは非常に緊張し、良い訳をつけるように努力していた。

大学院の臨床研究では、豊中市待兼山にある大阪大学医学部精神科の分院で、堀見太郎教授の診察を見学し、その後の医局カンファレンスに出席した。朝の9時から診察が始まる堀見教授の後ろに白衣を着て、直立不動で12時までの診察を見学した。時々、患者の様子と疾病の関係などを具体的に説明があり、現場でしか得られない貴重な経験を受講生は持った。また午後は、集団療法に参加することが出来たが、分院では外部の学生が診察などを見学することは珍しく、廊下でうろうろしていると看護師さんから患者に間違えられたりした。この分院での授業には仲原礼三助手（1948年卒、教育学科助手、関西学院短期大学助教授、1956年逝去）が引率者であった。この実習を伴う授業は1950年から1955年まで続いた。

なおこの時期の非常勤講師については、次項を参考にしてほしい。

非常勤講師

本学心理学研究室の教育は、これまで多数の非常勤講師によって支えられてきた。その一部については、上に開講科目との関係ですでに述べたが、戦後1971年度までの非常勤講師は実数にして27名になる。資料5-22は、これ

186　第 2 部　新制大学時代

資料 5-22　戦後、1971 年度までの非常勤講師：担当年度と担当科目

▲は学部の「心理学」、●は学部の専門科目、○は大学院科目。左端の・は本卒業生であることを示す。
なお記入されている学科目名称は、同一行の●○に対応するものであり、記入位置は上の西暦年とは無関係である。

	1949	50	51	52	53	54	55	56	57	58	59	60	61	62	63	64	65	66	67	68	69	70	71	
増田幸一	●																							
末永俊郎		●	●●	●●	○○							応用心理学				社会心理学／心理学講読　社会心理学特講（院）								
・武田正信			●	●▲▲	●▲▲	●		▲										心理学概論／応用心理学／教育心理学						
堀見太郎			○○	●	○	○																		
吉井直三郎				●	○		○						精神医学／臨床心理学　実験心理学特講　心理学臨床法特講（院）											
岡本重雄					○	○							生理学											
・多河慶一			○	●●	●●	▲							発達心理学特講											
和田陽平			○			▲							実験心理学研究／心理学実験実習											
田中国夫				●		▲	▲▲	▲▲	●●	▲			▲	○	▲			▲▲			▲▲	▲▲		
岩原信九郎								●	●			●	○○	▲			●●▲▲	●●▲▲			●	●		発達心理学特講／心理学講読演習
・仲原礼三									●													▲		
横瀬善正			実験心理学特講					○	○		○								心理学特講			○		
高比良英輔					生理学				●															
・澤井幸樹															▲			▲▲			▲▲	▲▲		
大脇義一							応用心理学／応用心理学特講／心理学特講								○			●●			●	●		
・黒田実郎												心理学講読／発達心理学		▲		●▲			●●	▲▲	●	▲	●●	発達心理学
賀集寛											心理測定			●			心理学講読／心理学特講		●					
辻岡美延											生理学													
岩間吉也											心理学特講／発達心理学特講					▲			●	●		○	●●
今田恵											心理学臨床研究						○○	○○	○○	○○		○○		
森本茂樹																				▲▲				
・仲谷洋平																心理測定			○	○	▲	○		
滝野千春																					●			
・内藤徹																	臨床心理学			▲	▲			
松永一郎																						●		
森本博																						▲	●	
生沢雅夫																	心理統計					●		

らの27名の担当科目、担当年度、学部（●）大学院（〇）科目の別を示したものである。なお文学部を除く他学部の心理学の講義にも卒業生を中心に多くの協力を得ている姿が表の▲から見られるであろう。

　これ以外の詳細な情報については、付録1を参考にしてほしいが、ここでは各非常勤講師の当時の所属大学のみを示しておく。ただし大学院と学部の両方を担当の場合には大学院の欄のみ、また学部専門科目と学部の「心理学」両方を担当の場合には専門科目の欄のみに記している。また本学の退職教員は除いている。

　大学院　末永俊郎（京都大学）、掘見太郎（大阪大学医学部）、吉井直三郎（大阪大学医学部）、岡本重雄（神戸大学）、和田陽平（京都大学）、横瀬善正（名古屋大学）、大脇義一（関西大学）、森村茂樹（武庫川病院）

　学部専門科目　増田幸一（神戸大学）、武田正信（浪速大学）、多河慶一（兵庫農大）、田中国夫（神戸市立外国語大学）、岩原信九郎（奈良女子大）、仲原礼三（関西学院短期大学）、高比良英輔（神戸大学医学部）、黒田実郎（聖和女子大学）、賀集寛（頌栄短期大学→ノートルダム清心女子大学）、辻岡美延（関西大学）、岩間吉也（大阪大学医学部）、仲谷洋平（京都市立美術大学）、滝野千春（奈良教育大学）、松永一郎（武庫川病院）

　学部の「心理学」　澤井幸樹（帝塚山学院大学）、内藤徹（金城学院大学）、森本博（神戸山手女子短期大学）

使用テキストからみた教育の特徴

　戦後、1971年度までに様々な外国語のテキストが心理学講読や特殊講義の授業で用いられた。これらのテキストには本学の特徴が表れていると思うので、本章の末尾に補足資料としてその全てをカテゴリー別、学部・大学院別、年度別に掲載した。資料5-23は同補足資料に基づいて、用いられたテキストの数と使用回数を、カテゴリー別、学部・大学院別に示している。なお同一の書物が繰り返し使用、あるいは複数の教員が使用する場合があったので、表の括弧内には使用年度数（回数）を示している。例えば左肩の6（9）とあるのは、6種類の書物が9回（年度）使用されたことを示している。なお

反復使用されず、両方の数字が一致している場合には、煩瑣になるので使用年度数欄は空白にしておいた。なおここで示す書物は、その書物一冊すべてを使用したわけではない。

資料5-23　戦後、1971年度までに使用された外国語テキストの数、使用回数（括弧内）をカテゴリー、学部・大学院別に示す

カテゴリー	学部 書物数	学部 使用年度数	大学院 書物数	大学院 使用年度数	書物数合計
基礎理論・歴史	6*	(9)	9	(16)	15
感覚・知覚	2		6	(8)	8
学習・行動	16	(22)	9	(12)	25
記憶・言語・思考	2		8		10
実験心理学	4	(10)	1	(3)	5
心理統計学	4	(5)			4
生理心理学	4	(6)			4
発達心理学	1	(2)			1
青年心理学	1				1
社会心理学	1		1		2
産業心理学・人間工学	2				2
人格	9	(11)	6	(8)	15
知能	1				1
心理テスト	1				1
臨床心理学・精神医学	1		5		6
合　計	55		45		100

＊ドイツ語テキスト1冊を含む

この資料の表を要約すると、第一に、戦後1971年度までに用いられた外国語テキストの合計はちょうど100種類である。第二に、領域的には学部、大学院ともに学習・行動のものが多く、ここに本学の特徴が反映されている。第三に、学部と大学院では使用されるテキストの領域に違いがあることが表からみてとれる。臨床心理学は基礎が出来上がってから大学院でという本学の姿勢がこの表にも反映されている。第四に、1950年代にはまだ「心理学を学ぶものはドイツ語を」という古くからの習慣が残っていたようで、1958年度には石原によるドイツ語の外書講読が開講されている。表ではこれを＊で示している。

　表の数字からでは明らかでない本学の教育の特徴を示すために、以下、複数回用いられたテキストを、回数の多い順に記載する。書物名の後の括弧内に資料5-23のカテゴリー名と、反復使用回数が3回以下の場合には担当者、担当年度が示されている。その他は文章記述をしている。なお、本学の専任教員以外が担当者の場合にはフルネームを記載している。また以下に掲げるテキストはすべて補足資料に掲載しているので、引用・参考文献欄には挙げていない。

7回（学部で4回、大学院で3回）

・Hilgard, E. R. & Marquis, D. G.(1940). *Conditioning and learning.*（学習・行動）
・Kimble, G. A. (1961). Hilgard and Marquis' *Conditioning and learning.*（学習・行動）
　第5章の研究篇でも述べたように（資料5-4参照）、1940年に出版されたヒルガードとマーキスのこの書物は戦後のわれわれの研究室の中心をなした条件づけ・学習の研究にとってバイブル的存在であり、研究会や学部の英書講読に何度も用いられた（新浜, '54, '59; 宮田, '60; 石原, '61）。また同書は名著であったためだろう、1961にキンブルによる改訂版が出版され、これも大学院で古武によって用いられている（'62, '63, '65）。

6回（大学院）

・Brunswik, E. (1955). *The conceptual framework of psychology.*（基礎理論・歴史）
　今田（恵）によって6年間（'55, '56, '57, '60, '61, '67）使用されたこの書物については、第6章のコラム6-2も参考にしてほしい。内容は新しい心理科学論であるが、同時期に京都大学の大学院においても用いられ、大学院生泣かせ

の難解書であった。

6回（学部）

・Underwood, B. J.(1949). *Experimental psychology.* （実験心理学）

　アンダーウッドのこの書物は、学部の実験実習との関連でもよく参考にされた（新浜, '55,'56,'57,'58; 今田（寛）, '64,'65）。実験を「何が起こるだろうか型」（I wonder what will happen type.）と「きっとこれが起こるだろう型」（I'll bet this would happen type.）という2型に分かりやすく分類し、独立変数、従属変数について優れた記述がある同書は、長く本学の実験法のバイブル的存在で、研究室で一部翻訳して実習の履修生に配布していた。

3回（大学院）

・Osgood, C. E.(1953). *Method and theory in experimental psychology.* （実験心理学；古武, '55, '56, '61）

・Allport, G.W. (1961). *Pattern and growth of personality.* （人格；今田（恵）, '63, '68, '69）

　オールポートの書物は、1968年に誠信書房より、今田恵監訳（星野命・入谷敏男・今田寛共訳）『人格心理学』上下として翻訳出版された。

3回（学部）

・Woodworth, R. S. (1956). *Contemporary schools of psychology.* （基礎理論・歴史；石原, '58, '59, '69）

・Teitelbaum, P.(1967). *Physiological psychology.* （生理心理学；宮田, '66, '68, '69）

・Cattell, R. B.(1950). *An introduction to personality study.* （人格；今田（恵）, '56, '57, '58）

2回（大学院）

・Murphy, G. (1951). *Historical introduction to modern psychology.* （人格；今田（恵）, '53, '60）

・Allport, G. W. (1950). *The nature of psychology: Selected papers.* （人格；今田（恵）, '54, '55）

・Bartley, S. H.(1958). *Principles of perception.* （感覚・知覚；今田（恵）, '64, '65）

2回（学部）

・Harriman, P. L. (1946). *Twentieth psychology: Recent developments in psychology.* （基礎理論・歴史；古武, '52; 石原, '54）

・Guthrie, E. R.（1952）. *The psychology of learning.*（学習・行動；石原, '56, '57）
・Woodworth, R. S.（1958）. *Dynamics of behavior.*（学習・行動；今田(恵), '61, 新浜, '62）
・Bolles, R. C.（1967）. *Theory of motivation.*（学習・行動；新浜, '70, '71）
・Edwards, A. L.（1951）. *Statistical analysis for students in psychology and education.*（心理統計学；岩原信九郎, '60, '61）
・Mussen, P. H., Conger, J. C. & Kagan, J.（Eds.）（1965）. *Readings in child development and personality.*（発達心理学；黒田実郎, '69, '70）

　資料5-24の写真は1956（昭和31）年当時の2年生を対象とした英書講読の授業風景で、この時にはキャッテル（R. B. Cattell）の *An introduction of personality study*（1950）がテキストとして使われた。担当は今田(恵)、同席の助手は宮田であるが、「後は宮田君、訳してください」と求められることがあったので、気が抜けなかった。

資料5-24　1956年当時の英書講読の授業風景

研究室での生活

　研究室の生活では時間厳守がモットーだった。古武は、「この動物に実験を10時にすると決めたら、研究が終わるまで、1年間、10時は10時だ」とよく言った。被験者が実験室に約束の時間に来て、実験者が時間通りに対応できないと大目玉を食らった。授業や研究会などすべてが遅刻厳禁で、開始前に参加者がそろい、助手が黒板を拭き、白墨を数箇所にそろえて並べて置き、受講者の服装などをチェックし、講師を控え室まで迎えに行くのが役目であった。この厳しさは、戦争時代を経験した学生が多くいた昭和35年頃までは続いたように記憶する。

　ゼミでの文献発表を古武ゼミを例に紹介してみる。自分の実験に関係する英語論文を発表する場合、その論文をノートにインキで写し取り、論文内容を要約してプリント原稿の原紙を作成する。そしてガリ版刷りで配布用のプリントをつくる。ゼミの時間に配ったプリントのインキが乾いていない、すなわち、時間前にぎりぎりに印刷したような時には、「こんな準備の悪い発表は聞くに及ばない」と古武は教室を出たこともあった。1973（昭和48）年に大学図書館に複写コーナが1箇所設けられた。学生は研究雑誌をもって行き論文のコピーを依頼することが出来た。ノートに写し取る作業をしなくてよいようになったが、出来上がるのに数日を要した。複写機ができても初期では湿式で、コピーを作成してもそれが湿っているので、段取りの悪い準備の仕方がすぐにばれてしまうことが多かった。

　大学院生に対して古武は、院生は週6日のうち5日は研究、1日はオフ・デーを申し出て、研究室には勤務している気持ちで出てくるように指示した。毎朝、研究室に出てくると必ず入り口に置かれた出勤簿（資料5-25Aに捺印しなければならなかった。この出勤簿の管理は賀集が行って、1ヶ月ごとにこの出勤簿を古武が調べた。オフ・デーの過ごし方が問題で、オフ・デーの翌日に研究室で古武から「昨日のオフ・デーはどんなにしてた？」と聞かれて、「家でぶらぶらしてました」と答えると、「ぶらぶらしてるのなら、研究室に出て来い！」と一喝であった。一方、楽しく映画でも見に行った時には、「それはよかったな」とご満足であった。なお資料5-25 Bは、出勤簿の

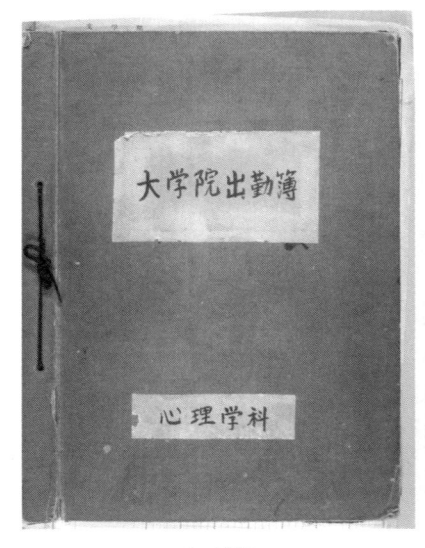

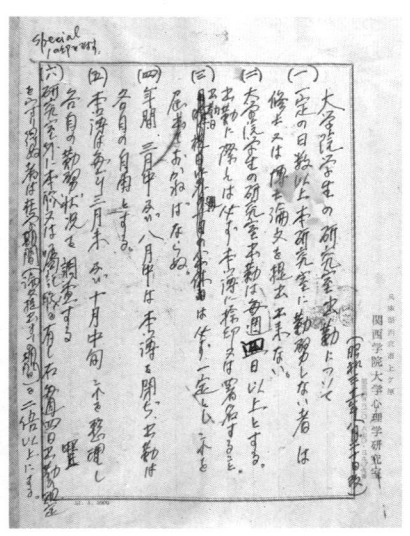

第 5 章　文学部心理学科時代（前期）　193

A　表紙　　　　　　　　　B　表紙の裏の古武直筆の指示文
資料5-25　出勤簿

　表紙の裏面に古武によって書かれた大学院生の'出勤'についての指示文である。当時の古武のリーダーシップと、それを受け容れていた時代が懐かしく思い出される。「昭和三十一年八月二十日改」とあり、週5日の出勤が4日に改められているところに、時代の移りを感じる。

　また、研究室ではいつ他大学からの見学者があっても直ぐに実験装置が動くように調整して、装置の横に座っていなければならなかった。文献は家で読め、研究室は装置を動かしてデータを出すところ、と厳しい研究態度と生活を院生に求めた。しかし、一方では、息抜きも肝心と言われ、京大心理、阪大生理、関学職員チームとの野球の交流試合も行った。ホールで卓球、テニス、スキー、ゴルフ、バドミントン、タッチ・フットボール（宗教センター学生チーム、社会学部・社会心理学田中ゼミとの試合、すべて勝ち）、研究室の周りにある桜の木陰での将棋（今田(恵)先生は強かった）、囲碁、藤棚の下でのコーラスなどが行われた。このように、ハミル館では教員、院生、学部生が「共に生活をしていた」のである。

ハミル館内と周辺の清掃の担当は労務員の岩坂コチヨさんで、1977年の退職まで約20年にわたって館内に住み込みで働いてくれた。ハミル館では、動物の飼育と動物実験、徹夜で行われる睡眠実験などで実験が朝まで続く場合があったが、そのような時、岩坂さんは夜遅くにお茶などを出してくれたりし、院生や学生にとっては非常に親しみのある母親のような存在であった。岩坂さんの退職後の労務員は、松本さん、小林さん、須保さんであった。

資料5-26　ピッチングをする新浜

資料5-27　労務員：岩坂コチヨさん(2003年没)

大学紛争とハミル館

　1968(昭和43)年～1969(昭和44)年にかけて起こった大学紛争でハミル館も封鎖された。1968年12月に全学共闘会議が結成され、「昭和43・44年連続学費値上げの白紙撤回、不当処分の撤回、機動隊導入と捜査協力への自己批判、文学部学科制・全学的学科課程改編の白紙撤回、学生会館の管理運営権の学生への委譲、以上5点について大衆団交に応ぜよ」の6項目が学院当局(学院常務会・小宮孝院長)に要求された。学院は各要求項目に対して別個に回答を出したが、学生はこれらの回答に満足せず、1969年1月7日に第5別館を完全封鎖し、次いで文学部を含め、学院本部、各学部校舎が封鎖された。この時点においては、ハミル館は校地外に位置していたので封鎖は免れていた(204頁、第5章末尾の写真参照)。

　文学部では、大学近辺の住宅を借りてそこに事務室を設け、必要な事務処理を行った。定例や臨時の教授会は、公民館、シティー・ホール、教会、ホテル、旅館、料亭、教員の自宅などで行われ、連日のように開かれる執行部会や委員会などには封鎖されていないハミル館がしばしば利用された。しかし、間もなく「この建物を封鎖する」とのビラがハミル館の入り口に張られた。実験装置の一部や実験結果が記入されているファイルなどは、宮田の自宅2階に、学術雑誌や貴重文献は新浜、助手、院生の自宅などに車で運び出し、保管された。2階に書類や実験装置を運び上げ保管したところでは、保管物の重量のため梁が下がり、1階の窓の開閉が出来なくなったところもあった。3月上旬に、ついにハミル館が封鎖された。しかし動物(ラット、ネコ、イヌ)の飼育は、飼育室がハミル館の外にあったために正常に行うことが出来た。

　1969(昭和44)年6月9日、神戸市王子陸上競技場で全教職員・学生による改革結集集会が開かれ、小寺学長代行提案が出された。14日に上ヶ原キャンパスの封鎖は機動隊と教員・一般学生らで解除、授業が再開されるに至り、3月に中止された卒業式が8月3日に中央芝生で挙行された。毎週土曜日を改革推進日とし、各学部・学科内で学生との討論の時間が設けられた。

　なお紛争時の文学部については、『関西学院大学文学部60年史』(関西学院

新体制への移行

今田（恵）と古武の退職

　1922（大正11）年に関西学院最初の心理学の専任教員として母校に呼び戻された今田（恵）は、1965（昭和40）年、70歳で定年退職した[8]。神学部の学生として5年間、教員として43年間、合計48年間の関西学院での生涯であった。資料5-28は、文学部紀要・人文論究の「今田恵教授退任記念号」と同誌の扉の頁を示している。今田（恵）のその後のことは、次章のコラム6-2を参考にしてほしい。

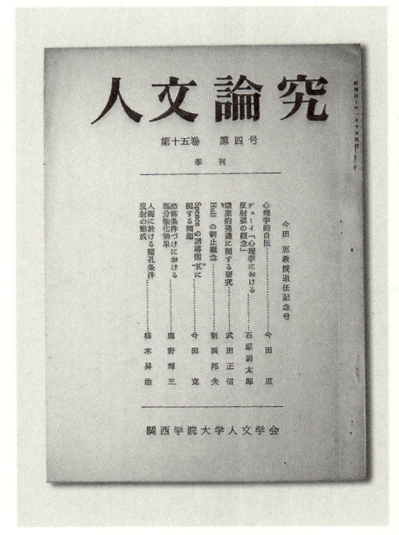

A　記念号の表紙　　　　　　B　内扉の今田恵の肖像とジェームズの言葉を添えたサイン

資料5-28　文学部紀要・人文論究「今田恵教授退任記念号」（1965, 昭和40年1月）

　8）　現在の関西学院大学の教員の定年は68歳であるが、この時代はまだ定年の制度が固まっておらず、経過措置として70歳で退職したようである。

一方、古武は1972（昭和47）年3月末に、関西学院大学の定年を待たずに59歳で兵庫医科大学に教授・副学長として就任し、同大学に行動学講座を新設し、医科学の中に実験科学としての心理・行動学の確立を目指した。医者の家庭に生まれ、恐らく視力の障害さえなければ自らも他の兄弟同様医学の道を目指したであろう古武の夢を実現しようとしたのと、大学紛争が契機となっての早期退職だったと思われる。その後、古武は1979年に同大学の理事長に就任、1992（平成4）年に79歳で退職し、1997（平成9）年に85年の生涯を全うした。1930（昭和5）年、専門部文学部英文科に入学して以来、学生として7年間、教員としての35年間、合計42年間の関西学院生活であった。

　このようにして、今田(恵)・古武体制で基礎が築かれた関西学院大学心理学研究室の歴史の大きな一頁が閉じられ、研究室は第7章で見るように新体制に向かって動き始めるのである。

助手制度の改革

　教授・助教授・専任講師・専任助手というのが長く関西学院大学の専任教員の序列であった。ところがこの中で専任助手だけが新制大学院が始まった1950（昭和25）年以来、特殊な性質をもっていた。まず専任助手は大学院生と身分を兼ねることができた。さらに専任講師以上は昇進の道が保証されているのに対して、専任助手だけは将来の身分を保証するものではなかった[9]。このような身分の不安定さに加えて、前節でのべた大学紛争時には、専任助手は教員の身分でありながら同時に大学院生でもあるという二重身分であったため、紛争中の助手は教授会と学生の板ばさみの状態となり、さまざまな不都合が生じた。そこで大学紛争後の諸改革の一貫として助手制度も検討されたが、研究室の管理・運営・学生指導面で最も重要な役割を担い、助手なしでは研究室は'回らない'という実情があったため、この問題の解決は容易ではなかった。しかし1971（昭和41）年度からは、新助手の制度と教学補佐の制度の組み合わせによる新しい歩みが始まった。新助手は大学院博士課程

9）　宮田の記憶によると、宮田が助手に就任した当時は、助手の給与は「研究費」であって「生活給」ではなかった。それを助手3名が当時の堀経雄学長と直接交渉し、額は変わらないが「生活給」に改められたという。

修了者の中から将来の専任教員の予備軍として将来を保証する形で採用する制度となり、一方教学補佐は大学院生と身分を兼ねた契約による任期制の身分となった。

　これによって長年続いた心理学研究室の要の存在としての専任助手制度は1970（昭和40）年度をもって終結した。なお心理学研究室の歴代専任助手、就任期間、その後の所属は以下のとおりである。この専任助手の他に、旧制度の中には嘱託助手という身分があり、研究室活動を支えた(資料5-2参照)。

　　　初　　代　　古武弥正（1939〜1941）　→　関西学院大学
　　　第2代　　　渡邊　茂（1946〜1949）　→　和歌山医科大学
　　　第3代　　　大角欣治（1947〜1949）　→　一般企業
　　　第4代　　　新浜邦夫（1949〜1953）　→　関西学院大学
　　　第5代　　　美浜春久（1953〜1954）　→　家業継承
　　　第6代　　　澤井幸樹（1954〜1955）　→　帝塚山学院女子短期大学
　　　第7代　　　宮田　洋（1955〜1959）　→　関西学院大学
　　　第8代　　　今田　寛（1959〜1964）　→　関西学院大学
　　　第9代　　　鹿野輝三（1964〜1967）　→　金城学院大学
　　　第10代　　 岩内一郎（1967〜1970）　→　広島女学院大学

なお写真5-29は、旧制度による最後の専任助手2人である。

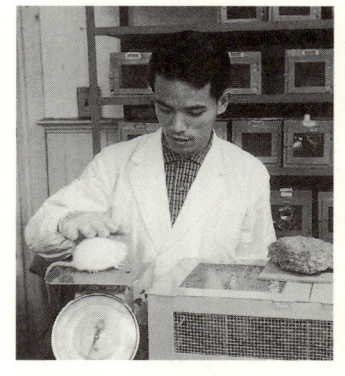

A　鹿野輝三（1958，昭和33年卒） 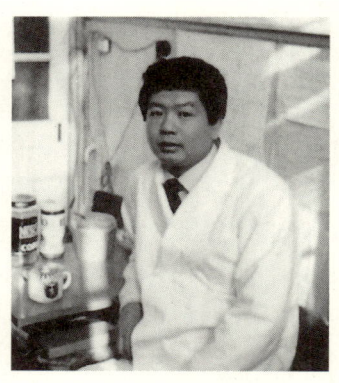　　B　岩内一郎（1965，昭和40年卒）

資料5-29　旧制度最後の助手

第 5 章　文学部心理学科時代（前期）　199

補足資料　戦後、1971 年度までに使用された外国語テキスト

〈基礎理論・歴史〉
学部

Koffka, K.（1935）. *Principles of Gestalt psychology*.（'52, 石原）

Harriman, P. L.（1946）. *Twentieth psychology: Recent developments in psychology*.（'52, 古武; '54, 石原）

Schiller, von P.（1948）. *Aufgabe der Psychologie*.（'56, 石原）

Woodworth, R. S.（1956）. *Contemporary schools of psychology*.（'58, '59, '60, 石原）

Hebb, D. O.（1958）. *A textbook of psychology*.（'62, 宮田）

McKeachie, W. J., & Doyle, C. L.（1966）. *Psychology*.（'68, 石原）

大学院

Helson, H.（1951）. *Theoretical foundations of psychology*.（'52, 今田（恵））

Murphy, G.（1951）. *Historical introduction to modern psychology*.（'53, '60, 今田（恵））

Allport, G. W.（1950）. *The nature of psychology: Selected papers*.（'54, '55, 今田（恵））

Brunswik, E.（1955）. *The conceptual framework of psychology*.（'55, '56, '57, '60, '61, '67, 今田（恵））

Marx, M. H.（1951）. *Psychological theory: Contemporary readings*.（'57, 今田（恵））

Underwood, B. J.（1957）. *Psychological research*.（'58, 今田（恵））

Brentano, F.（1948）. *Psychologie von empirischen Standpunkte*.（'61, 今田（恵））

Marx, M. H.（1963）. *Theories of contemporary psychology*.（'67, 今田（恵））

Wolman, B. B.（1960）. *Contemporary theories and systems in psychology*.（'67, 今田（恵））

〈感覚・知覚〉
学部

Pirenne, M. H.（1948）. *Vision and the eye*.（'62, 杉山貞夫）

Dember, W. N.（1960）. *Psychology of perception*.（'63, 杉山貞夫）

大学院

Boring, E. G.（1942）. *Sensation and perception in the history of experimental psychology*.（'56, 今田（恵））

Brunswik, E.（1956）. *Perception and the representative design of psychological experiments*.（'59, 今田（恵））

Broadbent, D. E.（1958）. *Perception and communication*.（'61, 大脇義一）

Vernon, M. D. (1954). *A further study of visual perception.* ('61, '62, 横瀬善正)
Dember, W. N. (1960). *Psychology of perception.* ('62, 今田 (恵))
Bartley, S. H. (1958). *Principles of perception.* ('64, '65, 今田 (恵))

〈学習・行動〉
学部
Hilgard, E. R. (1948). *Theories of learning.* ('52, 末永俊郎)
Hull, C. L. (1943). *Principles of behavior.* ('53, 新浜)
Hilgard, E. R. & Marquis, D. G. (1940). *Conditioning and learning.* ('54, '59, 新浜; '60宮田; '61:石原)
Guthrie, E. R. (1952). *The psychology of learning.* ('56, '57, 石原)
English, H. B. (1954). *The historical roots of learning theory.* ('61, 新浜)
Spence, K. W. (1956). *Behavior theory and conditioning.* ('61, 新浜)
Woodworth, R. S. (1958). *Dynamics of behavior.* ('61, 今田 (恵) ; '62, 新浜)
Jones, M. R. (Ed.) (1953). *Current theory and research in motivation. Nebraska Symposium Vol. 1.* ('63, 新浜)
Deese, J. (1958). *The psychology of learning.* ('64, 石原)
Braun, J. R. (Ed.) (1963). *Contemporary research in learning: Selected readings.* ('65, 新浜)
Skinner, B. F. (1953). *Science and human behavior.* ('66, 新浜)
Keller, F. S. (1954). *Learning: Reinforcement theory.* ('67, 新浜)
Walker, E. L. (1967). *Conditioning and instrumental learning.* ('68, 新浜)
Bolles, R. C. (1967). *Theory of motivation.* ('70, '71, 新浜)
Deese, J. & Hulse, S. H. (1967). *The psychology of learning.* ('71, 賀集寛)
Hutt, R. A., Isaacson, R. L. & Blum, M. L. (1966). *Psychology: The science of behavior.* ('72, 新浜)

大学院
Skinner, B. F. (1953). *Science and human behavior.* ('55, 古武)
Spence, K. W. (1956). *Behavior theory and conditioning.* ('57, '58, 石原)
Mowrer, O. H. (1960). *Learning theory and behavior.* ('61, 石原)
Kimble, G. A. (1961). *Hilgard and Marquis' Conditioning and learning.* ('62, '63, '65, 古武)
Tolman, E. C. (1958). *Behavior and psychological man: Essays in motivation and learning.* ('64, 古武)
Miller, G. A., Galanter, E. & Pribram, K. H. (1960). *Plans and the structure of behavior.* ('65, 石原)

Prokasy, W. F. (1965). *Classical conditioning: A symposium.* ('66, 古武)
Kimble, G. A. (1967). *Foundations of conditioning and learning.* ('68, 新浜)
Sokolov, E. N. (1963). *Perception and conditioned reflex.* ('70, 古武)

〈記憶・言語・思考〉
学部
Humphrey, G. (1951). *Thinking: An introduction to its experimental psychology.* ('54, 今田（恵）)
Carroll, J. B. (1964). *Language and thought.* ('72, 石原)
大学院
Gomulicki, B. R. (1953). *The development and present status of the trace theory of memory.* ('59, 石原)
Mowrer, O. H. (1960). *Learning theory and symbolic processes.* ('62, 石原)
Cofer, C. N. (Ed.) (1961). *Verbal learning and verbal behavior.* ('62, 石原)
Saporta, S. (Ed.) (1961). *Psycholinguistics: A book of readings.* ('63, 石原)
Creelman, M. B. (1966). *The experimental investigation of meaning: A review of literature.* ('67, 石原)
Jakobovits, L. A. & Miron, M. S. (Eds.) (1967). *Readings in the psychology of language.* ('68, 石原)
Berlyne, D. E. (1965). *Structure and direction in thinking.* ('69, 石原)
Cramer, P. (1968). *Word association.* ('70, 石原)

〈実験心理学〉
学部
Woodworth, R. S. (1938). *Experimental psychology.* ('52, '53, 石原)
Boring, E. G. (1950). *A history of experimental psychology.* ('53, 今田（恵）)
Underwood, B. J. (1949). *Experimental psychology.* ('55, '56, '57, '58, 新浜 ; '64, '65, 今田（寛）)
Postman, L. & Egan, J. P. (1949). *Experimental psychology.* ('66, 今田（寛）)
大学院
Osgood, C. E. (1953). *Method and theory in experimental psychology.* ('55, '56, '61, 古武)

〈心理統計学〉
学部
Edwards, A. L. (1953). *Experimental design in psychological research.* ('58, 岩原信九郎)

Walker, H. M. & Lev, J. (1958). *Elementary statistical method*. ('59, 岩原信九郎)
Henrysson, S. (1957). *Applicability of factor analysis in the behavioral science: A methodological study*. ('60, 田中)
Edwards, A. L.(1951). *Statistical analysis for students in psychology and education*. ('60, '61, 岩原信九郎)

〈生理心理学〉
学部
Wenger, M. A., Jones, F. N. & Jones, M. H. (1956). *Physiological psychology*. ('61, 宮田)
Morgan, C. T. & Stellar, E. (1950). *Physiological psychology*. ('63, 宮田)
Candland, D. K. (1962). *Emotion: Bodily change, an enduring problem in psychology*. ('64, 宮田)
Teitelbaum, P. (1967). *Physiological psychology*. ('66, '68, '69, 宮田)

〈発達心理学〉
学部
Mussen, P. H., Conger, J. C. & Kagan, J. (Eds.) (1965). *Readings in child development and personality*. ('69, '70, 黒田実郎)

〈青年心理学〉
学部
Stern, E. (1951). *Jugendpsychologie*. ('55, 石原)

〈社会心理学〉
学部
Lambert, W. W. & Lambert, W. E. (1964). *Social psychology*. ('65, 田中)
大学院
Krech, D. & Crutchfield, R. S. (1948). *Theory and problems in social psychology*. ('58, 今田 (恵))

〈人格〉
学部
Eysenck, H. J. (1953). *The structure of human personality*. ('55, 今田 (恵))
Cattell, R. B. (1950). *An introduction of personality study*. ('56, '57, '58, 今田 (恵))
Notcutt, B. (1953). *The psychology of personality*. ('60, 今田 (恵))

Eysenck, H. J. (1952). *The scientific study of personality.* ('62, 田中)
Thorpe, L. P. & Schmuller, A. M.(1958). *Personality: An interdisciplinary approach.* ('63, 田中)
McCary, J. L. (1956). *Psychology of personality: Six modern approaches.* ('64, 田中)
Lazarus, R. S. (1963). *Personality and adjustment.* ('65, 黒田実郎)
Stagner, R. (1961). *Psychology of personality.* ('66, 黒田実郎)
Capaldi, E. J. (Ed.) (1964). *Research in developmental, personality and social psychology.* ('68, 黒田実郎)
大学院
Hall, C. S. & Lindzey, G. L. (1957). *Theories of personality.* ('59, 今田(恵))
Homigmann, J. J. (1954). *Culture and personality.* ('60, 杉原)
Allport, G. W. (1961). *Pattern and growth of personality.* ('63, '68, '69, 今田(恵))
Blum, G. (1953). *Psychoanalytic theories of personality.* ('65, 杉原)
Lindzey, G. & Hall, C. S. (1965). *Theories of personality: Primary sources and research.* ('66, 今田(恵))
Fishbein, M. (1967). *Readings in attitude theory and measurement.* ('70, 田中)

〈知能〉
学部
Thurstone, L. L. & Thurstone, T. G.(1941). *The factorial studies of the intelligence.* ('57, 田中)

〈心理テスト〉
学部
Cronbach, L. J. (1949). *Essentials of psychological testing.* ('59, 今田(恵))

〈臨床心理学・精神医学〉
学部
Eysenck, H. J. & Rachman, S. (1962). *Application of learning theory to child psychiatry.* ('67, 黒田実郎)
Martin, B. (1971). *Anxiety and neurotic disorders.* ('72, 今田(寛))
大学院
Lorand, S. (1948). *Psychoanalysis today.* ('56, 杉原)
Sutherland, J. D. (Ed.) (1958). *Psychoanalysis and contemporary thought.* ('59, 杉原)
Schneider, K. (1959). *Clinical psychopathology.* ('63, 杉原)

Alexander, F. & Ross, H.（1961）. *The impact of Freudian psychiatry.*（'64, 杉原）

Gantt, W. H., Pickenhain, L. & Zwingmann, Ch.（1970）. *Pavlovian approach to psychopathology.*（'72, 古武）

〈産業心理学・人間工学〉

学部

Tiffin, J. & McCormids, Q. G.（1952）. *Industrial psychology.*（'60, 今田（恵））

Fitts, P. M. & Posner, M. I.（1967）. *Human performance.*（'69, 杉山）

追及集会となった全学集会（1969年）

封鎖解除後の第五別館内部（1969年）

第6章

前後期をつなぐ：行動主義から認知主義へ

　古武が兵庫医科大学に転職した1972年を境として、新制大学文学部心理学科時代（1948～2003年）を二分し、前期（1948～1972）についてはすでに第5章で述べた。続いて後期（1972～2003）に移行するべきであるが、1960年代後半の全世界的反体制運動の結果、心理学界にも価値観の変化が生じ、大学の教育体制も見直されるようになった。この短い章はその変化の前後の心理学に簡単に触れ、その変化に伴って本学の心理学教育・研究体制に生じた変化の意味を明らかにするための布石にしたい。

　本章はその性質上、心理学研究室の具体的な歴史的事実から離れ、時代の風潮に伴う心理学の変化というやや専門的な記述になることは避けられない。

　以下は本章の構成である。

第6章の構成

戦後約25年間の心理学と関西学院大学心理学研究室
　アメリカの新行動主義心理学の影響
　ハルを中心としたイェール学派と本学の心理学
1960年代後半に心理学に生じた変化：行動主義から認知主義へ
コラム6-1　　学会発表に見る戦前と戦後の心理学の変化
コラム6-2　　今田恵の心理学遍歴の終着点

206　第2部　新制大学時代

2階への階段（2012年現在）

改築にあたって手摺の横にエレベーターが設置され、設計時の雰囲気は失われた。

心理学研究室時代のハミル館1階ホール　1966年の卒業学年。左端から、石原岩太郎教授、鹿野輝三助手、柿木昇治助手。

　1956年から1998年までの42年間、心理学研究室として使用されたハミル館の内部（設計はW. M. ヴォーリズ）

戦後約25年間の心理学と関西学院大学心理学研究室

　1945（昭和20）年の太平洋戦争の終結・敗戦に伴い、日本は連合軍の占領行政下におかれ、6年後の1951（昭和26）年のサンフランシスコ講和条約の調印、翌年の発効によってようやく連合軍の支配から脱し、日本は主権を回復した。この時代の日本は、豊かなアメリカ文化を目の当たりにして驚嘆し、それを懸命に取り込もうとしたという意味では、明治の文明開化の時代に似ていたのではないだろうか。この様子は心理学の世界でも同様で、その結果、当時のアメリカの心理学界で主流であった新行動主義の心理学（第3章、コラム3-2参照）が戦後の日本の心理学界に大きな影響を与えることになった。これは、日本人の新文化の吸収意欲もさることながら、占領国アメリカが日本の非軍事化、民主化、アメリカ化に向けて精力的に行った各種のプロパガンダによるところも多い。各地のアメリカ文化センター、ガリオア・フルブライト留学制度などはその例である[1]。

　心理学に関していえば、戦後の日本の心理学に大きな影響を与えたのは、コロンビア大学のグレアム教授（C. H. Graham, 1906〜1971）による実験心理学セミナーであった。このセミナーは「京都アメリカ研究セミナー」の一環として、1952年8月に京都大学で17日間にわたって全国から24名の若手心理学徒が参加して開かれ、本学関係者としては黒田実郎（1950年、昭和25年大学院修了）が参加している[2]。なお京都のセミナーに引き続き9月3日から3日間にわたって関西学院大学でも別個にグレアムによるセミナーがもたれている。この京都セミナーは、内容的にはグレアムが専門としていた視知覚の問題が中心であったようであるが、学習の問題にも3日間が割り当てられ、ハルの学習理論等への批評がなされているのも、当時のアメリカ心理学界の風潮を反映したものだといえる。

　1）　ネガティブな側面で言えば、すべての印刷物について行われた検閲制度がある。第3章でのべた今田（恵）によるブリッジマンの訳本『現代物理学の論理』（今田恵・石橋栄、1941）が、1950年にGHQ推薦によって再版された背景にはこのような事情があったのであろう。

　2）　この時の参加者の写真は、『日本心理学会75年史』（日本心理学会75年史編集委員会, 2002, p. 33）に掲載されている。

グレアムは1960年にも再度日本を訪問しているが、この時の訪問については、写真とともにすでに第5章で紹介した(178頁、資料5-19参照)。

アメリカの新行動主義心理学の影響

当時のアメリカで強い影響力をもっていた新行動主義は、ハル (C. L. Hull, 1884～1952)、トールマン (E. C. Tolman, 1886～1959)、スキナー (B. F. Skinner, 1904～1990) などによって代表される。彼らの主張はかなり異なるが、行動を研究対象として行動の一般法則を追及することが心理学の目的であると考えたこと、生得性を軽視し生後の学習を重要視したため、行動の原理・法則を追及することは学習の原理・法則を追及することに他ならないと考えたこと、動物と人間の行動を統一的にとらえ、動物実験を重視し、単純から複雑へという研究スタイルをとったことなどでは共通していた。

一方、彼らの相違点は、科学の条件を満たしながらどのようにして心的・認知的なものを扱うかという点における相違であったといえる[3]。つまり客観的・科学的になろうとすればするほど眼に見える行動に終始する姿勢となり、それに満足しない者ほど心的・認知的な概念を取り入れる姿勢となる。詳しくは述べることはできないが、この「行動—認知」という連続体の上に上記3名を位置づけるとすれば、徹底的行動主義を唱えたスキナーが左端に、認知的行動主義を唱えたトールマンが右端に、その中間に、様々な心的な概念を仲介変数・媒介変数として取り入れながら行動原理を追求するハルの立場があったといえる。この中で日本の戦後のアカデミックな心理学に最も影響力があったのは、1943年に『行動の原理』(*Principles of behavior*) を著わし、あくまで操作可能な刺激(S, stimulus)と観察可能な反応(R, response)の間の法則関係を、その中間に操作的に定義された様々な心的な概念(学習、動機、態度など)、あるいは生活体(O, organism)変数を仮定して、整然とした行動理論体系を提唱したハルの行動原理であった。一方トールマンの理論は決して主流となることはなかったが、ハルの理論との対比において、戦後の日本のアカデミックな心理学の世界では、ハルとトールマンの学習理

---

[3] 第1部で見たように、この問題が今田(恵)を生涯悩まし続けた問題であった。

論の対立点に関わる動物実験が盛んであった。なおスキナーの徹底した行動主義は、ハルとその後継者（新ハル派）のS-O-R[4]心理学が限界を見せ始めた頃に、少し遅れて影響力をもつようになった。なおハルはイェール大学を、トールマンはカリフォルニア大学を、スキナーはハーバード大学を研究の拠点としていた。そしてハルの影響力はその多くの優れた弟子、そのまた弟子を通してのものも極めて大きかった。

コラム6-1は、上の記述を裏付けるものである。少し専門的になるが、ポイントは戦後の学習研究の急増である。

ハルを中心としたイェール学派の流れと本学の心理学

戦争直後の関西学院大学心理学は、結論から先に言えば、ハルおよびその門下生・共同研究者によって形成されたイェール学派（The Yale School）の影響を強く受けた。

ハルの学習理論の基本は、ごく簡単に言えば、ある刺激（S）場面で、ある行動・反応（R）を行って、その結果良いことがあれば、直前のS-R結合は強められ、その積み重ねによって学習は成立するという考えである。そしてその'良いこと'というのは、空腹であれば食べ物によって、喉が渇いておれば水によって、そのときの学習者の動機が軽減されることだと考えた。これは、あることをして良いことがあれば、人はそれを繰り返すようになるというごく常識的な考えだといえる。実はこの考えは、フロイトの精神分析学における神経症の症状形成の考え方にも非常に似ているところがあった。たとえば、人を行動に駆り立てる力をもっているという意味で動機に他ならない不安の状態にある者が、チックの症状のような見た目には異常な動作をたまたま行うことによって心が安らいだ（不安が軽減される）とすれば、その症状は強化され、学習されると考えることができる。実はハルの所属していたイェール大学には1929年に人間関係研究所（Institute of Human Relations）

---

4) S-O-RのOは、人間・動物などの有機体・生活体を表すorganismの略で、刺激（S）と反応（R）の間に、有機体の自発性をも仮定する立場で、この点、Sが決まればRが自動的に決まると機械的に考える古典的行動主義のワトソンのS-R心理学とは異なっている。

コラム6-1　学会発表に見る戦前と戦後の心理学の変化

　資料6-1の表は、上の記述を裏付けるものである。ここで行ったことは、戦争直前の1939（昭和14）年の日本心理学会第7会大会（東京帝国大学）と、戦後の1955（昭和30）年第19回大会（京都大学）の個人発表を、第19回大会予稿集のカテゴリーにしたがって分類し、知覚と学習カテゴリーの発表の全体に占める割合だけを示したものである*。昭和14年の大会を選んだのは、太平洋戦争直前で、まだ平和が保たれていた最後の学会という意味であり、昭和30年を選んだのは、初めて発表予稿集が作成され、柿崎が"その後の日本心理学の"高度成長"の1つに弾みを与えた歴史的イヴェントでありえた"（日本心理学会, 1987, p.105）と自負する大会であったからである。

資料6-1　戦前（1939）と戦後（1955）の日本心理学会の個人発表の比較
　　　　　　　　―知覚と学習のカテゴリーのみの比較―

	1939		1955	
	件　数	割合%	件　数	割合%
知　覚	26	25.5	78	15.4
学　習	3	2.9	52	10.3
動物学習（内数）	1	1	26	5.1
全　体	102	100	507	100

　この表に見られるように、まず全体として個人発表の件数は、102から507へと飛躍的に増加していることが明らかである。内容的には、戦前の1939年大会では「知覚」領域の研究が全体のほぼ四分の一と多いのに対して、1955年大会では「知覚」の発表は依然として78件（15.4%）と多いが、戦前には3件（2.9%）と少なかった学習の報告が52件（10.3%）と飛躍的に増えているのが顕著である。特に動物を用いた学習実験に関しては、1件（0.98%）から26件（5.1%）に増加しており、「学習」分野の全体の半数を占めるようになった。
　実はこの大会の成果は、大会時の各セッションの司会者世話人の報告をまとめて『現代心理学の展望』（矢田部・園原, 1957）として出版されているが、その中で「第六章　動物の学習」をまとめた八木冕は、"現代心理学の基礎領域で占める学習の地位は、いまから二十～三十年ほど前のゲシタルト心理学において、知覚が占めていた地位にも匹敵するものと思われる。ことに動物を用いての行動・学習実験は、心理学の基本的問題を解決するための基礎データを提供している。わが国においても、戦前に動物を飼育していた研究室はきわめてまれであったが、今日では大きな研究室で動物を飼育していないところのほうがむしろ少ないという現状からみても、動物実験がい

かに重要な意味をもっているかが了解されよう。(矢田部・園原, 1957, p. 117)"とある。戦前の学会に関するこの八木の指摘を裏付けるように、1939年大会を回顧した横瀬善正は、"当時はゲシタルト心理学華やかなりし頃で、……(横瀬, 1980, p. 181)"と、戦前のドイツ心理学の影響が顕著であった姿を回顧している。また今田(恵)も、戦前のゲシタルト心理学は"戦前熱心な支持者を得て、一部心理学界を風靡し、恐らくわが国においては空前と思われる大旋風をまき起こした"(今田(恵), 1959b, p. 584)と述べている。

　その他、比率的に増加している領域は、実験系基礎で「生理」(1→3)(括弧内%)、応用系のすべての領域(教育11.8→15.4、臨床8.8→10.3、性格・検査5.9→10.3、産業2.9→5.1)である。一方非実験系基礎はすべて比率を下げている(発達11.8→10.3、社会11.8→10.3、人格6.9→5.1)。

＊この予稿集は、まだガリ版印刷で6分冊の大部の「プリント集」であった。ただ個別発表を分野別に分類するにあたって、セッション毎の発表件数をほぼ釣り合いをとらなければならないという口頭発表形式の学会の宿命に伴って、ある程度無理な分類を行っていることは否定できない。したがってここに示す分野ごとの発表件数・率はおよその目安と考えてほしい。京都大学での学会では、細かく小分類された研究発表を大きく括って大分類され、その大分類毎にシンポジウムがもたれるという新機軸が打ち出されている。この時のシンポジウムで、今田(恵)は「人格」の司会、古武は「生理」の司会を行っている。

という、心理学、社会学、人類学、精神分析学などを統合して人間を理解しようとする研究所が設立されたが、その研究所の活動に対するハルの影響力は非常に大きく、そこにイェール学派といわれる研究グループが形成され、1940年代から1950年代にかけてハルの学習理論によって神経症の症状形成や人格形成、社会学習、言語行動などの複雑な現象を統一的に理解しようとする応用研究が盛んに行わるようになった。なおこの研究所が設立された1929年に今田(恵)は同研究所を訪問しているが、その時の訪問について今田(恵)は"Institute of Human Relationsの中に心理学の研究室があることは、心理学が生物的科学であると共に社会的科学であるという科学的性格を象徴するかのようであった。"(今田(恵), 1959b, p. 583)と述べている。時期から見て、今田(恵)は同研究所を訪問した最初の日本人であった可能性がある。

　われわれの研究室は、第3章で見たように、すでに戦時中からワトソンの

『行動主義』の訳出（那須，1942）、ハルの学習理論の根底をなしたブリッジマンの操作主義に関する書物の翻訳（今田（恵），1950a）、古武による条件反射研究を中心とした学習研究などの実績があったため、ハルの学習理論とイェール学派の考えはごく自然に研究室活動の中心となった。それは第5章で述べられた1952年度から58年度までの修士論文を見ると、その殆どすべてがイェール学派の影響を受けたものであることがわかる。そしてその多くは、ハルの行動原理を複雑な行動の理解に応用しようとする研究であることが見て取れる[5]。

1960年代後半に心理学に生じた変化：行動主義から認知主義へ

これまでも述べてきたように、心理学の難しいところは、心という私的で抽象的なものを、どのようにして客観性を失わないで科学するかという問題であった。客観主義に走りすぎて意識的なものを一切否定したワトソンの行動主義はその点では明らかに行き過ぎであった。その後、より柔らかな行動主義として新行動主義が生まれ、操作可能な刺激（S）と観察可能な反応（R）に還元しながら意識的な概念を生活体（O）変数として客観的に取り扱うことができるようになった。しかし心的・意識的なものを取り込もうとすればするほど、直接操作も観察もできない内的な刺激（s）や反応（r）を、外的な刺激や反応の間をつなぐ媒介過程としてS-r-s-Rという形で仮定せざるを得なくなった。これがハル・スペンス系の学習理論がたどった道であったといえる。

しかし、私的・意識的なものをこのような形で取り扱うには限界があった。その限界に直面してまず勢いを得たのがスキナーの徹底的行動主義であった。この立場は新行動主義の一派ではあるがワトソンの古典的行動主義に近く、意識的な概念を持ち込むことを否定し、環境の操作によって行動を

---

[5] 実験研究に基づく学習理論・行動理論の臨床への応用を目指して1963年に結成された全国的な研究会・異常行動研究懇話会（後、異常行動研究会、現・行動科学学会）は関西学院、同志社、慶応、早稲田という私学の学習研究を行っていた若手心理学者によって始められたが、その提唱者・推進者の一人は今田（寛）であった。

コントロールする立場に徹した。しかし私的・心的な認知的な過程に関心があるからこそ心理学を始めた多くの人達は、このスキナーの割り切り主義にも満たされなかった。折りしもコンピュータその他の新技術の出現によって、認知的なものを客観的に取り扱うことへの道が開かれ、心理学は行動主義から認知主義の方向へと舵を切ることになる。それが1960年代後半以後の傾向である。

　この認知主義、つまりある意味で意識主義の復活は、上のような心理学の内部だけで単独で起こったものではない。その背後には1960年代に世界的に起こった反体制運動、アメリカ中心主義への批判があった。周知のように1960年からアメリカが介入したベトナム戦争が始まり、それが泥沼状態になり15年間も続くことになった。そのような背景の中で、既存の体制や価値をすべて疑ってかかる空気が生まれ、それが世界的な反体制運動へと展開する。音楽の世界ではビートルズが出現し、世界の大学のキャンパスが紛争状態に入り大いに荒れた (204頁写真参照)。そして心理学の世界でもアメリカ中心の行動主義・新行動主義の見直しが始まり、ヨーロッパ的なものにも人々は目を向けるようになった。

　その結果、われわれの心理学研究室が中心テーマとしてきた条件づけ、学習心理学の領域でも様々な変化が生じるようになる。この変化の性質については、次章のコラム7-1が参考になると思うが、結論から言えば、それまで心理学で主流であったアメリカ心理学の産物である行動中心の学習心理学は、認知心理学に主役の座を譲ることになり、それに伴って本学の心理学研究室にも第7章で述べるような新しい歩みが始まることになった。

コラム 6-2　今田恵の心理学遍歴の終着点

　今田（恵）は、1940年の法文学部長を皮切りに、1948年文学部長、1950年関西学院長、1954年同理事長と連続して学校行政に関わった他、1958年にはロータリークラブの第365区のガバナーを勤めるなど公的な役職に関わることになったが、それでも心理学遍歴の旅は、1965年に関西学院を定年退職するまで続いた。本コラムでは今田（恵）の戦後の心理学遍歴について述べる。

1.『心理学』(1952)『心理学史』(1962)

　科学としての心理学の体系とその背後にあった歴史への今田（恵）の関心についてはすでに述べてきたが、それが広く影響力をもつようになったのは、戦後に出版された標記の、いずれも岩波書店から出版された2冊の書物を通してであった。なお『心理学』は、今田（恵）が長く司法試験の心理学の出題者であったこともあり、広く用いられた。また1958（昭和33）年に岩波全書から出版された『現代の心理学』は、『心理学』の簡潔版・ブリーファーコースである。

2. 二つの面に表れた新行動主義に対する不満

　(1) エゴン・ブランスウィックの蓋然的機能主義への関心　新行動主義の基盤を提供した操作主義に関するブリッジマンの著書を翻訳しておきながら、新行動主義の研究のスタイルには今田（恵）は与することは出来なかった。そこで出会った科学論がエゴン・ブランスウィック（Egon Bruswik, 1903～1955）の蓋然的機能主義操作主義の考えであった。その考えをまとめた氏のモノグラフ『心理学の概念的構成』（*The conceptual framework of psychology*）（Brunswik, 1955）は関西学院大学と京都大学の大学院のテキストに用いられたが、実に難解な書であることは筆者たち自身も経験した。誤りを恐れず、あえてごく簡単にその立場を要約すると次のようになるのではないだろうか。知覚における感覚的手がかりと対象の関係や、行動における手段と目的の関係は、行動主義者（トールマンを除く）が主張するように一義的関係ではなく、蓋然的な性格を持つに過ぎず、そのために過度に統制された不自然な実験をしても意味がない。それよりも自然の状態をそのまま代表し再現するような実験計画（representative design）を用い、生活体の環境への（知覚や行動を通しての）適応を、成功・不成功、つまり機能という観点から蓋然的に捉えるべきである。したがって人間の行動も過度に単純化するのでなく、適切な複雑さの水準（adequate level of complexity）において扱うところに心理学独自の任務があるとする。そして心理学は、その対象の性質上、将来においても厳密な法則に達するのではなく、本質的に蓋然的であると断定している。今田（恵）が最終的に共感を覚えた心理科学観はこのようなものであった（今田（恵）, 1960a）。

　(2) 人格心理学・人間性の心理学・宗教心理学への関心　第3章（62頁）において今田（恵）は、人間を他の動物から区別するものとして文化をあげ、"文化という事実を無視しては人間精神の説明は不完全である"と考えるに到ったことについて述べた。その結果、今田（恵）は人類学や考古学に関する多くの書物を読むことになるが（今田（恵）, 1959b, pp. 586-588）、それが結果的に人格の社会的形成の問題への関心に発展し、オールポート（G. W. Allport, 1897～1967）の人格心理学に共鳴するよう

第 6 章　前後期をつなぐ：行動主義から認知主義へ

になった (Allport, 1961; 今田 (恵)，1968)。
　またかつて『宗教心理学』(今田 (恵)，1934) を著した者として、宗教心理学が、"心理学が狭義の自然科学一辺倒から、人間性の科学として独自の領域を見出"すに伴い、正当に評価されるようになった風潮を喜び、"今後の仕事として、人格主義的宗教心理学を書いてみたい"(今田 (恵)，1965, p. 9) と述べるようになっている。つまりジェームズ、オールポート、マズロー (A. H. Maslow, 1908 〜 1970) などの考えを背景に1960年代から主張されるようになった人間性の心理学 (humanistic psychology) へと今田 (恵) の関心は発展していったのである。この姿勢は一般書『人間理解の心理学』(今田 (恵)，1967b) の中にも色濃く表れている。
　なお今田は、関学では神学部出身であったためか、文学部所属でありながら、関西学院大学神学部の紀要・『神学研究』に次のような論文を執筆しているのも見逃すことはできない。「宗教心理学の新時代」(1953c)、「宗教と心理学」(1959c)、「心理学という「科学」」(1964)。また『哲学雑誌』(有斐閣) にも「宗教とは何か―その心理学的背景―」(1950c) がある。この他にも宗教に関する論文がいくつかある (今田 (恵)，1941c, 1955, 1961)。
　以上、今田 (恵) の心理学は、生理学的―生物学的―人類学的―民族的―社会的人格的心理学と、長年にわたって進展していった。しかし関西学院大学退職の3年後、1968年には胃がんを発症・手術し、一時は元気になったが約2年後再発、1970年11月25日に76年余の人生を全うした。その間、1969年7月からは関西学院教会の牧師をつとめ、1970 (昭和45) 年11月1日の日曜日の礼拝では、病弱の中、車椅子で「生と死」と題する説教を行い、11月16日には自宅で大学院最後の授業を行い、聖職者として教師としての勤めを全うして天に召された。おそらく牧師になることを期待していた両親への負い目からも解き放されての最後だったであろう。そしてその墓碑 (資料6-2) には"神と真理とともに"とある。これは生涯愛し続けたW. ジェームズの言葉、"ただ独り、神と真理とともに"(Alone with God and Truth) によるものである (資料5-28参照)。

資料6-2　今田恵の墓 (西宮市・甲山墓園13-4地区69号)

1998年春、心理学研究室はハミル館を離れ、この写真のF・II号館に移転して現在に到っている。この建物の一階と、これに連続したF・I号館の地下のほぼ全体が実験室・研究室になっている。

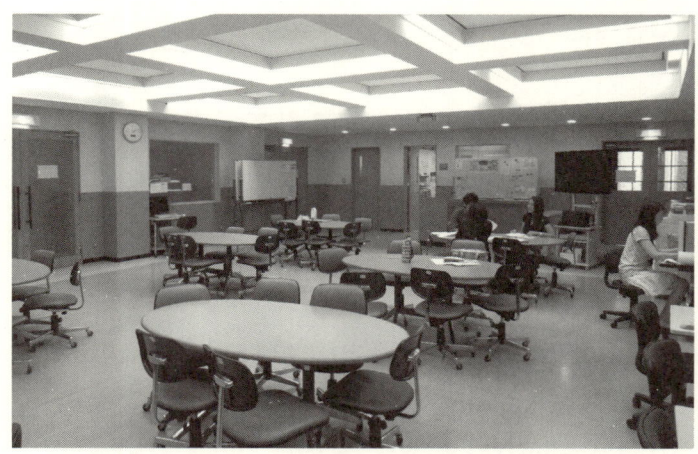

F号館の地下にある実験実習室。この奥に、多数の実験室と大学院生研究室がある。

第7章

文学部心理学科時代（後期）
(1972〜2003、昭和47〜平成15年)

　　第5章では、1971年度までの新制大学文学部時代・前期について述べたが、第7章では1972年度以後の同後期の本学心理学研究室の教育・研究について述べる。本章に先立つ第6章において解説したように、またコラム7-1にも見るように、1960年代後半の心理学界に起こった変化によって、これまでの条件づけの考えを中核にすえた当初の3本柱は意味がなくなった。そして研究対象とする行動の種類が主として反射的・非随意的生理反応を扱う研究グループ、自発的・随意的行動を対象とするグループ、言語・記憶・認知過程を研究対象とするグループという意味の3本柱に変わっていった。そして1982年度以降は、教員の入れ替わり、研究テーマの多様化、また教育密度の観点から、この新しい意味での3本柱に対応した3ゼミ開講制度も改められ、5名のすべての教員が3・4年のゼミを持ち上がりで担当するようになった。したがって本章では、2003年までにゼミを担当したすべての教員が各自のゼミについて述べることになる。

　　なお本章では今田は今田(寛)を意味している。また年代表示は西暦のみとし、元号は省略する。

第7章の構成

ゼミ体制の変化
　3本柱が残った時代（1972〜1981年度）
　　全教員が毎年持ち上がりで3・4年ゼミを担当した時代（1982〜2003年度）

各ゼミの紹介
　宮田洋ゼミ（1966・3年ゼミ，1971・持ち上がりゼミ，1997）
　新浜邦夫・今田寛ゼミ

新浜邦夫ゼミ（1959・3年ゼミ，1966・4年ゼミ，1972・持ち上がりゼミ，1991）
　　　今田寛ゼミ（1969・3年ゼミ，1971・持ち上がりゼミ，2001）
　　石原岩太郎・賀集寛ゼミ
　　　石原岩太郎ゼミ（1959・3年ゼミ，1965・4年ゼミ，1969・持ち上がりゼミ，1983）
　　　賀集寛ゼミ（1972・4年ゼミ，1973・持ち上がりゼミ，1996）
　　八木昭宏ゼミ（1986，持ち上がりゼミ）
　　嶋崎恒雄ゼミ（1996，持ち上がりゼミ）
　　浮田潤ゼミ　（1997，持ち上がりゼミ）
　　中島定彦ゼミ（2001，持ち上がりゼミ）
　　松見淳子ゼミ（2001，持ち上がりゼミ）
　　雄山真弓（2000年就任）
コラム7-1　　一体、パヴロフ型条件づけとは何だったの？

コラム7-1　一体、パヴロフ型条件づけとは何だったの？

　パヴロフの条件反射のことは誰でも知っている。イヌにベルを鳴らしてその直後に餌を与える。そしてこの〈ベル（S1）－餌（S2）〉の対提示を何度もくりかえす。そうすると、もともと餌に対して無条件に起こっていたヨダレ反射が、ベルを聞いただけで分泌されるようになる。

　この事実を一般化して心理学者は次のように考えた。つまり無条件に反射を起こす刺激S2があれば、その直前に信号として別の刺激S1を与え、それを何度も繰り返すと条件反射（条件つきの反射）は必ず成立するはずだと。ここでは、接近、反復、刺激置換などの言葉がキーとなる。

　実はこのような考えは、1960年代の後半からことごとく否定されるようになった。反射さえあれば条件反射は必ず起こるのか？　ノーである。生物にとって生存上意味のない条件反射は成立しない。つまり餌の前のヨダレのように、来るべきものへの準備という意味がある場合はよいが、その意味がない場合には条件づけの成立は困難である。S1-S2の接近の条件や反復の条件は必要なのか？　いずれもノーである。生存上の意味が極めて高い場合には、S1とS2の間にかなりの時間間隔があっても条件づけは起こる。またそのような場合にさらに接近の条件が満たされておれば、条件づけはたった一回の対経験だけでおこる。味覚嫌悪の現象というのがその例である。誰でも何かを食べて気分が悪くなったり、吐き気を催したりすると、たった一度の経験で二度とその食べ物を食べたくなくなる経験があるのではないだろうか。その他、数多くの実験事実がそれまでの条件反射についての考え方を否定することになり、現在ではおよそ次のように考えられるようになっている。

環境の中には沢山の刺激がある。パヴロフ型の条件づけ（古典的条件づけ）の手続きというのは、環境内の刺激間の関係に関する情報を生活体（ヒトを含む動物）に提供する手続きである。その手続きを受ける生活体は、提供された情報を取り込み記憶し、その証として反応をあらわす。たとえばパヴロフのイヌの場合、「もうすぐ餌S2が来るぞ」という情報がS1によって提供されると、その情報を取り込んだ証としてヨダレを流して来るべき餌への準備をする。しかし生存上不必要な情報を取り込むことは理にかなっていないので、反射があっても条件反射は成立しない。このように、パヴロフ型条件づけを環境内の刺激間の関係に関する必要情報の取り込み過程だと考えると、その関係に関する学習は多様である。プラスの情報（S1が来ればS2が来る）の学習もあるし、マイナスの情報（S1が来ればS2は来ない）の学習もある。また時にはS1とS2は無関係であるという情報の取り込みも必要な場合がある。つまりわれわれ人間も含めて、沢山の刺激が混在するこの複雑な環境の中から、生存にとって必要な刺激間の関係に関する情報を積極的に取り込む過程、それがパヴロフ型の条件づけの過程だと考えられるようになった。つまり行動主義の時代のように、パヴロフ型条件づけは、刺激S1に対してヨダレ反射が結合されるという反応学習ではなく、刺激間の関係に関する知覚学習あるいは認知学習だという考えに移行していったのである。またここでは環境全体の中で刺激間の関係を捉えるという全体観的見方、すなわちゲシュタルト心理学的見方の復活も見てとれる。この考え方からすれば、S1とS2の刺激以外は排除された、よく統制された暗室の中で実験されたパヴロフのイヌは、努力しなくても刺激間の関係を環境の中から抽出できる非常に特殊な環境におかれていたことになる。

このような、情報中心の考え、また生活体の生存に必要でなければ学習は起こらないという考えなどが、1960年代後半から事実に裏付けられ、また理論を伴って提唱されるようになって、学習心理学はかつての要素還元論的、機械論的な行動主義の時代とはすっかり様変わりをした。なお生存のための必要性は動物種によって異なるので、その結果、ヒトはヒト、サルはサル、ネズミはネズミ、イヌはイヌ、ハトはハトという種の特殊性も強調されるようになり、かつては心理学研究において王道であった単純から複雑へというアプローチ（動物からヒトへ、反射から複雑行動へというボトムアップのアプローチ）も姿を変えることになった。

このような認知的傾向、生物的傾向への移行によって、パヴロフ型条件づけの法則としてよく知られた従来の「接近の法則」は単純すぎることが明らかになった。またいま一つの学習の原型であったソーンダイク型条件づけ（オペラント条件づけ）の法則としてよく知られた「効果の法則」に合わない事実も沢山あらわれるようになった。この型の学習は、レバーを押せば餌が与えられるような場面でネズミが頻繁にレバーを押すことを学習するような、自発反応（オペラント）の生起が前提になる。この場合も自発反応であれば、それに報酬（よい結果・効果）を伴わせさえすれば学習が生ずると考えられていたが、事はそれほど簡単ではないことが明らかになった。反応によい結果を伴わせてもどうしても学習させることのできない自発反応もあれば、反応と結果が無関係、つまり何をしてもダメだという学習もあるのである。

ゼミ体制の変化

3本柱が残った時代 (1972〜1981年度)

　心理学科の教員の定員は5名であったため、古武退職までは、反射的行動層を中心に研究するグループは古武・宮田、自発的行動層を中心に研究するグループは新浜・今田のそれぞれ2人体制であったが、言語行動層を中心に研究するグループは石原の1人体制であった。しかし古武退職の1972年度以後は、岡山のノートルダム清心女子大学で長く教えていた賀集寛が就任したため、石原・賀集グループと新浜・今田グループが2人となり、古武・宮田グループは宮田1人となった。その結果、学部の3年次からの専門ゼミの担当は、宮田は常に3・4年の2つのゼミを持ち上がりで担当したが、他の2グループでは、2人の教員が隔年で3年ゼミから4年ゼミへと持ち上りで担当する体制となった。その結果、毎年3年ゼミ（4年ゼミも同様）は平行して3つ開講されることになり、この制度は1981年度まで続いた。

全教員が毎年持ち上がりで3・4年ゼミを担当した時代
(1982〜2003年度)

　しかし1984年3月に石原が定年退職を迎えるに当たって、研究領域の拡大とこれまで手薄であった知覚・認知の領域が強化されることになり、石原の後任として1983年度に、通商産業省（現・経済産業省）の製品科学研究所で長く研究活動に当たっていた八木昭宏（1966年、昭和41年卒）が就任することになった。そしてこの変化に備え、また心理学のテーマの多様化に対応するために、1982年度からはすべて5人の教員が毎年度平行して3年ゼミを担当し、4年に持ち上がる形になった。この5ゼミ平行開講体制は原則として2003年度まで続くことになった。

　なお、新浜は1992年に66歳で死亡退職、賀集は1997年、宮田は1998年、今田は2003年、それぞれ68歳で3月に定年退職したが、後任としては1992年度に嶋崎恒雄が専任助手として、1997年度には浮田潤が助教授として、また同年、中島定彦が専任講師として就任した。そして2000年度には松見

淳子と雄山真弓がそれぞれ教授として就任している。

各ゼミの紹介

　以上、1972年度以降の学部の3・4年ゼミを中心に述べたが、それぞれの学部ゼミの上に大学院のゼミが置かれ、研究室の活動は大学院生を中心に展開されたことはいうまでもない。大学院では大学院指導教授担当のゼミに所属するわけであるが、院生の実質上の研究指導は、指導教授はもちろんのこと、各人の研究テーマにもっとも近い領域の教員、場合によっては学外者の指導を受けることがあった。これは学部の卒論指導においても同様であった。
　以下各ゼミの紹介をするが、初期にはまだ3本柱が残っていたので、第5章の記述の順に、宮田ゼミ、新浜・今田ゼミ、石原・賀集ゼミ、それ以後は就任の古い順に、八木ゼミ、嶋崎ゼミ、浮田ゼミ、中島ゼミ、松見ゼミ、を紹介する。そして2003年までにはゼミを担当していないが、2000年就任の雄山についても紹介する。学部ゼミの教育については、各ゼミのテーマ、指導方針、特徴、教育・研究領域などの紹介が中心となる。また各ゼミの研究については、それぞれのゼミの研究トピック別に修士論文の提出者名と年度を記す。ただこの時期になると大学院生が新制大学・前期に比べて倍増しているため、院生のフルネームは第5章同様すべて記載するが、修士論文の題名は付録3に掲載するに留める。一方、博士論文については第8章において一括して表にまとめているので、本章では原則として触れていない。ただし博士課程から入学した者や、記述の流れの中で触れているものもある。なお院生が大学院に在籍中に論文作成に向けて公刊した論文はできるだけ紹介し、末尾の引用・参考文献欄に掲載した。第5章同様、卒業論文に触れる紙幅はないが、その指導に大学院生が深く関わっている場合には、公刊論文の中に学部のみの卒業生の名が連名で出てくる場合がある。

宮田 洋ゼミ

(1966・3年ゼミ，1971・持ち上がりゼミ，1997)

　宮田が若手教員として1966年度後期から担当することとなった3年ゼミのことについてはすでに第5章で述べたので省略する。宮田が持ち上がりゼミとして宮田ゼミを担当するようになったのは1971年度からであり、それ以後退職するまでの26年間に担当したゼミ生は349名、そのうち42名が大学院博士課程前期課程（修士）に進学した。大学院前期課程のゼミを担当したのは1973年度から、後期課程（博士）は1976年度からであった。

〈テーマ〉　古武の退職（1972年、昭和47年）後もCR研究は継続されたが、ヒトの中枢・末梢神経系の生理変化とそのヒトの反応・行動や心的状態の関係を明確にする生理心理学・精神生理学的研究がゼミのテーマである（宮田, 1997）。端的に表現すれば、「脳と心の相互作用」の研究が学部・大学院ゼミのテーマということができる。

〈進め方〉　3年ゼミでは、内外の実験論文をテキストにして生理反応の特性と記録方法に関する講義が行なわれた。その後、各学生は関心を持つテーマにしたがって論文を選び、その内容について個人発表を行った。12月には卒業論文のテーマを決定し、実験計画のための討論が行われた。4年生では、自分のテーマに関する論文発表と実験進行の報告が中心である。秋学期には卒業論文を完成するための作業が行われた。

　大学院では、修士論文・博士論文作成のために自分の研究に関する論文資料の紹介、研究計画、実験、結果の整理と論議がなされた。また、京都大学教育学部坂野研究室と早稲田大学新美研究室の院生との研究交流会は大きな刺激となった。

〈指導の柱〉　学部・大学院ゼミでは各自の研究テーマに関する文献研究以外に、生理反応の測定技術および記録された生理変化の解析法が重点的に講義された。生理反応測定では、生理反応の変化過程に雑音（ノイズ）が混入することなく記録が行われる必要がある。そのための技術的な基礎知識の習得と実習に多くの時間が払われた。

当時、国内では生理反応の電気的測定に関する解説書は少なく、アメリカ精神生理学会の機関誌『精神生理学（*Psychophysiology*)』の第1巻、第1号に掲載された論文：Ax, A.F. (1964). Goals and methods of psychophysiology. *Psychophysiology*, **1**, 8-25.; Darrow, C. W. (1964). Psychophysiology, yesterday, today, and tomorrow. *Psychophysiology*, **1**, 1-7.; Stern, J. A. (1964). Toward a definition of psychophysiology. *Psychophysiology*, **1**, 90-91. はゼミ生の必読資料であった。

〈研究領域〉　主な研究テーマは、CR、定位反射（OR）と慣れ、反射に対する先行刺激効果、自律反応のオペラント条件づけ、バイオフィードバック（BF）学習、認知・情報処理、半球機能差、Fmシータ、虚偽検出、時間評価、精神作業負荷と心理的ストレス、対人認知と印象形成、生物リズムと睡眠、パーソナリティ要因、タイプA、ジェンダー・タイプと生理反応などである。以下に、これらのテーマについて行われた研究を概説する。中には1960年代に研究が萌芽し、この後期でより組織的に研究されたものがある。例えば、ORとその慣れ、自律反応のオペラント条件づけやBFによる自己制御の研究である。

1. 新しく測定された生理反応　中枢反応として背景脳波と事象関連脳電位、末梢反応として皮膚電位反射（石原・宮田，1980）、皮膚コンダクタンス反応（美濃，1986）、瞬目、体温（指先温度、直腸温）が加えられた。瞳孔反射は8mmカメラによる撮影法（小西，1973）が用いられ、眼瞼反射では磁気センサー法が開発された（吉岡・宮田・大須賀，1983）。眼瞼反射の測定方法は田多・山田・福田（1991）に詳しい。

2. 定位反射（OR）とその慣れおよび注意　ORの慣れについては、皮膚抵抗反射の慣れの分析（三橋・美濃・水野・宮田，1974）、異なる刺激強度の変化幅を持つ新奇刺激系列と慣れ（Mino & Miyata, 1975; Miyata, Mino, & Mizuno, 1977）、新奇刺激強度の漸増系列の効果（Suzuki & Miyata, 1978）、慣れ基準到達後にさらに慣れ試行を与える場合に生じる零下馴れ現象（三橋・加藤・宮田，1980）の研究が行われた。他の関連研究として、新奇刺激に対する認知的構えの効果（道広・宮田，1987）が検討された。また、精神薬理学的研究として、ニコチンがORに及ぼす効果について日本学術振興会招聘研究

員としてUCLAから来校したライバーズ（M. Lyvers）によって2ヵ年にわたり研究された（Lyvers & Miyata, 1993）。特殊教育分野への精神生理学的アプローチとして、精神遅滞児のOR研究の概観と指針（三橋・宮田, 1981）がある。また、本研究室で実施された25ヵ年のOR研究は道広・宮田（1985）によって概説されている。修士論文として、美濃哲郎（1972）、水野高一郎（1973）、三橋美典（1974）、本城由美子（1975）、鈴木隆男（1975）、加藤幸彦（1978）、大久保誠（1982）、道広和美（1982）がある。

3. CR研究および先行刺激効果による反射変容　後期におけるCR研究として、条件皮膚電気反射の形成過程でCSとUSの提示時間間隔が長い場合に生じる二つの頂点を持つ複合的変化に対する分析が行われた（鴨野・宮田, 1974）。また、眼瞼CRの反射生起への有意的関与についての研究がある（Yamasaki & Miyata, 1981）。これらの研究は形成されたCRの条件性の同定に関する最も重要な研究である。修士論文として佐々木仁（1975）、荒井洋一（1976）、関本憲章（1977）、小森憲治朗（1980）、佐々木紀彦（1980）がある。このようなヒトによる研究に対してイヌの回避条件づけを用いた嫌悪事象の予測に関する研究も行われ、修士論文として木下登志夫（1972）がある。

　反射は特異な条件下でない限り、安定した量的特性を持つ反射が恒常的に出現する。しかし、例えば、驚愕反射を誘発する聴覚刺激の提示直前に微弱な刺激（例えば、光）を先行提示すると、このときの先行時間間隔の長短に応じてその後の驚愕反射が促進・抑制される（山田, 1984）。これが先行刺激による反射変容で、この問題については驚愕性瞬目反射を用いた一連の実験的研究がある（山田・宮田, 1979; Yamada, Yamasaki, Nakayama, & Miyata, 1979; 山崎・宮田, 1982）。修士論文として、山田冨美雄（1976）、山崎勝之（1978）、中山誠（1981）がある。

4. 自律反応のオペラント条件づけとバイオフィードバック（BF）学習　自律反応のオペラント条件づけについては、すでに第5章で述べたが、1978年には大野らによって心拍反応のオペラント条件づけと臨床的応用が検討された（大野・美濃・宮田, 1978）。

　BF学習に関しては、自己制御の方法、制御メカニズムなどの諸問題が研究され、制御を媒介する認知過程の役割が指摘された（宮田, 1974）。そして

血圧（土田，1974）、EMG（佐藤・山村・宮田，1978）、心拍（大野・美濃・宮田，1978）を指標として研究が行われ、被験者の反応制御方略に関する教示、BFの種類、訓練期間、強化スケジュール、心拍の虚偽フィードバック効果（稲森，1975）について検討がなされた。内外のBF研究とその臨床的応用を概観して、被験者の実験内容、特に制御される反応に対する知識の有無、媒介過程、プラシボー効果、臨床場面での他の心理療法との併用、症状転移、BF情報に対する患者の依存性に関する問題などを指摘した（宮田・藤本，1982）。修士論文として、稲森義雄（1973）、藤本次郎（1977）、大野太郎（1979）、佐藤美彦（1979）がある[1]。

5. 認知・情報処理 特に注意に関して、両耳間注意切りかえに関する実験が反応時間を用いて行われた（日岡・本城・宮田，1982）。また、視覚情報処理に関する実験的分析、視覚的探索課題と眼球運動（大門・宮田，1988）、文真実判断課題と事象関連脳電位（Katayama, Miyata, & Yagi, 1987）、運動視と視覚誘発電位（Takao & Miyata, 2001）の研究がある。中枢電気活動として脳波以外に誘発電位や事象関連脳電位が測定されるようになった。修士論文として、矢島幸雄（1972）、土田康江（1974）、久保克己（1977）、日岡克明（1981）、片山順一（1985）、大門若子（1987）、中谷智恵（1988）、高雄元晴（1992）がある。

6. 半球機能差 1960年後半にスペリー（R. W. Sperry）らが左右大脳半球の機能差を分離脳患者の対象認知の研究から明らかにし（Sperry, 1968）、認知メカニズムに対する左脳・右脳の役割に関する生理的な研究が盛んになった。脳波による左右大脳半球機能差の分析（本城・宮田，1981）、事象関連脳電位による音韻情報処理と機能差の研究（久保，1983）がある。

7. Fmシータ 加算作業のように比較的単調で注意の持続が必要な課題遂

---

1) 第5章 研究を支えた「3本柱」、3本柱の（1）条件反射研究 8. 有意統制のところで紹介したように、古武・美浜（1952）が瞳孔反射の有意的制御の研究を行った。しかし、この実験では、オペラント条件づけの手法を用いたのではなく、古典的条件づけの高次条件づけ手続を用いている。したがって、中枢電気反応や自律反応の自己一意志による一制御の手段として、このように古典的条件づけ及びオペラント条件づけの2つの方法があると考えられる。

行中に前頭正中線部から記録される脳波にシータ律動がみられ、この律動はFmシータと呼ばれている。Fmシータ誘発課題の感覚様相と課題遂行速度（水谷・東・堀川・山口・宮田，1988）、約1ヶ月にわたる同一被験者に対する測定（Miyata, Tanaka, & Hono, 1990）、ビデオゲーム視聴中やストループテスト中の瞬目とFmシータ（山田・林・堀・川本・藤川・錦織・宮田，1991）、心理学的研究の問題点の考察（田中・宮田，1990）が行われた。修士論文として、水谷充良（1983）、田中雄治（1989）がある。

8. 虚偽検出 本学の出身者で警察機関、特に科学捜査研究所でポリグラフによる虚偽検出に従事している者が多い。彼らは研修などの研究の機会を得て、委託研究員として本研究室で虚偽検出に関する基礎研究や海外の研究者との共同研究などを行った。Yamamura & Miyata（1995）によって、これらの研究や討論から示唆された方法論的諸問題と生理反応の分析法などが指摘・考察された。

9. 時間評価 時間知覚と時間評価の研究では、特に生理反応は記録されていないが、発達心理学的研究として子どもの時間評価に影響を与える諸要因（内藤・山崎・宮田，1983）、幼児と成人との比較（山崎・宮田，1984）、評論（三戸・宮田，1979）がある。

10. 心理的ストレス 精神作業負荷による生理反応の変化が検討されていたが、実験的ストレスの誘発法として教示による「脅かし」を用いて、血管運動反射、心拍、自発的唾液分泌と実験中の不安・緊張、顕在性不安との関係が調べられた（Miyata, 1963）。また、実験的に操作された不安、恐怖、安堵状態下の心拍変化が分析された（八木・宮田，1967）。視覚障害者の日常生活におけるストレスとその対処法、障害受容程度とストレスに関しては、日本ライトハウスの協力を得て、面接や点字質問紙による調査がある（松中・宮田，1993; Matsunaka, Inoue, & Miyata, 2002）。また、語学能力と電話でのコミュニケーション・ストレスの関係、ストレス・マネージメント訓練の効果に対する検証実験が実施された（Hirokawa, Yagi, & Miyata, 2000）。修士論文として、坂東完雄（1982）、渡辺久美子（1987）、竹中康（1988）がある。

11. 瞬目と対人認知・印象形成 表情は印象形成に大きな影響を与え、表情をつくる要因は'目の行動'—眼球運動、瞳孔反射、瞬目、視線—から成り

立っている。瞬目に着目し、印象形成研究の方法論的考察（大森・宮田，1994）、瞬目率と対人知覚や印象形成（大森・山田・宮田，1997; Omori & Miyata, 1996, 2001）、さらに、モデルの瞬目率とモデルに対する印象（大森・山田・宮田，1997）、面接場面での対人間距離の影響（大森・宮田，1998b）、瞬目と表情や印象、虚偽と瞬目、人間関係と瞬目、瞬目の随意統制に関する提案（大森・宮田，1998a）が行われた。これらの研究から、人間関係をふまえた社会精神生理学の分野に研究領域を広げる試みがなされた。修士論文として、大森慈子（1993）、田野礼子（1994）がある。

12. 生物リズムと睡眠　この研究領域においては、サーカディアン・リズム、眠け、睡眠段階と中途覚醒、生活習慣および性格・行動特性と睡眠、視覚障害者の睡眠などに関する研究が行われた。睡眠実験は遮音された実験室内にベッドを置き、脳波、眼球運動、筋電図、呼吸、深部体温などの生理反応が睡眠中の被験者から記録された。

　日常生活でみられる生物リズムに、最も基礎的なサーカディアン・リズムと呼ばれる約24時間の周期を持つ睡眠・覚醒リズムがある。平常の睡眠時間帯を8時間はやめて就眠した時のサーカディアン・リズムの変化、睡眠構造、直腸温、心理機能の変化について組織的な研究を実施した（Ishihara & Miyata, 1983）。また、睡眠・覚醒パターンの個人差研究のために朝型・夜型質問紙の日本語版が作成された（石原・宮下・犬上・福田・山崎・宮田，1986）。終夜睡眠時の中途覚醒に関して、特に睡眠段階とノンレム・レム周期との関係（Hono, Watanabe, Hirosige, & Miyata, 1990）について研究が行なわれた。睡眠と生活習慣の関係については、児童（保野・宮田，1989）、学生と社会人（権藤・宮田，1992）、視覚障害者（保野・宮田，1994a）を対象に調査された。性格・行動特性と睡眠の関係についても一連の研究が実施され（保野・宮田，1994b；河野・宮田，1995a,b；宮田，1995）、特にタイプA行動特性と睡眠については大学生を対象に調査を実施した（Hono, Kisida, Misao, Shimada, & Miyata, 1996）。

　視覚障害者の睡眠に関する研究は内外においては皆無である。視覚障害者の睡眠構造を明らかにするために、本研究室の睡眠実験室あるいは障害者の居室ベッドで睡眠脳波を記録した。先天性あるいは後天性の原因により失明

した約40名の視覚障害者の睡眠脳波を記録すことができた（保野・日比野・宮田，1995; Hono, Hirosige, & Miyata, 1999）。

　眠けが原因となって生じる産業現場や交通機関での事故が多発している。傾眠の兆候を探知して覚醒を促すために、傾眠時の瞬目波形変化に着目し、眼鏡のフレームに着けられた磁気センサーによる波形分析から傾眠防止の可能性が検討された（吉岡・宮田・大須賀，1983；宮田・吉岡・大須賀，1983）。眠けを測定するための尺度（KSS）の作成（石原・宮田，1982）、その尺度を用いて不眠患者の日中の眠けと睡眠薬の効果の評定が行われた（石原・宮田，1984）。修士論文として、石原金由（1979）、斉藤敬（1981）、井上芳子（1982）、保野孝弘（1985）、権藤恭之（1990）、河野浩（1992）、竹本有里（1992）がある。

　13. 個体差：パーソナリティ要因、タイプA、ジェンダー・タイプ　タイプA研究は日本語版成人用タイプA検査質問紙の作成、その標準化と妥当性の検討から始まった（山崎・田中・宮田，1992）。向性とCR形成、YGおよびMMPIと瞬目の関係が分析され、タイプAと生活・睡眠習慣の関係（河野・宮田，1995a）、就業者のタイプA（田中・宮田，1995）、大学生のタイプAとうつ状態（保野・宮田，1995）などの研究が展開された。

　社会的性差であるジェンダーに関しては、ジェンダー尺度の作成、ジェンダー・タイプと対人ストレスが研究された（広川・宮田，1998；Hirokawa, Yamada, Dohi, & Miyata, 2001）。その後の研究で用いられた実験変数は、生物的性差、カップルにおける相手のジェンダー・タイプ、人種、男性・女性優位性、両性具有性、社会的適応性、福祉事業関係者の健康度である（Hirokawa, Dohi, Yamada, & Miyata, 2000; Hirokawa, Dohi, Vannieuwenhuse, & Miyata, 2001; Hirokawa, Yagi, & Miyata, 2002a,b）。修士論文として、烏野博文（1973）、黒田聖一（1985）、広川空美（1998）がある。

新浜邦夫・今田寛ゼミ

　ここではゼミ教育に関しては新浜ゼミと今田ゼミに分けて記述し、研究に関しては両ゼミをまとめて記述する。ただこのグループを振り返るとき、1970年代から80年代にかけて起こった北摂土地（現・神戸三田キャンパス）

購入をめぐっての法人と大学の対立のため、学長代理であった新浜が研究室を空けることが多くなったこと、また1990年前後から今田が大学行政に関わるようになり、1997年からの学長就任によってやはり研究室を空けることが多くなった事実を無視するわけにはいかない。そのため新浜の抜けた後を今田が、そして今田が抜けた後を中島（1997年就任）が、それぞれこのグループの教育・研究指導に果たす実質的役割が重くなった。なお新浜は1992年に定年を迎えずして66歳で死亡退職したので、写真は第8章の追悼文に添えて掲載する。

新浜邦夫ゼミ（写真は309頁）

（1959・3年ゼミ，1966・4年ゼミ，1972・持ち上がりゼミ，1991）

〈テーマと進め方〉　新浜が1959年度に最初に担当した3年ゼミのことについては第5章で述べたので省略するが、新浜が3本柱の一つとしての4年生の専門ゼミを担当したのは1966年度であり、動物行動を含むオペラント行動に関心をもつ学生たちを担当した。しかし1969年度からは今田が3本柱の一つとしての3年ゼミを担当するようになり、新浜はそのゼミを4年次に引き継ぐ体制となった。

　また1971年度からは今田が、1972年度からは新浜が、3年次からの持ち上がりゼミを交互に担当するようになり、3本柱の1本を2人で交互に縦につなぐ形になった。同年の大学要覧の新浜の3年ゼミのところを見ると次のようにある。"学習心理学の諸問題を条件づけの面（特にオペラント条件づけに重点をおきながら）から考察する。また関連する問題として、動機づけについても併せて考察する。基礎的参考書としては『条件反応』（古武弥正・新浜邦夫共著、共立出版、1956）を利用する。またゼミ発表の際のテキストは、主として外国雑誌論文からえらんだものを用意するつもりである。"その後、ほぼ同趣旨の記述が続くが、5人の教員がすべて3年ゼミを平行して開講するようになった1982年度の大学要覧には次のようにある。"パーソナリティ、人間における動機・情動・発達・学習等に関する基礎論文を中心に、報告・討議を通じて、心理学の基礎知識を学ぶ。"そして同様の記述がしばら

く続くが、1990年度、1991年度の大学要覧には"今田・宮田・賀集共編『心理学の基礎』(1986)に紹介されている実験を、原著でもって輪読し、心理学の基礎知識を深める"とある。

　全体として、特に新しい制度となった1982年度からは、今田ゼミとの棲み分けを意識し、動物研究は今田にまかせて人間研究に対象を絞り、領域としてはパーソナリティーと発達を加えるようになっている。そして年を追ってベーシック指向が強くなり、最後の2年は基礎的なことの再教育を意図して、1986年初版の上記『心理学の基礎』の中から基礎的実験論文を選んで輪読する形になっている。

　なお大学院のゼミに関しては、1987～89年頃にはG. W. オルポート（著），今田恵（監訳），『人格心理学』（誠信書房，1968）、K. レヴィン（著），外林大作・松村康平（訳）『トポロギー心理学の原理』（生活社，1942）などを輪読・討議がなされた。

今田　寛ゼミ

(1969・3年ゼミ，1971・持ち上がりゼミ，2001)

　今田が初めて3年ゼミを担当したのは1969年度の秋である。大学紛争のために夏まで封鎖されていた校舎が解除され、そこに今田がイギリス留学から帰国したので、新浜担当予定のゼミを急遽担当するとになった。最初は3年ゼミのみを担当し4年ゼミは新浜が担当していたが、3年目の1971年度からは隔年で持ち上がりゼミを担当した。3、4年の2ゼミを毎年持ち上がりで担当するようになったのは1982年度からであった。

〈テーマと進め方〉　ゼミを担当した30年あまりの間に多少の変更はあったが、ゼミは、一貫して「学習心理学、恐怖・不安・ストレス、適応の行動心理学」をキーワードとするものであった。そして3年ゼミはゼミ発表を交えた特殊講義ともいうべき明確に構造化されたもので、毎週時間割上は1コマのところ2コマ連続して行った。夏休みまでは後半に備えて学習心理学の基礎を古典的論文の学生による報告を交えて講じ、後半には新しい学習心理学

や今田が関心をもっている問題を体系的に展開し、それに関連する内外の論文の発表を求めた。4年ゼミは各自の卒業論文のテーマに即した論文発表・卒論指導の場であった。

　大学院ゼミは、とくにハミル館時代は時間制限を設けぬ気ままなもので、各自の研究テーマに関する報告を行い、自由に議論が展開された。参加者の中にはこれをデス・マッチと呼ぶ者もいた。

〈指導の柱〉　指導上重要な核をなしたのは、今田著の『恐怖と不安』(1975)、『学習の心理学』(1996a)、「動物における病理的行動の実験的研究：嫌悪刺激を用いた実験の最近の諸問題」(1971a) などの書物・評論であり、またボウルズのLearning theory (Bolles, 1979) の今田による翻訳『学習の心理学』(1982) も上記の自著が出るまでよく参考にされた。

〈新浜・今田ゼミの研究領域〉　第6章で、ハルを中心としたイェール学派の本学の心理学への影響について述べたが、1960年代以後に新浜・今田ゼミの研究に多大な影響を与えたのはソロモン (Richard L. Solomon, 1918～1995) 一派の研究であった。氏のハーバード時代の'外傷性回避学習と不安保存の原理、およびその臨床的応用'には、その共同研究者ケーミン (L. J. Kamin)、ブラッシュ (F. R. Brush)、チャーチ (R. M. Church) などの研究と共に、すでに1960年代前半から今田は強い関心をもっていた。彼らは共に嫌悪刺激を用いた実験の権威であり、ケーミンはパヴロフ型条件づけにおける接近の法則に最初に疑問を投げかけた'条件づけにおけるブロッキング'といわれる現象を、またチャーチは時間という刺激の弁別に関する研究に優れた業績を残した。ソロモンが1960年にペンシルベニア大学に移ってからの門下生とわれわれの関係はさらに深くなる。パヴロフ型条件づけにおける随伴性理論、さらに連合学習に関して精緻で見事なモデルを提唱し、学習心理学の世界に新風を吹き込んだレスコーラ (R. A. Rescorla)、学習性絶望に関するイヌの実験を始め、後にヒトのうつ病のモデルにその知見を展開し、また楽観性の学習やポジティブ心理学にさらなる展開を見せたセリックマン (M. E. P. Seligman) (資料8-5参照)、彼らの先輩格でセリックマンと学習性絶望の実験を始め、さらに後に、特殊なものに対する予期の学習とそれによる行動のコントロールに関するDOE (differential outcomes effect) といわれる現象とその

臨床的応用について独自の研究を進めたオーバーマイヤー(B. J. Overmier)などとは特に親交が深く、彼らはいずれも関学に集中講義や講演のために来日している。また、われわれのグループの者も彼らのところに留学している。ロロード(V. M. LoLordo)、メイヤー(S. F. Maier)、マイネカ(S. Mineka)などの研究も忘れられない。特にマイネカは、恐怖の起源と恐怖の条件づけに関する動物実験から始まり、それを応用する臨床家になった女性である。そして最後に、御大のソロモン自身、退職4年前の1980年、62歳の折にいかにも彼らしい日常生活に密着した幅広い発想から、動機に関する相反過程理論を展開している。

以上、ここでソロモン一派の研究について比較的詳しく述べたのは、以下に述べるわれわれの研究の非常に多くの部分が彼らの研究と重なっているため、これが後の説明を容易にすると考えたからである。また基礎と臨床を結びつける研究、行動療法、その人格理論とモーズレイー性格検査などで有名なロンドン大学のアイゼンク(H. J. Eysenck, 1916 ～ 1997)（資料8-4参照）もわれわれの研究グループとは縁が深い。今田は1968 ～ 1969年に氏のところに留学し、氏も1987年に本学で講演を行っている。

資料7-1　1972 ～ 2002年度の新浜・今田ゼミの修士論文
使用被験体別分類

研究に用いた被験体		件数	小計	合計
動物	ラット	43	48	70
	マウス	1		
	サル・チンパンジー	3		
	ウマ	1		
ヒト	実験的研究	17	22	
	調査・テスト	5		

資料7-1の表は、新浜と今田が1972年以後に大学院で指導した修士論文70篇を、研究に用いられた被験体別に分類したものである。動物実験が48と多く、全体の69％を占めている。なおラットの研究に限定すれば、コラム5-4でのべた'水なめ'装置を用いた実験は43中21、嫌悪刺激を用いた実

験は43中42であった。これでストレス・恐怖・不安の研究が多かったことが分かる。ただこの時代になると、水なめ行動やオペラント行動は、S1（条件刺激）とS2（無条件刺激）が様々な関係で提示されることによってS1が獲得する情報をモニターする手段として用いられることが多くなった。つまりわれわれの関心の中心は、特に1992年の新浜の死亡退職後は、かつてわれわれのグループに与えられていたオペラントという通称とは裏腹に、パヴロフ型条件づけ、あるいは連合学習の問題に移行していたのである。それは今田の定年退職時に、後継者の中島とかつての院生が執筆・出版した『学習心理学における古典的条件づけ理論：パヴロフから連合学習研究の先端まで』（今田（監修）・中島（編集），2003）という書名にも表れている。なお今田の還暦を記念して13名の執筆によって出版された『情動・学習・脳』（磯・杉岡，1994）には、今田のグループの研究領域がよくカバーされている。

以下研究トピック別に院生の研究を中心にまず動物関係の研究、最後に人間を対象にした研究について述べる。修士論文は著者名をフルネームで書き、年号の後に'修'と記している。なお公刊論文は多数に及ぶため全ては挙げてはいない。

1. パヴロフ型条件づけの基本変数・現象に関する研究 パヴロフ型条件づけ研究には、水なめの条件性抑制事態（コラム5-4参照）と、味覚嫌悪学習事態（コラム7-1参照）が用いられた。

(1) 条件性抑制

変数：電撃（無条件刺激）の強さやラットの渇き（抑制される行動の動機の強さ）の効果（Ohki & Imada, 1984）、電撃の長さの効果（川合伸幸，1991修）（山下・川合・今田，1991; Kawai & Imada, 1996）、条件刺激の強度の効果（Imada, Yamazaki & Morishita, 1981）、さらにはラットの系統差と条件づけとの関係（Fujii, Asada, Takata, Yamano & Imada, 1989）などの研究がある。

現象：二次条件づけや逆行条件づけのような伝統的な現象も研究対象とされた（藤井正也，1979修、漆原宏次，1996修、金重耕太，1997修）（漆原・今田，1999; Kaneshige, Nakajima, & Imada, 2001）。しかしこれらの殆どは次項の新しい連合理論に関連づけて行われたものである。また餌によって電撃の嫌悪性が減弱されるという拮抗条件づけ（counterconditioning）の研究（仁

ノ平肇, 1978修) もこの範疇に加えることができるであろう。

　なお川合が修士論文で扱った古典的条件づけにおける無条件刺激（電撃）の長さの効果については、研究室の歴史の中では一言触れておくべきことがある。常識的には恐怖の条件づけにおいて電撃を長くすることは、電撃を強くするのと同様、強い恐怖の条件づけを引き起こすと考えられる。しかし川合の行った実験では、電撃の長短によって恐怖の条件づけに違いは見られなかった。ただ、音が来れば長い電撃、光が来れば短い電撃というように、同一のラットが長短の電撃を対比できる場合には、音には強い恐怖が、光には弱い恐怖が条件づけられた。実は認知的対比によって条件形成が促進されるこの事実は、分化強化法の有効性として古武・美浜 (1951) によってヒトによって半世紀も前に見いだされていたのである。なお川合は後に京都大学霊長類研究所などでも研究を行いその研究は広範にわたるが、1999年に提出した博士学位論文につながった古典的条件づけにおけるUSの持続時間の効果に関する研究には、上記以外にもいくつかある（川合, 1995, 1996, 1997）。

(2) 味覚嫌悪　味覚嫌悪学習(コラム7-1参照)に関する基礎研究として、視覚的環境刺激への味覚嫌悪条件づけの可能性について検討したもの（岡一幸, 1978修)や、気分不快を誘発する操作として毒物の代わりに運動処置（自発的な回転カゴ走行や強制遊泳）を用いた研究（林寛子, 2000修; 柾木隆寿, 2002修　）(Hayashi, Nakajima, Urushihara, & Imada, 2002; Nakajima & Masaki, 2004; Masaki & Nakajima, 2004a,b) などがある。なお強制遊泳が不快を誘発する操作であることは、活動がストレスになるというactivity stressの問題とも関係している可能性がある（中尾将大, 2001修）。

　なお味覚嫌悪は以下に見るように、理論検証の手段としても多用されることになる。ここでは以下の分類のどこにも属さない研究として、味覚嫌悪の手法で刺激等価性という問題を扱ったSawa & Nakajima (2001) 論文を挙げておく。また味覚嫌悪学習の理論については次項2 (4) も見てほしい。

2. 新しい連合理論に関する研究　コラム7-1で述べた情報中心のパヴロフ型条件づけの考えは、連合学習に関するさまざまな新理論（今田・中島, 2003参照）を生み出すことになる。比較的初期のもののみを挙げても、レスコーラの随伴性理論、レスコーラ・ワグナー・モデル、ワグナーの記憶モデ

(1) **ブロッキング・潜在制止**　まずS1がS2と時間的に接近していても、両刺激間に連合が形成されない現象としての潜在制止、ブロッキング現象、オーバーシャドウイング現象などは理論的に興味深く、長くわれわれの関心の対象であった。条件性抑制場面で（上垣博和，1974修；山崎直樹，1974修；小野隆章，1976修；山崎明彦，1978修）（Kawai, Nishida & Imada, 1998）、また時間刺激を用いたブロッキング現象として（山野晃，1985修）、味覚嫌悪事態でのオーバーシャドウイング現象としても確認された（Nakajima, Ka, & Imada, 1999）。また (5) の文脈刺激を用いた潜在制止の現象を、味覚嫌悪場面で確認しようとした研究もある（吉岡千波，1996修）。

(2) **S1とS2の随伴性（相関関係）と条件づけ**　S1とS2がいくら接近していても両者の相関関係がゼロであれば連合は形成されないという考え、また相関関係にはプラスとマイナスがあるので、S1がS2の到来を予測するプラスの相関関係の場合には興奮の条件づけが、S1がS2の不到来を予測させるマイナスの相関の場合には制止の条件づけが起こると考えるレスコーラの随伴性理論に関連した研究も大きな話題であった（中川良次，1982修、北口勝也，1992修）。（投石，1974；Kitaguchi & Imada, 1995）。

(3) **無関係性の学習**　S1とS2が無相関の場合には条件づけは生じないという上記の主張に対して、両者が無関係であるという積極的学習がなされるとの考えも研究テーマとなった（中山道子，1997修）（Nakajima, Nakajima, & Imada, 1999）。特に上記の随伴性の問題で修士論文を書いた北口は、博士論文ではこの「無関係という関係」に関する研究を、動物・人間を対象として、随伴性という広い枠組みの中で展開した（北口，1994, 1995, 1996a,b, 2000, 2002; Kitaguchi, 2000, 北口・今田，1996, 1998; Imada & Kitaguchi, 2002）。

(4) **味覚表象の強さと味覚嫌悪学習の関係**　塩分不足の状態では塩分を含む味覚表象が活性化され、それが味覚嫌悪学習に影響するであろうという極めて認知的な理論に立つ研究などもなされており（澤幸祐，1997修）、澤は同問題を2003年に提出の博士論文に展開させた（澤，1999, 2000, 2001; 澤・中島・今田，2004; Sawa, Nakajima, & Imada, 1999）。

(5) **文脈を刺激とみなす研究**　条件刺激は必ずある環境の中で与えられる

が、その環境（文脈）を刺激とみなす考えに立つ研究もなされるようになった。例えば文脈刺激のブロッキングの可能性に関する実験（岡崎昌樹, 1985 修）、また一旦消去された恐怖反応が、文脈次第では再出現（renewal）することを（玉井紀子, 1999 修）(Tamai & Nakajima, 2000; 玉井・中島・北口・今田, 2001)、さらには一旦消去されたレバー押し反応が文脈によっては再出現すること（Nakajima, Tanaka, Urushihara, & Imada, 2000）などが示された。この問題は文脈手がかりの操作による記憶の再生の問題でもあるので、次の動物の記憶の項の問題でもあるし、消去される反応が恐怖の場合には恐怖症の症状再発という臨床的観点からも興味深い問題であった。臨床的含みをもつ研究としては、味覚嫌悪場面で文脈刺激を用いた潜在制止の研究（吉岡千波, 1996 修）も挙げることができる。またモルヒネ耐性形成への文脈刺激の効果を条件づけ理論の観点から分析した研究もなされた（後4 (1) 参照）。

3. 動物の記憶に関する研究　認知的傾向が強まる中で記憶の問題が学習研究の中で重要視されるようになり、その関係の研究も条件づけの型を問わず行われた。例えばラットの幼児期健忘とその緩和の研究（宮崎聡, 1986 修）、消去（忘却）された回避反応の電気痙攣ショック(ECS, electroconvulsive shock)による回復に関する研究（山崎・新浜・今田, 1977）などがある。一方連合理論関係では、ワグナーの記憶モデルに基づく研究（津田泰弘, 1980 修）や、放射状迷路を用いたラットの空間記憶に関する研究（津田・今田, 1988, 1989）などもある。なおラットの空間記憶は 8 の本能的行動とも関係する。また 2 (5) の消去された反応の再出現の問題も記憶に関係している。

また新しい連合学習理論の中には「時間的符号化仮説」など記憶を前提にした理論もあり、2002 年に博士論文を提出した漆原は、同理論を含む新しい連合理論に関して研究を展開した（漆原, 1999; 漆原・中島, 2003; 今田・漆原, 2003）。

4. 不安・恐怖・ストレス等の研究　この問題は今田の古くからの研究テーマであったが、その問題を学習理論、連合理論の枠組みの中で扱ってきた。ここで紹介する研究も学習理論の関係は深いが、研究の視点がむしろ持続的な不快な情動と適応過程という臨床的含みをもつものであるので上記のものとは独立して扱うことにする。

(1) **鎮痛・薬物効果・耐性形成の研究**　嫌悪刺激を用いた条件づけ研究では主に電気ショック（電撃）を用いる。したがって痛みの感受性は基本的な問題である。この問題に関しては、ストレス時には痛みに鈍感になるというストレス性鎮痛の研究（橋本まゆみ，1985修）、また上記した鎮痛薬モルヒネに対する耐性形成の研究（Nakama-Kitamura, Kawai, Hayashi, & Imada, 2002）がある。また抗不安薬に対する耐性形成の現象や、逆の増感現象についての条件づけの面からの研究（山崎祐介，1997修；豊見綾子，1999修）もなされたが、これらはいずれも環境刺激の重要性をも強調した条件づけの観点からの研究である。なお北村元隆（Nakama-Kitamura）は1995年度に博士後期課程に入学し2005年に博士論文を提出したが、薬学の博士学位をもつ者として、麻薬他の薬物耐性の問題を条件づけ理論から研究した（Nakama-Kitamura, 2002; Nakama-Kitamura & Doe, 2003）。

(2) **嫌悪刺激の予測不可能性・統制不可能性と持続情動（不安）に関する研究**
これまでの嫌悪刺激を用いたパヴロフ型条件づけ研究では、条件刺激S1に対する反応のみが注目されてきたが、今田はS1も無条件刺激S2も提示されていない時期の持続的情動に注目し、さらにそれに影響を与える心理的変数をとり上げ、この領域の研究の先鞭をつけた（Imada & Soga, 1971）。これを文脈刺激に対する反応として条件づけ理論に関連づけて考えることも可能であるが、今田はこれを'不安'（持続的な不快な緊張状態）に関する実験的研究として応用に結びつける発想が強かったため、このベースラインの情動をBEL（basal emotional level）と呼びそれを不安と考え、S1に条件づけられた情動CER（conditioned emotional response）である恐怖と区別する姿勢を強調した。なおBELを高める、つまり四六時中びくついた不安な状態を生み出す心理的変数として、嫌悪刺激の予測不可能性・統制不可能性（後には両者を括って環境事象の'不確かさ・uncertainty'）によってBELは高まるだろうとの仮定を立てた。従来は、情動・行動を操作するための変数として刺激の強さや長さのような物理的変数が重視されたが、ここでは物理的には等価であってもS2がいつ来るかわからない（予測不可能）、来てもそれにどう対処してよいかわからない（統制不可能）というような心理的変数の操作によってBELは高まるだろうとの仮定が立てられたのである。そして予測不可能

な嫌悪刺激場面におけるベースラインの水なめ行動の抑制を指標とした研究（宿久博康，1980修；坂本加代子，1996修）（Nageishi & Imada, 1974; Fujii, Uchida, & Imada, 1994）、予測不可能場面よりも予測可能場面を選択する、いわゆるPSS（preference for signaled shock）現象の実験や、さらに信号が予測するものが餌のような正の刺激の場合の信号の意味に関する実験（須貝知之，1990修）が、卒業論文も含めて数多くなされた。また予測不可能性の情動や行動への効果を1日24時間にわたって何日も測定する研究も行われた（Imada, S., Fujii, Nakagawa, Iso, Sugioka, & Imada, 1983; Imada, S., Kondo, & Imada, 1985）。また予測不可能な一見混沌・不確実な事態であっても、何とかしてその事態の持つ構造性を抽出する努力をするのではないかとの仮定に基づく、手がかり利用・法則学習の研究も行われた（平野信喜，1973修；土江伸誉，1997修）（Imada & Okamura,1975; Imada, Sugioka, Ohki, Ninohira, & Yamazaki, 1978; Imada, Shuku, & Moriya, 1983; Doe, 2000）。なおこの問題の総括的評論もある（今田，1971a; 投石・今田，1980; Imada & Nageishi, 1982）。

なお、電撃への対処可能性・不可能性に関する問題は後にとり上げる逃避・回避学習のトピックとの関連が深いのでそちらでとりあげる。

5. 特殊予期に関する研究 上記の研究で述べたBELが、S2に対する漠然とした焦点の定まらない予期だとすると、DOE（differential outcomes effect, 分化結果予期効果）という現象は、特殊なS2に焦点が絞られた特殊予期が弁別学習を促進する現象であり、これも1990年代には行われるようになった（舟木順子，1995修；小林仁志，1999修；宮下友佳子，1997修）（Miyashita, Nakajima, & Imada, 2000）。つまりこれは、単に良い結果、悪い結果に対する予期でなく、特定の良い結果、特定の悪い結果に対する予期が選択学習を促進させる現象で、これも臨床的応用が可能な問題である。

6. 刺激の情動的残効に関する研究 今田は長く不安や恐怖の問題に関心をもち、その不快な予期状態を学習心理学に基盤をおいて研究してきた。しかし環境全体への適応という観点からすれば、先のBELに加えて、快あるいは不快なS2が与えられた直後の情動状態、例えば嫌悪的な刺激S2の残効も無視できない。そしてそれに関する興味深い理論がソロモンの相反過程理論であり、これに関する研究もいくつかなされた（元恒真織，1990修）。つま

りこれによって、CER-BEL-残効をあわせて'情動の流れ'という観点から生活体の適応過程を問題にしようとしたのである。これに関する実験論文として川合・今田（1990）がある。なお解説論文としては山下・今田（1989）の他、今田による解説もある（今田，1987, 1988b）。

7. 逃避・回避学習、防御行動に関する研究　コラム7-1でも見たように、嫌悪刺激場面では各動物種に特有の防御反応SSDR（species-specific defense reactions）があるので、そのSSDRに一致しない反応を回避反応として求めても学習は困難あるいは不可能だとSSDR仮説は仮定する。そこでSSDR仮説やその他の回避条件づけ理論との関係、また上にのべた電撃への対処可能性・不可能性の問題との関係で多くの研究がなされた（獅々見照，1972修；磯博行，1973修；杉岡幸三，1973修；島井哲志，1974修；岡村美幸，1975修；波多野礼子，1976修；今田純雄，1979修；東斉彰，1986修）（Shishimi & Imada, 1977; Sugioka & Imada, 1978; Shimai & Imada, 1978; Imada, S., Shimai, & Imada, 1981; Shimai & Imada, 1982, 1983; Imada, S., Hagimoto, & Imada, 1984）。またミクロなレベルでの対処に関する実験もなされた（Imada, Mino, Sugioka, & Ohki, 1981; Ohki, Shimai, Mino, & Imada, 1983）。また回避学習を、記憶をつかさどる脳の部位・海馬と関連づける研究もなされた（大木祐治，1978修）。さらに甲殻類の回避学習についての実験論文（Kawai, Kono, & Sugimoto, 2004）や総説論文もある（川合・今田，1997）。

また嫌悪刺激に対してどう反応しても効果がない場合には、'何をしてもダメだ'という絶望と無気力が学習され、その学習された絶望感というか無力感が後の回避学習その他を阻害するという学習性絶望（learned helplessness）に関する実験も行われたが、われわれの研究室ではラットの実験ではことごとくその検証に失敗している（北村雅由，1992修）[2]。

8. オペラント行動と本能行動に関する研究　餌を獲得する手段・道具としての行動の学習は、ソーンダイクの試行錯誤学習実験の昔からよく研究され、われわれの研究室でも第5章で述べたように前期にはいくつもなされ

---

[2] 本書でカバーしている時期をずれることになるが、後に土江はその博士論文（2008年提出）で、目標点への到達が困難な水迷路の場面でラットやマウスが'あきらめ'を学習する事実を示し、それをヒトのうつ病のモデルとして提案している（土江，2010）。

た。しかし上にのべた防御行動だけでなく、動物にはそれぞれの動物種に特有の餌獲得行動、つまり一種の本能的行動があり、それを考慮する必要があるとの主張がなされるようになった。われわれの研究室では、古典的な研究をこの観点から見直す試みや（今田純雄・今田(寛), 1981; Imada, H. & Imada, S., 1983)、種に特有な餌獲得行動と学習の関係についてネコを対象として（今田(純)・塚原・今田(寛), 1986)、またウマを対象に行った研究もある（宮下友佳子, 1997修）(Miyashita, Nakajima, & Imada, 1999)。

9. 霊長類を用いた研究 愛知県犬山市にある京都大学霊長類研究所の松沢哲郎教授、後には友永雅己准教授の指導の下で、卒業論文から修士論文にかけて3名の者にニホンザルとチンパンジーを用いた研究の機会が与えられた（日上耕司, 1984修; 井上徳子, 1992修; 伊村知子, 2002修）。また学術振興会特別研究員として川合も研究の機会が与えられた。前記3名はいずれも後に博士論文を提出したが(第8章、資料8-11参照)、日上は霊長類における行動の社会的伝播、模倣、まねの問題を研究し(Hikami, Hasegawa, & Matsuzawa, 1990; Hikami, 1991; 日上・松沢, 1991; 日上, 1992, 1997)、井上はチンパンジー乳幼児の認知発達や愛着形成の問題を主に研究（井上・日上・松沢, 1992; 井上・日上, 1993; 井上, 1994; Inoue-Nakamura, 1997）する他、アフリカの野外でチンパンジー乳幼児のヤシの種子割り行動の発達の研究を行った（井上（中村）・外岡・松沢, 1996; Inoue-Nakamura & Matsuzawa, 1997)。また伊村はその修士論文における奥行き知覚に関する比較心理学的研究を博士論文に向けて発展させた（伊村・友永・今田, 2003)。

10. ヒトを用いた研究 ヒトを被験者とした修士論文研究は、動物を対象とした研究に比べて31％と相対的に少ないが、テーマは多様である。

(1) 実験的研究 動物を用いた研究とテーマを共有するものとして、4で述べた信号あり電撃を信号なし電撃よりも好むというPSS現象をヒトの被験者を用いて行った研究（後藤龍好, 1976修; 鹿嶽昌彦, 1995修）、また2(2)で述べた随伴性の問題を人間において随伴性判断として行った研究（嶋崎恒雄, 1982修; 中道希容, 1993修; 西村崇子, 1996修; 小林由佳, 2000修）（嶋崎・津田・今田, 1988; 津田・嶋崎・今田, 1988; Shimazaki, Tsuda, & Imada, 1991)、また2（3）でとりあげた無関係性の学習の問題を人間について検討した研究

のレビュー（北口・今田，1998）などがある。

その他ヴィジランス等に関する研究（岸本陽一，1974修；山本利和，1980修；松川晋，1990修）、弁別コンフリクトの研究（益田義則，1972修）、演奏不安の研究（荘厳依子，1998修）、運動学習に関する研究（山下美樹，2001修）、概念形成や言語獲得の問題を発達の観点から行った研究（野呂孝子，1974修；鎌田浄，1975修）などがある。なお山本利和は博士後期課程では空間認知に関する研究、特に視覚障害者の空間認知の研究を行い（山本，1986，1988，1990，1991，1992; Yamamoto & Tatsuno，1984; 山本・対馬，1989）、後輩院生の指導も行った（増井幸恵，1990修）（増井・今田，1992，1993）。またMASで測られた不安度とストレス反応の研究（寺崎正治，1975修）、MPIによって測られた外向性―内向性と定位反応の関係に関する実験（田中早苗，1981修）なども行われた。また田中紀久子（1997修）はうつと認知の関係の実験を行った。さらに子どもや動物においては困難な、将来のより大きな報酬のために目先の小さな報酬を我慢するというセルフコントロール（自己制御）も研究の対象となった（嶋崎まゆみ，1997; 荘厳・今田，2001）。

(2) テストおよび調査研究　われわれの研究室では、伝統的には学習心理学と縁の深い性格テストであるMAS（テイラーの不安尺度）、アイゼンクの性格検査（MPI, EPI）に関する研究（岸本・今田，1978; 寺崎・今田，1989）がよくなされてきたが、それ以外にもさまざまな感情・情動の測定の試みがなされた。例えば羞恥心（成田健一，1988修）、自尊感情（沖美予子，1995修）、対人不安（佐々木祥子，1996修）などがある。また表8-11に見られるように、それぞれ2002年に博士論文を提出した有光の'あがり'の研究（有光興記，1996修）（有光・今田，1998，1999; 有光，2001a,b,c，2002a,b）、また博士後期課程から本学大学院に進学した加藤司による博士論文につながる対人ストレスの一連の研究もある（加藤，2000，2001a,b,c,d，2002a,b，2003）。

なお以上の研究指導において、1997年以後は今田の後任として専任講師として就任した中島定彦が学部および大学院の動物実験関係の論文指導に大きな力となった。またヒトの随伴性判断に関する研究は、1992年に助手に就任した嶋崎恒雄の指導によるものである。また薬物を用いた研究に関しては、薬学を専門とする医学博士で田辺製薬を定年退職後1995年に博士後期

過程に入学した北村元隆が技術的な面で指導に当たったが、心理学の面では中島、川合、北口、土江、澤などが北村の力となった。

石原岩太郎・賀集 寛ゼミ

石原岩太郎ゼミ（1959・3年ゼミ，1965・4年ゼミ，1969・持ち上がりゼミ，1983）
賀集 寛ゼミ（1972・4年ゼミ，1973・持ち上がりゼミ，1996）

　石原と賀集の研究領域はほぼ共通しており、テーマや指導方法にも大差はない。そこで、以下、すべての項目について、両ゼミをまとめて記述する。なお石原は2008年に逝去したので、写真は第8章の追悼文に添えて掲載する。

〈テーマ〉　1950年に入る頃から、心理学界の中で「言語」に対する考え方、扱い方に変化の兆しが見えて来た。それまでは、エビングハウス以来、記憶実験に意味を排除し、いわば、意味は'邪魔者'として扱われていたのが、今や'主役'としておどりでてきたのである。この動きには心理学の中からその機運がいくつかみられたのだが、情報科学や心理言語学からの'外圧'によるところが大きいように思われる。とくに、コンピューターの情報処理過程は、人間の認知のプロセス、つまり知識の獲得、記憶、思考の過程と類似しており、これらの心的過程を記述するツールとして、情報処理の用語が大いに役立ち、このことによって認知の分野の研究がめざましく推進され、今日に至っている。そこで、このような情勢に鑑み、石原・賀集ゼミのテーマは、第5章の3本柱（3）からの連続性もふまえて、'言語と記憶を中心とした認知心理学'ということになる。

〈進め方と指導の柱〉
　学部ゼミ　3年ゼミ所属から4年ゼミの終わりまでの2年間を、半期毎に計4つに区分し、ほぼ以下のような方針でゼミを進めていった。(1) 3年ゼミ前半：言語と記憶を中心とした基礎知識の復習と習得で、そのために参考にするテキスト類は、70年代では認知心理学として体系化されたものはまだ十分でなかったので、概論書や学習、記憶、思考関係のテキストを参照する

よう指導した。しかし、認知心理学や心理言語学の体系化された内外のテキストが整ってきてからは、この中のめぼしいものをゼミのテキストとして採用した。なお、ゼミのはじめ数回は講義形式で進めることもあるが、基本的には、順番を決めての個人発表形式であった。(2) 3年ゼミ後半：言語や記憶の分野を中心とした比較的容易な英語の研究論文の発表、と同時に卒論のテーマ選びと、それに関する文献の探索や研究計画策定の準備をさせる。(3) 4年ゼミ前半：3年の春休みの最後に、千刈セミナーハウスなどで1泊2日の卒論計画発表会を行ない、各自の計画を発表する。これには大学院生も参加し種々の助言を行なう。このようにして、卒論へのモティベーションを高めるのが主要目的である。ゼミの時間には卒論関連の文献の発表と卒論の経過報告を行なう。(4) 4年ゼミ後半：卒論の報告会を行なう。

　大学院ゼミ　内容は、各自の修士論文に関係する論文、研究計画、研究経過を発表するとともに、学会前には予演会を行なった。また、たとえば、ナイサーのCognitive Psychology（Neisser, 1967）をはじめとする、認知心理学や心理言語学に関する英語のめぼしい著書の輪読会も催し、認知や言語に関する基本的な知識の向上に努めた。

〈他大学との交流〉　次に、奈良教育大学の豊田弘司教授をはじめ、関西地区の大学の記憶や言語の研究者の何人かの方々が大学院ゼミに参加し、院生の発表に適切なコメントをして下さったり、時にはご自身の研究成果を披露されて、院生に多大の刺激を与えて下さった。一方、こちらの学生が兵庫医科大学の沖田教室の研究会等に参加し、勉強させていただいたこともしばしばだった。これら学外の研究者の方々に感謝の意を表しておきたい。次に、われわれのところに、学外から5人の進学生を迎えたが、彼らはそれぞれ出身大学での自らの研究を持ち込んで、これを展開し修士論文にしあげた。後に述べる彼らのテーマは、言語や記憶の領域であるが、これまで当研究室では扱ったことのないものなので、彼らの研究は、いわば、われわれの研究の幅を広げてくれたことになるといえる。

〈研究領域〉　以下に示すように多岐にわたり、主として認知に関わる十数項目に及ぶ。

　1. 意味の問題　石原の研究は、意味が学習や記憶に及ぼす影響の研究か

ら、意味自体の問題の追究へと移った。そして、生物の環境認識から人間の認識や言語に至るまで、心理学の枠を超えて縦横に論を展開し、それを『意味と記号の世界』という著書に著し、心理学界内外から幅広く注目を浴びた（石原，1982a）。

連想的意味　賀集・皆川・前澤（1988）は、3音節動詞523語の連想のデータを、F連想とT連想の両方向から因子分析して、523語全体の連想的意味の構造を調べた。

2. 実験装置の開発　斉藤・浮田・賀集（1981）は漢字および無意味図形を呈示するシステムを開発し、標準的タキストスコープとマイクロコンピューターの両者の長所と欠点を比較した。さらに、斉藤（1983）は刺激提示時間を任意に設定でき、データ整理の負担の軽減と、初心者にも操作可能なマイクロコンピュータのシステムを開発した。

3. 言語諸特性の標準化の試み　小川（1972）はカテゴリーに属する語の出現頻度の表を、また、小川・稲村（1974）は、名詞の心像性、具象性、有意味度、および学習容易性といった特性の表を公刊した。賀集・石原・井上・斉藤・前田（1979）は当用漢字881字の漢字の視覚的複雑性を評定した。浮田・皆川・杉島・賀集（1991）は日常物品名119語の主観的表記頻度と表記の適切性について調べた。浮田・杉島・皆川・井上・賀集（1996）はこれを750語に拡大した主観的表記頻度の表を作成し、同時に同じ語の熟知度の表も作成した。これらの表は、後述する、日本語の表記に関する大規模な研究の基礎資料となった。杉島・岩原・賀集（1996）は、ひらがな清音4文字名詞4160語の熟知度を調べた。

4. 大脳半球機能差の研究　谷口泰史（1981修）は修士論文で、漢字の形態処理の場合は右脳優位、意味処理の場合では右脳と左脳ほぼ同等という具合に、漢字の処理レベルによって成績が異なることを見出した。大阪教育大学出身の皆川直凡（1983修）は修士論文で、恩師八田教授考案の利き脳テストで分類した左脳型と右脳型の被験者を用いた実験を行ない、利き脳は感覚属性を超越して存在することを発見した。皆川はこの成果を公刊した（皆川・賀集，1984）のに次いで、半球機能差の発達的側面の文献的考察をした（皆川・賀集，1986）。さらに、メロディー認知が音楽家は左脳優位、非音楽家は

右脳優位だが、実験を重ねるにつれて、非音楽家は左脳優位の傾向になることを見出した（Minagawa, Nakagawa & Kashu, 1987）。次いで、中国簡略漢字の処理は、日本人は右脳優位だが、実験を重ねるとその傾向が弱まること（Minagawa, Yokoyama & Kashu, 1988）、また、触覚刺激と半球機能優位差の関係を、刺激提示間隔や認知スタイルの条件を加えて調べた（Minagawa & Kashu, 1989）。

5. 前聴覚的イメージ　山田弘幸（1980修）は修士論文において、前聴覚的イメージの持続時間を逆向再認マスキングの手続で調べたところ、課題依存性の強いことが分かった。

6. 触覚研究法　免田賢（1986修）は修士論文において、触覚研究法の理論の実際的基盤作りのための研究を行なった。

7. 語認知の過程　井上道雄（1975修）は修士論文で、語認知過程における文脈効果を、文脈性、頻度、連想を要因として、語彙判断課題で検討する研究を行なった。そして、連想要因では連想の方向によって、認知が抑制されることを見出した。浮田潤（1980修）は修士論文において、アナグラム処理に際して単語として誤判断しやすい問題を、語彙判断課題、文字命名課題やマッチングパラダイムによって実験し、エラーは意味的予期によって生じることを発見、また、形態的情報並存の事実から並列処理モデルを提唱した。

8. 記憶の構造と機構　野村幸正（1972修）は修士論文において、短期貯蔵の分散効果の特性を研究し、固定化理論と符号化理論の妥当性を実証し、知覚期記憶と復唱期記憶の仮定によって、分散効果の機構を説明した。次に、野村（1976a）は短期貯蔵と体制化との関連性についての研究を行ない、さらに、リハーサルの量的側面と質的側面についても、自らの実験結果（Nomura, 1975）も交えながら、分析を進めた（野村, 1976b）。木村宏（1975修）は修士論文において、短期記憶と長期記憶の区分の妥当性について検討した。

9. 再生と再認　再生より再認の方が容易とされているが、前沢幸喜（1986修）は修士論文で、その逆、つまり再認の失敗が生じる条件について実験を行ない、符号化時の問題が深く関わっていることを見出した。そして、この成果を公刊した（前沢・賀集, 1988）。

10. 系列学習　安藤純子（1972修）は修士論文において、系列学習項目の位

置や付加記号を加える等、提示方法を種々変えて、系列学習の機構を探る実験を行なった。

11. 記憶の自己選択効果　都留文科大学出身の平野哲司(1997修)は、修士論文において、記憶の自己選択効果をとりあげ、これを説明する符号化方略説に基づく種々の処理が、記憶保持に貢献するとする仮定を検証した。その結果、再認テストでは項目処理が肯定されたが、再生テストでは関係処理よりも結合処理の重要性が示唆された（平野, 2000; Hirano & Ukita, 2003）。

12. 記憶と感情　岩原昭彦(1995修)は修士論文において、人は自己をより肯定的に捉える傾向があるが、過去の出来事の感情評価でも例外でないかということを、自伝的記憶の研究によって調べた。

13. プライミング　宮本幸枝(1973修)は修士論文において、プライミングの問題を、先行刺激と後続刺激の間の連想強度を要因として研究した。

14. 高次の認知機能　松中雅彦(1985修)は修士論文で、知識獲得過程の実験的アプローチと計算機アプローチを比較し、全体的な構造を把握するマクロ機構が働いていることがわかった。また、コンピュータは、モデル構築において伝統的なものに代わりえないこともわかった。前田泰宏(1978修)は3語シリーズ問題による推論過程を修士論文で取り上げ、3項目比較文を継時的に提示する際、第1比較文中の質問項目に関する項目のみを抽出しており、それが主語の位置にある方が抽出しやすいこともわかった。

15. 幼児の記憶　杉本剛佳(1972修)は修士論文で記憶の発達的研究における心像過程優勢説と言語過程優勢説の比較のため、対連合学習法で実験したところ、心像よりも言語媒介の方が効果的であるという結果を得た。京都教育大学出身の大久保義美(1977修)は修士論文で、カテゴリーリストの再生実験で、検索時のカテゴリー利用の発達過程を調べ、幼児には効果的に利用するための検索ストラテジーが、欠如していることが分かった。

16. 言語遅滞児の言語獲得　石原辰男(1988修)は修士論文において、言語遅滞児のフリーオペラント技法による言語獲得過程を、健常児と比較して観察した結果、指さしなど動作と対応しつつ発話を促進させる工夫と、タクト反応の動機づけの必要性が示唆された。

17. 日本語についての研究　これまで述べてきた研究は、刺激材料に日本

語を用いてはいるが、必ずしも日本語の心理学的特質を論じたものではなかった。ところが、1970年代中頃からの世間の日本語ブームが、心理学にも反映したのか、日本語の特質についての研究が目立つようになった。われわれもその流れに沿った研究をいくつか行なった。

(1) **漢字の視覚的複雑性**　賀集・井上・石原 (1980) は、先に調べた賀集ら (1979) の漢字の視覚的複雑性に及ぼす要因を相称性と使用頻度を中心に分析した。

(2) **漢字の処理**　斉藤洋典 (1977修) は、修士論文およびその後の研究（斉藤, 1978) において、漢字の音韻処理と形態処理の過程を調べた結果、音韻処理、形態処理のどちらの課題であっても、もう一方の処理もなされているように思われた。また、訓読から音読に置き換える場合、記憶負荷がかかることもわかった。井上・斉藤・石原 (1979) は、漢字の処理の仕方について、マッチング課題や音読課題等を用いて検討したところ、漢字はひらがなよりも、意味処理に優っていた。また、漢字2字熟語の処理では、個々の漢字が単独でも処理されていたし、熟語の造語や音読の処理でも、音韻よりも意味の処理が優位なことが示唆された。

(3) **日本語の表記形態**　浮田・杉島・皆川・井上・賀集 (1996) は、日本語の表記形態の標準的資料確立を目指し、日本語750語の漢字、ひらがな、カタカナの主観的表記頻度を調べたことはすでに述べた (244頁) が、この表を分類・整理したのち、主観的表記頻度の要因（年齢、教育年数、熟知度、出現頻度）を調べ、さらに、認知心理学的実在性を、妥当性の吟味、神経心理学的検討、イメージ、俳句の情緒的意味という側面から分析し、主観的表記頻度の種々の心理学的特質を発見することができた。なお、この研究は、文部科学省科学研究費（創成的基礎研究費）による、国立国語研究所長の水谷修を研究代表者とする『国際社会における日本語のについての総合的研究』と題する、5年にわたる学際的研究の一環として行なわれた。次に、本研究のきっかけになったり、これを補足する研究として（浮田ら (1996) に引用したのもあるが）、杉島一郎 (1990修) は修士論文において、表記形態の違いは、内包的意味には影響するが指示的意味では明らかでないことを見出した。杉島・賀集 (1992) は主観的表記頻度による漢字型、ひらかな型、カタカナ型の語の

内包的意味を、また、杉島・浮田・皆川・賀集 (1993) は主観的表記頻度の認知的妥当性を、音読潜時と再認記憶の両面から調べた。杉島・賀集 (1996) は同じ意味の語の漢字、ひらがな、カタカナの3表記間のイメージの鮮明度を比較した。井上・杉島・賀集 (1997) は主観的表記頻度の世代間の差を調べた。

(4) 日本語の連想　賀集 (1973、1983) は日本語を用いた連想実験の結果と、欧米における比較しうる資料とから、日本人と欧米人を比較すると、刺激語が名詞・代名詞の場合の反応語はどちらも同じ品詞であることが多いが、形容詞・動詞の場合、日本人は名詞反応が多く、欧米人は同品詞反応が多いことを見出し、その理由について若干の考察をした。

(5) 俳句　皆川・賀集 (1990) は俳句を構成する各語相互間の関連度と、俳句に対する共感度を調べたところ、両者の間に関連性のあることが判明した。なお、前述の表記形態の研究ところで、皆川は、俳句の季語をそれぞれ3つの表記で提示したところ、表記によって読み手の心情に、微妙な変化を生じさせることを見出した（浮田ら，1996）。

(6) 日本語教育　日本語教育の現場からの進学者の1人田中光子 (1996 修) は修士論文で、日本語習得中の漢字圏の外国人は視覚的認知に傾き、アルファベット圏の人は聴覚的認知に傾くことを考慮して指導すべきであること指摘した。もう1人の野口雅司 (1996 修) は修士論文で、外国人に、日本語の刺激語に対し日本語で自由連想させたところ、日本語が熟達するにつれて、日本人に近い連想内容になるということがわかった。

八木昭宏ゼミ

(1986，持ち上がりゼミ)

　八木昭宏は、1966年に関学の心理学科を卒業後、大学院に進学したが、博士課程(現後期課程)を1969年に中退し、通商産業省製品科学研究所人間工学部の研究員として、ヒトの心理と機械との関係の研究を始めた。そこでは機器操作中の注意や環境の認知の生理心理学的研究と、新たな心理活動の計測法の開発研究を進めた。1973年、California大学San Francisco校に留学し、脳波の新たな解析

法の研究を行った。帰国後、心理学や生理心理学の基礎研究を進めながら、心理学の知見と技術を工学へ応用する心理工学を提唱した。基礎では眼球運動との脳電位との関係を解析し、眼球停留関連電位(Eye Fixation Related brain Potential, 以下EFRP)を見いだした。通常の視覚事象関連電位は眼を動かすと測定できないが、EFRPは眼を動かす状態で測定できる。パソコン作業や車の運転中など日常場面での視覚認知と脳活動の研究に発展させた。

関学の心理学研究室には、知覚研究の強化のため1983年に着任した。当初、宮田ゼミの片山順一とハミル館裏の小さな実験室で、視覚と事象関連電位の研究を始めた。1986年学部3年のゼミを開講し第一期生を迎えた。その後、大学院でも八木ゼミを開講し、学部生と院生の指導をおこなってきた。1998年、F号館の新築に伴い老朽化したハミル館からF号館地下の実験室に引っ越した。

〈学部・大学院における教育〉

学部ゼミのテーマの特色　ゼミ指導の分野は、以下の課題で実施した。1. 感覚・知覚と注意に関わる認知心理学　視覚を中心に聴覚、嗅覚など、ほとんどのモダリティを対象。基礎から最新の情報処理的な研究、知覚と脳との関係も課題。2. 生理心理学　八木ゼミでは、特に注意と事象関連電位と眼球停留関連電位を中心に据えた。3. 心理学の工学や産業への応用　例えば、着心地、色使い、コンピュータ作業や自動車運転中の視野、注意、疲労、照明など、さらにはゲームソフトの面白さまで、テーマは多岐にわたる。

学部での指導方針　基礎的な研究に主眼を置き、応用研究を行う場合も確固たる基礎基盤の上に、その展開を目指した。他大学、国公立の研究機関、企業の研究機関と共同研究を実施していたので、積極的に参加させた。学部の場合は、本人の関心がある心理現象で、自由に課題を決めさせた。大学院進学志望者には、刺激の提示法などの条件設定を習得させることと、生理心理学的研究の技術を習得させるため、主に知覚に関わる脳電位の研究を実施させた。院生であった片山順一が、3年のゼミ生のために、「八木ゼミの虎の巻」という冊子を作成した。基礎編、応用編、歴史編などから成っており、基礎編では、ゼミで基礎知識を共有して相互に議論できるように、カテゴリー毎に心理学の用語が分けられた。3年の春にはゼミ生は、自らのカテ

ゴリーを選び、それに関する資料を収集し、レジメで「虎の巻き」を埋めていく。ゼミでは、その内容を紹介させ、プレゼンテーションや質疑応答など、議論の仕方の指導を行った。その冊子は毎年改定され、新項目が加えられた。3年の秋学期には、卒論実験のテーマを見据えて、その研究に関連するオリジナル論文を読んで、内容を他のゼミ生に紹介して議論を行わせた。4年の春学期は、論文発表と実験計画に関する議論であった。

　大学院教育　公私大を問わず大学院進学者が増え、院生にとっては従来の様な進路は望めない事態になってきた。一方、社会では専門分野の、より高度な知識や技術を有する人材の要請が高まってきた。知覚に加えて生理心理学的研究を中心に、心理学を修了した院生が理工系分野で積極的に活躍できる研究者の養成を目指した。

　心理学の分野で研究課題である認知や感情などは、日常的な用語であり、理工系の分野の研究者でも簡単に扱えると誤解されやすい。心理学の基礎研究の基盤の上に立って、理工系分野の研究者と話ができる人材の養成を目指した。実験条件を厳密に設定するため、学生には、光学、音響学、エレクトロニクスなど最新の物理的な知識や計測法を習得させた。コンピュータによる実験の制御と解析などをこなすため、最新のシステムを設置し、操作技術を習得させた。

　大学院での指導方針　各自の研究テーマは、知覚や生理心理学を中心に、できるだけ自由に選択させた。研究する上で、英語が読めることは当然であるが、書けて話せることに重点を置いた。国内外の国際学会で積極的に研究発表することと国際誌への投稿を奨励した。一部の学生には、その際の旅費の一部を支援し、単独で参加することも奨励した。学会発表に先立って、ゼミで英語でのプレゼンテーションのリハーサルを実施した。1998年には、Psychophysiology in Ergonomicsの国際会議を主催した。院生や大学院研究員には、ポスターセッションでの発表を促した。海外の大学教員や研究者に、優秀発表賞の審査員を依頼し、院生と海外の研究者との積極的な交流をはかった。本学で実施が難しい研究に関しては、積極的に他の研究機関に出かけることも奨励した。

　〈**研究領域**〉　八木ゼミの研究領域は、学部・大学院とも基本的には同じであ

る。感覚、知覚、注意の心理物理学（psychophysics, 精神物理学：最近、認知心理学や工学の分野では精神物理学より心理物理学の方が多く用いられる）の研究では、独立変数としては刺激条件の違いを設定する。コンピュータや電子機器の発展により刺激の提示方法や測定手法の精度が上がり解析法も発達している。一方、生理心理学では、対象とする心理活動は、知覚、注意など心理物理学と重なっており、独立変数も同様な手続きが用いられる。従属変数としては、パフォーマンスと事象関連電位など脳活動の生理指標を用いた研究が主流である。さらに、情報処理的な考え方と、脳研究や神経科学との関係も重要視した。

　具体的な研究のカテゴリーは、1. 感覚・知覚と注意に関わる生理心理学、2. 感覚・知覚と注意に関わる心理物理学、3. 感情に関わる生理心理学と、感情に関する調査研究、4. 心理学の工学や産業への応用、5. その他の5分野である。産業界で製品の開発などを指向した場合は、快適感や楽しみなどポジティブな感情の測定が求められているので、その研究も中心的なテーマに挙げた。

　1. 感覚、知覚と注意に関わる生理心理学　片山順一は、下級生の指導にも関わりながら、当初は、眼球運動と脳電位の研究から始め、知覚や意味的な認知のミスマッチに関わる脳電位の研究を進めた。大門若子（1987修）は、修士課程では、宮田ゼミながらEFRPの研究を始めた。大学院生としての第一期生の尾形美香（1990修）はディスプレイの画面を条件にしてEFRPの実験を行った（Yagi & Ogata, 1995）。平田薫（1990修）は、ストループ刺激の色と文字の干渉を、脳電位を従属変数として研究した（Hirata & Yagi, 1996）。喜多かおり（1992修）は、文章の意味のミスマッチに関するN400成分が、EFRPで出現することを見いだした（Yagi, Kita, & Katayama, 1992）。風井浩志（1994修）は、サッケイドの方向、視覚の誘発電位とEFRPのダイポール推定による脳内の発現部位の比較（Kazai & Yagi, 1999, 2003）など、EFRPの基的特性に関する研究を行っている。

　また片山が指導した卒論において、目を動かして標的を検出した際にラムダ反応の後にP300が出現すること（奥野・片山・八木, 1988）と、サッケイドの方向の影響を見いだした（片山・奥野・八木, 1989）。大塚拓朗（2002修）

は、移動中のラムダ反応の研究とエラー関連電位の研究を行った（大塚・則武・八木, 2004）。

2. EFRPの新しい解析システムの開発　八木は、EFRPを解析するために、様々な新しいシステムを開発してきた。初期のシステムは、八木がソフトの開発を行っていたが、関学に着任してからは、院生らがソフトの作成の支援をおこなった。眼球運動が生起する毎に表示するシステムは、EFRPの変動をほぼリアルタイムで表示することができた。その原型のソフトは武田裕司が作成した（Yagi & Takeda, 1998）。伊藤慎子（2001 修）は、そのシステムを用いて、視覚から聴覚への注意の移動に応じてEFRPが変化することを見いだした（伊藤・八木, 2000）。その他EFRPの実時間トポグラフィのシステムや、EFRPのダイポール推定システムなど、専門のSEと共同で新たな解析システムを開発している。

3. EFRPの人間工学的応用　EFRPは、眼球が動く事態でも測定できるので、適用範囲が広い。ここでは、学部生や大学院生が関わった研究について述べる。通常の事象関連電位であれば、時間経過に沿ってその振幅が低下してくる。しかし、初心者がコンピュータグラフィク作業をしている際の、EFRPの振幅は、30分の作業では低下しないで、むしろ増加した（Yagi, Sakamaki, & Takeda, 1997）。疲労との影響を調べるため、長時間の校正作業を課すと疲労のためEFRPの振幅は低下した（Takeda, Sugai, & Yagi, 2001）。照明条件の違いによる注意集中度を調べるため、スポットライトから、全体照明まで条件を変えてEFRPを調べた。その結果、注意を集中しているとEFRPの波形が安定するが、逸れると波形のバラツキが増えることが分かった（Yagi, Imanishi, Akashi, & Kanaya, 1998）。梅野千絵（1996 修）は、松下電産の坂上美香（旧姓、尾形）と作業エリアの照明条件とEFRPの安定性の研究を行った（坂上・明石・梅野・八木, 1997）。照明研究の成果は、企業との共同研究によるものが多い。

4. 視覚の事象関連電位と脳磁図　片山順一（1992 博）は、日本語の文章を視覚的に提示し、単語の意味のミスマッチと、文章の真偽判断の違いとを明確に脳電位で示した（Katayama, Miyata, & Yagi:1997）（他は、宮田ゼミ参照）。藤本清（1995 修）は、当初、仮現運動の能動的知覚と受動的知覚を事象関連電

位で比較した（藤本・八木, 1999）。早川友恵（2000 博）は、大学院後期課程から入学した。視覚探索中の脳磁図（MEG）を測定し、脳内での情報の流れを研究した（Hayakawa, Miyauchi, Fujimaki, Kato, & Yagi, 2003）。堀川雅美（2002 修）は、刺激対象の色を実物から変化させ、そのときのN400の実験を実施した（堀川・八木, 2001）。

5. 視覚以外の事象関連電位と脳波の研究　聴覚おける事象関連電位の研究も、楽音、ノイズ、音声などがある。片山順一は、学部生が不協和音に関して持っていた疑問に対して脳電位で実験を行った（Katayama, Isohashi, & Yagi, 1990）。治部哲也（1994 修）は兵庫医大との共同研究の中で、事象関連電位に及ぼす音韻の効果や、音声の音響的な効果（治部・沖田・八木, 1998, 1999）の研究を行った。平尾直靖（1994 修）は、布地の風合いに関する評価のため、布地に触れた際の事象関連電位の研究を行った（平尾・八木, 1996, 1997）。その他、大谷賢（1995 修）が味覚の事象関連電位の研究を行っている。大本浩司（1995 修）は、脳波のゆらぎの研究（大本浩司・八木昭宏・小西賢三・松永一郎, 1995）、仲村彰（1997 修）は動作に関連する脳波のミュー波の実験を行った（仲村・八木昭宏, 1997）。

6. 感覚・知覚と注意に関わる認知心理学　中谷智恵は院では宮田ゼミながら、身体の後方の知覚を中心に空間認知の研究を始めた。八木ゼミでは、武田裕司（1995 修）と藤本清（1995 修）とが心理物理学的研究を開始した。武田裕司は、眼球運動中の視覚と視覚探索中に一度注意を向けた対象には、直後には注意が向けられなくなるという注意の復帰抑制に関する研究を行った（Takeda, Nagai, Kazai, & Yagi, 1998; Takeda & Yagi, 2000）。藤本清は、事象関連電位研究から開始したが、バイオロジカルモーションなどの知覚研究に発展させている（藤本・八木, 1995）。永井聖剛（1996 修）は、運動慣性の問題を中心に運動知覚の研究を行っている（Nagai & Yagi, 2001, Nagai, Kazai & Yagi, 2002）。

日比優子（1999 修）は、ネイボンパタンに代表される全体か部分という知覚の問題を、様々な角度から追求した（Hibi, Takeda, & Yagi, 2002a,b）。金森庸浩（1999 修）は、メンタルローテーションと空間認知の研究を行った（Kanamori & Yagi, 2002, 2005）。小川洋和（1999 修）は、動くオブジェクト

に対する認知を中心に、その背景にある抑制されている効果について研究を行った（Ogawa & Yagi, 2002, 2003; Ogawa, Takeda & Yagi, 2002; 小川・八木, 2002）。則武厚（2000 修）は、網膜情報の空間定位の問題（Noritake, Kazai, Terao, & Yagi, 2005）や、産総研で3Dのバーチャルリアリティ空間での定位の実験を行った（則武・渡邉・梅村・松岡・八木, 2003）。須藤舞（2000 修）は、姿勢の違いによるリーチングの動作距離の実験（須藤・八木, 2000）を行い、韓星民（2001 修）は、視覚障害者を対象に触覚における言語情報のプライミングの研究（韓・八木, 2000）を行った。

7. 感情の研究　感情が表出されやすい反応としては、表情であり顔面筋の活動と関連している。古西浩之（1992 修）は、感情誘発刺激として頻繁に用いられるLangのスライドの日本における妥当性を検討し、笑いなどの筋電位の研究を行なった（古西・八木, 1995）。広川空美（1998 修）は、宮田の退職後は八木ゼミに移った。人間同士のコミュニケーション場面で、ジェンダーに関わるストレスを、心拍などを用いて測定し、活発に論文で発表を続けている（Hirokawa, Yagi, & Miyata, 2000, 2002a,b）。福田浩子（1998 修）は、ストライプ刺激の回転による運動酔いの研究をおこなった。その他、実験ではなく調査研究として、杉本貴史（1999 修）は臨場感の分析、また増田真徳（2000 修）はリラクセーションの分析（増田・八木, 2000）を行った。

〈外部との共同研究・外部資金獲得・院生の進路〉

　八木ゼミのその他の特色は、外部の研究機関との共同研究と、科研費に加えて外部資金の導入である。それには、いくつかのメリットがある。

1. 研究費における外部資金の獲得　世界の最先端の研究を目指すためには、アイデアと実験装置の最新化が常に必要である。研究と無関係なアルバイトをしている院生を、受託研究の研究補助員として雇用すると、応用分野の学習と生活支援ができる。外部資金により院生などに旅費の支援をして海外での国際学会を体験させることができた。

　これらの研究事業を実行するため、科学研究費以外に通産省下の日本エネルギー開発機構（NEDO）から多額の競争的研究資金を獲得した。また、実験室が足りなかったが、本学の実験心理学を基礎にした工学と臨床への応用研究が、文科省の学術フロンティア事業に2002年に採択されたので、レンタ

ルラボの中に「応用心理学研究センター」を開設した。センターの実験室は、遮音実験室やバーチャルリアリティ実験室などから構成されている。事業費の中には、理学部跡の建物の改造費も含まれていたので学院の財政にも貢献した。

2. 応用研究の体験　院生が大学院修了後、就職は大変厳しい状況である。共同研究に協力することにより、企業などでの研究開発の実体験や、インターンシップを体験することができる。企業でも、製造業の研究開発で心理学を生かした製品開発の研究（例えば注意などの認知や、快適感などの感情）、社会調査を目的とした会社で調査や分析、様々なシステム開発の機関でシステムエンジニア（SE）などを求めている。共同研究や受託研究の相手は多いので、代表的なものだけ挙げるが、大学では関学の理工学部や兵庫医科大学等、国公立の研究機関では、産業技術総合研究所、(財)兵庫県等の科学捜査研究所などである。企業では、松下電産(現パナソニック)、トヨタ自工、資生堂などを始め、海外を含む世界のトップ企業から受託研究費を受けてきた。実際、多くのゼミ修了者が、修士や博士学位取得後、大学だけでなく国内外の企業を含む研究機関で活躍している。

嶋崎恒雄ゼミ

(1996，持ち上がりゼミ)

　嶋崎恒雄は1992年4月に心理学科に専任助手として着任した。同年1月に定年退職まで任期を3ヶ月残して病没した新濱邦夫教授の後任であった。

　嶋崎は1977年に関西学院大学文学部心理学科に入学し1981年3月に心理学科を卒業、続いて大学院博士課程前期課程に進学し、1986年3月に博士課程後期課程を満期退学した。在学中は今田寛のゼミに学んだ。大学院後期課程では指導教授である今田寛の許可と推薦を受け、最初の2年間（1983年4月～1985年3月）、当時わが国でも盛んになりつつあった学際領域である認知科学の研究に触れるため、北海道大学大学院文学研究科行動科学科に聴講生として滞在し、戸田正直教授やその他の教員・研究スタッフより数理科

学、学習システム論、計算機科学、社会心理学などの指導を受けた。また当時北海道大学で始まった「感情を持ったロボットの研究」プロジェクトの研究にもささやかながら参加した。また1989年4月から1991年3月まで日本学術振興会特別研究員（PD）として北海道大学文学部の瀧川哲夫教授（1970年学部卒、1972年院修）および寺岡隆教授のもとで主に思考心理学、数理心理学の指導を受けた。

嶋崎のゼミ担当は助教授に就任した1996年4月からであった。2010年度までの学部ゼミの卒業生は126名、修士学位取得者は10名、博士学位取得者は1名である。

〈ゼミのテーマ〉　嶋崎ゼミのテーマは「思考と学習についての実験心理学的研究」であり、本書の対象である2002年度までの卒業論文献研究では、動物の学習研究から得られた知見がどの程度ヒトの学習に応用可能であるかという視点からのものが多くを占める。またこのよう流れは現在でも続いている。

3年生のゼミの春学期には、ゼミのメンバーを2〜3名の小グループに分け、学習理論の基礎の学習および発表と討論のスキルの向上を目標として、メイザー著『メイザーの学習と行動―日本語版第2版―』、あるいは伊藤正人著『行動と学習の心理学―日常生活を理解する』の1章ずつを発表する。秋学期には主に英語論文からなる文献リストを提示し、メンバーの興味に応じて文献を選び発表を行う。3年次の3月、あるいは4年生のはじめの4月にはゼミ合宿を行い、各自の卒業論文についての最初の発表を行う。4年生のゼミでは各自の卒業論文作成の進展に応じて文献の発表やデータの分析などについての発表を行う。

浮田 潤ゼミ

（1997，持ち上がりゼミ）

浮田潤は、1997年4月に、前年度末で定年退職となった賀集寛の後任として着任した。浮田は1975年に関西学院大学文学部に入学し、心理学科の賀集ゼミに学んで1979年3月に卒業。その後大学院博士課程前期課程に進学して、1981年3月

に文学修士となった。その後、前期課程時代に膨らんだ「言語障害の臨床」という分野への関心から後期課程には進学せず、埼玉県所沢市にある、「国立身体障害者リハビリテーションセンター学院聴能言語専門職員養成課程」に入学した。この長い名前の学校は、当時まだ正式な国家資格となっていなかった言語聴覚士（Speech Therapist: ST）を養成する、日本では唯一の学校であった。1年制のこの学校を卒業後、同リハビリテーションセンター病院に就職し、次いで防衛医科大学校病院理学・作業療法部助手に転じて計6年間、主として脳損傷による失語症（aphasia）の評価と機能回復訓練およびその基礎的研究という仕事に従事していた。その後、考えるところがあって、1988年4月に、7年のブランクを経て、関西学院大学大学院の後期課程に入学。再び賀集の指導の下で心理学の世界に戻ることになった。院生生活と平行して、いくつかの病院で非常勤STとしての勤務も続け、後期課程満期退学後1年間の研究員を経て、1992年4月に神戸市西区の兵庫県立総合リハビリテーションセンター中央病院にSTとして就職。再び専任のリハスタッフとして勤務して5年が過ぎていた。このような経歴を持つ人間を心理学科の教員として採用することは、異例のことであったかもしれないし、浮田自身にとっても全く予期していないことであったが、関学心理学科および心理学の世界を、中と外の両面から見ていた経歴が評価されたのであろう。

　浮田のゼミ担当は、着任時の1997年からであり、その年の4年生は賀集ゼミからの引き継ぎ、3年生が持ち上がりゼミの1期生となる。以後、2002年度までの学部卒業生は67名である。この間は、浮田が大学院指導教員になっていなかったため、卒業生で大学院の浮田ゼミに進学した者はいない。浮田の経歴を反映してか、特にその進路を勧めているわけではないにもかかわらず、STを目指す学生は常にあり、2002年度までで5名がその道に進んでいる。なお、本書の対象とする期間を超えて2010年度まで含めると、学部卒業生は146名である。この中には2003年度から2008年度まで設置されていた言語科学コース（言語に関係する領域を含むゼミを、学科をこえて一つのコースとしてまとめ、文学部のどの学科からでも所属することのできる制度）の学生13名を含んでいる。また修士学位取得者は内部進学者1名（2008年度）、他大学からの進学者1名（2005年度）である。またSTの道に進んだ者

は、養成校に在学中の者を含めて合計10名となる。

〈ゼミのテーマと指導の進め方〉　浮田ゼミのテーマは、広く認知心理学全般である。中心となるのは、石原ゼミから賀集ゼミへと流れる伝統を受けて、記憶および言語であるが、実際にゼミ生が選択する研究テーマは、かなり広範である。認知心理学自体が、ごく日常的な人間の営みの中に極めて高度な認知機能の働きがあることを解明する、いわゆる「日常認知研究」に重点を置くようになってきており、学生の持つ日常的な疑問からスタートして、それをいかにして「研究」と呼べる成果にまで昇華させるかを目標に指導を行なっている。なお、言語障害や、それに深く関連する神経心理学は、学部レベルでの実証的研究は困難であることから、ゼミのテーマとはしていない。

　ゼミの進め方は、2年間のゼミをセメスターで4つのパートに分けている。3年生春学期では、入門的な日本語テキストを教材とし、その各章をゼミ生に割り当てて発表させることを通して、認知心理学についての基礎を固める。毎回、発表者が作成する小テストも実施し、テキストの予習を促している。3年生秋学期には、最新の専門雑誌に掲載された英語の研究論文を、ゼミ生自身によって検索させ、各自1編の論文を読んでゼミ発表させる。また、論文およびレジュメは1週間前のゼミで配布させ、発表者以外のゼミ生にも予習を義務づけている。4年生春学期には、各自が設定した卒業論文のテーマに基づき、関連する先行研究の論文を紹介させ、併せて卒論の研究計画を報告させる。そして、4年生秋学期は、各自の卒論研究の中間報告が中心となる。いずれも学生にとっては比較的ハードな内容であるが、一貫しているのは、手取り足取りの指導ではなく、学生に自分の力で考えつつ研究を進める姿勢を求め、それをサポートするという方針である。

中島定彦ゼミ

(2001，持ち上がりゼミ)

　1997年に着任した中島定彦は、関学心理学研究室史上初めての「関学出身でない専任教員」である。中島は上智大学文学部心理学科を1988年に卒業し、慶應義塾大

学大学院に進学して、社会学研究科後期博士課程心理学専攻を1993年に満期退学した。上智大学における卒業論文の指導教授は回避学習やバイオフィードバックなどの研究を専門とする平井久(1928〜1993年)、慶應義塾大学大学院での指導教授は行動分析学・徹底的行動主義のわが国の指導的存在であった佐藤方哉(1932〜2010年)であり、研究テーマや心理学観が関学心理学研究室のそれに通ずるものがあった。このため、日本学術振興会特別研究員PDとして、今田(寛)研究室に2年間滞在し、そこでラットの条件づけ研究に従事した。その後、日本学術振興会海外特別研究員としてペンシルベニア大学のレスコーラ教授のもとで2年間研究を行ってから、1997年に帰国して専任講師となった。

当時関学には後任人事の際、「助手は前任者退職の2年前から、専任講師以上は1年前から採用できる」という制度(いわゆる「先取り人事」)があった。そこで、1998年3月末の宮田退職の「先取り」として、中島が1997年4月に着任した(同年9月開催の日本心理学会第61回大会の運営スタッフとしての働きも期待された)。このように人事枠としては宮田の後任であったが、実際には、今田(寛)ゼミの学部生および大学院生(特に、動物の条件づけをテーマとした研究を志す学生)への教育援助者として採用されたという事情がある。これは、今田(寛)が学長に選出されて、教育研究活動に割く時間が限られるようになったことによる。

上記のような事情であったので、ゼミを正式に担当したのは助教授に昇進した2001年度からである。本書の対象は2002年度末までの教育研究であるので、中島ゼミでは第1期生7名を卒業させたに過ぎない。なお、対象期間後も含めれば、2010年度までに86名の卒業生、7名の修士学位取得者、2名の博士学位取得者を出している。

〈ゼミのテーマと進め方〉　中島ゼミの主なテーマは、(1) 動物の学習(特に、条件づけ)と認知、(2) ヒトと動物の関係学の2つである。ヒトを対象とした学習研究については、嶋崎ゼミとの「棲み分け」に配慮して原則として行っていないが、実験室の外で大学生を対象とした調査や実験を行って卒論を書く学生もいる。

3年生ゼミの内容は、2001年度および2002年度の配布資料に以下のように

記されている。「春学期のゼミでは、ヒトを含む動物の行動の原理を学ぶ。特に、経験によって行動がいかに変容するか、つまり学習のしくみについて、詳しく学ぶ。秋学期は、ヒトと動物の関係について、さまざまな分野からの研究を知ってもらう。いずれも、教科書の章ごとにゼミ生が担当して、順に発表する形式で進める。」なお、使用した教科書は、両年度とも春学期はメイザー著『メイザーの学習と行動―日本語版第2版―』、秋学期はロビンソン編『人と動物の関係学』であった。中島ゼミでは、学外の動物関係施設の見学を1年に1～2回行っているが、この両年度はともに神戸市立王子動物園と宝塚ファミリーランド動物園を訪れている。また、現在まで続く夏合宿の伝統は、2002年度から始まっており、同年8月に日本大学生物資源科学部（神奈川県藤沢市）で開催された日本行動分析学会第20回年次大会への参加と江の島観光であった。

松見淳子ゼミ

(2001，持ち上がりゼミ)

　松見淳子は、2000年10月に心理学科に教授として着任した。当時、松見はホフストラ大学(Hofstra University)心理学科の教授として、米国で臨床心理学の教育、研究、および実践に従事しており、アメリカ心理学会の認定を受けた科学者実践家モデルに基づく博士課程（Ph.D.）大学院プログラムの専任教員を務めていた。松見は1972年に米国東西文化センターの大学院奨学生としてハワイ大学大学院心理学科に留学、臨床心理学を専攻し1978年にPh.D.を取得した。この間、ペンシルバニア州立大学院にも特別留学生として半年間滞在し、ドラゴンズ（J. G. Draguns）教授の下で文化と精神病理の研究法を学んだ。ハワイ大学では行動療法の先駆者ウルマン教授（L. P. Ullmann）と比較文化心理学のマルセラ教授（A. J. Marsella）の指導を主に受けた。博士学位取得後はニューヨーク大学医学部精神科臨床講師および医学部と連携したベレビュー精神病院における臨床心理専門職を経て、1980年9月から2000年6月までホフストラ大学において助教授、准教授、教授として教鞭をとり、

2000年8月に帰国した。ホフストラ大学の松見の研究室からは20年間に32名のPh.D.が米国の高度専門職社会に巣立っている。

　松見はアメリカ滞在期間中に関西学院大学には2度訪れていた。1987年、日本行動療法学会第13回大会（武田建大会長）に於けるアイゼンク教授の招待講演に合わせて企画されたアイゼンクの功績を討論するパネリストとして招待を受けた折と、1997年、日本心理学会第61回大会（宮田洋大会長）においてシンポジウム「行動療法最前線」（久野能弘企画）で話題提供を行ったときである。今田寛(1996)が科学者実践家モデルを日本の心理学界に紹介したのも同時期である。関学着任後、今田・宮田・賀集（編）の『心理学の基礎　三訂版』(2003)に松見の執筆による「臨床心理学の基礎」と題する章が新たに組み込まれた。これにより臨床心理学は心理学の一分野であるというスタンスが関学発の教科書に明示されることとなり、松見は心理学科における新たなる教育の一端を担うことになった。2001年度に学部3年生と大学院ゼミを開講した。

〈ゼミのテーマと進め方〉　松見ゼミの主な研究領域は学部では応用行動分析であり、大学院ではエビデンスベースの臨床心理学である。3年生のゼミ開講初年度、春学期にミラー（Miller, L. K.）のPrinciples of everyday behavior analysis (1997)を原著で講読した。秋学期にはアルバート＆トルートマン（P. A. Alberto & A. C. Troutman）によるApplied behavior analysis for teachersの日本語版『はじめての応用行動分析』と杉山・島宗・佐藤・マロット・マロット（1998）による『行動分析学入門』を合わせて輪読し、応用行動分析の基礎知識の習得を目指した。学生は自己行動変容プロジェクトを段階的に遂行し、標的行動の定義、行動観察法、観察の信頼性、行動変容の原理、一事例実験デザイン、ABC機能分析について学んでいる。2002年度からは行動観察実習現場として上ヶ原小学校との連携が始まり、2011年現在10年目に入っている。比較文化心理学に関心を示す学生には、松見の活動場である国際比較文化心理学会（IACCP）の多国間比較研究を中心に、結果の事後解釈ではなく「文化を分析してはかる」ことを目的とした研究の指導を行っている。4年生のゼミでは、卒業論文研究の指導を行っている。この時期になると、ゼミで英語の文献を読む回数が大幅に増える。

大学院ゼミでは、科学者実践家モデルを基盤にして実践研究を中心に指導している。行動療法の基礎から実証に基づく技法の習得、臨床心理学研究法、地域支援のモデル開発へと進め、研究と実践の融合を目指している。2002年度から神戸市を中心に特別支援教育事業に関わるようになり、院生は公立学校の教室のなかで研究をすることができるようになった。比較文化心理学を専門に研究する院生の数は少ないが、学生には積極的に学外の研究ネットワークに参加することも奨励している。

2001年度大学院ゼミには前期課程に3名、後期課程に1名が入り、2002年度は前期課程に新たに2名が加わり、大学院ゼミの基盤作りが開始した。そして2002年度には、学部時代には今田ゼミの所属であった丸山智美、大対香奈子の2名と、道城裕貴が修士号を取得した。

本書の対象期間も含めて、松見ゼミでは2001年度から2010年度までに120名の卒業生、23名の修士学位取得者、6名の博士学位取得者を出している。6名の課程博士学位取得者の進路は、大学専任教員（3名）、大学特任助教（1名）、社団法人研究所研究員（1名）、大学心理臨床センター相談員（1名）である。この期間に松見はさらに2名の論文（乙号）博士の主査を務めたほか、ゼミへの受託研究員（2名）と学振PD（2名）の受け入れも行っている。本書の対象期間後になるが、フルブライト博士論文研究プログラムに採択された者や学術振興会特別研究員に採用された者をはじめ、実践研究に基づく地域支援の実績、国内外の学会における多数の研究発表を含むゼミの実績などから判断して、科学者実践家モデルは日本でも有効な臨床心理学のトレーニングモデルであるといえよう。

　　2003年までのゼミ担当者については以上の通りであるが、大学全体の改組の中で、情報処理研究センターから、同センター教授の雄山真弓を2000年に心理学科に迎えることになった。雄山は2003年までにはゼミを担当しなかったが、本書が対象とする2003年までの就任者であるので、以下に短い自己紹介をお願いした。今日、心理学の研究に欠かすことのできないコンピュータに関する教育と研究が、本学においてどのように始まり、発展したかを示す文章でもある。

雄山真弓ゼミ

(2000年就任、ゼミ担当は2003年から)

　雄山真弓は1963年、東北大学理学部化学科（量子力学専攻）を卒業し、1967年に関西学院大学理学部の実験助手に就任した。最初の仕事は計算センターで理学部の仁田勇初代学部長グループの手伝いであったが、その後時代の要請に伴い、センターは大学全体に開かれた施設となった。さらにコンピュータ自身の進化、学内のネットワークの整備に伴い、雄山も1976年には情報担当の講師に就任し、1981年にはインターネットの導入で独立棟「情報処理研究センター」が完成し、関学全体の情報教育のために教育用端末室も各学部が持つようになった。教育の内容も充実し、関学は文系の情報教育では他大学に先行して教育を行った。統計処理言語については、SASやSPSSを他私大に先駆けて導入した。

　しかし、統計分析だけでなく、データを分析できるもっと分かりやすい手法の開発が必要であることを実感していた折、コンピュータの処理速度の向上もあって、人工知能の開発の副産物である膨大なデータからルールを発見する手法が開発された。そこでデータマイニングの手法を取り入れたユーザーフレンドリーなソフトの導入と開発を開始した。その後雄山は、コロンビア大学のコンピュータサイエンス学科の客員研究員として1年間研究する機会が与えられた。帰国後、データマイニングの研究にもどり、木構造をもつ（文章など）データを分析するデータマイニング手法の研究を科研費で研究することになった。そのようなときに、大学の改組の一環として今田寛学長から心理学科への移籍を打診された。人間の心に関する難しい学問にチャレンジできるのは魅力ではあったが心配でもあった。しかし微力でも心理分析にデータマイニング手法を用いることで役に立てればと思って移籍を決心した。データマイニングを用いた研究は、いろいろな方面に応用できる。たとえば、心理検査のような膨大な言葉や、数値やパターンを含む調査データから本当に必要な情報はどれか、また、どのようなルールがあるかを探すもので、問診などの簡単なデータであっても目的変数に対して、それに関連する

本当に必要な変数にウエイトをつけて見つけ出す手法である。つまり膨大なデータの中からきらりと光るダイヤモンドを掘り出すような手法で、これまでの統計分析では出来なかった手法である。なお雄山は1991年には博士（工学）号を豊橋技術科学大学から取得した。

このような経緯で心理学科に2000年度に移籍した雄山は、2003年度からゼミを担当することになった。ゼミのテーマは、人間のカオス性に着目して、生体情報(脈波)のカオス解析による揺らぎ値と認知心理の関係、及び視覚と画像のフラクタル／マルチフラクタルの関係についてであった。また、これらの研究を充実するために、実験・調査データ等を解析する手法としてデータマイニング、テキストマイニングを取り入れた。また老人ホームで脈波から生体情報とADLの関係を調べた研究を行ったが、その中で認知症度とコミュニケーションスキルの関係が浮き彫りにされた。

生体から直接得られる情報は、生体自身が常にダイナミックに変動するために解析は複雑で、これまでの線形解析の方法では正確に捉えることができない。雄山は、生体から得られる波の信号を非線形の解析法を行い、変化する心の動きをとらえる値を算出した。全身麻酔の状態を含む、多くの実験でエビデンスを集め、研究成果は主に人間情報や医学関係の海外の学会で発表した。2009年には、心理学への優れた応用研究としてSMCから国際賞(Franklin V. Taylor Memorial Award)を受賞した。また、ゼミの1期生である今西明が同じ年に人間工学会で論文賞を受賞した。そして最初の学生・今西明が学位論文を提出した2009年に定年退職した。

第8章

教育・研究以外の研究室の諸活動
(1948〜2003年、昭和23〜平成15年)

　　新制大学文学部・心理学科の教育と研究について、1972年を境に前後期に分け、第5章では前期、第7章では後期について述べた。これらの章ではかなり学術専門的な記述が多くなったが、記録としては不可欠であった。第8章では、前後期を通して心理学研究室として記録に留めておくべき諸活動をまとめた。内容は以下に見る通りである。前半は教員のことを中心にまとめ、後半は卒業生のことを中心に述べ、そして最後は物故専任教員への追悼の言葉、専任教員の退職時の言葉で締めくくった。

第8章の構成

教員篇
　心理学の教科書
　　　今田恵『心理学』・『現代の心理学』／今田寛・宮田洋・賀集寛（編著）『心理学の基礎』／今田寛・八木昭宏（監修）現代心理学シリーズ
　専任教員の著書
　　　今田恵／古武弥正／石原岩太郎／新浜邦夫／賀集寛／宮田洋／今田寛／八木昭宏／浮田潤／中島定彦
　専任教員の学内役職
　　　今田恵／古武弥正／石原岩太郎／新浜邦夫／賀集寛／宮田洋／今田寛／八木昭宏
　海外からの招聘講師・来訪者（1948〜2002年度）
　　　新制大学前期（1948〜1971年度）／新制大学後期（1972〜2002年度）
　学会年次大会・研究会などの主催
　　　日本心理学会第15回大会（1951年、昭和26年）／日本心理学会第26回大会（1962年、昭和37年）／日本心理学会第61回大会（1997年、平成9年）／他の諸学会の年次大会および研究会など／学会会長あるいは理事長

科学研究費補助金
卒業生篇
　　　本学から修士および博士の学位を授与された者
　　　　　　　修士論文／博士論文
　　　入学式および卒業式
　　　　　　　入学式／卒業式
　　　心理学学士会
　　　卒業生の進路（就職・進学）
別れ・退職
　　　物故教員への追悼文・弔辞
　　　　　　　今田恵／古武弥正／新浜邦夫／石原岩太郎
　　　退職教員の言葉
　　　　　　　石原岩太郎／賀集寛／宮田洋／今田寛
コラム8-1　　日本の科学的心理学の元祖・元良勇次郎の顕彰碑建立と関西学院
　　　　　　　大学心理学研究室
コラム8-2　　ハミル鍋

教員篇

心理学の教科書

　1922年に今田(恵)が関西学院最初の心理学の専任教員として就任して以来、本学全体の心理学の教育責任はわれわれの研究室にあり、その時々の教員が非常勤講師の協力を得ながら各学部の'心理学'を分担した(第5章、資料5-22参照)。ただ1960年に社会学部が開設され、そして同学部に神戸市立外国語大学から社会心理学を専門とする田中国夫(1948年広島文理大卒)が就任したので、社会学部の心理学の講義は社会学部で行われることが多かった。以下は、各時代に本学で用いられた教養の心理学の教科書である。

　今田恵『心理学』(1939, 1952)・『現代の心理学』(1958)　本学の心理学の教科書は、ガリ版刷りの自家製のものとして1925年に今田(恵)によって著わされたのが最初である(資料2-6、38頁参照)。その後、コラム3-1(81頁参照)で見たように、1939年に今田(恵)著の『心理学』が育芳社より出版されテキストとして用いられ、同書は1952年には岩波書店より『心理学』として再版された。当時はまだ心理学のテキストがあまりない時代であったことに加え、今田(恵)が長く司法試験の心理学の出題者であったので、同書は本学のテキストに留まらず広く用いられた。その後1958年に、500頁を超えるA5版の

資料8-1　今田恵著『心理学』(岩波書店, 1952)と『現代の心理学』(岩波全書, 1958)

『心理学』を、329頁の小型版に圧縮した『現代の心理学』(岩波全書)が出版され、このいわばブリーファー・コースとも言うべき書物が本学の教科書として用いられるようになった。

今田寛・宮田洋・賀集寛（編著）『心理学の基礎』(1986)　しかしその後の心理学の進歩は著しく、本学の心理学教員に対して新しいテキストの執筆が求められるようになった。それに対してわれわれは、すでにその時までには心理学の教科書が数多く出版されていたので、いまさらわれわれが書くことはないのではないかという理由でなかなか動こうとはしなかった。しかし10年越しの培風館からの依頼にようやく応えて1986年に出版されたのが、今田寛・宮田洋・賀集寛（編著）『心理学の基礎』(培風館)であった。執筆にあたっては、われわれの研究室の特徴を出すことを心がけ、同書の初版まえがきには次の特徴があげられている。

第一は、当時すでに心理学における認知的傾向が強くなり、知、情、意の知の面への傾斜が強くなっていた中で、ヒトも基本的には動物の仲間であるという視点を強調したこと。第二に、今田（恵）以来の心理学史の伝統を大切にし、すべての問題を歴史の流れの中で理解する姿勢を強調したこと。第三に、古武弥正以来の学習・条件づけ研究の伝統を大切にし、通常の教科書とは異なり「学習」に2章を当てたこと。第四に、われわれの教室にある、動機

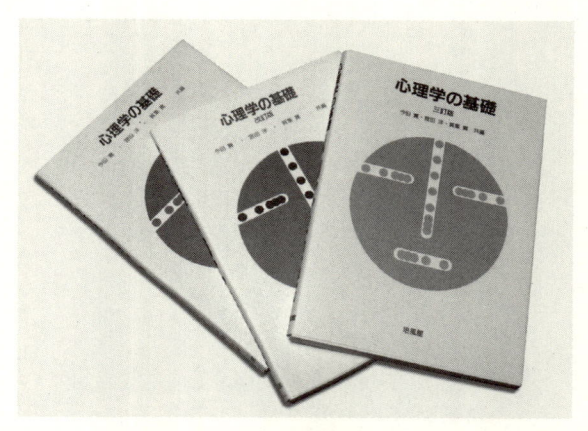

資料8-2　今田寛・宮田洋・賀集寛（編著）『心理学の基礎』
左から初版（1986）、改訂版（1991）、三訂版（2003）

づけ、情動に関する基礎研究と、実験的異常行動研究やストレス研究、行動療法への関心を表に出したこと。第五に、石原岩太郎以来の伝統である言語学習、記憶、心理言語学の研究の流れも大切にしたこと、などである。

同書はその後、心理学の進歩に合わせて改訂がなされ、1991年に改訂版が、さらに2003年には三訂版が出版され現在にいたっている。幸い同書はよい評価を得、本学の関係者のみならず広くテキストとして用いられ、2011年3月までにすでに約4万1千部が世に出ている（資料8-2）。

なおこれまでに同書の執筆に関わった本学関係者は、編者の今田寛、宮田洋、賀集寛（いずれも関西学院大学名誉教授）の他、獅々見照（広島修道大学人文学部教授）、中島定彦（関西学院大学文学部教授）、八木昭宏（関西学院大学名誉教授）、浮田潤（関西学院大学文学部教授）、嶋崎恒雄（関西学院大学文学部教授）、岸本陽一（近畿大学総合社会学部教授）、古賀愛人（元・関西医科大学教養部教授）松見淳子（関西学院大学文学部教授）である。

今田寛・八木昭宏（監修）現代心理学シリーズ　上記の『現代の心理学』が出版されて10年が経過した1996年、入門書で取り上げたトピックごとに、もう少し専門的に学びたい人たちのためにということで企画されたのが、全16巻からなる『現代心理学シリーズ』であった。監修は賀集と宮田退職後の研究室を引き継いだ今田、八木であった。ちょうどその頃には全国の大学では、通年制から、1年間を前後期にわけるセメスター制が一般化し、それに伴い15週間の授業で完結する教科書が望まれるようになった。したがって本シリーズはその要望にも応えることができるように各巻「スリムな」ことを目指した。資料8-3は2011年3月までに出版された10巻を示している。

既刊のものを＊で示し、以下に編著者の2011年現在の所属とともに示すと以下のとおりである。ただし未刊のものについては、今後編著者の多少変更があるかもしれない。

　1.　心理学誕生物語　　　今田寛（関西学院大学名誉教授）
＊2.　脳と心　　　　　　　宮田洋（関西学院大学名誉教授）
＊3.　学習の心理学　　　　今田寛（関西学院大学名誉教授）
　4.　動機づけと情動　　　今田寛（関西学院大学名誉教授）
　　　　　　　　　　　　　寺崎正治（川崎医療福祉大学医療福祉学部教授）

資料8-3　今田寛・八木昭宏（監修）現代心理学シリーズの既刊の10巻

```
 *  5. 言語と記憶      浮田潤（関西学院大学文学部教授）
                      賀集寛（関西学院大学名誉教授）
 *  6. 知覚と認知      八木昭宏（関西学院大学名誉教授）
 *  7. 発達心理学      山本利和（大阪教育大学教育学部教授）
 *  8. パーソナリティ  岸本陽一（近畿大学総合社会学部教授）
 *  9. 社会心理学      藤原武弘（関西学院大学社会学部教授）
   10. 臨床心理学      久野能弘（金沢大学名誉教授）
                      松見淳子（関西学院大学文学部教授）
   11. 心理統計Ⅰ　記述統計と推測統計の基礎
                      嶋崎恒雄（関西学院大学文学部教授）
                      三浦麻子（関西学院大学文学部教授）
                      成田健一（関西学院大学文学部教授）
   12. 心理統計Ⅱ　分散分析とその展開
                      嶋崎恒雄（関西学院大学文学部教授）
                      三浦麻子（関西学院大学文学部教授）
                      成田健一（関西学院大学文学部教授）
   13. 心理工学入門    八木昭宏（関西学院大学名誉教授）
                      片山順一（関西学院大学文学部教授）
```

*14. 老年心理学　　　　下仲順子（白百合女子大学人間学部教授）
*15. 健康心理学　　　　島井哲志（愛知日本赤十字看護大学教授）
*16. 食行動の心理学　　今田純雄（広島修道大学人文学部教授）

なお、上記編著者は、すべて本学の専任教員か卒業生であり、また各巻の執筆にも、多くの本学心理学研究室の出身者が協力している。

これ以外にも、テキストを目指して本学の専任教員が著わした著書はいくつかあるが、本シリーズは『心理学の基礎』の延長上の出版であるために、特にここに記して記録にとどめた。それ以外のものについては、次節を参考にしてほしい。

専任教員の著書（単著、共著、編集、監修、訳書などを含む）

ここでは、本学の専任教員が執筆した心理学関連の2003年までに刊行された著書（単著、共著、編集、監修、訳書など）を紹介する。なお、章分担や辞典の項目分担執筆は除いた。他のところでの記述と重なるものも含まれるが、ここでは各人の著書としてまとめて示す。

今田　恵

単著

今田恵（1933）．宗教々育応用　児童心理学　日曜世界社

今田恵（1934）．宗教心理学　文川堂書房　（1946年、改訂増補再版）

今田恵（1934）．学齢期の子供の心理　新生堂　（1941年、再版）

今田恵（1939）．心理学　育芳社

今田恵（1949）．ウィリアム・ジェームズ　養徳社（1951年、アメリカ哲学の源流：ジェームスとその思想と改題再版）

今田恵（1952）．心理学　岩波書店　（1939年版を改訂）

今田恵（1953）．連合派・行動派　心理学講座　第1巻　中山書店

今田恵（1957）．ジェームズ心理学・その生成と根本思想　弘文堂

今田恵（1958）．現代の心理学　岩波全書241　岩波書店

今田恵（1962）．心理学史　岩波書店

今田恵（1967）．人間理解と心理学　創元新書24　創元社

翻訳

今田恵（1927）．ジェームズ，W．心理学　心理学名著叢書1　岩波書店　（1939年に岩波文庫に編入、心理学　上・下として再版）

今田恵（1956）．ジェームズ，W．論文集（ウィリアム・ジェームズの心理思想と哲学）　世界大思想全集　哲学・文芸編15　河出書房

今田恵（1966）．マッセン，P.H．児童心理学　岩波書店

共訳

今田恵・石橋栄（1941）．ブリッジマン，P.W．現代物理学の論理　創元科学叢書7　創元社　（1950年に、今田恵（訳）として新月社から再版）

監訳

今田恵監訳，星野命・入谷敏男・今田寛（1968）．オールポート，G.W．人格心理学　上下　誠信書房

古武弥正

単著

古武弥正（1950）．心理学的実験法　生理学講座4　中山書店

古武弥正（1953）．人間の条件反射　心理学講座第5巻　中山書店

共著

古武弥正・新浜邦夫（1956）．条件反応　共立出版

古武弥正・宮田洋（1973）．人間の条件反応：その組織的実験研究　心理学モノグラフ13　日本心理学会・モノグラフ委員会

古武弥正・新浜邦夫（1976）．条件反応──行動科学の原理──　福村出版

監修

古武弥正（監修）（1964）．条件反応の原理と体系　全4巻　誠信書房（今田恵古希祝賀記念出版）（第1巻、第4巻は未完）

翻訳

古武弥正（訳）（1942）．児童心理学　三省堂　（1958年に、牧書店より「精神発達」と改題し再版）

古武弥正（訳）（1949）．イタール，J．アヴェロンの野生児：その生い立ちの記録　丘書房　（1952年　牧書店、1975年　福村書店より再版）

石原岩太郎

単著

石原岩太郎(1960). 言語行動の心理学　関西学院大学論文叢書4　弘文堂

石原岩太郎(1982). 意味と記号の世界：人間理解をめざす心理学　誠信書房

石原岩太郎(1993). 人生を観る：今一つの心理学　信山社出版

新浜邦夫

単著

新浜邦夫(1956). 条件反応　共立出版

新浜邦夫(1964). 条件行動の心理学　条件反応の原理と体系3　誠信書房

賀集 寛

単著

賀集寛(1966). 連想の機構　心理学モノグラフ1　日本心理学会・モノグラフ委員会

共著

浮田潤・杉島一郎・皆川直凡・井上道雄・賀集寛(1996). 日本語の表記形態に関する心理学的研究　心理学モノグラフ25　日本心理学会・モノグラフ委員会

共編

今田寛・宮田洋・賀集寛(1986). 心理学の基礎　培風館

浮田潤・賀集寛(1997). 言語と記憶　今田寛・八木昭宏(監修)現代心理学シリーズ5　培風館

宮田 洋

単著

宮田洋(1965). 人間の条件反射　条件反応の原理と体系2　誠信書房

共著

古武弥正・宮田洋(1973). 人間の条件反応：その組織的実験研究　心理学モノグラフ13　日本心理学会・モノグラフ委員会

編集・共編

宮田洋（1996）．脳と心　今田寛・八木昭宏（監修）現代心理学シリーズ2　培風館

宮田洋・柿木昇治・藤澤清（1985）．生理心理学　朝倉書店

今田寛・宮田洋・賀集寛（1986）．心理学の基礎　培風館

監修

宮田洋（1998）．新生理心理学　1巻　生理心理学の基礎　北大路書房

宮田洋（1997）．新生理心理学　2巻　生理心理学の応用分野　北大路書房

宮田洋（1998）．新生理学　3巻　これからの生理心理学　北大路書房

今田　寛

単著

今田寛（1975）．恐怖と不安　感情心理学　第3巻　誠心書房

今田寛（1996）．学習の心理学　今田寛・八木昭宏（監修）現代心理学シリーズ3　培風館

編集・共編

今田寛（2000）．学習の心理学　放送大学教育振興会

今田寛・宮田洋・賀集寛（1986）．心理学の基礎　培風館

監修

今田寛（監修）・中島定彦（編集）（2003）．学習心理学における古典的条件づけの理論：パヴロフから連合学習研究の先端まで　培風館

今田寛・八木昭宏（1996）．現代心理学シリーズ　全16巻　培風館

単訳

今田寛（1982）．ボウルズ，R. S.　学習の心理学　培風館

今田寛（1992）．ジェームズ，W.　心理学　上・下　岩波書店

今田寛（2002）．ベリマン，J. 他　心理学とあなた　二瓶社

共訳

星野命・入谷敏男・今田寛（1968）．オールポート，G. W.　人格心理学　上・下　誠信書房

今田寛・武田建（1971）．ラックマン，S.　ティーズデール，J.　嫌悪刺

　　　　　激による行動療法　岩崎学術出版
八木昭宏
　単著
　　　八木昭宏(1984)．誘発脳電位による視覚作業負荷の評価　心理学モノ
　　　　グラフ16　日本心理学会・モノグラフ委員会
　　　八木昭宏(1997)．知覚と認知　今田寛・八木昭宏（監修）現代心理学
　　　　シリーズ6　培風館
　監修
　　　今田寛・八木昭宏(1996)．現代心理学シリーズ全16巻　培風館
浮田　潤
　共著
　　　浮田潤・杉島一郎・皆川直凡・井上道雄・賀集寛(1996)．日本語の表
　　　　記形態に関する心理学的研究　心理学モノグラフ25　日本心理
　　　　学会・モノグラフ委員会
　共編
　　　浮田潤・賀集寛(1997)．言語と記憶
　　　今田寛・八木昭宏（監修）現代心理学シリーズ5　培風館
中島定彦
　単著
　　　中島定彦(2002)．アニマルラーニング―動物のしつけと訓練の科学―
　　　　ナカニシヤ出版
　共著
　　　実森正子・中島定彦(2000)．学習の心理―行動のメカニズムをさぐ
　　　　る―　サイエンス社
　編集
　　　中島定彦(編)(2003)．学習心理学における古典的条件づけの理論―パ
　　　　ヴロフから連合学習研究の最先端まで―　培風館

専任教員の学内役職

　専任教員は学内で教育・研究以外にさまざまな役職に就き、今田(恵)の院

長および理事長、古武、今田 (寛) の学長をはじめとして、学校法人関西学院および関西学院大学のために貢献した。以下専任教員の全学的な役職を紹介するが、委員や学部の主任などの場合は省略した。なおここでの年の表記は原則として年度である。

今田 恵　　法文学部長1940〜1948；教務部長1944；文学部長・大学院文学研究科委員長1948〜1950；院長1950〜1954；理事長1954〜1960；短期大学長1952〜1953；理事1950〜1970

古武弥正　　教務課長1954〜1956；文学部長・大学院文学研究科委員長1956〜1958、1964〜1966；総務部長1958〜1962；学長・大学院委員長1966〜1969；理事1966〜1969；法人評議員1957〜1963、1966〜1972、1974〜1983

石原岩太郎　総務部長1969〜1970；法人評議員1966〜1972、1975〜1980；理事1969〜1971、1975〜1980

新浜邦夫　　学長代理1978〜1982；就職部長1978〜1981；文学部長・大学院文学研究委員長1971〜1972

賀集 寛　　文学部長・大学院文学研究科委員長1996・1〜1997

宮田 洋　　体育館長1992〜1994；文学部長・大学院文学研究科委員長1965（4〜12月）

今田 寛　　文学部長・大学院文学研究科委員長1991〜1992；学長代理1986〜1989；学長・大学院委員長1997〜2001；法人評議員・理事1992〜2001；常任理事1995〜1996

八木昭宏　　情報メディア教育センター長1999〜2006

海外からの招聘講師・来訪者 (1948〜2002年度)

戦後、新制大学が設立されて以来、海外から多くの研究者が来訪し、特に1990年頃からは学部・大学院での講義のために海外の心理学者を客員講師として招聘できるようになった。なおここでは人名の表記は元名で行っている。

新制大学前期 (1948〜1971年度)

1952　● C. H. Graham（コロンビア大学）第6章 (207頁) で述べた京都セミナーの講師として来日していたグレアムが9月3日に関学に来

校。文学部チャペルで"視知覚の実験心理学"と題して講演、浜口みづらと今田(恵)が通訳。研究室では、谷嘉代子(当時、院修1年)の「網膜の光覚閾測定」の実験をみる。

1960 ● C. H. Graham(コロンビア大学)9月10日夫妻で再度来訪。ハミル館を見学、午後、2階の演習室で「知覚」について講演(178頁、資料5-19参照)。11日観光、12日阪大見学。六甲山オリエンタルホテル滞在。

● L. Festinger(カリフォルニア大)5月23日来訪、講演。石原通訳。

1963 ● P. E. Johnson(同年、ボストン大学退職)大学院にて「牧会カウンセリング、カウンセリング心理学」を講義。今田(恵)・今田(寛)・本学社会学部武田建教授が通訳。

新制大学後期(1972～2002年度)

1974 ● Robert Blanchard(ハワイ大学)6月に来訪。ハミル館でラットの防御反応について講演。

1980 ● L. Stepien(ワルシャワ大学)ワルシャワ大学医学部脳外科教授、第4別館で「前頭葉の機能について」と題して講演。阪急ホテルに宿泊。

1981 ● J. R. Strange(南メソジスト大学)交換教授として9月から1ヵ年滞在。人文論究にA Note on Psychology at Kwansei Gakuin University 1922-1941(1983)を残す。

1981 ● I. Kurcz(ワルシャワ大学)「記憶と言語」と題して講演。

● F. J. McGuigan(サンディエゴ大学)3月11日夫妻で来訪。

● J. Bitterman(ハワイ大学)6月23日に来訪。比較心理学の問題について講演。

1985 ● J. J. Furedy(トロント大学)9月来訪。27日東京・科学警察研究所心理部会で講演。

1987 ● H. J. Eysenck(ロンドン大学)9月関学での日本行動療法学会・第13回大会に出席、特別講演を行う。

● J. J. Furedy(トロント大学)7月20～27日、広島でのPavlov学

資料8-4　ハミル館横のテニスコートでテニスを楽しんだアイゼンク（右）
今田（左）は、ロンドン時代にアイゼンクのテニスのお相手をした間柄。

　　　　会に出席の途上、関学に滞在。7月22日講演「現在の生理心理学・精神生理学の諸問題」。
- J. Kamiya（シカゴ大学）6月22日来訪。「脳波のバイオフィードバック」について講演。

1988
- J. J. Furedy（トロント大学）10月12～18日来訪。10月15日講演「アメリカの最近のポリグラフ事情」。中山誠が指定討論者。

1989
- R. A. Rescorla（ペンシルベニア大学）客員教授として大学院で講義。関学で開催の日本基礎心理学会第8回大会で講演。

1990
- M. Lyvers（カルフォルニア大学）日本学術振興会特別研究員1990～1992年滞在。宝塚市鹿塩のアパートに住む。宮田と「定位反射の特性」について共同研究。Leslie夫人を同伴。
- J. D. Batson（ファーマン大学）「J. B. Watsonの生涯」と題して講演。
- W. J. Yankee（米国国防総省・ポリグラフ研究所所長）9月17日来訪。実験室などを見学し、関西方面のポリグラフ技術者と懇談。

1993
- L. Zaichkowsky（ボストン大学）4月来訪。研究室を見学。
- J. B. Overmier（ミネソタ大学）客員教授（4〜6月）。大学院で講義。
- 小橋川慧（ウインザー大学）客員教授（5〜7月）。大学院で講義。
- P. Rozin（ペンシルベニア大学）10月22日来訪。講演「嫌悪感情の本質と起源」。今田純雄が通訳・解説。

1994
- M. T. Flaherty（大阪学院短期大学）客員教授。大学院で講義。

1995
- J. Stern（ワシントン大学）2月に来訪し、「心理生理学と工学への応用」について講演。

1997
- M. E. Sabourin（モントリオール大学）客員教授。大学院で講義。
- M. E. P. Seligman（ペンシルベニア大学）本学での日本心理学会第61回大会で招待講演。講演題目「楽観的説明スタイル」。
- M. R. Papini（テキサス・キリスト教大学教授）11月14日来訪。学習の比較心理学に関して講演。

1998
- M. T. Flaherty（ダブリン大学）客員教授。大学院で講義。

資料8-5　本学での日本心理学会大会会場で質問に答えるセリックマン（1997）

2000　● J. Strelau（シレジア大学、ポーランド）客員教授。大学院で講義。
2001　● 西里静彦（トロント大学）客員教授。大学院で講義。
2002　● 西里静彦（トロント大学）客員教授。大学院で講義。
　　　● 小橋川慧（ウィンザー大学）客員教授（4～6月）。大学院で講義。

学会年次大会・研究会などの主催

　資料8-6には、2003（平成15）年までに心理学研究室が主催した心理学関連の大会および全国規模の研究会・懇話会などを示している。旧制大学時代に本学が主催した関西応用心理学会（後の関西心理学会）の2度の大会を含め、本学では合計20回の大会を主催している。なお本学の教員が委員長であるが学外で開催されたものは表の備考欄に記している。

　日本心理学会発行2002年版会員名簿の最後にある心理学関連諸学会リストには68の学会が掲載されているが、その中でわが国でもっとも代表的な学会は日本心理学会である。本学では、この学会の年次大会を3回主催した。資料8-7はその3回の大会のプログラムである。

　1965（昭和40）年頃までこの日本心理学会の年次大会を主催することが出来た大学は、北海道大学、東北大学、東京大学、東京教育大学、慶応義塾大学、早稲田大学、日本大学、立教大学、京都大学、関西学院大学、広島大学、九州大学の11大学であった。関西地区で主催したのは京大と関学の2大学のみで、その後、同志社大学、大阪大学、関西大学で主催されるようになった。大会を開くためには教員、研究員、院生、および卒業生を中心とした強力な研究室の組織が必要であり、この点、本学では戦後間もない1951（昭和26）年に大会を主催し、その後2回の主催が学会から依頼されたことは、本学心理学研究室の学界における評価を反映している。ここでは1951年、1962年、1997年に行われた日本心理学会年次大会の概要や準備、またいくつかのエピソードを紹介してみたい。大会会場に用いた建物の呼称は当時のものであるが、括弧内に現在の呼称あるいは通称を入れた。

　日本心理学会第15回大会（1951年、昭和26年）　戦後の年次大会の殆んどすべてが関東地区の大学で開催されていたので、この第15回大会は関東以西で開かれた最初の大会である。大会は3日間行われ、発表数は336、参加

資料 8-6 本学主催で開催された学会等

学外で開催された場合のみ会場を備考に記載した。太線は本書での年代区分の区切り。

年	学会・研究会	大会会長	開催月日	備考
1936	関西応用心理学会第20回大会	今田恵	10月24日	
1939	関西応用心理学会24回大会	今田恵	6月10日	
1948	関西心理学会第42回大会	今田恵	6月5日	
1951	日本心理学第15回大会	今田恵	4月5-7日	
1954	関西心理学会第54回大会	今田恵	6月27日	
1961	関西心理学会第68回大会	今田恵	5月7日	
1962	日本心理学第26回大会	今田恵	7月10-12日	
1964	日本条件反射研究会全国大会	古武弥正	7月1日	
1965	日本応用心理学会第32回大会	古武弥正	10月	
1975	日本バイオフィードバック学会第3回総会	宮田洋	4月4日	会場：同志社大学
1976	生理心理学・精神生理学懇話会第15回大会	宮田洋	12月5日	
1979	関西心理学会第91回大会	新浜邦夫	11月18日	
1982	日本動物心理学会第42回大会	今田寛	9月2-3日	
1988	第14回「性格・行動と脳波」研究会	宮田洋	7月15-16日	会場：大阪厚生年金会館
1989	日本基礎心理学会第8回大会	賀集寛	5月20-21日	
1992	Annual Meeting of The Pavlovian Society in North America	宮田洋	10月9-12日	会場：Westwood Plaza Hotel, L.A., U.S.A..
1996	日本生理心理学会第14回大会	宮田洋	5月18-19日	
1997	日本心理学会第61回大会	宮田洋	9月17-19日	
1998	2nd International Conference on Psychophysiology in Ergonomics	八木昭宏	10月7-8日	会場：けいはんなプラザ
2001	日本動物心理学会第61回大会	今田寛	9月23-24日	2学会合同開催
2001	日本基礎心理学会第20回大会	今田寛	9月23-24日	

資料8-7 本学で開催された、日本心理学会第15回（1951）、第26回（1962）、第61回（1997）大会プログラム

者は460名であった。大学図書館（時計台）に大会受付を設け、大学1号館（文学部）と2号館（経済学部）を発表会場、高商学部チャペル（商学部）を講演会および総会会場、ベーツ館を役員会会場とし、懇親会は図書館別館（第4別館）で行われた。なお、参加費は正会員200円であった。

　第2日の午後に開かれた講演会のプログラムは、高木貞二「アメリカの一般学界に於ける心理学の位置（アメリカ心理学会の成立について）」、横山松三郎「アメリカに於ける心理学研究の現状（一般的印象）」、今田恵「1950年アメリカ心理学大会の印象」、古賀行義「アメリカ心理学の今昔（精神測定を中心として）」、増田幸一「アメリカに於ける心理学の応用」であった。演題から、当時の日本心理学界が戦後のアメリカで急速に発展した新しい心理学の動向を積極的に吸収しようとする姿勢を伺うことが出来る。

　学会に出席するに際して当時の交通手段は非常に悪く、例えば、東海道本線で東京—大阪間の移動には約半日が必要で、食糧事情に関してはどうにか米飯が食堂で食べられるようになった頃であった。また、宿泊施設については阪神間のホテルも少なく、教員の自宅に泊まられた出席者もあった。当

時、大会開催準備の中心的役割を担った新浜邦夫講師の思い出を引用してみる（新浜，1987，pp. 99-100）."この大会で特筆すべきことは、古武弥正教授（現・兵庫医科大学理事長）のアイディアで、それまでの大会では発表会場が4室程度であったものを一挙に7室に増やし、APA（注：アメリカ心理学会）にならって、同時進行型のタイム・スケジュールを初めて採用したことである。尤も、高名な先生方から、ベル係りの学生が「私の発表中である。ベルを鳴らすな。」と一喝されたり、「これだけ発表会場が多く、同時進行では聞きたいものも聞けない。」とお叱りを受けたりしたこともあったがこの方式は現在までひきつがれており、発表会場数も現在でははるかに多く、将に隔世の感という所である。（改行あり）人名索引つきの第15回大会プログラムに、1字のミスもなかったことは、物故された会員が「私の氏名が正確に印刷されていることは滅多にない。」とお褒め頂いた記憶と共に大会委員の密かな誇りであった。（改行あり）この大会での新機軸と云えば、今1つ、大会参加者の記念写真を学生の坂口順治君が時計台の上から俯瞰撮影したことがあげられよう。（改行あり）また、大会中に、故渡辺徹日大教授他何人かの方が、先覚者元良勇次郎先生の生誕地「三田」を訪ねられたこと、後に記念碑の除幕式には学会を代表して古武教授が参列されたことも大会余禄として紹介できる。（改行あり）大会に当たっては、当時のことで宿舎のお世話からせねばならず、故・今田恵教授や古武教授のお家へ宿泊された先生方もお有りだったと聞いている。また、なるべく安価な所をと云うことで寺院を宿舎としてお願いしたり、女性会員用の宿舎を別個に確保するなど、会員の宿の確保自体が大仕事であった。（改行あり）その他、大会バスの交渉、通信事務、会場の設営等大変な苦労があったが、そのせいもあって、私と共に助手であった故澤井幸樹君が病に倒れ、1年間休職したことも記憶に新しい。"なお文中の元良の記念碑については、後のコラム8-1を参照してほしい。

　大会準備委員会は、委員長・今田恵、委員は石原岩太郎、古武弥正、澤井幸樹、多河慶一、仲原礼三、新浜邦夫であった。

　日本心理学会第26回大会（1962年、昭和37年）　関学での第2回目の年次大会では、発表数482、参加者1,072名で、11年前の第15回大会と比較すると発表数は約150、参加者は約600名の増加であった。社会学部に大会受付

を置き、研究発表会場として、社会学部、文学部、文学部別館、経済学部、シンポジウム会場として法学部、法学部別館の6会場を設けた。各種委員会は学院本部、同窓記念会館、展示は学生会館、懇親会は宝塚ホテルで行った。なお参加費は正会員600円、臨時会員600円、学生会員400円であった。

　研究発表以外に「心理学研究の展望と動向」と題したシンポジウムを第2、3日目に開催した。このシンポジウムや学会進行中に起こったトラブルなどについては、次の新浜邦夫（1987, pp. 114-115）よる学会開催の思いでの記事に詳しく述べられている。"第26回大会は、理事長、故高木貞二先生の開会挨拶の校内放送から始まった（8時55分からの開会の辞の直前、マイクのテストを行ったが、放送機器の不調のため音声が出なくて放送室担当の者は冷や汗をかいた。しかし幸いなことに定刻数分前に機器が復旧して事なきをえた。編集者加筆）。前年度の早稲田大学での大会の様子を宮田洋講師（現・教授）が丹念にメモしたものが大会運営の基礎となった。（改行あり）特記すべきことは、「心理学研究の展望と動向」と題したシンポジウムで戦後16年間の心理学研究全般に関する総説を試みたことである。シンポジウムは12部門（心理学体系・研究方法、生理、知覚、学習、人格、発達、教育、臨床、検査・測定、社会・文化、犯罪・矯正、産業）からなり、研鑽を積まれた方々による講演が行われた。（改行あり）プログラム、大会抄録のデザインを一新し、また会場内の掲示物等、すべてスクールカラーのブルーとホワイトのポスターカラーを用いて、書体もデザイン的に統一したこと（これらは関学デザイングループの学生諸君が作成した）である。大会進行の連絡をトランシーバを用いることによって効率よくおこないえたことが、運営上の斬新な所であろうか。（改行あり）都市圏で行われた大会で、安価な宿舎の御世話をしたのは、多分この大会が最後のものではないと思われる。それも寺院を手配したのだが、門限を越えて住職とトラブルを起こし、担当者を心配させた参加者のおられたことも思いだされる。（改行あり）手伝いの学生諸君に対しては、アルバイト代を出さず昼食を支給しただけであったのに、何の不平不満を表すことなく、献身的な努力をしてくれたことが印象深い。とは云うものの、大会の準備は全く大変な作業であった。大袈裟な云い方をすれば、大会の準備に1年は没頭したと云えよう。そのせいもあって、当時中心となっ

て働いてくれた助手、鹿野輝三君は過労のため病に倒れ、数ヶ月間も病床に伏すことになってしまった。(改行あり)関西学院大学でお引き受けした15回大会とこの26回大会で共に1人ずつ、中心的役割を果たしてくれた人々が病に倒れたことが何よりも重い思い出となっている。"

　大会準備委員会は、委員長・今田恵、委員は石原岩太郎、岩内一郎、古武弥正、多河慶一、新浜邦夫、宮田洋であった。なお今田寛助手は当時アメリ

コラム 8-1　日本の科学的心理学の元祖・元良勇次郎の顕彰碑建立と関西学院大学心理学研究室

　わが国で初めて精神物理学の講義を1888（明治21）年に東京帝国大学で行ったのが元良勇次郎であることを知る人は多い。しかし元良が兵庫県三田市の出身であることを知る人は少ないと思う。西宮上ヶ原の関西学院のキャンパスから車で約40分、また関学には神戸三田キャンパスもあるので、三田はわれわれにはなじみが深い。その三田藩士の息子として1958（安政5）年に生まれ、日本で初めてアメリカで心理学を学び、東京帝国大学の初代心理学教授となり、それ故に日本の科学的心理学の元祖といわれるのが元良勇次郎である。

　元良勇次郎については『心理研究』第14号（第3巻、第2冊）「故元良博士追悼号」(1913（大正2）年2月発刊）に詳しいが、元良は1912（大正元）年、54歳でカリエスのために亡くなった。後年、元良の初代の教え子で長く日本大学で教えた渡辺徹が元良生誕の地に顕彰碑を建てることを日本心理学会に提案。1962年に関西学院大学で日本心理学会第26回大会が開催された折には、渡辺は東大の後輩にあたる今田恵に、"お前が一番近い処に住んでいるのだから、一つ、三田の土地に元良先生の記念の碑を建てる骨を折れ"と求める。その後、各方面からの努力に三田市と同市の郷土先哲顕彰会が応えて、1968（昭和43）年5月に元良の顕彰碑がその生誕の地の近くに完成した。

　資料8-8の顕彰碑の除幕式・建碑式は同年11月2日に行われたが、その時に「元良勇次郎先生と日本の心理学」と題して顕彰碑講演を行ったのが今田恵であり、当日日本心理学会を代表して祝辞を述べたのが古武弥正だった。その時の様子は、三田市立図書館所蔵の小冊子『元良先生追慕集』として、三田市郷土先哲顕彰会から1970（昭和45）年11月に発行されており、講演内容も紹介されている。

　今田恵は1917（大正6）年に東京大学に入学しているので、元良から直接教えを受けたことはなく、松本亦太郎の弟子であったので元良の孫弟子ということになる。ただ、今田が生涯ウィリアム・ジェームズと関わりをもつきっかけになったジェームズの *Psychology: Briefer Course*（1892）の翻訳を今田に依頼したのは元良勇次郎の娘婿の高橋穣であったことや、元良の葬儀が執り行われた東京・本郷春木町の中央会堂は、今田が東大時代にベーツ宣教師を手伝った教会であったことに、不思議なつながりがある。

いずれにしてもわが国の心理学の元祖が兵庫県の出身であること、また顕彰碑の建立時に本学の今田・古武が名誉ある役目を果たしたことは、記録に留めおいてもよいと思う。

資料8-8　元良勇次郎（1858-1912）（上）と三田市屋敷町に建つ元良勇次郎顕彰碑（下）
　碑は三田古城跡、三田小学校正門前の道路をはさんで向い側、やや奥まった所に建つ。碑に向かって右側は古城浄水場に向かう道、左下には池、その奥には兵庫県立有馬高等学校がある。近くの歴史資料収蔵センターで資料がもらえる。「昭和四十三年五月建己　三田市　日本心理学会郷土先哲顕彰会」とある。

カ留学中であった。

日本心理学会第61回大会(1997年、平成9年) 関学で行われた第3回目の年次大会は9月17日から3日間にわたって行われた。

今回のプログラムは「歴史に学び、明日を想う」を大会の基本テーマとした。大会受付をB号館に置き、公開講演を高中部礼拝堂、招待講演と学会企画講演をB号館、ヌーンレクチャー・シリーズを法学部チャペル、シンポジウムをB号館、小講演をC号館、ラウンドテーブル・ディスカッションをA, C, D号館、口頭発表をC号館、ポスター発表を大学図書館、評議員会と展示会をB号館で行った。学会の前夜に準備はすべて完了、全員が帰宅して初日の早朝に集合した。プログラム・学会抄録の発送などの学会事務を担当した日本学会事務センターの職員の方々が「大会の前日に準備が終わり、主催校の方々が徹夜をしないで自宅に帰られたのは関学が初めてです」と、驚かれた。これは院生・学生諸君に一切を任せた事が正しかったからだと思う。

残暑が厳しかったが、会場のすべてにクーラー設備があった。他大学ではポスター発表会場は体育館を使用する場合が多く、冷房設備がなくて蒸し風呂のような状況下で論議が交わされていたが、本学では大学図書館をポスター発表会場としたので、冷房があり参加者に喜ばれた。学会事務センターの話では、全会場にクーラーが入っているのも関学が初めてとのことであった。発表数は991、参加者は2,341名であった。参加費は正会員6,500円、臨時会員7,000円、学生会員3,500円であった。

「主催者の思い出」(宮田洋, 2002, pp. 106-107)を以下に引用してみる。"大会を夏に開催するとき、誰もが、危惧することは開催の時期に台風が来ないかという心配で、これが本当になった。開催日の前日、台風が伊予灘を北上し、夜半になって、広島辺りから瀬戸内海をクルージングでもしているかのように神戸、大阪にむかってきた。お蔭様で、テレビの台風情報をつけっぱなしで朝まで起きていた。学会当日の早朝、5時過ぎに台風は岡山付近で進路を北にとり、日本海に抜けていった。受付開始のときには、眠い目で輝く太陽を見たことを覚えている。(改行あり)学会のプログラムは今田寛教授が担当し、学会の基調を「歴史に学び、明日を想う」においた。公開講演を「菊と刀」出版から半世紀記念の講演会として、大阪大学名誉教授、山崎正和先

生に「日本人論の考え方について」，招待講演としてペンシルベニア大学教授，当時，次期アメリカ心理学会会長に決定したM. E. P. Seligman先生に「楽観的説明スタイル」について講演を願った。これらの講演では，予想外の来場者で入場をお断りしなければならなかったという失礼だが，うれしい思い出が残っている。「歴史に学ぶ」ことの一環として，ヌーンレクチャー・シリーズ「わが人生・わが心理学」を設けて，学会の長老の中から波多野完治先生，石原岩太郎先生，南博先生の講演を計画したが，お体の具合で学会に参加していただけなかった先生がおられたのが残念に思う。(改行あり)大会が成功したのは，設営と進行のすべてを大学院生にまかせ，歳をとった者は一切口を出さなかったからだと思う。最後に，愚痴になるが，発表論文集の原稿締切りを2ヶ月過ぎても原稿を提出しない若いパネリストが数名おられた。企画者から催促してもらって，やっと原稿がそろった。また，ワークショップで発表直前になって，発表に必要と色々な機材を用意しろと急に注文されたときの傲慢な態度に腹を立てたこともある。後で調べてみたら，このような方々は出身校や所属先で学会などを主催したり，準備した経験のない方ばかりだった。"

大会準備委員会は、委員長・宮田洋、委員は磯博行、今田寛、浮田潤、賀集寛、小西賢三、島井哲志、嶋崎恒雄、中島定彦、八木昭宏で、事務局は、海蔵寺陽子、名方嘉代、井村庸子が担当した。

他の諸学会の年次大会および研究会など　上に述べた日本心理学会以外に、資料8-6に見られるとおり、関西心理学会は戦前の関西応用心理学会時代を含めて合計6回、応用心理学会を3回、日本動物心理学会を2回、日本基礎心理学会を2回、これら以外に3つの学会と3つの全国規模の研究会・懇話会を1回ずつ主催した。

資料8-9の写真は、1936（昭和11）年に、本学ではじめて開かれた心理学会、第20回関西応用心理学会のものである。左端に前列に今田、その後ろに第1期生の林、古武をはじめ、第2期生、第3期生の学生服姿が見える。

学会会長あるいは理事長　2002年度までに研究室の教員が務めた学会会長は、今田(恵)、関西心理学会会長（第3代）(1957～1964)；石原岩太郎、関西心理学会会長（第6代）(1973～1976)；新浜邦夫、関西心理学会会長（第9

資料8-9　関西学院大学で初めて開催された心理学会・第20回関西応用心理学会
1936（昭和11）年10月24日。

代）（1983～1986）；宮田洋、日本生理心理学会会長（初代）（1983～1988）；今田（寛）、関西心理学会会長（第12代）（1993～1995）および異常行動研究会（現・行動科学会）会長（1984～1986）である。

科学研究費補助金

　研究活動を支援する国の制度として、文部省（現・文部科学省）の科学研究費補助金があるが、本学は1948（昭和23）年度の今田恵「態度の心理（実験的及社会心理学的研究）」、古武弥正「学習の実験的研究」（交付額各1万5千円）を皮切りに、2002年度までに合計74課題に対して、総額約1億円の補助を受けている。資料8-10には、ほぼ10年単位で補助金を交付された課題数、交付の対象となった研究者数、課題の種類、交付額が示されている。なお1980年度前後から、大学院生や大学院の教育課程を修了した特別研究員に対しても奨励研究費、特別研究員奨励研究費などが交付されるようになった

ので、資料8-10にはその数が専任教員と区別して分かるように＋の後に記載されている。なお奨励研究費を交付された延べ6名についての交付額が不明であるが、それを含めると恐らく総交付額は1億円を超えているであろう。年度別の科学研究費補助金の交付に関する情報はすべて付録2に掲載しているので詳細についてはそちらを参考にしてほしい。純理科系や医学系、工学系に比べれば額は決して大規模ではないが、この補助金に限らず、われわれの研究室は外部資金導入にはかなり積極的であることがわかるであろう。

資料8-10　交付された科学研究費補助金（1948～2002年度）

年度区分	交付された課題数 （対象研究者数： 専任教員＋大学院生等）	課題の種類（件数）	交付金額 （千円）
1959年度まで	16 （4人）	各個研究（15） 助成研究（1）	980
1960年代	7 （3人）	各個研究（7）	2,180
1970年代	13 （4+1人）	一般研究（B）（1） 一般研究（C）（5） 一般研究（D）（5） 奨励研究費（C）（2）＊	12,090
1980年代	18 （4+4人）	総合研究（B）（1） 試験研究（1）（2） 一般研究（B）（2） 一般研究（C）（8） 奨励研究費（4）＊ 特別研究員奨励研究費（1）	35,990
1990～2002年度	20 （7+7人）	一般研究（C）（4） 基盤研究（B）（1） 基盤研究（C）（2） 奨励研究（A）（4） 特別研究員奨励研究費（9）	48,400
合計	74		99,640

注：2つの年度区分にまたがる継続研究の場合には、初年度に総額を記した。
　＊奨励研究費合計6件については、金額不明

卒業生篇

本学から修士および博士の学位を授与された者

　修士論文提出者に関しては、すでに第5章と第7章にすべて提出者名と年度を研究領域別に記載した。ちなみに1953（昭和28）年から2003（平成15）年の間に修士学位請求論文（修士論文）を本大学に提出し、修士の学位を授与された者は241名（男子176名、女子65名）であるが、提出者氏名、年度、題目はすべて付録3に記載されている。

　一方、2002年度末までに博士学位請求論文（博士論文）を本大学に提出し、博士の学位を授与された者は52名（男子44名、女子8名）である（資料8-11参照）。この表では論文提出者名、博士学位授与年月日、論文題目、主査のみを示しているが、その他の情報は付録3にすべて掲載している。なお、学位の称号は最初は文学博士、1993年度からは博士（文学）、1996年度からは博士（心理学）となったが、表ではこの区別を実線で区切って示している。

入学式および卒業式

　入学式　入学式当日は、全体の入学式、文学部のみの入学オリエンテーションの終了後、心理学科生は心理学研究室に移動し、教員の紹介と挨拶、心理学科生としての就学態度・履修上の注意を行い、研究室・実験室の見学があった。入学生の少ない前期のある時期では、教員の前で一人ずつ毛筆を使って宣誓書に署名をしたが、入学生の数が増えるにしたがって、この入学儀式は無くなった。

　入学生の歓迎会は、1959年頃から数年間、バスを1台チャータして、奈良、雄琴、須磨などに出かけた。しかし1960年代の半ばから入学する学生数が増加し、このようなバス1台でのツアーが不可能になり、大学近辺の料亭、例えば、宝塚の分銅屋、甲東園の椿荘などでの歓迎会に変わっていった。そしていつの頃からか、これは専門ゼミが開始する3年度生を上級ゼミ生が歓迎する形に姿を変え、ハミル・コンパという名で毎年6月頃に開催される年中行事となり、いまに続いている。

資料8-11　博士論文提出者、学位授与日、論文題目、主査名（1953～2002年度）
1992年度までは文学博士、1995年度までは博士（文学）、それ以後は博士（心理学）

氏名	授与年月日	博士論文題目	主査
大伴　茂	1953.4.4	日本天才児に関する実験的研究	今田　恵
石原岩太郎	1960.2.25	意味汎化の研究	今田　恵
田中　國夫	1964.11.27	社会的態度の構造に関する因子分析的研究	今田　恵
新浜　邦夫	1964.11.27	自発的条件反応の分析的研究	古武　弥正
宮田　洋	1965.1.22	条件反射における個人差の研究	古武　弥正
賀集　寛	1965.1.22	語連想過程分析の新しい方法	石原岩太郎
松永　一郎	1966.12.1	動因累加についての実験的研究	古武　弥正
黒田　実郎	1970.6.15	条件づけによる幼児の行動変容に関する実験研究	古武　弥正
内藤　徹	1970.6.15	幼児および成人における眼瞼条件反射の比較研究	古武　弥正
田中　靖政	1972.3.24	コミュニケーションの科学	石原岩太郎
今田　寛	1977.6.15	恐怖・不安の実験心理学的研究	新浜　邦夫
三宅　進	1977.12.13	OR・CR そしてその病態像	石原岩太郎
坂口　順治	1979.4.23	小集団による人間学習　―Tグループの研究―	石原岩太郎
浜野　惠一	1980.9.25	自律系自己制御に関する実験的考察	宮田　洋
八木　昭宏	1981.6.26	視覚情報処理負荷の評価に関する心理生理学的研究	宮田　洋
西川　一廉	1984.5.7	職務満足の心理学的研究	石原岩太郎
野村　幸正	1984.10.23	心的活動と記憶	石原岩太郎
下仲　順子	1987.7.3	老年期の人格特徴の研究―自己概念を中心に、文章完成テストからのアプローチ―	新浜　邦夫
田巻　義孝	1987.12.14	行動奇形学の基礎と応用　―胎生期X線照射の行動催奇形性―	今田　寛
瀧川　哲夫	1990.2.8	N人対等ゲームの状況構造と選択過程の総合的解析	新浜　邦夫
山村　健	1990.3.30	重度心身障害への生理心理学的接近	宮田　洋
山田冨美雄	1991.3.20	瞬目活動の生理心理学	宮田　洋
山本　利和	1991.6.7	目的地に到達するのに必要な空間能力の発達 ―視覚障害者の空間的推論能力の発達から学ばれること―	今田　寛
沖田　庸嵩	1991.6.7	聴覚選択的注意の生理心理学的研究	八木　昭宏
齋藤　洋典	1991.6.28	記憶と認知における揺れと統合	賀集　寛
山崎　直樹	1991.6.28	脳コリン系を介した記憶・学習モデルに関する行動薬理学的研究	今田　寛
片山　順一	1993.2.18	意味的な期待の心理生理学的研究　―事象関連脳電位の検討―	八木　昭宏
宮下　照子	1993.2.18	自閉症児の認知機制　―視覚刺激の弁別学習事態での検討―	今田　寛
山崎　勝之	1994.3.24	タイプA特性の形成に関する心理学的研究	宮田　洋
豊田　弘司	1994.8.12	記憶を促す精緻化に関する研究	賀集　寛
皆川　直凡	1995.2.24	俳句の意味の二重性に関する心理学的研究	賀集　寛
小川　嗣夫	1996.2.13	認知の大脳半球機能差に関する研究	賀集　寛
日上　耕司	1996.8.6	社会場面における行動の形成に関する比較心理学的研究	今田　寛
関　宏之	1997.3.7	障害者問題の認識とアプローチ	宮田　洋
井上（中村）徳子	1997.11.28	チンパンジー乳幼児における認知機能の発達　―比較発達心理学的アプローチ―	今田　寛
本城由美子	1998.1.23	注意と覚醒に関する生理心理学的研究	宮田　洋
保野　孝弘	1998.2.20	視覚障害者の睡眠に関する生理心理学的研究	宮田　洋
川合　伸幸	1998.10.23	古典的条件づけにおける無条件刺激の持続時間の機能に関する研究	今田　寛
北口　勝也	1999.9.24	「無関係」という関係に関する実験心理学的考察	今田　寛
大森　慈子	2000.12.19	瞬目に関する社会・生理心理学的研究　―対人場面における瞬目―	八木　昭宏
武田　裕司	2001.3.16	系列的な注意の移動に関する実験心理学的研究	八木　昭宏
早川　友恵	2001.3.21	脳における形態視の感覚と知覚過程に関する研究　―正常過程と異常過程の非侵襲計測―	八木　昭宏
權藤　恭之	2002.1.25	加齢に伴う処理速度遅延の普遍性の検討　―注意領域を中心に―	八木　昭宏
漆原　宏次	2002.2.22	事象の生起順序及び時間関係が連合学習に及ぼす影響	今田　寛
永井　聖剛	2002.2.22	Representational Momentum および Flash-Lag Effect に関する実験心理学的研究 ―運動物体の移動先予測機構の解明に向けて―	八木　昭宏
中山　誠	2002.1.25	生理指標を用いた虚偽検出の研究	八木　昭宏
加藤　司	2002.9.18	対人ストレス過程における対人ストレスコーピング	今田　寛
有光　興記	2002.9.18	自己意識関連情動の生起因・対処法に関する研究	今田　寛
澤　幸祐	2003.3.6	食塩欠乏処置による表象操作が味覚学習に与える影響	今田　寛
廣川　空美	2003.3.6	ジェンダーとストレスに関する心理学的研究	八木　昭宏
道ून　和美	2003.3.6	知覚過程における認知的構えと定位反応との関係	八木　昭宏
小川　洋和	2003.3.20	視覚的注意の制御機構に関する実験心理学的研究	八木　昭宏

コラム8-2　ハミル鍋

　卒業式当日は例年、中央講堂で挙行される卒業式（後に体育館で行われるようになった）の後、研究室で卒業証書が一人ひとりに渡され、中央芝生かハミル館の前で記念写真を撮って解散していた。1959年からこの卒業式の行事に心理学科でのみ行われる〈ハミル鍋〉が加わった。これは、当時の助手であった宮田の発案で、ハミル館1階ホールで学科の卒業お祝い会を開いて助手と院生達がつくった"おでん"のハミル鍋を振舞うことにした。

　玄関からホール内に紅白の幕をはり、院生・三宅進がつくった暖簾をぶら下げた。"おでん"のダシは近くの更科の親爺が一晩かけてつくったもので、おでん用の鍋一式も貸してもらった。われわれは資料8-12 Aの写真のようにコック帽とエプロン姿で働いた。ご父兄も参加し、今田（恵）、古武、石原、新浜先生のお祝いの言葉の後に卒業証書の授与が行われ、続いてハミル鍋をつつきながら団欒のひと時を過ごした。最後に校歌「空の翼」と賛美歌405番「神ともにいまして」を斉唱して解散した。このハミル鍋は新聞にも写真入で報道され（資料8-12 B）、心理学科の家族的（ハミル族とも自称）な雰囲気がよく表れたひとコマであろう。翌年からは鍋のみでなく、赤飯も用意され、ハイライトは一番良い成績を収めた卒業生には丼2杯分の米飯でつくった極大の"おにぎり"が贈呈され、出席者の前でそれを食べなければならなかった。次いで、最も成績の悪い者には中に芥子を詰め込んだ長い竹輪が贈られ、これもまたその場で食べなければならなかった。このハミル鍋は現在も続いているが、鍋の具が大変良くなり、他にいろいろなご馳走がつくようになった。なお現在では、主催は3年生となり、卒業生を送り出す年中行事になっている。

資料8-12　ハミル鍋
A　コック姿でハミル鍋を準備した助手、院生
　左から三宅進、宮田洋、内藤徹、今田寛

関学大卒業式 話題三つ

関西学院大学の卒業式は、二十五日に行われたが、この卒業式をめぐる話題三つ——。

五十七人のうち、すでに亡くなった四十五人の追悼会を同学院内礼拝堂で営み、引続いて食堂で、恩師の今田恵教授（学院理事長）らを囲んで、回想談にふけった。

グループの人達は、同期生（首）

その一
集った30年前の同窓生たち

この日、卒業式の行われた中央講堂の来賓席から、じっと卒業生たちをみつめている、いずれも五十がらみの約二十人のグループがあった。この人たちは、いまから三十年前の昭和四年、関学が神戸の原田ノ森にあった時代、高商部（第十四回生）をいっしょに卒業した先輩たち、いずれも、いまは大会社の重役級の人たちで、「世の中ののさばりを忘れ、三十年むかしの感激を味わおう」と、大阪はじめ東京、九州などから集ったのだという。

そのうちの一人、塩野義製薬専務、沢田修太郎氏（五三）が同窓生を代表して、卒業生たちに激励のことばをおくった。このあと

その二
心理学科では おでんパーティー

文学部心理学科では卒業式のあと、同科実験室のハミル館で、同科の卒業生三十二人を囲んで"お別れおでんパーティー"を開いた。同科の宮田洋助手ら五人が、白い帽子に前かけ姿のコック役、コンニャク、ニマキ、ガンモドキなどをまる一日前から煮こんだという。

このパーティーに加った教授陣のつながりも、ちょっとほかの科では例がない、今田恵教授（現理事長）その教え子の古武弥正教授（総務部長）そのまた教え子の石原岩太郎教授、さらに石原教授に教えられた新浜邦夫助教授、と師弟の関係は何代にもわたり、しかも、みんな現役組。卒業生たちを囲んで、これらの先生、先輩たちと、楽しいひとときを過した。＝写真は文学部 心理学科のおでんパーティー（関西学院ハミル館で）

資料8-12　ハミル鍋

B　新聞記事になったハミル鍋
朝日新聞・阪神版、1959（昭和34）年3月26日。

卒業式　卒業式も全体の式終了後、研究室で卒業証書が渡された。なお心理学研究室では1959年度からはコラム8-2にあるようにハミル鍋という、卒業を祝う特別行事が行われるようになり、現在も続いている。この祝賀会のなかで、心理学科卒業生の同窓組織である心理学学士会(次項参照)の説明があり、同会からの歓迎のスピーチが行われた。ハミル鍋の後、中央芝生で華やかな着物姿の女子学生と、新しい背広を着込んだ男子学生が時計台を背景にゼミ担当教員を中心にして集合写真をとっているのが卒業式当日の普段とは異なる光景であった。

心理学学士会

　1954 (昭和29) 年に当時の新大阪ホテルで行われた今田 (恵) 先生の還暦のお祝いの席上で、古武と高橋調三 (共に1937年、昭和12年卒の一期生) の提案により卒業生の会としての関西学院大学心理学・学士会が誕生した。初代会長に高橋調三が選ばれ、研究室内に事務局がおかれた。創立時の会員数は約100名であった。毎年、総会と懇親会が開催され、会員名簿が4年毎に発行されることになった。総会と懇親会は毎年開催されていたが、1994年からは2年ごとの開催になり、会場は最初の数年間は大阪北浜・大阪クラブで、料理は当時の新大阪ホテルが担当した。しかし、参加者の増加にともない広い会場が必要となり、宝塚ホテル、全日空会館、大阪ガーデンパレス、梅田・阪急百貨店大食堂内グリル、関学会館が会場となった。なお、1986 (昭和61) 年から東京支部が発足した。

　1984 (昭和59) 年には心理学科設立50周年を記念して2部よりなる総会と懇親会が5月19日に行われた。第Ⅰ部は、ホーム・カミングと石原岩太郎先生の講演会で文学部本館2階第5教室で講演があり、約80名の卒業生が出席した。その後、ハミル館で茶話会がもたれた。夕刻5時30分から懇親会が大阪ガーデンパレスで開かれ、約100名の出席者で賑わった。

　資料8-13は学士会総会の和やかな雰囲気を示す一葉であるが、いつの写真であったかはっきりしない。

　なお、学士会の歴代会長、副会長、支部長は以下のとおりである。

　初代会長　(1954～1974)　高橋調三　(1937年、昭和12年卒)

資料8-13　学士会総会にて
右から、高橋調三、第1期生、学士会初代会長；武田正信、第2期生；穂永豊、心理学専攻開設時の私設助手。左端は不明。

第2代会長（1974～1986）　大角欣治　（1947年、昭和22年卒）
　　　　　副会長　　浜口みづら（1946年、昭和21年卒）
　　　　　　　　　　谷嘉代子　（1952年、昭和27年卒）
第3代会長（1987～1993）　三宅進　　（1953年、昭和28年卒）
　　　　　副会長　　山本京子　（1964年、昭和39年卒）
第4代会長（1994～2009）　桐村雅彦　（1966年、昭和41年卒）
　　　　　副会長　　山本京子　（1964年、昭和39年卒）
東京支部長　　　　　美浜久晴　（1951年、昭和26年卒）
　　　　　　　　　　下仲順子　（1964年、昭和39年卒）

なお、すでに本書でも引用したが、1960年10月には、A4版6頁の「学士会会報」が発刊され会員に送付されている。その全文は付録4に掲載しているが、簡単に内容を紹介しておくと、第1頁：今田恵「秋風に託して」、古武弥正「私のこと、研究室のこと」、第2頁：「石原教授米国だより」、第3-4頁：卒業生通信欄（括弧内卒業年）高橋調三（1937）、森実（1938）、那須聖（1940）、吉尾直純（1941）、伊達兼三郎（1943）、大谷晃一（1946）、荒田（旧姓・大和）

第8章　教育・研究以外の研究室の諸活動　297

資料8-14A　古武弥正先生の傘寿を祝う学士会 (1993年4月29日　宝塚ホテル)
1936〜1956年卒業生

298 第 2 部 新制大学時代

資料 8-14B　古武弥正先生の傘寿を祝う学士会（1993 年 4 月 29 日　宝塚ホテル）
1957 〜 1966 年卒業生

資料8-14C　古武弥正先生の傘寿を祝う学士会（1993年4月29日　宝塚ホテル）
1967年以降卒業生

道子 (1955)、塚口明 (1958)、谷口恭子 (1959)。加えて「往来」欄があり、そこには同年9月に来訪したグレアムと今田、古武3名の写真が掲載されている。第5頁：「研究室現況」、「二つの学士会：宝塚・東京」。第6頁：研究室日誌、勤務先変更、住所変更、慶弔事、新入会員名簿、後記である。

　古いものではあるが、本書の'硬さ'を補う和やかな会報なので、ぜひ開いて読んでいただきたい。例えば「二つの学士会：宝塚・東京」の中には学士会（1959年10月30日、宝塚ホテル）の当日の模様を紹介した次の宮田の文章がみられる。"……続いて我々研究室の育ての親、今田先生のお話し。「私達は本当に家族のようで、長男、古武君をはじめ……」、こう言われる先生のお顔には、二〇〇余名の健康で立派に生長した息子、娘達をあたたかく見守り、幸福を祈られる父親としての面影が伺えました。古武・高橋第一回生の昔話しに全員、爆笑。ビールの酔がこの辺りでグットまわってきた模様。「女みたいにおとなしかったこの古武が、こんな男になろうとは」と高橋会長、「ワァハッハッ」古武先生の大きな笑い声の中には、今後の研究室の一層の発展に対する意気と闘志が感じられました。"またお名前から想像する固さと打って変わって、ユーモアとウィットに富んだ石原岩太郎先生の「米国だより」も1960年当時のアメリカ留学物語として興味深い。また研究室日誌の中には、「6月18日　安保反対デモに研究室有志参加」とあるのも、当時の世相を反映している。

卒業生の進路（就職・進学）

　進路　心理学学士会が4年毎に発行する名簿（個人情報の問題もあって2005年版を最後に現在では発行されていない）の2001年版に基づいて卒業生の進路を次のような3つの方法で分類し、その結果を資料8-15の3つの欄に示している。

　まず表の第1欄には2001年3月に卒業した56名（男子18名、女子38名）について進路が示されている。ここに見られるように、一般企業（自営業を含む）53.6％、公務員3.6％、大学院進学25.1％、未定17.7％で、未定は公務員試験や翌年の就職試験のために受験準備をする者が主である。

　第2欄には、2001年の時点で30歳代になっている卒業生（1984～1993年卒

A　2001年版学士会名簿に基づく卒業生の進路の分析（％）

進路	分析1 2001年 卒業生56名	分析2 2001年時点で 30歳代卒業生368名	分析3 2001年時点で 全卒業生1727名
一般企業	53.6	35.1	28.1
教育・研究	0	10.9	11.1
医療・福祉	0	6.5	8.9
公務員	3.6	3.5	4.2
報道	0	2.4	1.1
大学院進学	25.1	2.2	2.9
未定	17.7	0	0
無職・離職	0	39.4	43.7

B　2001年度版の学士会名簿

資料8-15　卒業生の進路と学士会名簿

業）462名（男子180名、女子282名）から物故者、進路不明の94名を除いた368名を対象に分類した結果を示している。この分析では、一般企業35.1％、教育・研究10.9％、医療・福祉6.5％、公務員3.5％、報道2.4％、大学院生2.2％、無職・離職39.4％となった。

第3欄には、2001年版名簿に掲載されている卒業生2004名（男子865名、女子1051名、物故者88名）から定年退職者、進路不明の者を除いた1727名を分類した結果が示されている。ここでは一般企業28.1％、教育・研究11.1％、医療・福祉8.9％、公務員4.2％、報道1.1％、大学院進学2.9％、無職・離職43.7％となっている。

総じて言えば、一般企業に次いで、教育・研究機関と医療機関・福祉施設に従事している卒業生が多い点が本学心理学科卒業生の特徴といえる。無職・離職者が多い理由は女子の卒業生が就職後、結婚のために離職したケースが多く含まれているからである。

卒業生が教員として就任した大学　大学の専任教員となった心理学科の卒業生は、これまでに合計167大学において延べ数で307名、2011年3月現在の現職教員は124名である。延べ数ということは、同一人が複数の大学に勤務した場合には、その全てをカウントしているということである。以下、地区別に卒業生が専任教員として勤務したことのある大学を地区別に示す。

　　北海道地区（3大学、現在教員数3、退職教員数1）
　　　　北海道大学　北海道医療大学　札幌学院大学
　　東北地区（5大学、現在教員数1、退職教員数4）
　　　　秋田大学　福島医科大学　八戸大学　東北学院大学　仙台白百合短期大学
　　関東地区（17大学、現在教員数9、退職教員数9）
　　　　防衛医科大学　文京学院大学　文京女子大学　独協医科大学　桐生短期大学　国際基督教大学　駒沢大学　日本社会事業大学　立教大学　専修大学　昭和女子大学　静岡英知学院大学　千葉明徳短期大学　東邦音楽大学　東京学芸大学　東京女子医科大学　東洋大学
　　中部・北陸地区（22大学、現在教員数18、退職教員数11）
　　　　朝日大学　愛知工業大学　愛知みずほ大学短期大学　愛知淑徳大学

愛知東邦大学　福井大学　岐阜大学　岐阜女子大学　仁愛大学　金沢大学　金城学院大学　江南女子短期大学　名古屋大学　名古屋産業大学　日本福祉大学　日本赤十字豊田看護大学　大垣女子短期大学　聖徳学園女子短期大学　信州大学　東海大学　東海女子大学　中京大学

近畿地区（82大学、現在教員数63、退職教員数126）

芦屋大学　梅花女子大学　梅花女子短期大学　仏教大学　羽衣女子短期大学　花園大学　平安女学院大学　東大阪短期大学　姫路独協大学　日ノ本学園短期大学　兵庫医科大学　兵庫医療大学　兵庫教育大学　兵庫農科大学　関西大学　関西福祉大学　関西福祉科学大学　関西外国語大学　関西医科大学　関西女学院短期大学　関西女子短期大学　関西学院大学　関西国際大学　関西鍼灸短期大学　近畿大学　近畿大学豊岡短期大学　近畿福祉大学　畿央大学　神戸大学　神戸大学医療技術短期大学　神戸学院大学　神戸学院女子短期大学　神戸女学院大学　神戸女子大学　神戸女子薬科大学　神戸松蔭女子学院大学　神戸商科大学　神戸親和女子大学　神戸山手大学　神戸山手女子大学　神戸山手女子短期大学　京都大学　京都学園大学　京都光華女子大学　京都市立芸術大学　京都造形芸術大学　桃山学院大学　武庫川女子大学　浪速大学　奈良大学　奈良県立医科大学　大阪青山短期大学　大阪大学　大阪府立大学　大阪府立看護大学　大阪府立看護短期大学　大阪学院短期大学　大阪経済大学　大阪国際大学　大阪国際女子大学　大阪国際女子短期大学　大阪教育大学　大阪人間科学大学　大阪樟蔭女子大学　大阪市立大学　追手門大学　立命館大学　龍谷大学　流通科学大学　聖和大学　聖和女子大学　摂南大学　頌栄短期大学　樟蔭東女子短期大学　夙川学院短期大学　園田学園女子大学　園田学園女子短期大学　帝塚山学院大学　帝塚山短期大学　帝国女子大学　帝国女子短期大学　常盤会短期大学　和歌山県立医科大学

中国地区（20大学、現在教員数16、退職教員数23）

梅光女学院大学　福山大学　比治山大学　広島大学　広島女学院大学　広島国際大学　広島修道大学　川崎医療福祉大学　吉備国際大学　倉敷市立短期大学　新見女子短期大学　ノートルダム清心女子大学　岡

　　　　山大学　山陽学園短期大学　島根大学　島根医科大学　就実女子大学
　　　　就実短期大学　宇部短期大学　山口県立大学
四国地区（8大学、現在教員数9、退職教員数4）
　　　　愛媛大学　香川短期大学　松山東雲女子大学　鳴門教育大学　聖カタ
　　　　リナ女子大学　四国学院大学　徳島大学　徳島文理大学
九州地区（8大学、現在教員数4、退職教員数4）
　　　　熊本大学　熊本学園大学　九州保健福祉大学　九州看護福祉大学　九
　　　　州ルーテル学院大学　南九州大学　産業医科大学　産業経営大学
沖縄地区（1大学、現在教員数1、退職教員数0）
　　　　沖縄女子短期大学
アメリカ（1大学、現在教員数0、退職教員数1）
　　　　New York州立大学

別れ・退職

物故教員への追悼文・弔辞

　本学心理学研究室の専任教員のうち、すでに4名が亡くなっている。逝去日は以下のとおりである。
　今田恵　　　1970（昭和45）年11月25日逝去
　古武弥正　　1997（平成9）年11月13日逝去
　新浜邦夫　　1992（平成4）年1月2日逝去
　石原岩太郎　2008（平成20）年6月24日逝去
　以下、物故者への追悼文・弔辞を上記の順に掲載するが、追悼文の執筆者、弔辞を述べた者の所属・身分は当時のものである。

今田恵先生76年の御生涯を偲ぶ

関西学院大学　古武弥正

　先生は、明治27年8月26日、山口県防府市に牧師の長男として誕生せられた。ご尊父の御転任により愛媛県宇和島市で幼少の時をすごされ、宇和島中学校をご卒業、ご尊父のあとをつぐご希望で神戸にあった関西学院神学部に御入学になった。この神学部5ヶ年の牧師養成の課程を卒業せられたのは、大正6年3月であった。この頃に先生はジェームスの"宗教経験の種々相"をお読みになり心理学に深い興味を覚えられ、学院当局の許しをうけ東京大学文学部心理学科に入学、その後試験を受けられ正科学生となられた。先生はその頃の東京大学心理学研究室にあった異色の存在として、ジェームスや機能主義心理学に心をひかれ、ワットソンの行動主義にも大なる関心をよせられた。卒業論文には"思考の心理学"をとりあげワットソン流の実験研究をせられている。このことは、日本の心理学研究史に特記せらるべきことと思う。

　大正11年3月東大御卒業後、ただちに神戸の母校、関西学院に若き教授として御就任、兵役を終られ、大正13年11月には、御結婚になった。現在の神戸市、当時原田の森といわれた土地にあった関西学院文学部の校舎の中には小さいけれどもきれいな実験研究室が用意せられ、先生は当時ドイツ留学中の城戸幡太郎先生に御依頼になり当時300円ばかりのチンメルマン会社製の諸実験器具を購入せられ心理学の教育と研究に若い力をそそぎこんでおられた。昭和4年7月関西学院は先生を2ヶ年間コロンビア大学およびケンブ

リッジ大学に留学を命じた。そこで先生は、アメリカとイギリスの心理学、その伝統につき親しく知見を広められた。1929年エール大学における国際心理学会にもご出席、パブロフにも接せられ、彼の署名入りの書物をもってかえってこられた。何でも先生がパブロフ署名の本を手に入れられたのを知った多くの会員が熱心に求めるので学会当局が特に署名入りの本を売り出した由である。後に完成せられた今田心理学体系の基礎の第一は、ジェームスの心理学、今一つはこの御留学によって得られたアメリカとイギリスの心理学とその伝統であったといえる。

　昭和7年4月は関西学院大学の創立の年であった。昭和9年4月大学学部開学にあたり、最も若い教授として法文学部心理学専攻を主宰せられた。第1回の学生としてこの年先生の門下に集まったのが私ともう2人であった。これより先、昭和4年4月、神戸の関西学院は阪神間の西宮市上ヶ原という10万坪の校地に美しい校舎を建立し、ここに移転、先生は広いとはいえないが、それでもうまく設計せられた五室の実験研究室をもっておられた。私どもにはここに毎日、夏休みもなく通って先生の御研究をお助けした。開学の意気盛んな関西学院大学その中でも一番乗りをして多くの研究が公にせられた。"利き手の研究"などは長い期間にわたり追跡実験をしたもので代表的な労作であった。この頃から、これらの諸研究を内に包みこみつつ今田先生の"心理学"が除々に構想せられていった。今田心理学の構想を助けた一つのものは当時公にせられたボーリング先生の"心理学"であった。先生は私をボーリング先生のもとへ留学させた程であった。今田心理学の体系は遂に脱稿、友情に厚い先生は兵役時代の戦友の営む出版社からこれを公にせられた。先生の体系をささえとして宗教心理学も児童心理学も公にせられた。

　先生は、この頃からだんだん大学の中心人物として行政的手腕を世に求められた。学部長として、学院長として、忙しい毎日を過ごされても、研究室の仕事は決して忘れられなかった。先生は一転機せられ再びジェームス研究に努力せられ「ジェームス心理学の生成と根本思想」を完成、京都大学より文学博士の学位を受けられた。

　先生のおうけになった名誉はたくさんある。兵庫県は、先生を教育功労者とした。アメリカのセンテナリー大学はLLDの学位をおくった。国際ロー

タリーは先生を名誉ガバナーとした。兵庫県精神衛生協会は先生をその会長とした。それだけではない関西学院大学は先生を名誉教授とし国は先生に藍綬褒章を勲二等旭日重光章をおくり正四位に叙した。

先生は日本心理学会の創設の頃よりの会員として当時1年おきに大会に出席せられ、昨年までほとんどお休みになったことがなかった。長い期間にわたり日本心理学会理事をつとめられ、その後は名誉会員として会の発展を期待しておられた。1972年に日本における国際会議に先生のお姿がみられないことが私にとって一番淋しいことである。

先生の御生涯は大きな輪をえがいて、先生はこの1年関西学院教会の牧師としてキリスト教の伝道と集会に最後の努力をかたむけられたのである。クレア・キップスの"スズメと私"を訳されて出版せられた先生は、このイギリスの一老婦人の平安でつつましやかで平和そのものの心を心としてその生涯をとじられた。時に昭和45年11月25日午前4時25分であった。

(心理学研究, 1971, 41, pp. 330-33. 日本心理学会) より転載

古武弥正先生追悼の記

関西学院大学　宮田 洋

西宮市神原13-41満池谷墓地
7区4号52にある古武家の墓

昨年の夏、お見舞いにお伺いしたとき、"先生、元気を出してください。また、条件反射の実験をやりましょう"と申しあげると、大きな声で"はい、どこで"と、元気にお答えになりました。しかし先生は、1997年11月13日、老衰のため甲東園の御自宅で85歳の生涯を閉じられました。

1912年9月19日、先生は兵庫県宝塚市山本でお生まれになりました。関西学院大学法文学部心理学専攻（第1期生）を卒業され、米国ハーバード大学大学院で、実験心理学、生理心理学・精神医学を専攻し、帰国後、慶応義塾大学医学部生理学研究室、大阪大学医学部第一生理学教室で条件反射の研究をされました。1939年、関西学院大学文学部助手、1948年、教授に昇進されました。その間、心理学研究室創始者、故今田恵先生のもとで、実験心理学を核とした研究室の設立に非常な努力を払われ、国内において屈指の組織と設備をもつ実験室をつくられました。ご尊父、彌四郎先生が大阪大学医学部生化学教室を創設されたとき、研究室の在り方についてのお考えを家でお話になっているのを弥正先生は子供ながらお聞きになり、実験を中心とした研究室の姿を自然と学ばれていたようでした。そして古典的条件づけ、道具的条件づけ、言語条件づけを軸にして、"条件づけと学習"の研究において他大学の追従を許さぬ活発な研究を展開されました。講義で、複雑な行動を示すヒトを環境という床の上で回っている独楽に例えられ、独楽の芯は反射で床にしっかりと立ち、下から古典的条件活動、道具的条件活動、言語活動、最上部に社会的活動という4色の帯で独楽が塗り分けられているという反射を軸としたヒトの行動の階層的構成を解りやすく説明されたことを覚えています。特に、ヒトの古典的条件づけでは、種々なる生理指標による生理心理学的研究がおこなわれました。これらの領域で800余名にもおよぶ学生と院生が先生のご指導をうけました。先生は、実験を中心とした基礎研究、特に生物学、医学と肩をならべることのできる客観的心理学の確立を目指されました。毎日、朝早くから実験室にお見えになり、"何時、その実験の結果がでるのか、何時、研究の成果を学会誌に投稿するのか、約束しなさい"と尋ねられ、私達の返事をすべて手帳に書きつけていかれました。大学で学部長、学長などの重要な役職にあたっても、実験室の一つひとつに入られ、私達の研究に常に刺激を与えて下さいました。"自分の実験装置から離れるな、だれが見学にきても、いつでも装置がすぐに動くように面倒を見なさい"と注意されたものでした。私達は"研究とは何か、研究をどのように進めるべきか"ということを、実験室のなかでの先生から学ぶことができました。いまでも先生のお元気なあの大きなお声と笑い声が聞こえるようです。

先生は、1972年、兵庫医科大学に行動学講座を新設し、教授として就任され、医科学のなかに実験科学としての心理・行動学の位置と役割をしっかりと確立されました。1979年、同大学理事長の重職につかれ、大学の経営と発展につくされ、1984年にこれらの功績に対して勲二等旭日重光章が贈られました。1992年には、大学の一切の役職をひかれましたが、過労からか、体調を損なわれ、静かに養生に努めておられました。

　私達にとって偉大な指導者である古武先生にもう二度とお会いすることはできません。私達は、先生の"応用を望めば望むほど、その学問の基礎を固めよ"のお言葉を忘れることなく、先生が歩み、築かれた道をさらに進み、心理学に対する先生の夢を少しでも実現するよう努力することを心に決めています。

　先生のご冥福を衷心からお祈り致します。

（心理学研究, 1998, 69, pp. 156-157. 日本心理学会）より転載

故・新浜邦夫先生文学部葬・弔辞

関西学院大学文学部長　今田 寛

　1月2日早朝。先生のご病態、急変の知らせを受け、県立塚口病院にかけつけました時には既にご意識はなく、それから間もない9時9分、ご家族に見守られて先生は永の眠りにお就きになりました。昨年四月、ご自身で肺癌であることを教室で公言されてからわずか9ヶ月。67歳のお誕生日を目前にし、また定年までに1年3ヶ月を残し、あまりにも早い現職でのご逝去。先

生ご自身もさぞかしご無念であったろうと存じます。

　先生は戦後間もない1946年（昭和21年）に関西学院大学法文学部にご入学になり、心理学をご専攻になって以来、学生として、教員として、47年間の長きに亙って常に関西学院大学文学部と共に歩んでこられました。先年、関西学院創立百周年の創立記念日には、まさにこの礼拝堂のこの壇の上で、先生は勤続40年の表彰をお受けになりました。そして2年半後の今日、その同じ場所で先生のご遺影を前にしてこのように弔辞を申し上げることになろうとは、誰が想像しえたでしょうか。先生はこの長い関学生活の間、心理学科の教授としてはもとより、文学部においても、大学においても、学院全体の中においても、常に重要な役割をお果たしになり、先生は関西学院大学の戦後史をご自身で綴ってこられた方でした。そしてその先生の手によって「文学部六十年史」の編纂作業が始まった矢先、先生はお倒れになりました。残念でなりません。

　1971年には、46歳の若さで文学部長に選出され、卓越した指導力を発揮されましたが、文学部教授会では常に大所高所の立場から、そして何よりも関西学院に対する強い愛情を背景にした適切なご発言で文学部をお導きくださいました。このことを文学部の者は忘れることはできません。明晰な頭脳、見事な当意即妙の対応、素早く的確なご判断などに、私どもは常に感服させられてまいりました。これからの困難な時代を前にして、学部の最長老としての先生からはまだまだご教示頂き、ご指導たまわりたいことが数多くありましたのに、それも叶わなくなってしまいました。

　毎朝八時前。仁川からの道を歩き続けられて四十数年。しかし病には勝てず、昨年十月に休職を終えて学校に戻られてからは、「仁川からの道が坂になっているのに初めて気がついた」と体力の衰えを口に出され、それでも12月16日まで講義をなさいました。今から思えば、かなり無理をなさっておられたのではないかと思い、心が痛みます。それと同時に先生が苦痛を内に抱えながら、死の2週間前まで教育に力を注がれたお姿に感動を覚え、深甚なる敬意を表します。

　最後に、先生のこれまでのご指導に心から感謝申し上げます。先生の愛された関西学院と文学部の発展のために努力する所存ですので、どうかお見守

りください。先生の霊の上に安らぎがありますように、またご遺族の上に豊かな神の顧みがありますようお祈りして、弔辞といたします。

1992年2月29日

(関西学院大学心理学研究室―過去および現在―, 2001, 関西学院大学心理学研究室に掲載の「新濱邦夫先生について」を転載)

石原岩太郎先生を偲んで

関西学院大学名誉教授　賀集　寛

　恩師石原岩太郎先生は、2008年（平成20年）6月24日にお亡くなりになりました。享年93歳でした。天寿を全うされたとは申せ、まことに残念の極みに存じ、心より哀悼の意を表する次第でございます。

　先生は1915年（大正4年）4月大阪市にお生まれになり、1944年（昭和19年）東北帝国大学（旧制）をご卒業後、3ヶ所の教職歴を経て、1950年（昭和25年）関西学院大学文学部専任講師にご就任、心理学研究室に所属、以後、助教授、教授、大学院博士課程指導教授となられ、1984年（昭和59年）定年退職されるまで、37年の長きにわたって、関西学院の教育と研究に携わってこられました。その中にあって関西学院の教育行政関係のいくつかの要職も歴任されましたが、とくに、1969年（昭和44年）の総務部長時代には、大学紛争という未曾有の難局の解決と、大学の復興に日夜貢献なさいました。そして、ご勇退直後の1984年（昭和59年）4月には関西学院大学名誉教授に推挙されました。

先生は、古武弥正教授を中心とする"条件づけと学習"に関する研究の第3の柱の、言語学習を担当されました。第1学習語の類似語や反対語のような意味的関連語を第2学習語とする学習転移の手続きの実験で、意味的関連語の学習が促進されましたが、その結果を二つの仮説で説明されました。第1は般化分化系仮説で、一般には般化が生じ、次いで分化が生じると考えられるが、意味的な言語学習では、般化と分化は同時に生じるとする方が妥当であるというのです。第2は共通媒介仮説です。実験で、反対語の促進がみられましたが、当時、ある語と反対語は相容れないので、学習が抑制されるとする相互制止説がありました。しかし先生の仮説によると、反対語も、類似語同様意味の結びつきがある、この共通の意味次元が互いに引き合い学習を促進するというのです。これら二つの仮説を中心とする研究成果を"意味般化の研究"と題する論文にまとめられ、文学博士の学位をお受けになりました。これはのちに、"言語行動の心理学"として出版されました。
　その後、先生は"意味"自体の問題を追究され、それを"意味と記号の世界"と題する著書にまとめられました。その中で、動物が自己保存のため、環境世界が有害か無害かを知る環境認識は意味認識である。人間が日常行なう認識もこのようなものであると説明されています。そして、人間の認識は意識を通してなされ、また、現実に代わる記号や言語を通してもなされるところに、動物との違いがあるとのべておられます。
　さらに先生は、"人生を観る　今一つの心理学—"を出版され、その中でまず、外界認識の出発点である感覚研究の心理学的方法にメスを入れておられます。感覚の働くところ、つねに感情という印象機能が伴う答なのに、心理学の研究では、この印象機能を無視し弁別機能のみに限定しているが、これではロボットのセンサーに等しいと述べておられます。このような印象機能を含めて外界を捉えることは、一体感をもって対象を捉えることであり、このような主客合一、自然と一体になるということは、古くは道元禅師等の仏教の教えや、日本人が長い歴史の中で身につけてきた世界観や人生観に繋がるものであると解説しておられます。このような主張は、経験的事実よりも形式論理を優先する西欧科学、西欧文明批判といえましょう。そして、もっと日本の風土に根ざした独創的な研究をともいっておられます。しかし、以

上のような科学的心理学批判は、従来の心理学を否定するものでなく、科学的方法は十分評価するが、無反省な借用によって、人間を見る見方が歪んでしまわないかと、危惧されているのです。

ところで、"人生を観る"をお書きなったのは、定年後10年の78歳でしたし、その後も四つの論文を用意なさっていますが、そのエネルギーはどこに由来するのでしょう。先生がある論文で、自分は過去を振り返るよりも、新しい知識を知ることの方に興味があると記しておられたのを思い出しますが、ここに源があるのだと思います。研究は一生するものだということを、自らお示しになったというべきでないでしょうか。

先生は多くの学会の役職面でも活躍なさいましたが、なかでも、日本心理学会では理事や編集委員として活躍され、また、日本で初めて開催された国際心理学会の組織委員会の委員に任ぜられ尽力されました。そして、1989年（平成元年）には名誉会員に推挙されています。なお、関西心理学会でも会長の要職にお就きになり、のちに顧問に推されました。

先生の淡々とした語り口で話されるお講義は、優しく穏やかで偏らないお人柄とともに、学生たちに深い感銘を与えたようです。大学院生の研究指導にも熱心で、各人の学問的個性を育てようという方針のもとに指導なさいました。そして、ご自分のゼミ生だけでなく、教えを請うものには分け隔てなく応じておられましたし、このことは学外の研究者に対しても同様で、他大学の複数の方々から、先生にご指導賜ったことに感謝しているというお話をうかがっています。

以上のような先生の研究活動、教育活動、教育行政と多岐にわたるご功績に対して、1983年（昭和58年）に兵庫県教育功労者として表彰され、また、1988年（昭和63年）には勲四等旭日小綬章を受賞なさいました。

先生はご奥様とのお仲は誠に睦まじく、羨ましい限りでございました。奥様は先生をしっかりとお支えになられる一方、原稿の浄書やパソコンへの入力等、先生の研究面をも色々とお助けになられました。また、大學紛争の時、大學の建物が封鎖され、会議ができなかったため、ご自宅を提供されたこともあったとのことです。このように奥様は先生と文字通り苦楽をともにされ、お二人の間は正に"琴瑟相和す"と申すに相応しく、私どもに、夫婦の

あり方という面においても、よい模範をお示しくださいました。

　先生は、一度も入院なさることもなく、永年住み慣れたご自宅で、奥様、ご子息とそのご家族のみなさんに温かく見守られながら、全くお苦しみのご様子もなくご最期を迎えられ、眠るがごとく静かに"自然"のもとにお帰りになられたとうかがっています。ここに先生から賜った数知れないご温情に感謝し、心よりご冥福をお祈り致します。

（心理学研究, 2009, 80, pp. 159-163. の内容全体を縮減）

退職教員の言葉：関西学院広報誌『K.G. TODAY』より

　関西学院広報室から広報誌『K.G. Today（旧関西学院広報）』が1974（昭和49）年から発行され、そこに毎年退職する教職員の言葉が掲載されている。われわれの研究室の石原、賀集、宮田、今田 (寛) の退職の言葉を下に転載した。

石原岩太郎：人生の意味を考えたい

（1984年3月31日定年退職）

　私は少年の頃、自分は夭折するに違いないと独り決めておりました。20歳くらいまでと思っていましたのに、その歳を過ぎても生きているので、どうしたものかと迷いました。自分のこれからの生涯がどんな形になるのか一向に見当がつかずにいました。今になってみると、ああ人生とはこのようなものであったのかと合点がいった気持ちです。けれども、若い頃に抱いた疑問「人は何のために生きるのか」は、いまだに解けていません。人生の意味がつかめないままに青年たちを教育してきたとは、何たる恥知らずかと後悔しています。後悔先に立たずですが、せめてこれからはもっと真剣に人生を考えてみたいと思っています。幸いにしてその時間が今しばらくは与えられているようですから。

　学院には随分と長い間お世話になりました。専門部の学生時代の3年を加えると40年になります。今日までの人生の大半を、自宅と学院の間を往復していたことになります。その間さまざまなことがありましたが、私は概ね

幸せであったと思っております。ひとえに皆様の御厚情の賜物と心からお礼を申し上げます。二度の勤めは致しませんが、この4月からも講義の機会を与えられておりますので、時にはお目にかかれることでしょう。今後ともよろしく御友誼のほどをお願い申し上げます。わが学院の健全な発展と皆様の御健勝とをお祈りいたします。

(K.G. TODAY, 1984 3/31 No. 82)

賀集寛：関学へ来てよかった

(1997年3月31日定年退職)

　私が心理学を専攻するようになったのは、現学長のご尊父、今田恵先生の名講義に魅せられたのが出発点で、その後勉強するうちに、この学問が、極度に気弱な私の性格を救ってくれそうに思えたからである。大学院を終え、神戸のある短大を皮切りに教壇に立ち、学会活動もするようになって痛感したことは、関学心理学の名声が頗る高いことだった。そして、これにどれだけ勇気づけられ、自信をあたえられたか計り知れない。

　時は流れて、今度は自分が母校で指導する立場に立ち、定年を迎えた今日、恩師が築かれた知的財産を、さらに殖やしたかどうかを省みる時、甚だ忸怩たる思いがするのである。

　しかし、評価はともかくも、自分の肌に合った心理学に50年間打ち込めたことは、この上ない幸せであった。最近、QOL (Quality of Life) が叫ばれる。生活の質とか人生の中味ということだが、私の"QOL in KG"は正に充実そのもので、私は今、心から「関学へ来てよかった」という思いと感謝で一杯である。

(K.G. TODAY, 1997 4/7 No. 195)

宮田洋：ハミル館とともに43年

(1998年3月31日定年退職)

　1955年助手になった翌年、心理学科が文学部本館からハミル館に移転。そして今年の退職と同時に、新しいF号館に再び移転。だから私の関学43年はハミルである。思い出が多い。徹夜実験の合間に正門前の西瓜畑をよく

散歩（？）した。時計台の文字盤の裏に入った。文学部の煙突の上まで登った。本館の床下を隅々まで探索した。冬には毎日火をおこし、火鉢を今田恵先生、古武弥正先生の足元においた。日本心理学会を3回開催した。大学紛争時、王子の集会の校旗を家で作った。ゼッケンをつけて三宮で大学の正常化を訴えるビラを配った。体育会で「三日月型の汗」をかけと激励。ワンダーフォーゲル部では、山中の立小便でも関学らしくやれ、と言った。67年頃の甲子園ボウルで七輪（土製こんろ）を持ち込みヤカンで熱燗をつくり、周りに振舞ったら、関学の教員がそんなことをすべきではないとある先生からひどく叱られた、ことなど。私の人生は関学であった。これからも毎日どこかで関学を楽しみたい。関学有難う。関学万歳。

(K.G. TODAY, 1998 4/1 No. 200)

今田寛：私－関西学院＝？

（2003年3月31日定年退職）

　1947年に新制中学の1期生として関西学院に入学して以来56年、私と関学をつないでいた長い糸が切れました。感無量です。私事で恐縮ですが、私と私の父とその子およびその配偶者、孫まで入れると、私の家と関西学院のつながりは延べ9人、179年に及びます。その糸が私の退職と共にすっかり切れたことを思うと、なおさら感無量です。中でも今年創設80周年を迎えた心理学科において、親子2代、延べ87年教えたことには感慨深いものがあります。A Song for Kwanseiの冒頭にあるように、私たちはreceiveするため、またgiveするために関西学院に集まっています。私も長年にわたって実に多くのものを関西学院からreceiveしました。したがって標題の等式の右項はほとんどゼロになるでしょう。では私は関学に何かをgiveしたでしょうか。（関学＋私）＞（関学－私）であったことを願い、感謝を持って、また母校の健全なる発展をお祈りして、お別れの言葉とします。

(K.G. TODAY, 2003 4/15 No. 225)

あとがき　～現状報告を兼ねて～

　以上、8章にわたって、関西学院および関西学院大学心理学研究室の1923年から2003年までの80年に亘る過去を振り返った。この'あとがき'では、2003年の文学部の改組の結果、「心理学科」という名称がなくなり「総合心理科学科」になった経緯と、2011年現在の姿を簡単に紹介する。

2003年度以降の「総合心理科学科」

　2003年4月に、関西学院大学文学部は9学科から3学科へと、その編成を大きく変えた。従来の9学科は哲学科、美学科、心理学科、教育学科、史学科、日本文学科、英文学科、フランス文学科、ドイツ文学科であり、さらに教育学科の中に教育学と教育心理学の2専修、史学科の中に日本史学、西洋史学、東洋史学、地理学の4専修が置かれる9学科13専修体制であった。この編成は1963年にフランス文学科が開設されて以来、変わることなく維持されてきたものであった。この学部改革では、これを文化歴史学科、総合心理科学科、文学言語学科の3学科に再編し、文化歴史学科の中に哲学倫理学・美学芸術学・地理学地域文化学・日本史学・アジア史学・西洋史学の6専修、総合心理科学科に心理学・教育心理学・臨床教育学の3専修、文学言語学科に日本文学日本語学・英米文学英語学・フランス文学フランス語学・ドイツ文学ドイツ語学の4専修を置くという大規模な改変であった。

　このような再編を行なう理由としては、あまりにも細分化されすぎた学科体制とカリキュラムを見直し、より幅広い関心に対応した複合的で学際的な学びを促すことの必要性が第一義として掲げられたが、さらには、学科ごとに設定された定員を確保する必要のある入学試験合否判定が、学科を大くくりにすることによって容易になること、入試における難易度の学科間格差を緩和できること、将来の学問状況の変化に対応して、更なる学科再編をより行ないやすくしておきたいことなどが、その背景となる事情として存在していた。またこの改革は、上記の背景を含むいくつかの状況から、喫緊の課題として対応しなければならないものであった。しかしながら、学科の構成そのものに手をつけるという大きな改革であったため、学部内での様々な議論

の集約や文部科学省への設置認可申請などに、極めて多大な労力と時間を要し、さらに諸々の紆余曲折も含みながら、ようやくこの新しい体制はスタートしたのである。

　心理学研究室にとってこの学部改革は、いくつもの大きな変化をもたらすものであった。第一には、長年にわたって慣れ親しんできた「心理学科」という名称が消え、耳慣れない「総合心理科学科」という看板を背負うことになったことである。さらに、この再編に併せて学科の大幅な定員増（純増100名）がはかられ、これは、それまでの心理学科の教育のあり方や方法に、大きな変更を余儀なくさせるものであった。しかし同時にこの改編は、従来ほとんど連携することがなかった旧教育学科との間に、様々な新しい関係と融合を生み出す契機ともなった。学部への入学は専修単位ではなく学科単位であり、学部教育のカリキュラムも、1～2年時においては学科全体に共通のものであった。これは3専修の教員全員が分担して受け持った。そして、3年生に進級する際のゼミ（演習）選択の結果として、3年生以降に3つの専修に分かれて所属するという形式になっていた。そして、この専修分属により、心理学専修のゼミの一員となった学生のみが、旧来の心理学研究室の流れに最も近い教育を受けることになった。

　このようにして、関西学院大学文学部心理学研究室の歴史と伝統は、「総合心理科学科心理学専修」の中に引き継がれることになった。しかしその後6年を経て、心理学研究室は再び大きな変革に直面する。それは2009年4月の教育学部開設である。聖和大学との法人合併という重大な展開に対応して起こったこの関西学院大学10番目の学部誕生にあわせて、総合心理科学科の中にあった「臨床教育学専修」が、その教員も含めてすっかり教育学部に移籍することになった。これにより、総合心理科学科は心理学専修と教育心理学専修の2専修を残すことになったが、このような体制で2つの専修を分かつ意味はほとんどないとの判断から、この時点で総合心理科学科は心理科学専修1つだけの1学科1専修体制へと変更された。また、カリキュラムも2専修のものを一つにまとめて大きく改編された。ここにおいて、「心理学専修」という形の中に残っていた心理学研究室開設以来の伝統は、ひとまずその流れにピリオドを打ち、新たな歴史を歩み始めることとなったのである。

あとがき　〜現状報告を兼ねて〜　319

　以上のような変遷を経た結果、2011年9月現在の文学部総合心理科学科心理科学専修の教員スタッフを50音順に示すと、以下に示す総勢14名である。

氏　名	職　位	着　任	専門分野・研究テーマ
浮田　潤	教授	1997年4月	認知心理学、言語、記憶
大竹恵子	教授	2010年4月	健康心理学、心身の健康度増進 ポジティブ感情、幸福
小川洋和	准教授	2011年4月	知覚心理学、認知科学、潜在認知過程
小野久江	教授	2009年4月	精神医学、臨床心理学
片山順一	教授	2009年4月	認知心理生理学、認知神経科学 心理工学
桂田恵美子	教授	2005年4月	発達心理学、子どもの社会適応、愛着 ジェンダー
佐藤暢哉	准教授	2009年4月	認知神経科学、空間認知、記憶
嶋崎恒雄	教授	1992年4月	思考心理学、学習心理学、実験心理学
中澤　清	教授	1993年4月	臨床心理学、パーソナリティ 心理検査
中島定彦	教授	1997年4月	学習心理学、行動分析学 比較認知科学、ヒトと動物の関係学
成田健一	教授	2004年4月	生涯発達心理学、精神的健康 質問紙調査法、エイジング
松見淳子	教授	2001年10月	臨床心理学、行動アセスメント 比較文化心理学
三浦麻子	教授	2009年4月	社会心理学、情報行動学 インタラクション
米山直樹	教授	2006年4月	臨床心理学、行動療法、応用行動分析

引用・参考文献

　以下の関西学院大学発行の雑誌論文へのアクセスは、関西学院大学リポジトリーを通して可能である。ただし、著者の了解がとれていない場合には時として不可能な場合がある。
関西学院大学文学部紀要『人文論究』：http://kgur.kwansei.ac.jp/dspace/handle/10236/532
関西学院大学欧文紀要『*Kwansei Gakuin University humanities review*』：http://kgur.kwansei.ac.jp/dspace/handle/10236/2064
関西学院大学神学部紀要『神学研究』：http://kgur.kwansei.ac.jp/dspace/handle/10236/14
　なお本書では、古い記録を重視する立場から、今田（恵）、古武の業績は、本文中に引用していない場合であっても、分かる限りすべて掲載している。

Allport, G. W. (1961). *Pattern and growth in personality*. New York: Holt, Rinehart & Winston.（オルポート，G. W. 今田恵（監訳）(1968). 人格心理学（上下）誠信書房）
荒木潔（1957）. 反応変動性に関する研究　心理学研究, **27**, 362-365.
有光興記（2001a）. 罪悪感, 羞恥心と性格特性の関係　性格心理学研究, **9**, 71-86.
有光興記（2001b）. 「あがり」のしろうと理論：「あがり」喚起状況と原因帰属の関係　社会心理学研究, **16**, 1-11.
有光興記（2001c）. 罪悪感, 恥と精神的健康との関係　健康心理学研究, **14**, 24-31.
有光興記（2002a）. "あがり"への対処法——"あがり"対処法の種類，因子構造，状況間相違に関する検討——　心理学研究, **72**, 482-489.
有光興記（2002b）. 日本人青年の罪悪感喚起状況の構造　心理学研究, **73**, 148-156.
有光興記・今田寛（1998）. 「あがり」に関する研究の展望　人文論究　**48**（3），49-67.
有光興記・今田寛（1999）. 状況と状況認知から見た"あがり経験"　心理学研究, **70**, 30-37.
芦田幸男（1951）. 条件行動の実験的研究　第4報告　日本心理学会第15回大会
Baldwin, J. M. (1889). *Handbook of psychology: Senses and intellect*. New York: Holt.
Baldwin, J. M. (1920). *Mental development in the child and the race*. London: Macmillan.
Bolles, R. C. (1979). *Learning theory*. New York: Holt, Rinehart & Winston（ボウルズ，R. C. 今田寛（訳）(1982). 学習の心理学　培風館）
Boring, E. G. (1929). *A history of experimental psychology*. New York: Appleton-Century-Crofts. (2nd edition in 1950)
Bowne, B. P. (1886). *Introduction to psychological theory*. New York: Harper & Brothers.
Bowne, B. P. (1897). *Theory of thought and knowledge*. New York: Harper & Brothers.（曾木銀次郎（訳）(1914). 思考及認識原理　教文館）
Brett, G. S. (1912, 1921). *A history of psychology*, Vols. 1, 2 & 3. London: George Allen & Unwin.
Bridgman, P. W. (1927). *The logic of modern physics*. New York: Macmillan.（今田恵・

石橋栄（訳）（1941）．現代物理学の論理　創元科学叢書）（今田恵（訳）（1950）．再販　新月社）
Brunswik, E.（1955）．The conceptual framework of psychology. In O. Neurath, R. Carnap, & C. Morris（Eds.）, *International Encyclopedia of Unified Science*. 1 (10). Chicago: University of Chicago Press.
Cattell, R. B.（1950）．*An introduction to personality study*. London: Hutchinson's University Library.
大本浩司・八木昭宏・小西賢三・松永一郎（1995）．自律訓練における脳波（周波数）のゆらぎ　自律訓練学会第18回大会
大門若子・宮田洋（1988）．視覚探索中の背景文字処理と眼球運動　生理心理学と精神生理学, **6**, 27-33.
Deese, J.（1965）．*The structure of associations in language and thought*. Baltimore: The Johns Hopkins Press.
Dewey, J.（1886）．*Psychology*. New York: Harper & Brothers.
Doe, N.（2000）．The effects of fixed sequence of US intensities and CS-US correlation on licking suppression in rats. *Japanese Journal of Animal Psychology*, **50**, 213-220.
土江伸誉（2010）．ネズミはうつ病になるか？『K.G. りぶれっと　No. 26　心理科学研究の最前線』第2章　関西学院大学出版会, pp. 29-48.
Fay, J. W.（1939）．*American psychology before William James*. New Brunswick, N. J.: Rutgers University Press.
Fujii, M., Asada, M., Takata, N., Yamano, A., & Imada, H.（1989）．Measurement of emotional reactivity and association ability of the Tsukuba emotional strains of rats（Rattus Norvegicus）in licking and lever-pressing conditioned suppression situations. *Journal of Comparative Psychology*, **103**, 100-108.
Fujii, M., Uchida, M., & Imada, H.（1994）．Effects of presence and absence of information about shock intensity upon licking suppression in rats. *Japanese Psychological Research*, **36**, 65-73.
藤本清・八木昭宏（1995）．バイオロジカル・モーションの断続提示　日本心理学会第59回大会, 琉球大学
藤本清・八木昭宏（1999）．仮現運動知覚の能動的過程と受動的過程が視覚誘発電位に及ぼす効果　生理心理学と精神生理学, **17**, 173-181.
権藤恭之・宮田洋（1992）．睡眠に関する生活習慣調査：学生と社会人の比較　人文論究, **42**（1）, 113-130.
Graham, C. H.（1974）．Clarence H. Graham. In G. Lindzey（Ed.）, *History of psychology in autobiography VI.*, pp. 101-127.
濱野恵一・沖田庸嵩・宮田洋（1970）．自律反応の道具的条件づけ　心理学評論, **13**, 244-265.
韓星民・八木昭宏（2000）．触覚注意における聴覚の情報処理　日本基礎心理学会, 第19

回大会

林髞（1950）．条件反射　岩波書店

Haven, J. (1857). *Mental philosophy*. (西周（訳）(1875,1876)．心理学　文部省)

Hayakawa, T., Miyauchi, S., Fujimaki, N., Kato, M., & Yagi, A. (2003). Information flow related to visual search assessed using magnetoencephalography. *Cognitive Brain Research*, **15**, 285-295.

Hayashi, H., Nakajima, S., Urushihara, K., & Imada, H. (2002). Taste avoidance caused by spontaneous wheel running: Effects of duration and delay of wheel confinement. *Learning and Motivation*, **33**, 390-409.

Hibi, Y., Takeda, Y., & Yagi, A. (2002a). Global interference: The effect of exposure duration that is substituted for spatial frequency. *Perception*, **31**, 341-348.

Hibi, Y., Takeda, Y., & Yagi, A. (2002b). Attentional level and negative priming in hierarchical patterns. *Japanese Psychological Research*, **44**, 241-246.

Hikami, K (1991). Social transmission of learning in Japanese monkeys (*Macaca fuscata*). *Primatology today*, pp.343-344. Elsevier Science Publishers.

日上耕司（1992）．まねる―模倣の比較心理学　心理学評論，**35**，434-454.

日上耕司（1997）．学習心理学からみた伝播のメカニズム　現代のエスプリ，**359**，146-156.

Hikami, K., Hasegawa, Y., & Matsuzawa, T.(1990). Social transmission of food preferences in Japanese monkeys(*Macaca fuscata*)after mere exposure or aversion training. *Journal of Comparative Psychology*, **104**, 233-237.

日上耕司・松沢哲郎（1991）．競合・協同事態におけるチンパンジーのレバー押し行動　霊長類研究，**7**，12-22.

Hilgard, E. R., & Marquis, D. G. (1940). *Conditioning and learning*. New York: Appleton-Century.

日岡克明・本城由美子・宮田洋（1982）．両耳間注意切り替えに関する基礎研究　心理学研究，**53**，110-113.

平野哲司（2000）．記憶の自己選択効果―概説　人文論究，**49**（4），83-100.

Hirano, T., & Ukita, J. (2003). Choosing items at the study phase: A viewpoint of the self-choice effect in memory. *Japanese Psychological Research*, **45**, 38-49.

平尾直靖・八木昭宏（1996）．布地に触れた際の筋電図・事象関連電位の計測法　人間工学，**32**，327-332.

平尾直靖・八木昭宏（1997）．生理反応を用いた布地の風合評価法の検討 ―アクティブ・タッチ時の筋電図を用いて―　繊維製品消費科学，**38**，228-233.

Hirata, K. ,& Yagi, A. (1996). The variability of eye fixation related potentials with task demand and time course. *Psychophysiology in Ergonomics*, **1**, 36-37.

Hirokawa, K., Dohi, I., Vannieuwenhuyse, B., & Miyata, Y. (2001). Comparison of French and Japanese individuals with reference to Hofstede's concepts of individualism and masculinity. *Psychological Report*, **89**, 243-251.

Hirokawa, K., Dohi, I., Yamada, F., & Miyata, Y. (2000). The effects of sex, self gender-type, and partner's gender-type on interpersonal adjustment at an initial encounter: Focusing on androgynous and stereotypically sex-typed couples. *Journal of Japanese Psychological Research*, **42**, 102-111.

広川空美・宮田洋（1998）．Effects of gender-types on interpersonal stress as measured by eyeblinking. 日本生理心理学会第16回大会

Hirokawa, K., Yagi, A., & Miyata, Y. (2000). An examination of effects of linguistic abilities on communication and stress during a telephone situation measured by blink and heart rates. *Social Behavior and Personality*, **28**, 343-354.

Hirokawa, K., Yagi, A., & Miyata, Y. (2002a). Japanese social workers' healthy behaviours as related to masculinity: Focus on mental health workers and caregivers of children and nursing home residents. *International Journal of Psychology*, **37**, 353-359.

Hirokawa, K., Yagi, A., & Miyata, Y. (2002b). An examination of the effects of stress management training for Japanese college students of social work. *International Journal of Stress Management*, **9**, 113-123.

Hirokawa, K., Yagi, A., & Miyata, Y. (2002c). Effects of stress coping strategies on psychological and physiological responses during speeches in Japanese and English. *Social Behavior and Personality: An International Journal*, **30**, 203-212.

Hirokawa, K., Yamada, F., Dohi, I., & Miyata, Y. (2001). Effects of gender-type on interpersonal stress measured by blink rate and questionnaires: Focusing on stereotypically sex-typed and androgynous types. *Social Behavior and Personality*, **29**, 375-384.

本城由美子・宮田洋（1981）．脳波による大脳半球機能差の研究　人文論究，**31**, 123-135.

保野孝弘・日比野清・宮田洋（1995）．一施設に於ける視覚障害者の睡眠生活習慣及び不眠に関する調査研究　川崎医療福祉学会誌，**5**, 183-188.

Hono, T., Hirosige, Y., & Miyata, Y. (1999). A case report on EEG nocturnal sleep in visually impaired person aged in their 30s and 50s. *Psychiatry and Clinical Neurosciences*, **53**, 145-147.

Hono, T., Kisida, M., Misao, J., Shimada, O., & Miyata, Y. (1996). The relationship between type A/B behavior and sleep habits in undergraduate students. *Kawasaki Journal of Medical Welfare*, **2**, 69-72.

保野孝弘・宮田洋（1989）．小学校児童における睡眠生活習慣の実態：奈良県S小学校の健康調査から　人文論究，**39**, 31-44.

保野孝弘・宮田洋（1994a）．視覚障害者の脳波的終夜睡眠経過　川崎医療福祉学会誌，4, 161-167.

保野孝弘・宮田洋（1994b）．性格・行動特性と睡眠　日本睡眠学会（編）睡眠ハンドブッ

ク, 第9章　朝倉書店

保野孝弘・宮田洋 (1995). 大学生に於ける Type A・B 行動特性とうつ状態との関係　川崎医療福祉学会誌, **5**, 187-190.

Hono, T., Watanabe, K., Hirosige, Y., & Miyata, Y. (1990). Spontaneous awakenings during a nocturnal sleep in human: Their relationships to sleep stages and NREM/REM cycles. *Psychologia*, **33**, 21-18.

堀川雅美・八木昭宏 (2001). 見慣れた物の色の意味的逸脱について　関西心理学会第113回大会

Hull, C. L. (1943). *Principles of behavior*. New York: Appleton-Century.

Hundgins, C. V. (1933). Conditioning and the voluntary control of the pupillary light reflex. *Journal of General Psychology*, **8**, 3-51.

Imada, H. (1959). The effects of punishment on avoidance behavior. *Japanese Psychological Research*, **8**, 27-38.

Imada, H. (1966). Problems concerning Spence's incentive motivation theory. *Kwansei Gakuin Annual Studies*, **15**, 159-175.

今田寛 (1966). パースナリティー・異常行動への実験的アプローチ　人文論究, **17** (2), 50-67.

今田寛 (1969a). 「実験神経症」八木冕 (監修) 講座心理学　第12『異常心理学』(松山義則編) 東大出版会　第3章 (27-51頁).

今田寛 (1969b). 「フラストレーションと行動」八木冕監修　講座心理学　第12巻『異常心理学』(松山義則編) 東大出版会　第4章 (148-180頁).

今田寛 (1971a). 動物における病理的行動の実験的研究—嫌悪刺激を用いた実験の最近の諸問題—　心理学評論, **14**, 1-27.

今田寛 (訳) (1971b). 嫌悪療法と行動異常：分析 (Rachman, S., & Teasdale, J. (1969). *Aversion therapy and behaviour disorders: An analysis*. London: Rouledge & Kegan Paul) 今田寛・武田建 (共訳) (1971). 嫌悪刺激による行動療法　岩崎学術出版

Imada, H. (1972). Emotional reactivity and conditionability in four strains of rats. *Journal of Comparative and Physiological Psychology*, **78**, 474-480.

今田寛 (1975). 恐怖と不安　感情心理学, 第3巻　誠信書房

今田寛 (訳)(1982). 学習の心理学　培風館　(Bolles, R. S. (1979). Learning theory (2nd ed.). NewYork: Holt, Rinehart & Winston.)

今田寛 (1987). 情動・行動の基礎心理学からみた喫煙行動　たばこ総合研究センター　たばこを考える　平凡社　第11章, pp. 288-320.

今田寛 (1988a). 数でみる関西心理学会の現状　京都大学文学部 (編) 関西心理学会第100回大会記念シンポジウム「関西心理会の回顧と展望」, pp. 12-28.

今田寛 (1988b). 獲得性動機に関する相反過程理論について (その1) 人文論究, **38** (1), 45-62.

今田寛（訳）(1992, 1993). 心理学 岩波文庫（上・下）(James, W. (1892). *Psychology: Briefer course*. New York: Henry Holt)

今田寛（1994）. 行動主義・新行動主義 梅本堯・大山正（編著）心理学史への招待 第14章, pp. 219-234. サイエンス社

今田寛（1996a）. 学習の心理学 今田寛・八木昭宏（監修）現代心理学シリーズ3 培風館

今田寛（1996b）. 心理学専門家の養成について：基礎心理学の立場から 心理学評論, **39**, 5-20.

今田寛（2000編著）. 学習の心理学 財団法人放送大学教育振興会

今田寛（2001a）. わが国心理学界への行動主義の受容 ―今田恵と関西学院大学心理学研究室を中心に― 心理学評論, **44**, 433-440.

今田寛（2001b）. 為万世開太平(抄) ～今田恵の日記(一九四五年八月十五日～九月二十日)～ 関西学院史紀要, 第7号, 189-202.（資料）http://hdl.handle.net/10236/2332

今田寛（2001c）. 新浜邦夫先生について 関西学院大学心理学研究室（編）関西学院大学心理学研究室―過去および現在― pp. 15-16.

今田寛（訳）(2002). 心理学とあなた 二瓶社 (Berryman, J. C, Hargreaves, D. J., Howells, K., & Ockleford, E. M.（1997）. *Psychology and you*. The British Psychological Society.)

今田寛（2004a）. 関西学院初期の心理学教育（1889-1923）関西学院史紀要, 第10号, 1-36 http://hdl.handle.net/10236/2606

今田寛（2004b）. 心理科学のための39レッスン 培風館

今田寛（2005）. ジェームズ, デューイ, エンジェル ―機能主義的心理学の先駆者, 宣言者, 確立者― 末永俊郎（監）鹿取廣人・鳥居修晃（編）心理学群像1 アカデミア出版 pp. 65-88.

今田寛（2007）. 私が受けた心理学教育と経験を背景にわが国の心理学教育について考える 今田寛（2007）. 日本の大学・大学院における心理学教育をめぐる諸問題 第Ⅲ章, pp. 44-56. オーバーマイヤー, J. B.・今田寛（2007）. 心理学の大学・大学院教育はいかにあるべきか K.G.りぶれっと No. 20, 関西学院大学出版会

Imada, H. & Imada, S. (1983). Thorndike's (1898) puzzle-box experiments revisited. *Kwansei Gakuin Annual Studies*, **32**, 167-184.

Imada, H., & Kitaguchi, K. (2002). Recent learned helplessness/irrelevance research in Japan: Conceptual framework and some experiments on learned irrelevance. *Integrative physiological and Behavioral Science*, **37**, 9-21.

Imada, H., Mino, T., Sugioka, K., & Ohki, Y. (1981). Measurement of current-flow through the rat under signaled and unsignaled grid-shock conditions. *Animal Learning and Behavior*, **9**, 75-79.

今田寛・宮田洋・賀集寛（編著）(1986). 心理学の基礎 培風館

今田寛（監修）・中島定彦（編集）(2003). 学習心理学における古典的条件づけ理論：パヴ

ロフから連合学習研究の先端まで　培風館
Imada, H., & Nageishi, Y. (1982). The concept of uncertainty in animal experiments using aversive stimulation. *Psychological Bulletin*, **91**, 573-588.
Imada, H., & Niihama, K. (1966). Running speed and vigor of consummatory behavior as functions of sucrose concentration and its shift. *Japanese Psychological Research*, **8**, 170-178.
Imada, H., & Niihama, K. (1972). Studies on rigidity and crystallization of behavior: III. Can the fear-reduction theory explain fixation of avoidance behavior? *Japanese Psychological Research*, **14**, 158-167.
Imada, H., & Okamura, M. (1975). Some cues rats can use as predictors of danger and safety. *Animal Learning and Behavior*, **3**, 221-225.
今田寛・鹿野輝三 (1962).「MASに関する問題」(異常行動の諸問題—主として実験的アプローチ—　第5節) 心理学研究, **33**, 37-54.
Imada, H., & Shikano, T. (1968). Studies on rigidity and crystallization of behavior: I. Preliminary report on the rigidity of fear-motivated behavior in the rat. *Japanese Psychological Research*, **10**, 138-145.
Imada, H., Shuku, H., & Moriya, M. (1983). Can a rat count? *Animal Learning and Behavior*, **11**, 396-400.
Imada, H., & Soga, M. (1971). The CER and BEL as a function of predictability and escapability of an electric shock. *Japanese Psychological Research*, **13**, 115-122.
Imada, H., Sugioka, K., Ohki, Y., Ninohira, H., & Yamazaki, A. (1978). The effects of double-alternation schedules of shock intensity upon patterning of suppression of licking in rats with special reference to cue-utilization. *Japanese Psychological Research*, **20**, 167-176.
今田寛・漆原宏次 (2003). SOP・AESOP理論　今田寛（監）・中島定彦（編）学習心理学における古典的条件づけの理論—パヴロフから連合学習研究の最先端まで—　培風館，第5章，pp. 69-82.
今田寛・八木昭宏（監修）(1996). 現代心理学シリーズ全16巻　培風館
Imada, H., Yamazaki, A., & Morishita, M. (1981). The effects of signal intensity upon conditioned suppression: Effects upon responding during signals and intersignal intervals. *Animal Learning and Behavior*, **9**, 269-274.
今田恵 (1922). 聾唖者の計算能力検査　児童研究所紀要　第6巻
今田恵 (1923a). 思考作用と言語表象との関係（第一部）日本心理学雑誌, **1**, 34-95.
今田恵 (1923b). 思考作用と言語表象との関係（第二部）日本心理学雑誌, **1**, 129-189.
今田恵 (1926). 児童の色彩好悪　心理学研究, **1**, 373-393.
今田恵（訳）(1927). 心理学　岩波書店（James, W. (1892). *Psychology: Briefer course*. New York: Henry Holt）(1939年に岩波文庫（上・下）に編入)
今田恵 (1931a). 音響定位に対する疲労と順応との関係（日本心理学会報告）心理学論文

集，**3**, 496-500.
今田恵（1931b）．ゴッダード木型板作業の時間的分析　松本博士記念論文集，835-860.
今田恵（1933a）．ウィリアム・マクドウガル　応用心理研究，**1**, 287-289.
今田恵（1933b）．幼児の絵画に関する研究―幼児の興味―（日本心理学会報告）心理学論文集，**4**, 129-134.
今田恵（1933c）．宗教々育応用　児童心理学　日曜世界社
今田恵（1934a）．学齢期の子供の心理（母親教育シリーズ6）新生堂（1941年再版）
今田恵（1934b）．宗教心理学　日本メソヂスト日曜学校局（文川堂より1946年改訂増補，再版）
今田恵（1935a）．消極的（陰性）残像による補色の研究　心理学研究，**10**, 195-204.
今田恵（1935b）．宗教心理学と児童学　教育，**3**（4），776-788.
今田恵（1935c）．児童の手指作業力の発達　関西学院大学法文学部研究年誌，**1**, 93-124.
今田恵（1935d）．利手の実験的研究　心理学研究，**10**, 889-908.
今田恵（1935e）．連想の方向性（日本心理学会報告）心理学論文集，**5**, 88-93.
今田恵（1936a）．利手の研究（続報）応用心理学論文集（頁不明）
今田恵（1936b）．左利の研究　関西学院大学法文学部研究年誌，**2**, 63-98.
今田恵（1937）．左利の研究　日本学術協会報告，12, 270-274.
今田恵（1938a）．左眼偏用と左利との関係（日本心理学会報告）心理学論文集，**6**, 62-68.
今田恵（1938b）．配色感情の研究（日本心理学会報告）心理学論文集，**6**, 68-72.
今田恵（1938c）．児童の色彩感に関する研究　心理学研究，**13**, 133-146.
今田恵（1938d）．ウィリアム・ジェームズ　廿世紀思想2　石原純・恒藤恭・三木清（編）実用主義，pp. 51-94.　河出書房
今田恵（1938e）．盲人の迷路学習　教育心理学研究（巻号頁不明）
今田恵（1938f）．幼児の色彩感に関する研究　心理学研究，**13**, 133-146.
今田恵（1939a）．心理学の体系に関する考察―その発展と結論―　関西学院創立五拾周年記念論文集　関西学院新聞，pp. 16-20.
今田恵（1939b）．心理学　育芳社
今田恵（1939c）．形態心理学を繞る論争について　理想，99号，32-41.（通巻，916-925）
今田恵（1939d）．音響心理学　音響科学，第8編，331-353.
今田恵（1939e）．左利傾向と年齢との関係　心理学研究，**14**（特輯・日本心理学会大7回大会発表），87-88.
今田恵（訳）（1939f）．心理学　岩波文庫（上・下）（James, W.（1892）*Psychology: Briefer course*. New York: Henry Holt）（1926年の岩波書店版を文庫に編入）
今田恵（1940a）．精神発達と宗教　宗教研究，103, 18-36.
今田恵（1940b）．アメリカの心理学　白楊社現代アメリカの経済及文化
今田恵（1941a）．手指運動能力の発達（続報）（同一児童群六年間の発達）心理学研究，**16**（No. 2特集・日本心理学会第八回大会報告），33.
今田恵（1941b）．米国心理学の操作主義と科学統一運動　理想，122号，49-59.

今田恵（1941c）．科学と宗教の問題　社会的基督教，10（5月号），5-7.
今田恵（1942）．幼児の性格形成　保育，64, 2-7.
今田恵（1943）．民族性の構造　心理学研究，**18**, 126-133.
今田恵（1945）．民族における遺伝と環境　関西学院大学国民科学研究所　研究年報（昭和十九年度），91-98.
今田恵（1946a）．アメリカ心理学の現状　人間科学（日本応用心理学会）（創刊号），25-34.
今田恵（1946b）．宗教心理学　文川堂書店　（今田恵（1934b）改訂増補、再版）
今田恵（1948）．社会心理学の動向—アメリカ心理学を中心として—　季刊大学（東京大学新聞社出版部），9月号　（通号6），79-80.
今田恵（1949a）．ウィリアム・ジェームズ　養徳社　（1951年に改題再版）
今田恵（1949b）．態度の心理とその一般心理学的背景　心理学研究，**19**, 173-178.
今田恵（訳）（1950a）．現代物理学の論理　新月社（Bridgman, P. W. (1927). *The logic of modern physics*. New York: Macmillan）（今田・石橋（訳）（1941）の再版）
今田恵（1950b）．自殺の心理　ニューエイジ，4, 32-36.（毎日新聞社）
今田恵（1950c）．宗教とは何か—その心理学的背景—　哲学雑誌，**65**（707），25-39.
今田恵（1951）．アメリカ哲学の源流　ジェームスとその思想　養徳社　（今田恵（1949a）を改題再版）
今田恵（1952）．心理学　岩波書店
今田恵（1953a）．連合派・行動派　心理学講座（日本応用心理学会）第1巻　中山書店
今田恵（1953b）．行動主義の展開　人文論究，**3**（6），1-15.
今田恵（1953c）．宗教心理学の新時代—私の最初の心理学の先生に献ぐ—　関西学院大学神学部　神学研究，第2号，82-90.
今田恵（1954a）．Recent psychological thinking in Japan.　人文論究，**4**（5），1-8.
今田恵（1954b）．人間性の探究—心理学的問題として—　人文論究，**5**（4），1-15.
今田恵（1954c）．オールポートの人格心理学の基礎概念　関西学院大学文学部記念論文集，195-220.
今田恵（1955）．宗教意識の発達　牛島・桂・依田（編）青年心理学講座，第1巻, pp. 99-145.
今田恵（1956a）．ウィリアム・ジェームズの心理学の生成　人文論究，**6**（6），1-19.
今田恵（訳）（1956b）．ジェームズ論文集—ウィリアム・ジェームズの心理思想と哲学—　世界大思想全集 **15**　河出書房
今田恵（1957）．ジェームズ心理学—その生成と根本思想—　弘文堂
今田恵（1958）．現代の心理学　岩波全書241　岩波書店
今田恵（1959a）．関西学院と私　関西学院七十年史編集委員会（編）関西学院七十年史　関西学院　pp. 553-557.
今田恵（1959b）．関西学院と心理学—科学性の探求—　創立七十周年関西学院大学文学部記念論文集　関西学院大学文学部　pp. 566-588.

今田恵（1959c）．宗教と心理学　関西学院大学神学部　神学研究，第9号，342-353．
今田恵（1960a）．ブランスウィックの「心理学の概念的構成」（Egon Brunswik, Conceptual Framework of Psychology）の理解のために　人文論究，**11**（1），1-11．
今田恵（1960b）．心理学における主体性の消長　第8回学術大会講演集，1-48，日本基督教学会
今田恵（1961）．宗教心理学の新傾向　大阪精神衛生，**7**（3, 4），15-16．
今田恵（1962）．心理学史　岩波書店
今田恵（1964）．心理学という科学　関西学院大学神学部　神学研究，第13号，255-270．
今田恵（1965）．心理学的自伝　人文論究，**15**（2）（今田恵教授退任記念号），1-11．（今田恵（1967）人間理解と心理学　創元社 pp.137-152．にも再録）
今田恵（訳）（1966）．児童心理学　現代心理学入門1　岩波書店（Mussen, P. H. (1963). *The psychological development of the child*. Englewood Cliffs, N. J.: Prentice Hall.）
今田恵（1967a）．わが心の自叙伝　神戸新聞　8月27日～10月15日，7回連載　（今田幾代（1971）夫を偲ぶ　凸版印刷 pp. 9-34 にも再録）
今田恵（1967b）．人間理解と心理学　創元社
今田恵（監訳）星野命・入谷敏男・今田寛（訳）（1968）．オルポート（1961）人格心理学（上下）誠信書房（Allport, G. W. (1961). *Pattern and growth in personality*. New York: Holt, Rinehart & Winston）
今田恵（1976）．基礎心理学― minimum psychology ―（遺稿）（未完）人文論究，**25**（4），91-124．
今田恵・石橋栄（訳）（1941）．現代物理学の論理　創元社（Bridgman, P. W. (1927). *The logic of modern physics*. New York: Macmillan）（のち新月社より1950年に再版）
Imada, S., Fujii, M., Nakagawa, R., Iso, H., Sugioka, K., & Imada, H. (1983). An attempt to measure effects of electric shock upon rat's drinking, eating and general activities over 24 hours a day. *Japanese Psychological Research*, **25**, 52-57.
Imada, S., Hagimoto, K., & Imada, H. (1984). Classical conditioning of an "avoidance" response in goldfish using a linear presentation procedure. *Animal Learning and Behavior*, **12**(2), 171-174.
今田純雄・今田寛（1981）．ソーンダイクの問題箱実験再分析―ネコの場合―　人文論究，**31**（1, 2），99-122．
Imada, S., Kondo, H., & Imada, H. (1985). Effects of shocks, presented at a fixed time of day, on appetitive and general activity of rats. *Animal Learning and Behavior*, **13**, 194-200.
Imada, S., Shimai, S., & Imada, H. (1981). Behavior of rats under fixed-time shock schedule. *Japanese Psychological Research*, **23**, 49-54.
今田純雄・塚原弘子・今田寛（1986）．ネコのボール押し行動に関する一実験― Guthrie

& Horton (1946) の実験の再検討― 動物心理学年報, **36**, 89-100.

伊村知子・友永雅己・今田寛 (2003). 陰影による奥行き知覚の発達 友永雅己・田中正之・松沢哲郎 (編著)「チンパンジーの認知と行動の発達」京都大学学術出版会 pp. 83-88.

稲森義雄 (1975). False HR feedback がスライドの好みに対する影響 バイオフィードバック研究, **3**, 1-4.

井上道雄・斉藤洋典・石原岩太郎 (1979). 漢字の情報処理に関する心理学的研究―処理様態について― 人文論究, **29** (1), 122-138.

井上道雄・杉島一郎・賀集寛 (1997). 主観的表記頻度と世代差――高校生・大学生・中高年 神戸山手女子短期大学「紀要」, **40**, 41-49.

井上徳子 (1994). チンパンジー乳幼児における自己鏡映像の認知―縦断的研究と横断的研究― 発達心理学研究, **5**, 51-60.

井上徳子・日上耕司 (1993). チンパンジー乳幼児における愛着の研究―第2子との対面による第1子の行動変化― 霊長類研究, **9**, 89-95.

井上徳子・日上耕司・松沢哲郎 (1992). チンパンジー乳児における愛着の研究― Strange Situation における行動と心拍変化― 発達心理学研究, **3**, 17-24.

井上 (中村) 徳子・外岡利佳子・松沢哲郎 (1996). チンパンジー乳幼児におけるヤシの種子割り行動の発達 発達心理学研究, **7**, 148-158.

Inoue-Nakamura, N. (1997). Mirror self-recognition in primates: A phylogenetic approach. *Japanese Psychological Research*, **39**, 266-275.

Inoue-Nakamura, N., & Matsuzawa, T. (1997). Developmental processes of nut-cracking skill among infant chimpanzees in the wild. *Journal of Comparative Psychology*, **111**, 159-173.

石原岩太郎 (1960). 言語行動の心理学 弘文堂

石原岩太郎 (1966). 言語学習と言語行動研究十ヵ年 心理学評論, **10**, 2-22.

Ishihara, I. (1972). Studies of verbal learning and word association in Japan. 第20回国際心理学会議・論文抄録集, 283.

石原岩太郎 (1980). 関西学院大学心理学研究室 日本心理学会 (編) 日本心理学会五十年史 (第一部) pp. 259-261 金子書房

石原岩太郎 (1982a). 意味と記号の心理学 誠信書房

石原岩太郎 (1982a). 今田恵 (1894-1970) 日本の心理学刊行委員会 (編) 日本の心理学 日本文化科学社, pp. 112-118.

石原岩太郎 (1993). 人生を観る:今一つの心理学 信山社出版

石原岩太郎・賀集寛 (1953). 類似, 反対又は中性関係にある諸反応語の学習―言語学習における条件形成原理の研究― 心理学研究, **24**, 1-12.

石原岩太郎・森本博 (1957). 意味的汎化次元の決定 文化, **21**, 120-132.

石原岩太郎・森本博・賀集寛・久保和男 (1956). 言語学習における意味関係と連想方向 人文論究, **7** (3), 55-68.

石原金由・宮田洋（1980）．異なる電極電解質と皮膚電気活動　心理学研究，**51**, 291-294.
石原金由・宮田洋（1982）．眠けの尺度とその実験的検討　心理学研究，**52**, 362-365.
石原金由・宮下彰夫・犬上牧・福田一彦・山崎勝男・宮田洋（1986）．日本語版朝型─夜型（Morningness-Eveningness）質問紙による調査結果　心理学研究，**57**, 87-91.
Ishihara, K., & Miyata, Y. (1983). Short-term adjustment of oral temperature to 8-hour advanced shift. *Japanese Psychological Research*, **25**, 228-232.
石原金由・宮田（1984）．眠け尺度（KSS）による不眠患者の日中の眠けと睡眠薬の効果の評定　最新医学，**39**, 2120-2131.
磯博行・杉岡幸三（編著）（1994）．情動・学習・脳　二瓶社
伊藤慎子・八木昭宏（2000）．注意状況におけるラムダ反応の振幅の時系列的な変動について─脳波のリアルタイム処理を用いて─　関西心理学会第112回大会
岩内一郎（1967）．定位反射と条件反射形成における個人差　人文論究，**18**, 1-8.
James, W. (1890). *The principles of psychology*. Vols. 1 & 2. New York: Henry Holt.
James, W. (1892). *Psychology: Briefer course*. New York: Henry Holt.（ジェームズ，W.　今田恵（訳）（1927）．心理学　心理学名著叢書1　岩波書店（後、今田恵（1939）．心理学　岩波文庫（上・下），今田寛（1992, 1993）．心理学　岩波文庫（上・下））
James, W. (1902). *Varieties of religious experience*. New York: Longmans, Green.（桝田啓三郎（訳）（1969, 1970）．宗教的経験の諸相　岩波文庫（上・下））
治部哲也・沖田庸嵩・八木昭宏（1998）．音韻プライミング効果と聴覚事象関連脳電位　心理学研究，**69**, 367-375.
治部哲也・沖田庸嵩・八木昭宏（1999）．音声単語の反復効果と聴覚事象関連脳電位：音響的特性の影響　生理心理学と精神生理学，**17**, 9-19.
実森正子・中島定彦（2000）．学習の心理─行動のメカニズムをさぐる─　サイエンス社
Kai, M., & Imada, H. (1970). Studies on rigidity and crystallization of behavior: II. The rigidity of avoidance behavior in the rat as a function of shock intensity. *Japanese Psychological Research*, **12**, 9-17.
柿木昇治（1965）．人間に於ける瞳孔条件反射の形成　人文論究，**15**, 79-97.
柿木昇治（1966）．血管運動反射の回避条件形成　第5回　日本条件反射学会
柿木昇治・古武弥正（1964）．人間の瞳孔について条件反射を証明できるか　人文論究，**14**, 1-15.
鴨野元一・宮田洋（1974）．条件性ヒフ電気反応にみられる諸問題　人文論究，**24**, 16-43.
Kanamori, N., & Yagi, A. (2002). The difference between flipping strategy and spinning strategy in mental rotation. *Perception*, **31**, 1459-1466.
Kanamori, N., & Yagi, A. (2005). Amount of priming in the difference of mental transformation. *The Psychological Record*, **55**, 91-101.
神田左京（1918）．元良先生を憶ふ　心理研究，**17**（6）（通巻84号），43-59.
Kaneshige, K., Nakajima, S., & Imada, H. (2001). The effect of on- or off-line extinction of a first-order conditioned stimulus on a second-order conditioned response in

rats. *Japanese Psychological Research*, **43**, 91-97.
関西心理学会（編）(1977). 関西心理学会五十年の歩み　関西心理学会
関西心理学会（編）(1988). 関西心理学会第100回大会記念シンポジウム　関西心理会の回顧と展望　京都大学
関西学院文学会編集部 (1931). 文学部回顧　関西学院文学会
関西学院大学文学部史編集委員会 (1994). 関西学院大学文学部60年史　関西学院大学文学部
関西学院五十年史編纂委員会 (1940). 関西学院五十年史　学校法人関西学院
関西学院グリークラブ（編）(1981). 関西学院グリークラブ八十年史　関西学院グリークラブ部史発行委員会
関西学院百年史編纂事業委員会（編）(1997). 関西学院百年史　1889-1989　通史編Ⅰ
関西学院事典編集委員会 (2001). 関西学院事典　学校法人関西学院
賀集寛 (1955). 言語学習転移と意味的反応汎化　人文論究, **6** (1), 102-120.
賀集寛 (1960). 連想機構の分析（2）F連想とT連想　心理学評論, **4**, 50-60.
賀集寛 (1966). 連想の機構　心理学モノグラフ1. 日本心理学会・モノグラフ委員会.
賀集寛 (1973). 日本語の連想メカニズ—反対語連想を中心として—　人文論究, **23** (2), 1-12.
賀集寛 (1983). 日本語の特性と連想　人文論究, **33** (1), 17-28.
賀集寛 (2001). 出勤簿　関西学院大学心理学研究室（編）関西学院大学心理学研究室—過去および現在—　pp. 17-18.
賀集寛 (2009). 石原岩太郎先生を偲んで　心理学研究, **80**, 159-163.
賀集寛・井上道雄・石原岩太郎 (1980). 漢字の視覚的複雑性に関する諸要因　人文論究, **30** (1), 17-28.
賀集寛・石原岩太郎・井上道雄・斎藤洋典・前田泰宏 (1979). 漢字の視覚的複雑性　人文論究, **29** (1), 103-121.
賀集寛・石原岩太郎・坂口順治 (1957). 言語行動の研究（5）B. T連想の分析　日本心理学会第21回大会発表論文抄録, 111-112.
賀集寛・久保和男 (1954). 3音節動詞の連想価表　人文論究, **5** (3), 73-103.
賀集寛・皆川直凡・前澤幸喜 (1988). 3音節動詞の連想的意味による分類　人文論究, **38** (1), 33-44.
賀集寛・坂口順治・石原岩太郎 (1958a). 連想機構の分析—T連想について　実験心理学, **2**, 31-38.
賀集寛・坂口順治・石原岩太郎 (1958b). 言語行動の研究（6）A. T連想の分析（その2）日本心理学会第22回大会発表論文集, 147.
Katayama, J., Isohashi, S., & Yagi, A. (1990). Negative brain potencials reflect the subjective distance between standard and devaint tones. *Biological Psychology,* **31**, 95-100.
Katayama, J., Miyata, Y., & Yagi, A. (1987). Sentence verification and event-related

brain potentials. *Biological Psychology*, **25**, 173-185.
片山順一・奥野徹・八木昭宏 (1989). サッケイドの方向がサッケイド関連脳電位に及ぼす効果　生理心理と精神生理学, **7**, 53-58.
加藤司 (2000). 大学生用対人ストレスコーピング尺度の作成　教育心理学研究, **48**, 225-234.
加藤司 (2001a). コーピングの柔軟性と抑うつ傾向との関係　心理学研究, **72**, 57-63.
加藤司 (2001b). 対人ストレスコーピングと Big Five との関連性について　性格心理学研究, **9**, 140-141.
加藤司 (2001c). 対人ストレス過程における帰属とコーピング　性格心理学研究, **9**, 148-149.
加藤司 (2001d). 対人ストレス過程の検証　教育心理学研究, **49**, 295-304.
加藤司 (2002a). 共感的コーピング尺度の作成と精神的健康との関連性について　社会心理学研究, **17**, 73-82.
加藤司 (2002b). 対人ストレス過程における社会的相互作用の役割　実験社会心理学研究, **41**, 147-154.
加藤司 (2003). 大学生の対人葛藤方略スタイルとパーソナリティ：精神的健康との関連性について　社会心理学研究, **18**, 78-88.
川合京子 (1966). 有意統制に関する一研究：唾液条件反射を指標として　日本心理学会第30回大会
川合伸幸 (1995). ラットの古典的嫌悪条件づけにおける同時対比効果　感情心理学研究, **3**, 17-25.
川合伸幸 (1996). ラットにおける無条件刺激の長さの分化条件づけ：試行間間隔及び移行間間隔の効果　心理学研究, **67**, 396-402.
川合伸幸 (1997). ラットにおける無条件刺激の長さの分化条件づけ：US強度の効果　動物心理学研究, **47**, 59-66.
川合伸幸・今田寛 (1990). 条件性抑制直前の一時性及び二次性嫌悪刺激の脱抑制効果（ラット）　動物心理学研究, **40**, 20-28.
Kawai, N., & Imada, H. (1996). Between- and within-subject effects of US duration on conditioned suppression in rats: Contrast makes otherwise unnoticed duration dimension stand out. *Learning and Motivation*, **27**, 92-111.
川合伸幸・今田寛 (1997). 最近の甲殻類の回避学習の研究について　人文論究, **47** (1), 42-63.
Kawai, N., Kono, R., & Sugimoto, S. (2004). Avoidance learning in the crayfish (*Procambarus clarkii*) depends on the predatory imminence of the unconditioned stimulus: A behavior systems approach to learning in invertebrates. *Behavioural Brain Research*, **150**, 229-237.
Kawai, N., Nishida, N., & Imada, H. (1998). Effects of postconditioning manipulations following compound conditioning on conditioned licking suppression in rats.

Psychologia, **41** (1), 49-59.
Kazai, K., & Yagi, A. (1999). Integrated effect of stimulation at fixation points on EFRP (eye-fixation related brain potentials). *International Journal of Psychophysiology*, **32**, 193-203.
Kazai, K., & Yagi, A. (2003). Comparison between the lambda response of eye-fixation-related potentials and the P100 component of pattern-reversal visual evoked potentials. *Cognitive, Affective, & Behavioral Neuroscience*, **3**, 46-56.
桐村雅彦 (1968). 連想法による類似・反対関係の分析 人文論究, **19** (2), 23-43.
岸本陽一・今田寛 (1978). モーズレイ性格検査 (MPI) に関する基礎調査 人文論究, **28** (3), 63-83.
北口勝也 (1994). 動物は「無関係」という関係を学習できるか？ 人文論究, **44** (3), 66-82.
北口勝也 (1995). 古典的条件づけにおける随伴性の指標― Granger & Schlimmer (1986) の理論を中心に― 人文論究, **45** (4), 129-148.
北口勝也 (1996a). 真にランダムな統制手続きにおける初期条件づけ効果に及ぼすCS強度の効果（ラット）動物心理学研究, **46**, 9-20.
北口勝也 (1996b). 古典的条件づけにおける真にランダムな統制手続き（TRC手続き）をめぐる諸問題 心理学評論, **39**, 224-251.
Kitaguchi, K. (2000). Initial excitatory conditioning with the truly random control procedure in rats: The effects of density of the conditioned stimulus. *Japanese Psychological Research*, **42**, 135-143.
北口勝也 (2000). 無関係性事態における動物の学習と行動 動物心理学研究, **50**, 1-11.
北口勝也 (2002). 「無関係」という関係に関する実験心理学的考察 動物心理学研究, **52**, 45-54.
北口勝也・今田寛 (1996). 「学習された無関係性」現象に関する最近の研究動向. 人文論究, **46** (3), 98-115.
北口勝也・今田寛 (1998). 人間は「無関係」という関係を学習できるか？ 人文論究, **47** (4), 79-98.
Kitaguchi, K. & Imada, H. (1995). Effects of negative contingency upon conditioned suppression of licking in rats: Systematic manipulations of session length and number of shocks. *Japanese Psychological Research*, **37**, 210-220.
Koffka, K. (1924). *The growth of mind: An introduction to child psychology* (R. M. Ogden, Trans.). New York: Harcourt, Brace.
小西賢三 (1973). 瞳孔反射に関する一基礎研究：その定位性成分について 兵庫医科大学誌, **1**, 3-12.
古西浩之・八木昭宏 (1995). 感情喚起スライドの日米比較 (2) 日本心理学会第59回大会
河野浩・宮田洋 (1995a). タイプA特性と生活習慣の関係 タイプA, **6**, 47-50.

河野浩・宮田洋（1995b）．タイプAと睡眠　現代のエスプリ，8月号，93-102．
古武弥正（訳）（1942）．児童心理　三省堂（独語版 K. Bühler（1925）．*Abriß der Geistingen Entwicklung des Kindes.* Leipzig: Verlag von Quelle & Meyer. 英語版 K. Bühler（1925）．*The mental development of the child: A summary of modern psychological theory.* Oxford, England: Hardourt, Brace）（1958年に改題再版）
古武弥正（1943a）．人間に於ける条件反射の実験心理学的研究（序報）心理学研究，**17**，459-462．
古武弥正（1943b）．条件唾液反射の形成，汎化，及び分化（人間に於ける条件反射の研究）心理学研究，**18**，77-85．
古武弥正（1944a）．唾液分泌についての小実験　心理学研究，**18**，449-450．
古武弥正（1944b）．「まだか，まだか」反射について—条件反射法に於ける延滞と痕跡—心理学研究，**18**，451-454．
古武弥正（1944c）．ダウニー・古武意志動作調節法　学術研究会議第9部（編）疲労測定法　創元社
古武弥正（1946a）．人間の条件反射について　哲学研究，**31**，48-53（通巻，451-454）
古武弥正（1946b）．ワットソンの心理学　脳研究，**3**，31-38．
古武弥正（1949a）．人間の条件反射—私どもの基礎実験—　関西学院大学六十周年記念論文集，67-77．創元社
古武弥正（訳）（1949b）．アヴェロンの野生児：その生い立ちの記録　丘書房　J. Itard（1894）．*Rapports et mémoires sur le sauvage de l'Aveyron,* Paris.
古武弥正（1949c）．人間への科学的理解　ガイダンス誌，**8**，56-59．
古武弥正（1950a）．人間について条件反応研究の十箇年（私とその共同研究者の知見）脳研究，**6**，135-160．
古武弥正（1950b）．人間理解への鍵　カリキュラム，**21**，40-44．
古武弥正（1950c）．心理学的実験法　生理学講座**4**，中山書店
古武弥正（1951a）．人間における条件反射の心理生理学的研究　心理学研究，**21**，12-16．
古武弥正（1951b）．人間の条件反応　児童心理と精神衛生，**2**，169-174．
古武弥正（1953a）．人間の条件反射　心理学講座**5**，中山書店
古武弥正（1953b）．心理学的実験法　生理学講座**4**，中山書店
古武弥正（1954）．条件形成原理の研究とその臨床的応用（概説）人文論究，**4**，10-24．
古武弥正（訳）（1958）．精神発達　牧書店　（古武弥正（訳）（1942）を改題再版）
古武弥正（1959a）．法文学部のはじめ　関西学院七十年史編集委員会（編）関西学院七十年史　pp. 474-478．
古武弥正（1959b）．条件反応研究二十ヶ年　創立七十周年関西学院大学文学部記念論文集，589-641．
古武弥正（1960）．私のこと，研究室のこと　関西学院大学心理学学士会会報，No. 1
古武弥正（監修）（1964）．条件反応の原理と体系　全4巻　誠信書房　（今田恵古希祝賀

記念出版）(1, 4 巻未完)

古武弥正（1971）．今田恵先生76年の御生涯を偲ぶ　心理学研究，**41**, 330-331.

古武弥正（1977）．あの頃の先輩心理学者のことども　関西心理学会五十年の歩み　pp. 7-9.

古武弥正・美浜春久（1951）．人間に於ける瞳孔反射の条件形成　心理学研究，**22**, 77-87.

古武弥正・美浜春久（1952）．C. V. Hudgins の方法による瞳孔条件反射の有意統制　心理学研究，**23**, 88-92.

Kotake, Y., & Miyata, Y. (1958). Our seventeen years of research on conditioned responses in man. *Psychologia*, **1**, 158-166.

古武弥正・宮田洋（1958）．人間における条件反射と制止の問題　人文論究，**9**, (2), 1-15.

古武弥正・宮田洋（1959）．人間の唾液条件反射　神経研究の進歩，**3**, 371-379.

Kotake, Y., & Miyata, Y. (1971). Our thirty years of research on conditioned responses in man. *Kwansei Gakuin University Annual Studies*, **20**, 73-82.

古武弥正・宮田洋（1973）．人間の条件反応　心理学モノグラフ13，日本心理学会・モノグラフ委員会

古武弥正・新浜邦夫（1951a）．条件行動についての予備的研究　心理学研究，**21**, 17-32.

古武弥正・新浜邦夫（1951b）．行動定量化法論（Hull の方法について）　人文論究，**1**, 55-77.

古武弥正・新浜邦夫（1956）．条件反応　共立出版

古武弥正・新浜邦夫（1976）．条件反応―行動科学の原理―　福村出版

古武弥正・多河慶一（1951a）．人間の電気性皮膚条件反射に於ける条件形成について　人文論究，**2**, (1), 19-32.

古武弥正・多河慶一（1951b）．人間に於ける電気性皮膚条件反射の延滞について　心理学研究，**22**, 1-5.

久保克己（1983）．音韻情報処理に伴う事象関連電位の半球非対称性　生理心理学と精神生理学，**1**, 27-33.

久保和男・中田義朗・石原岩太郎・森本博（1958）．言語行動の研究（6）B. 意味論的汎化と T 連想―その再検討　日本心理学会第22回大会発表論文集

Kunitomi, E., Shikano, T., & Imada, H. (1964). Avoidance learning in shuttling and nonshuttling situations, with and without a barrier. *Japanese Psychological Research*, **6**, 129-135.

久野能弘・島田修・今田寛（1968）．精神分裂病への行動療法の適用　人文論究，**19**, (1), 63-88.

黒田実郎（1952）．幼児の条件反応形成速度，知能，体格，神経の型との関係　心理学研究，**23**, 144-152.

Ladd, G. T. (1887). *Elements of physiological psychology*. New York: Scribners.

Lewin, K. (1936). *Principles of topological psychology*. New York: McGraw-Hill. （外林

大作・松村康平（訳）(1942). トポロジー心理学の原理　生活社）

Lyvers, M., & Miyata, Y. (1993). Effects of cigarette smoking on electrodermal orienting reflexes to stimulus change and stimulus significance. *Psychophysiology*, **30**, 231-236.

McCosh, D. D. (1886). *The cognitive powers.* New York: Scribners.

McDougall, W. (1908). *Introduction to social psychology.* London: Methuen.

McGinnies, E (1960). Psychology in Japan: 1960. *American Psychologist*, **15**, 556-562.

前澤幸喜・賀集寛（1988）．再生可能語の再認の失敗に対するテスト予期およびテスト順序の効果　心理学研究, **59**, 234-240.

牧泰夫（1951）．関西心理学会　心理学研究, **22**, 75-76.

正木正（1943）．白鼠の糸を引く学習実験―行動の問題に関する報告Ⅵ―　心理学研究, **18**, 65-76.

Masaki, T., & Nakajima, S. (2004a). Swimming-induced taste aversion and its prevention by a prior history of swimming. *Learning and Motivation*, **35**, 406-418.

Masaki, T., & Nakajima, S. (2004b). Taste aversion learning induced by delayed swimming activity. *Behavioural Processes*, **67**, 357-362.

増田真徳・八木昭宏（2000）．リラクセイション状況下の感情状態に関する一考察　関西心理学会第112回大会

増井幸恵・今田寛（1992）．認知地図研究における方法論的問題―認知地図の外在化の問題に関する一考察―　人文論究, **42**(2), 65-81.

増井幸恵・今田寛（1993）．道に迷いやすい状況の構造と方向感覚との関係―クラスター分析を用いて―　人文論究, **43**(3), 45-58.

松本亦太郎（1914）．実験心理学十講　弘道館

松永一郎・内藤徹・今田寛（1961）．テイラーの不安尺度とその関係諸問題（その1）　人文論究, **12**(1), 63-95.

Matsunaka, K., Inoue, A., & Miyata, Y. (2002). The effect of sight levels on daily stressors and coping styles. *Japanese Psychological Research*, **44**, 1-8.

松中久美子・宮田洋（1993）．視覚障害者の障害受容について　視覚障害リハビリテーション, **38**, 18-24.

道広和美・宮田洋（1985）．定位反応について：われわれの25ヵ年の知見を中心として　人文論究, **34**, 51-73.

道広和美・宮田洋（1987）．定位性皮膚コンダクタンス反応に及ぼす認知的構えの効果　生理心理学と精神生理学, **5**, 123-128.

Mihama, H., & Kotake, Y. (1953). The conditioned pupillary light-reflex in man and its verbal control. *Kwansei Gakuin University Annual Studies*, **11**, *Department of Humanities Seiries*, 1-20.

美浜春久・古武弥正（1954）．瞳孔光反射計測の新方法と瞳孔光反射に於ける刺激時間関係　心理学研究, **24**, 261-267.

Miller, N .E., & Carmona, A. (1967). Modification of a visceral response, salivation in thirsty dogs by instrumental training with water reward. *Journal of Comparative and Physiological Psychology*, **63**, 1-6 .

Miller, N.E., & Dollard, S. (1941). *Social learning and imitation.* New Haven: Yale University Press.

皆川直凡・賀集寛 (1984). 大脳半球の働きにおける個人差と利き脳テストの信頼性についての検討 人文論究, **34** (2), 95-112.

皆川直凡・賀集寛 (1986). 大脳半球機能差の発達について 人文論究, 1986, **36** (1), 131-155.

Minagawa, N., & Kashu, K. (1989). Influence of cognitive style and interstimulus interval on the hemispheric processing of tactile stimuli. *Perceptual and Motor Skills*, **68**, 1031-1039.

皆川直凡・賀集寛 (1990). 俳句を構成する語の相互関連度と俳句に対する共感度との関係 計量国語学会, **17**, 265-272.

Minagawa, N., Nakagawa, M., & Kashu,K. (1987). The difference between musician and nonmusician in the utilization of asymmetrical brain function during a melody recognition. *Psychologia*, **30**, 251-257.

Minagawa, N.,Yokoyama, T. & Kashu, K. (1988). The effect of repetitive presentation and inducement of simplified form of KANJI on visual field differences. *Psychologia*, **31**, 217-225.

美濃哲郎 (1986). 皮膚コンダクタンス水準と皮膚コンダクタンス反応 新美良純・鈴木二郎 (編) 皮膚電気活動 岩波書店

Mino, T., & Miyata, Y. (1975). Effects of range of stimulus-variation upon habituation of the orienting response. *Psychophysiology*, **12**, 136-140.

三戸秀樹・宮田洋 (1979). 時間知覚とその周辺 人文論究, **28**, 55-69.

三橋美典・加藤幸彦・宮田洋 (1980). 定位反射の零下馴化：皮膚抵抗反射を指標として 心理学研究, **50**, 341-344.

三橋美典・美濃哲郎・水野高一郎・宮田洋 (1974). 定位反射の自律反応成分の馴化：皮膚抵抗反射を指標として 心理学評論, **17**, 179-202.

三橋美典・宮田洋 (1981). 精神遅滞児の定位反応：研究の概観と指針 人文論究, **30** (4), 115-129.

三宅進 (1957). 犬の前肢屈折による同時条件反射―個体例について― 日本心理学会第21回大会

三宅進 (2006). ハミル館のパヴロフたち もうひとつの臨床心理学事始め 文芸社

三宅進・古武弥正 (1958). Cotton 法による人間の唾液分化形成とその破壊 日本心理学会第22回大会

Miyashita, T., & Imada, H. (1971). Difficult discrimination and discrimination reversal in CER. *Japanese Psychological Research*, **13**, 92-96.

Miyashita, Y., Nakajima, S., & Imada H. (1999). Panel-touch behavior of horses established by an autoshaping procedure. *Psychological Reports*, **85**, 867-868.

Miyashita, Y. Nakajima, S., & Imada, H. (2000). Differential outcome effect in the horse. *Journal of the Experimental Analysis of Behavior*, **74**, 245-253.

宮田洋 (1956). 逃避及び回避反応に於ける刺激般化　心理学研究, **26**, 320-325.

宮田洋 (1959). 人間の唾液条件反射の実験に就いて　人文論究, **10** (1), 144-171.

Miyata, Y. (1961). Orienting reflex: The effect of verbal instruction on vasomotor reflex to auditory stimuli. *Japanese Psychological Research*, **3**, 28-41.

宮田洋 (1961). 定位反射と探求反射：ソビエトに於ける最近の研究　人文論究, **12**, 111-133.

Miyata, Y. (1963). The effects of verbal stress upon vasomotor activity, heart rate, and salivary outflow in human subjects. *Japanese Psychological Research*, **5**, 112-119.

宮田洋 (1965). 人間の条件反射　誠信書房

宮田洋 (1969). 古典的条件づけと学習　本吉良治（編）学習　八木冕（監修）講座　心理学 6　東京大学出版会　8 章

宮田洋 (1974). バイオフィードバックと自己制御に関する諸問題　バイオフィードバック研究, **2**, 26-27.

宮田洋 (1995). 睡眠・基本的生活習慣とタイプ A：総論　タイプ A, **6**, 47-50.

宮田洋 (1996). 脳と心　今田寛・八木昭宏（監修）現代心理学シリーズ 2　培風館

宮田洋（監修）(1997). 新 生理心理学　2 巻　生理心理学の応用分野　北大路書房

宮田洋（監修）(1998a). 新 生理心理学　1 巻　生理心理学の基礎　北大路書房

宮田洋（監修）(1998b). 新 生理心理学　3 巻　これからの生理心理学　北大路書房

宮田洋 (1998). 古武弥正先生追悼の記　心理学研究, **69**, 156-157.

宮田洋 (1997). 関西学院大学心理学研究室と生理心理学—"よだれ"から"まばたき"まで 60 年—　生理心理学と精神生理学, **15**, 43-50.

宮田洋 (2001). 関学心理学研究室と「小倉屋の塩昆布」　関西学院大学心理学研究室（編）関西学院大学心理学研究室—過去および現在—　pp. 19-20.

宮田洋 (2008). 関西学院大学心理学研究室　新制大学発足後五五年の歩み　関西学院史紀要第 14 号，77-95. URI: http://hdl.handle.net/10236/2978

宮田洋 (2002). 第 61 回大会「主催者の思い出」　日本心理学会 75 年史　日本心理学会　pp. 106-107.

宮田洋・藤本次郎 (1982). バイオフィードバック：その基礎と応用　平井久（編）行動の異常　八木冕（監修）現代基礎心理学 11　東京大学出版会　10 章

Miyata, Y., & Hamano, K. (1967). Can the autonomic response be trained through the operant paradigm? *Kwansei Gakuin University Humanities Review*, **18**, 1-18.

宮田洋・柿木昇治・藤沢清 (1985). 生理心理学　朝倉書店

宮田洋・古武弥正 (1955). 動物実験神経症及び異常行動の研究—その文献目録—　人文論究, **6**, (3), 1-47.

宮田洋・古武弥正（1958）．人間に於ける条件反射と制止の問題（I）我々の資料とその検討　人文論究, **9**（2），1-15.

宮田洋・古武弥正（1962）．反射と条件反射の研究：我々のその後の業績　人文論究, **12**, 111-133.

Miyata, Y., Mino, T., & Mizuno, K. (1977). Effects of the range of stimulus-variation upon habituation of the orienting response: Further demonstrations under extreme stimulus-conditions. *Kwansei Gakuin University Annual Studies*, **26**, 115-120.

Miyata Y., & Soltysik, S. (1971). Effect of food-satiation and food-deprivation upon conditioned reflexes established by the Ellison-Konorski separation procedure. *Act Neurobiologia Experimentalis*, **31**, 47-58.

Miyata, Y., Tanaka, Y., & Hono, T. (1990). Long-term observation on Fm-Theta during mental efforts: A single case report. *Neuroscience*, **16**, 145-148.

宮田洋・山村健（1970）．部分強化に関する研究の展望：特に古典的条件反射形成事態を中心として　創立80周年関西学院大学文学部記念論文集, 83-120.

宮田洋・吉岡英明・大須賀美恵子（1983）．まばたき波形を利用した傾眠防止：II. 監視作業場面への適用例　人間工学, **19**, 184-185.

水谷充良・東直幸・堀川隆志・山口雄三・宮田洋（1988）．Fmθと精神作業の遂行速度変化　臨床脳波, **30**, 435-439.

森本博・石原岩太郎・久保和男（1957）．言語行動の研究（5）D　意味論的汎化と文脈．日本心理学会第21回大会発表論文集

森本博・賀集寛・中田義朗（1957）．連想法と Semantic Differential 法とによる意味関係の研究　教育心理学研究, **4**, 131-137.

森田義宏（1968）．回避事態に於ける犬の心拍変化　関西心理学会第80回大会

Murphy, G. (1929). *Historical introduction to modern psychology*. Harcourt Brace Javanovich.

武藤健（編）(1940)．中央会堂五十年史　中央会堂

Nagai, M., Kazai, K., & Yagi, A. (2002). Larger forward memory displacement in the direction of gravity. *Visual Cognition*, **9**, 28-40.

Nagai, M., & Yagi, A. (2001). The pointedness effect on representational momentum. *Memory & Cognition*, **29**, 91-99.

投石保広（1974）．Rescorla の随伴性（contingency）について　人文論究, **24**（2），102-124.

Nageishi, Y., & Imada, H. (1974). Suppression of licking behavior in rats as a function of predictability of shock and probability of conditioned-stimulus-shock pairings. *Journal of Comparative and Physiological Psychology*, **87**, 1165-1173.

投石保広・今田寛（1980）．不安の実験心理学　心理学評論, **23**, 211-237.

内藤徹（1957）．人間唾液条件反射に於ける系の形成　心理学研究, **27**, 411-420.

内藤徹・山崎勝之・宮田洋（1983）．時間評価の発達的研究：子どもの時間評価に影響をおよぼす諸要因　金城学院大学論集人文科学編，**9**（3），63-74．

中島定彦（2002）．アニマルラーニング ―動物のしつけと訓練の科学―　ナカニシヤ出版

中島定彦（編）（2003）．学習心理学における古典的条件づけの原理―パヴロフから連合学習研究の最先端まで―　培風館

Nakajima, S., Ka, H., & Imada, H. (1999). Summation of overshadowing and latent inhibition in rats' conditioned taste aversion: Scapegoat technique works for familiar meals. *Appetite*, **33**, 299-307.

Nakajima, S., & Masaki, T. (2004). Taste aversion learning induced by forced swimming in rats. *Physiology & Behavior*, **80**, 623-628.

Nakajima, M., Nakajima, S., & Imada H. (1999). General learned irrelevance and its prevention. *Learning and Motivation*, **30**, 265-280.

Nakajima, S., Tanaka, S., Urushihara, K., & Imada H. (2000). Renewal of extinguished lever-press responses upon return to the training context. *Learning and Motivation*, **31**, 416-431.

Nakama-Kitamura, M. (2002). The role of contextual cues on counter-irritation in the development process of analgesic tolerance to morphine. *Life Sciences*, **72**, 531-540.

Nakama-Kitamura, M., & Doe, N. (2003). The influence of contextual cue on antinociceptive tolerance and facilitation of memory with morphine. *Journal Pharmacological Science*. **92**, 237-244.

Nakama-Kitamura, M., Kawai, N., Hayashi, T., & Imada, H. (2002). An analysis of the effects of contextual cues on the development of morphine tolerance in rats. *Japanese Journal of Neuropsychopharmacology*, **22**, 79-84.

仲村彰・八木昭宏（1997）．μ波に関する基礎研究　第15回日本生理心理学会学術大会

中野光・三枝幸弘・深谷昌志・藤沢法暎（1966）．戦後ドイツ教育史　お茶の水書房

中田義朗（1956）．言語行動の研究（3）a．文脈的意味に関する基礎的研究；実験I　日本心理学会第20回大会発表論文抄録

那須聖（訳）（1942）．人間は如何に行動するか　創元社　（Watson, J. B. (1930). *Behaviorism* (rev. ed.). New York: Norton.）（初版は1924年）

Neisser, U. (1967). *Cognitive psychology*. New York: Appleton-Century-Crofts.

日本心理学会（1980）．日本心理学会五十年史［第一部］　金子書房

日本心理学会（1987）．日本心理学会五十年史［第二部］　金子書房

日本心理学会（2005）．日本心理学会執筆・投稿の手引き（2005年改訂版）日本心理学会

日本心理学会75年史編集委員会（2002）．日本心理学会75年史　社団法人日本心理学会

新浜邦夫（1951）．条件行動の実験的研究　第5報告　日本心理学会第15回大会

新浜邦夫（1955）．猿における反応強度汎化　心理学研究，**25**, 240-245.

新浜邦夫（1956）．条件反応　共立出版

新浜邦夫（1964）．条件行動の心理学　条件反応の原理と体系 3　誠信書房

新浜邦夫（1987）．日本心理学会第 15 回大会　pp. 99-100；日本心理学会第 26 回大会　pp. 114-115，日本心理学会（編）（1987）　日本心理学会五十年史［第二部］　金子書房

西周（訳）(1875, 1876)．心理学（上下）文部省　Haven, J.（1857）．*Mental philosophy*. G. & Lincoln.

西川泰夫・高砂美砂（2004）．心理学史　財団法人放送大学教育振興会

西岡昭・大谷璋（1954）．識閾付近の条件刺激に依る条件皮膚電気反射　日本心理学会第 18 回大会

Noble, C. E.（1952）. An analysis of meaning. *Psychological Review*, **59**, 421-429.

Noble, C. E.（1953）. The meaning-familiarity relationship. *Psychological Review*, **60**, 89-98.

Noble, C. E.（1954）. The familiarity-frequency relationship. *Journal of Experimental Psychology*, **47**, 13-16.

Nomura, Y.（1975）. Shift of rehearsal strategy in single-trial free recall. *Japanese Psychological Research*, **17**, 197-202.

野村幸正（1976a）．短期貯蔵における体制化　心理学評論，**19**, 26-35.

野村幸正（1976b）．記憶機構における復唱の検討―維持復唱と思惟復唱―　心理学評論，**19**, 233-248.

Noritake, A., Kazai, K., Terao, M., & Yagi, A.（2005）. A Continuously lit stimulus is perceived to be shorter than a flickering stimulus during a saccade. *Spatial Vision*, **18**, 297-316.

則武厚・渡邉洋・梅村浩之・松岡克典・八木昭宏（2003）．バーチャルリアリティ空間における水平移動物体消失の位置の定位誤差　日本バーチャルリアリティ学会誌，**8**, 349-356.

Ogawa, H., Takeda, Y., & Yagi, A.（2002）. Inhibitory tagging on randomly moving objects. *Psychological Science*, **13**, 125-129.

小川洋和・八木昭宏（2002）．文脈手がかりによる視覚的注意の誘導　心理学評論，**45**, 213-224.

Ogawa, H., & Yagi, A.（2002a）. The implicit processing in multiple object tracking. *Attention & Cognition*, 1, 1-4.

Ogawa, H., & Yagi, A.（2002b）. The effects of the information of untracked objects on multiple object tracking. *The Japanese Journal of Psychonomic Science*, **21**, 49-50.

Ogawa, H., & Yagi, A.（2003）. Priming effects on multiple object tracking: An implicit encoding based on global spatiotemporal information. *Journal of Vision*, **3**, 339a.

小川嗣夫（1972）．52 カテゴリに属する語の出現頻度表　人文論究　**22**, 1-68.

小川嗣夫・稲村義貞（1974）．言語材料の諸属性の検討―名詞の心像性，具象性，有意味

度および学習容易性― 心理学研究, **44**, 317-327.
Ohki, Y., & Imada, H. (1984). The effects of intensities of shock and thirst on licking conditioned suppression. *Japanese Psychological Research*, **26**, 32-41.
Ohki, Y., Shimai, S., Mino. T., & Imada, H. (1983). Measurement and analyses of gross skin conductance (GSC) of rats in a grid-box: The effects of shock intensity and thirst. *Japanese Psychological Research*, **25**, 78-85.
大石兵太郎 (1925). 群集心理学 厳松堂書店
大野太郎・美濃哲郎・宮田洋 (1978). 心拍反応のオペラント条件づけに関する研究 バイオフィードバック研究, **6**, 37-41.
Ohtani, A. (1956). A role of the fragmentary cues as the accelerators of the subception effect. *Japanese Psychological Research*, **4**, 39-49.
大塚拓朗・則武厚・八木昭宏 (2004). 反応競合がエラー関連陰性電位に及ぼす影響 生理心理学と精神生理学, **22**, 33-41.
Okita, T. (1971). Avoidance conditioning of autonomic responses in man. *Japanese Psycological Research*, **13**, 131-138.
奥野徹・片山順一・八木昭宏 (1988). 標的検出事態でのサッケイド後の眼球停止に伴う脳電位 生理心理と精神生理学, **6**, 81-85.
大森慈子・宮田洋 (1994). 印象形成に関する方法論的考察 人文論究, **44**, 17-29.
Omori, Y., & Miyata, Y. (1996). Eyeblinks in formation of impressions. *Perceptual and Motor Skills*, **83**, 591-594.
大森慈子・宮田洋 (1998a). 心理学における瞬目研究の新しい試み 人文論究, **47**, 67-78.
大森慈子・宮田洋 (1998b). 面接者との距離が被面接者の瞬目と心拍に与える影響 心理学研究, **69**, 408-413.
Omori, Y., & Miyata, Y. (2001). Estimates of impressions based on frequency of blinking. *Social Behavior and Personality*, **29**, 159-168.
大森慈子・山田冨美雄・宮田洋 (1997). 対人認知における瞬目の影響 社会心理学研究, **12**, 183-189.
大泉溥 (編) (2003). 日本心理学者事典 株式会社クレス出版
苧阪直行 (2005). 関西心理学会―78年の回顧と展望― 心理学評論, **48**, 223-247.
Osgood, C. E. (1946). Meaning similarity and interference in learning. *Journal of Experimental Psychology*, **36**, 277-301.
Osgood, C. E. (1948). An investigation into the cause of retroactive interference. *Journal of Experimental Psychology*. **38**, 132-154.
Osgood, C. E. (1952). The nature and measurement of meaning. *Psychological Bulletin*, **49**, 197-237.
オーバーマイヤー, J.・今田寛 (2007). 心理学の大学・大学院教育はいかにあるべきか K.G. りぶれっと No. 20, 関西学院大学出版会

Pavlov, I. P. (1928). *Lectures on conditioned reflexes,* Vol. 1. (Trans. by W. H. Gantt & G. Volborth). New York: International.

Perin, C. T. (1942). Behavior potentiality as a joint function of the amount of training and degree of hunger at the time of extinction. *Journal of Experimental Psychology,* **30**, 93-113.

Pillsbury, W. (1911). *Essentials of psychology.* New York: Macmillan.

Roback, A. A. (1961). *History of psychology and psychiatry.* New York: Citadel Press.

Ross, E. A. (1908). *Social psychology: An outline and source book.* New York: Macmillan.

斎藤洋典（1978）．漢字の情報処理について（I）―特にその音韻処理と形態処理の関係― 人文論究，**28**（1），95-111．

斎藤洋典（1983）．マイクロ・コンピュータによる3チャンネル・プロジェクター式タキストスコープ制御及び反応時間計測システム 人文論究，**33**（1），74-93．

斎藤洋典・浮田潤・賀集寛・石原岩太郎（1981）．マイクロ・コンピュータを用いた視覚刺激呈示装置：漢字と無意味図形のパターン・マッチング実験 人文論究，**30**（4），130-142．

坂上美香・明石行生・梅野千絵・八木昭宏（1997）．作業者の集中度と照明環境との関係について ―周辺の照度／作業エリアの照度の比― 照明学会誌，**81**，385-391．

佐久間徹（1962）．固有唾液分泌について 梅花短期大学研究紀要，**11**，134-141

佐久間徹（1963）．唾液条件反射に関する一実験：同時複合条件反射について 梅花短期大学研究紀要，**12**，202-210．

Salter, A. (1945). *Conditioned reflex therapy.* New York: Creative Age Press.

Sato, K., & Graham, C. H. (1954). Psychology in Japan. *Psychological Bulletin,* **51**, 443-465.

佐藤達哉・溝口元（編著）（1997）．通史・日本の心理学 北大路書房

佐藤美彦・山村健・宮田洋（1978）．EMGバイオフィードバックに関する予備的研究 バイオフィードバック研究，**6**，28-31．

澤幸祐（1999）．条件性風味選好のメカニズムに関する考察 人文論究，**49**（3），102-112．

澤幸祐（2000）．味覚嫌悪学習事態における刺激表象の問題 動物心理学研究，**50**，13-20．

澤幸祐（2001）．条件づけ研究における刺激表象を用いた説明の一般性 行動科学，**40**，39-50．

Sawa, K., & Nakajima, S. (2001). Reintegration of stimuli after acquired distinctiveness training. *Learning & Motivation.* **32**, 100-114.

Sawa, K., Nakajima, S., & Imada, H. (1999). Facilitation of sodium aversion learning in sodium-deprived rats. *Learning and Motivation,* **30**, 281-295.

澤幸祐・中島定彦・今田寛（2004）．ラットの味覚嫌悪学習に及ぼす食塩欠乏と食塩溶液濃度の効果 基礎心理学研究，**22**，165-167．

Shimai, S., & Imada, H. (1978). The effects of shock intensity on discriminated rearing avoidance conditioning in rats. *Japanese Psychological Research*, **20**, 143-147.

Shimai, S., & Imada, H. (1982). Acquisition and maintenance of postshock response pattern in discriminated avoidance with rats. *Journal of the Experimental Analysis of Behavior*, **37**, 455-460.

Shimai, S., & Imada, H. (1983). Acquisition of nondiscriminated avoidance as a function of shock-response-shock (SRS) and response-response-shock (RRS) intervals with rats. *Behavior Analysis Letters*, **3**, 85-92.

嶋崎まゆみ (1997). 発達障害児の衝動性とセルフコントロール　行動分析学研究, **11**, 29-40.

嶋崎恒雄・津田泰弘・今田寛 (1988). 随伴性の判断Ⅰ：随伴性の概念と実験事態の分類　人文論究, **38** (2), 47-66.

Shimazaki, T., Tsuda, Y., & Imada, H. (1991). Strategy changes in human contingency judgments as a function of contingency tables. *Journal of General Psychology*, **118**, 349-360.

獅々見照・今田寛 (1972). シャトル箱の回避条件反応におよぼすUS強度の効果　心理学研究, **43**, 167-175.

Shishimi, A., & Imada, H. (1977). Discriminated and nondiscriminated avoidance conditioning of the rearing response in rats. *Animal Learning and Behavior*, **5**, 259-264.

Snedecor, G. W. 畑村 (訳) (1952). 統計的方法：農学および生物学における実験のための　岩波書店

曽木銀次郎 (訳) (1914). 思考及認識原理　教文館　(Bowne, B. P. (1897). *Theory of thought and knowledge*. New York: Harper & Brothers.)

荘厳依子・今田寛 (2001). 行動の自己制御機能の自己抑制の側面—先行研究とその応用について—　人文論究, **51** (1), 13-27.

Sokolov, E. H. (1958). *Perception and conditioned reflex* (In Russian). Moscow University Publishing House.

Sperry, R. W. (1968). Hemispheric deconnection and unity in conscious awareness. *American Psychologist*, **23**, 723-733.

Stern, W. (1914). *The psychological methods of testing intelligence*. Baltimore: Warwick & York.

Stevens, S. S. (1939). Psychology and the science of science. *Psychological Bulletin*, **36**, 221-263.

Stout, C. F. (1918). *Analytic psychology*. Vols. 1. & 2. London: George Allen & Unwin.

Strange, J. (1983). A note on psychology at Kwansei Gakuin University 1922-1941. 人文論究, **33** (2), 17-21.

須藤舞・八木昭宏 (2000). 人の自分の動作距離についての知覚に関する一実験　関西心理学会第112回大会

Sugioka, K., & Imada, H. (1978). Effects of coping response on stress in a discrete-trial lever press escape situation in rats. *Shimane Journal of Medical Science*, **2**, 48-55.

杉島一郎・賀集寛(1992). 日本語における表記形態が内包的意味に及ぼす影響 人文論究, **41**(4), 15-30.

杉島一郎・賀集寛 (1996). 表記形態が単語のイメージの鮮明性に及ぼす影響 人文論究, **46**(4), 53-86.

杉島一郎・岩原昭彦・賀集寛 (1996). ひらがな清音4文字名詞4160語の熟知価 人文論究, **46**(1), 53-75.

杉島一郎・浮田潤・皆川直凡・賀集寛 (1993). 日本語の表記頻度が語の音読潜時と再認記憶に及ぼす影響 人文論究, **43**(2), 71-82.

鈴木信 (1977). 関西心理学会の歴史 (談話) 関西心理学会 (編) 関西心理学会五十年の歩み (関西心理学会内部資料)

Suzuki, T., & Miyata, Y. (1978). The analysis of the incremental stimulus intensity effect upon habituation of the human skin resistance response. *Japanese Psychological Research*, **20**, 45-49.

橘秀嗣・今田寛・新浜邦夫 (1970). 強化の動因低減的解釈—その歴史的紹介— 関西学院大学創立80周年文学部記念論文集, 120-146.

田多英興・山田冨美雄・福田恭介 (1991). まばたきの心理学:瞬目行動の研究を総括する 北大路書房

多河慶一・澤井幸樹・古武弥正 (1954). 唾液条件反射と脳波 日本心理学会第18回大会

高橋穣 (1925). 心理学 岩波書店

Takao, M., & Miyata, Y. (2001). Spatial property of motion visual evoked potentials. *Perceptual and Motor Skills*, **93**, 735-738.

Takeda, Y., Nagai, M., Kazai, K., & Yagi, A. (1998). A static image of a rapidly moving pattern can be perceived by making a saccade. *Psychologia*, **41**, 199-202.

Takeda, Y., Sugai, M., & Yagi, A. (2001). Eye fixation related potentials in a proof reading task. *International Journal of Psychophysiology*, **40**, 181-186.

Takeda, Y., & Yagi, A. (2000). Inhibitory tagging in visual search can be found if search stimuli remain visible. *Perception & Psychophysics*, **62**, 927-934.

Tamai, N., & Nakajima, S. (2000). Renewal of formerly conditioned fear in rats after extensive extinction training. *International Journal of Comparative Psychology*, **31**, 416-431.

玉井紀子・中島定彦・北口勝也・今田寛 (2001). 消去された恐怖反応の文脈変化による再出現 心理学研究, **71**, 493-497.

田中雄治・宮田洋 (1990). Fmシータ研究における心理学的アプローチの問題点 人文論究, **40**, 53-74.

田中雄治・宮田洋 (1995). 職場の中のタイプA 現代のエスプリ, **337**, 135-145.

Taylor, J. A. (1951). The relationship of anxiety to the conditioned eyelid responses. *Journal of Experimental Psychology*, **41**, 81-92.
寺崎正治・今田寛 (1989). アイゼンク性格検査 (EPI) と刺激希求性尺度 (SSS) を通してみた外向性の構造　人文論究, **39** (2), 29-45.
富永真千子・今田寛 (1968). 二重走路における報酬価とフラストレーションの関係　心理学研究, **39**, 33-37.
土田康江 (1974). 収縮期血圧のバイオフィードバックに関する基礎的研究　バイオフィードバック研究, **2**, 12-14.
津田泰弘・今田寛 (1988). 放射状迷路におけるラットの作業記憶の順向干渉─選択肢数の効果─　動物心理学年報, **38**, 7-16.
津田泰弘・今田寛 (1989). ラットの放射状迷路における win-shift 行動と win-stay 行動の比較　心理学研究, **60**, 109-112.
津田泰弘・嶋崎恒雄・今田寛 (1988). 随伴性の判断Ⅱ：随伴性判断の過程　人文論究, **38** (3), 83-104.
浮田潤・賀集寛 (1997). 言語と記憶　今田寛・八木昭宏 (監修)　現代心理学シリーズ5　培風館
内田純平 (編) (1977). 内田勇三郎追想集　自費出版
浮田潤・皆川直凡・杉島一郎・賀集寛 (1991). 日常物品名の表記形態に関する研究　人文論究, **40** (4), 11-26.
浮田潤・杉島一郎・皆川直凡・井上道雄・賀集寛 (1996). 日本語の表記形態に関する心理学的研究　心理学モノグラフ25, 日本心理学会・モノグラフ委員会
梅本堯夫 (1950). 日本語無意味音節の連想価　心理学研究, **21**, 23-28.
梅本堯夫・大山正 (1994). 心理学史への招待：現代心理学の背景　サイエンス社
梅岡義貴 (1943). 心理学的力の測定 (1)─実験と考察─　心理学研究, **18**, 412-445.
漆原宏次 (1999). 古典的逆行条件づけに関する最近の研究動向　心理学評論, **42**, 272-286.
漆原宏次・今田寛 (1999). ラットにおける古典的二次条件づけ場面での一次条件刺激・無条件刺激間の時間関係の効果　動物心理学研究, **49**, 161-170.
漆原宏次・中島定彦 (2003). 時間的符号化仮説. 今田寛 (監修)　中島定彦 (編) 学習心理学における古典的条件づけの理論─パヴロフから連合学習研究の最先端まで─　培風館　第9章, pp. 147-156.
Van Twyver, H. B., & Kimmel, H. D. (1966). Operant conditioning of the GSR with concomitant measurement of two somatic variables. *Journal of Experimental Psychology*, **72**, 841-846.
Warden, C. J., Jenkins, T.N., Warner, L. H. (1935, 1936). *Comparative Psychology*. Vols. 1-3. New York: Ronald Press.
Watson, J. B. (1913). Psychology as the behaviorist views it. *Psychological Review*, **20**, 158-177.

Watson, J. B. (1919). *Psychology from the standpoint of a behaviorist.* Philadelphia: Lippincott.

Watson, J. B. (1930). *Behaviorism* (rev. ed.). New York: Norton. (Original work published 1924) 那須聖 (訳) (1942). 人間は如何に行動するか 創元社 (安田一郎 (訳) (1968). 行動主義の心理学 河出書房)

Wertheimer, M. (1912). Experimentelle Studien über das Sehen von Bewegung. *Zeitschrift für Psychologie,* **60**, 321-378.

Woodworth, R. S. (1931). *Contemporary schools of psychology.* New York: Ronald Press.

八木昭宏 (1984). 誘発脳電位による視覚作業不可の評価 心理学モノグラフ 16, 日本心理学会・モノグラフ委員会

八木昭宏 (1984). 知覚と認知 今田寛・八木昭宏 (監修) 現代心理学シリーズ 6 培風館

Yagi, A., Imanishi, S., Akashi, Y., & Kanaya, S. (1998). Brain potentials associated with eye fixations during visual tasks under different lighting systems. *Ergonomics,* **41**, 670-677.

Yagi, A., Kita, K., & Katayama, J. (1992). Cortical potentials associated with eye movement pauses during sentence verification tasks. *The 32nd Annual Meeting of the Society for Psychophysiological Research,* San Diego.

八木昭宏・宮田洋 (1967). Anxiety, Fear, および Relief 時における心拍率の変化について (1) 日本心理学会第 31 回大会発表論文集, 211.

Yagi, A., & Ogata, M. (1995). Measurement of work load using brain potentials during VDT tasks. In Y. Anzai, K. Ogawa, K., & H. Mori (Eds.), *Symbiosis of human and artifact: Human and social aspects of human-computer interaction.* Tokyo: Elsevier Science B. V., pp. 823-826.

Yagi, A., Sakamaki, E., & Takeda, Y. (1997). Psychophysiological measurement of attention in a computer graphic task., The 5th International Scientific Conference on Work With Display Units (WWDU), Tokyo.

Yagi, A., & Takeda, Y. (1998). Variation in ERPs associated with eye fixation determined by sliding averaged method. In I. Hashimoto & R. Kakigi (Eds.), *Recent Advances in Human Neurophysiology.* Elsevier Science B.V. pp.698-703.

山田冨美雄 (1984). 聴覚誘発眼輪筋反射と主観的驚愕度におよぼす誘発刺激の刺激特性の効果 生理心理学と精神生理学, **1**, 11-18.

山田冨美雄・林英昭・堀浩・川本正純・藤川治・錦織綾彦・宮田洋 (1991). ビデオゲーム, アニメーション視聴, およびストループテスト中の瞬目と Fmθ 関西鍼灸短期大学年報, **7**, 73-81.

山田冨美雄・宮田洋 (1979). ヒトの驚愕性瞬目反射におよぼす先行刺激効果 心理学研究, **49**, 349-356.

Yamada, F., Yamasaki, K., Nakayama, M., & Miyata, Y. (1979). Lead-stimulation effects on human startle eyeblink recorded by an electrode hookup. *Japanese Psychological Research*, **21**, 174-180.

山本利和（1986）．早期失明者と晴眼者における大・小縮尺模型の現地歩行に及ぼす効果　教育心理学研究，**34**, 197-203.

山本利和（1988）．空間的推論の発達と空間の規模との関係　異常行動研究会，**28**, 45-56.

山本利和（1990）．早期失明者の空間的問題解決能力の発達　心理学研究，**60**, 363-369.

山本利和（1991）．早期失明者における空間的問題解決能力の発達の縦断的研究　心理学研究，**61**, 413-417.

山本利和（1992）．たどりつく―子どもにおけるその発達―　心理学評論，**35**, 417-433.

Yamamoto, T., & Tatsuno, M. (1984). A developmental study of spatial problem solving. *Psychologia*, **27**, 228-236.

山本利和・対馬貞夫（1989）．先天視覚障害児の空間能力の発達に関する事例研究　視覚障害研究，**30**, 41-52.

Yamamura, T., & Miyata, Y. (1995). Development of the polygraph technique in Japan for detection of deception. *Forensic Science International*, **44**, 257-271.

Yamasaki, K., & Miyata, Y. (1981). An investigation of voluntary responses in human classical eyelid conditioning. *Psychologia*, **24**, 141-156.

山崎勝之・宮田洋（1982）．驚愕性瞬目反射におよぼす先行刺激促進効果：HRならびに骨格筋諸反応の変容についての分析　心理学研究，**52**, 354-358.

山崎勝之・宮田洋（1984）．時間評価の発達：幼児と成人における時間評価の比較　人文論究，**34**, 89-111.

山崎勝之・田中雄治・宮田洋（1992）．日本版成人用タイプA質問紙（KG式日常生活質問紙）：標準化の過程と実施・採点法　タイプA，**3**, 33-45.

山下光・今田寛（1989）．獲得性動機に関する相反過程理論について（その1）：相反過程の条件づけをめぐって　人文論究，**38**（4），49-59.

山下光・川合伸幸・今田寛（1991）．条件性抑制におけるUS持続時間の効果　人文論究，**41**（3），63-74.

山崎直樹・新浜邦夫・今田寛（1977）．回避行動の保持におよぼすECSの効果　心理学研究，**48**, 303-306.

矢田部達郎・園原太郎（監修）京都大学文学部心理学研究室（編）（1957）．現代心理学の展望　角川書店

横瀬善正（1980）．日本心理学会第七回大会によせて　日本心理学会（編）（1980）．日本心理学会五十年史［第一部］　金子書房

Yoshida, T., Kai, M., & Imada, H. (1969). A methodological study of CER in rats with 'licking' as the criterion response. *Japanese Psychological Research*, **11**, 66-75.

吉尾直純（1985）．『今田　恵』論　PartⅠ　四国学院大学論集，**61**, 64-86.

吉尾直純（1986a）．『今田　恵』論　PartⅡ　四国学院大学論集，**62**, 93-109.

吉尾直純（1986b）．『今田　恵』論　PartⅢ　四国学院大学論集，**63**, 173-186.

吉岡英明・宮田洋・大須賀美恵子（1983）．まばたき波形を利用した傾眠防止：I. 磁気センサー法（MAG）による波形計測　人間工学，**19**, 182-183.

Zeigarnik, B.（1927）. Über das Behalten von erledigten und unerledigten Handlungen. *Psychologische Forschung*, **9**, 1-85.

Zipf, G. K.（1935）. *The psycho-biology of language*. Boston:Houghton Mifflin.

関西学院大学心理学

西暦	和暦	時代区分	事　項　心理学研究室（関西学院全体・右ずらし）
1890	明治 21–32	前史	1889 関西学院創立（普通学部　神学部）
1900	明治 33–42	前史	
1910	明治 43–45		1912 専門学校令による神学部　高等学部発足 1912 今田恵、関西学院神学部に入学（～17）
1913	大正 2–8	大正	1914 曾木銀次郎、バウンの『思考及認識原理』を翻訳、出版 　　　1915 普通学部を中学部に改称 1917 今田恵、東京帝国大学文学部心理学科に入学（～22） 　　　1918 ハミル館献堂式（12年29日、上写真）
1920	大正 9–15		1922 今田恵、東京帝大を卒業し、専門部文学部心理学教授に就任 1923 心理学実験機器一式がドイツ・チンメルマン社より到着。神戸原田の森キャンパス、ハミル館に、我が国の私学で最初の心理学実験室が誕生

1918（大正7）年12月29日に行われた、ハミル館の献堂式
1階ホール正面（正面舞台のところは、心理学研究室時代には実験室となった）

研究室年表（1888 〜 2003）

事　　項	
心理学界（世界・右ずらし）	社会（世界・右ずらし）
1888 元良勇次郎、東大で精神物理学の講義	
	1889 大日本帝国憲法公布
1890 ジェームズ『心理学原理』	1890 教育勅語発布
1892 アメリカ心理学会設立	
	1894 日清戦争（〜 95）
1902 パヴロフ、条件反射研究始める	
1903 東京帝大に心理学実験室開設	
	1904 日露戦争（〜 05）
1908 京都帝大に心理学実験室開設	
1912『心理研究』発刊（1923 年まで）	
1912 ゲシュタルト心理学のはじめ	
1913 行動主義宣言	
	1914 第一次世界大戦（〜 18）
1923『日本心理学雑誌』発刊	1923 関東大震災
1926『心理学研究』発刊	

西暦	和暦	時代区分	事　項　　心理学研究室（関西学院全体・右ずらし）
	昭和 2	専門学校時代	
	3		
	4		1929 関西学院、神戸から西宮 上ヶ原に移転 1929 心理学研究室は後の法文学部校舎内に設置 〃　今田恵、欧米へ留学
1930	5		
	6		
	7		1932 大学令による関西学院大学設立認可、大学予科発足
	8		
	9	旧制大学時代	1934 旧制関西学院大学発足 1934 大学法文学部文科に心理学専攻開設
	10		
	11		1936 第20回関西応用心理学会（後、関西心理学会）を主催
	12		1937 心理学専攻第一期生卒業（林滋基、古武弥正、高橋調三）
	13		1938 古武弥正アメリカ留学
	14		1939 古武、心理学専任助手に就任（41年専任講師、44年助教授、 　　 48年教授） 〃　古武、人間の条件反射実験開始 〃　第24回関西応用心理学会（後、関西心理学会）主催
1940	15		1940 今田恵、法文学部長に就任
	16		
	17		
	18		1943 心理学専攻に関西学院大学最初の女子学生（浜口みづら）入学 　　（46年卒業後、教育委員会主事などを歴任）
	19		
	20		1945 1月 法文学部校舎、川西航空機に供出貸与。心理学研究室閉鎖 〃　8月 太平洋戦争終結、法文学部校舎内に心理学研究室復帰
	21		
	22		1947 大角欣治、助手に就任
	23		1948 新制関西学院大学発足 1948 文学部心理学科発足 〃　関西心理学会第42回大会を主催
	24	新制大学時代	1949 新浜邦夫助手に就任（53年専任講師、55年助教授、63年教授）
1950	25		1950 大学院文学研究科修士課程心理学専攻を開設 〃　石原岩太郎、専任講師として就任（51年助教授、57年教授）
	26		1951 日本心理学会第15回大会を主催
	27		1952 今田恵、学院初の公選院長就任
	28		1953 美浜久晴、助手に就任

事　項	
心理学界（世界・右ずらし）	社会（世界・右ずらし）
1927 第1回日本心理学会大会（東京） 〃　第1回関西応用心理学会大会（京都） 　　1927 パヴロフ『大脳両半球の働きについての講義』	 1929 世界大恐慌
  　　1932 トールマン『動物及び人の目的的行動』 　　1938 スキナー『有機体の行動』	1930 日本、国際連盟脱退 1931 満州事変（日本の中国東北侵略） 1934 日本初のプロ野球団 1935 平均寿命、男 44.8 歳、女 46.5 歳 1937 日中戦争開始（〜45） 　　　1938 ヒットラー統師権を握る 1939 軍事教練大学必修
  　　1943 ハル『行動の原理』	1940 第二次世界大戦（〜45） 1941 太平洋戦争（〜45） 1945 太平洋戦争終結（敗戦） 1946 日本国憲法公布 1949 湯川秀樹ノーベル物理学賞 　〃　古橋広之進、全米水泳大会で世界新を連発。「フジヤマの飛魚」の異名で日本を沸かす。 　〃　第一次ベビーブーム
 1952 グレアム心理学教授（コロンビア大学）による京都セミナー	1950 朝鮮戦争開始（〜53） 1950 朝鮮特需景気 　〃　山本富士子第一回ミス日本 1951 サンフランシスコ講和条約署名 1952 日本の主権回復、連合軍による占領体制終結

年　表　355

西暦	和暦	時代区分	事　　項
			心理学研究室（関西学院全体・右ずらし）
	29		1954 大学院文学研究科博士課程心理学専攻を開設
			〃　関西心理学会第54回大会を主催
			〃　今田恵、学院理事長に就任
			〃　澤井幸樹、助手に就任
	30		1955 宮田洋、助手に就任(59年専任講師、63年助教授、71年教授)
	31		1956 心理学研究室文学部本館よりハミル館に移転（復帰）
			〃　古武弥正、文学部長に就任
	32		1957 今田恵、関西心理学会会長に就任
	33		1958 古武、総務部長に就任
	34		1959 今田寛、助手に就任(64年専任講師、68年助教授、75年教授)
1960	35	新制大学時代	1960 石原岩太郎、イリノイ大学に留学（〜61）
	36		1961 関西心理学会第68回大会を主催
			〃　今田寛、アイオワ大学に留学（〜63）
	37		1962 日本心理学会第26回大会を主催
	38		
	39		1964 古武、文学部長に就任
			〃　鹿野輝三、助手に就任
			〃　宮田、ポーランド科学アカデミー・ネンツキー研究所に留学（〜66）
	40		1965 今田恵、定年退職
			〃　日本応用心理学会第32回大会を主催
	41		1966 古武弥正、学長に就任
	42		1967 岩内一郎、旧制度最後の助手に就任
1968	43		1968 大学紛争（〜69）
			1968 今田寛、ロンドン大学精神医学研究所に留学（〜69）
	44		1969 全共闘によるキャンパス封鎖（1〜7月）
			1969 石原岩太郎、総務部長就任
1970	45		1970 今田恵、永眠
	46		1971 新浜邦夫、文学部長に就任
	47		1972 古武弥正、退職し兵庫医科大学副学長に就任
			〃　賀集寛、教授として就任
	48		
	49		
	50		1975 石原岩太郎、関西心理学会会長に就任
	52		
	52		
	53		1978 新浜邦夫、学長代理に就任
	54		1979 関西心理学会第92回大会を主催
1980	55		
	56		
	67		1982 日本動物心理学会第42回大会を主催
	58		1983 新浜邦夫、関西心理学会会長に就任
			〃　八木昭宏、助教授として就任（86年教授）

事項	
心理学界（世界・右ずらし）	社会（世界・右ずらし）
	1959 安保闘争開始（〜60）
1960 ミラー・ギャランター『プランと行動の構造』	1960 ベトナム戦争開始（〜75）
	1961 ベルリンの壁構築
	1962 ビートルズ、デビュー
	1964 東京オリンピック
	1966 ビートルズ来日、日本公演
	1966 中国文化大革命進展
1967 ナイサー『認知心理学』	1968 全国的大学紛争始まる
	1969 アメリカ宇宙船アポロ11号、初の月面着陸
1972 第20回国際心理学会会議開催（東京）	1972 第二次ベビーブーム
	〃 沖縄返還

西暦	和暦	時代区分	事　　項
			心理学研究室（関西学院全体・右ずらし）
	59		1984 今田寛、異常行動研究会（現・行動科学学会）会長に就任
			〃　石原岩太郎、定年退職
	60		
	61		1986 今田寛、学長代理に就任
			〃　八木、教授に昇進
	62		
	63		
	1		1989 日本基礎心理学会第7回大会を主催
1990	2	平成	
	3		1991 今田寛、文学部長に就任
	4		1992 新浜邦夫、永眠
			〃　嶋崎恒雄、助手（新制度）に就任（93年専任講師、97年助教授、03年教授）
	5		1993 今田寛、関西心理学会会長に就任
	6		
1995	7		1995 宮田洋、文学部長に就任（〜12/31）
	8		1996 日本生理心理学会第14回大会を主催
			〃　賀集寛、文学部長に就任（1/1〜）
	9		1997 日本心理学会第61回大会を主催
			〃　今田寛、学長に就任
			〃　賀集寛、定年退職
			〃　浮田潤、助教授として就任（03年教授）
			〃　中島定彦、専任講師として就任（01年助教授、07年准教授、09年教授）
	10		1998 宮田洋、定年退職
			〃　心理学研究室、落成したF号館の1階一部と地下へ移転
	11		
2000	12		2000 松見淳子、教授として就任
			〃　雄山真弓、教授として就任
	13		2001 日本動物心理学会第61回大会・日本基礎心理学会第20回大会合同大会を主催
	14		2002 文部科学省私立大学学術研究高度化推進事業（学術フロンティア推進事業）として大学共用棟の3〜4階に応用心理科学研究センター設置
	15		2003 文学部改組（9学科体制から3学科体制へ）
			2003 心理学科が総合心理科学科に改組、新学科の心理学専修となる
			〃　ハミル館、心理学研究室の建物として再度使用開始
			〃　旧理学部跡に応用心理学研究センターも開設
			〃　研究室がF号館とあわせて3箇所に分散
			〃　今田寛、定年退職

事　　　　項	
心理学界（世界・右ずらし）	社会（世界・右ずらし）
	1989 ベルリンの壁崩壊
1990 第 22 回国際応用心理学会開催（京都）	1990 湾岸戦争開始（〜 91）
	1991 バブル崩壊
	〃　大学設置基準の大綱化
	1993 EU（欧州連合）成立
1994 日本心理学会が社団法人	
	1995 阪神淡路大震災
	2001 アメリカ同時多発テロ事件
	2003 イラク戦争開始

付録1　太平洋戦争後、1973年度までの非常勤講師および担当科目一覧

昭和23年（1948）

昭和24年（1949）　増田幸一（神戸大学）応用心理学

昭和25年（1950）　末永俊郎（京都大学）社会心理学／武田正信（浪速大学）心理学概論／堀見太郎（大阪大学）精神医学／増田幸一（神戸大学）応用心理学／吉井直三郎（大阪大学）生理学

昭和26年（1951）　岡本重雄（神戸大学）発達心理学特講（院）／末永俊郎（京都大学）社会心理学　心理学講読／多河慶一（神戸女子薬科大学）実験心理学／武田正信（浪速大学）応用心理学／堀見太郎（大阪大学）臨床心理学　心理学臨床法特講（院）／吉井直三郎（大阪大学）生理学／和田陽平（京都大学）実験心理学研究（院）

昭和27年（1952）　岡本重雄（神戸大学）発達心理学特講（院）／末永俊郎（京都大学）社会心理学　心理学講読（Ⅱ）／多河慶一（兵庫農科大学）実験心理学（一般）　実験心理学（特殊）／武田正信（浪速大学）心理学（経・商）　応用心理学／田中國夫（神戸市外国語大学）発達心理学／堀見太郎（大阪大学）心理学臨床法特講（院）／和田陽平（京都大学）実験心理学研究（院）／吉井直三郎（大阪大学）生理学

昭和28年（1953）　岡本重雄（神戸大学）発達心理学特講（院）／末永俊郎（京都大学）社会心理学　社会心理学特講（院）／多河慶一（兵庫農科大学）心理学実験実習（Ⅰ）　心理学実験実習（Ⅱ）／武田正信（浪速大学）心理学（経・商）　応用心理学／田中國夫（神戸市外国語大学）発達心理学／堀見太郎（大阪大学）心理学臨床法特講（院）／吉井直三郎（大阪大学）生理学

昭和29年(1954)　末永俊郎（京都大学）社会心理学／多河慶一（兵庫農科大学）心理学（商）／田中國夫（神戸市外国語大学）心理学（経）／堀見太郎（大阪大学）臨床心理学特殊講義（院）／吉井直三郎（大阪大学）実験心理学特殊講義（院）

昭和30年（1955）　多河慶一（兵庫農科大学）心理学（商）／田中國夫（神戸市外国語大学）心理学（経）／堀見太郎（大阪大学）臨床心理学特殊講義（院）

昭和31年（1956）　岩原信九郎（奈良女子大学）心理学実験実習（Ⅱ）／田中國夫（神戸市外国語大学）心理学（法・経）／仲原礼三（関西学院短期大学）発達心理学／横瀬善正（名古屋大学）実験心理学特殊講義（院修士・博士）

昭和32年（1957）　岩原信九郎（奈良女子大学）心理学実験実習（Ⅱ）／武田正信（大阪府立大学）心理学（商）／田中國夫（神戸市外国語大学）心理学（前期／法・経）心理学講読演習（Ⅱ）発達心理学／横瀬善正（名古屋大学）実験心理学特殊講義（院修士・博士）

昭和 33 年（1958）　岩原信九郎（奈良女子大学）心理学講読演習（Ⅲ）心理学実験実習（Ⅱ）／田中國夫（神戸市外国語大学）心理学（法・商）／横瀬善正（名古屋大学）実験心理学特殊講義（院修士・博士）

昭和 34 年（1959）　岩原信九郎（奈良女子大学）心理学講読演習（Ⅲ）／高比良英輔（神戸医科大学）生理学／田中國夫（神戸市外国語大学）心理学（商）／横瀬善正（名古屋大学）実験心理学特殊講義（院修士・博士）

昭和 35 年（1960）　岩原信九郎（奈良女子大学）心理学講読演習（Ⅱ）／澤井幸樹（帝塚山学院大学）心理学（経・商）／横瀬善正（名古屋大学）実験心理学特殊講義（院修士・博士）

昭和 36 年（1961）　岩原信九郎（奈良女子大学）心理学講読演習（Ⅱ）／大脇義一（関西大学）応用心理学　応用心理学特殊講義（院修士）／黒田実郎（聖和女子大学）心理学（商）／澤井幸樹（帝塚山学院大学）心理学（経）／横瀬善正（名古屋大学）実験心理学特殊講義（院修士・博士）

昭和 37 年（1962）　大脇義一（関西大学）応用心理学　応用心理学特殊講義（院修士）／黒田実郎（聖和女子大学）心理学（商）／澤井幸樹（帝塚山学院大学）心理学（経）／横瀬善正（名古屋大学）実験心理学特殊講義（院修士・博士）

昭和 38 年（1963）　大脇義一（関西大学）心理学特殊講義（院修士・博士）／賀集寛（頌栄短期大学）心理学（商）／澤井幸樹（帝塚山学院大学）心理学（経）／辻岡美延（関西大学）心理測定

昭和 39 年（1964）　岩間吉也（大阪大学）生理学／大脇義一（関西大学）心理学特殊講義（院修士・博士）／賀集寛（頌栄短期大学）心理学（商）／澤井幸樹（帝塚山学院大学）心理学（経）

昭和 40 年（1965）　今田恵（本学名誉教授）心理学特殊講義（院修士）心理学特殊講義（院博士）／黒田実郎（聖和女子大学）心理学（社・商）　心理学講読演習Ⅰ　発達心理学／澤井幸樹（帝塚山学院大学）心理学（経）

昭和 41 年（1966）　今田恵（本学名誉教授）心理学特殊講義（院修士）心理学特殊講義（院博士）／岩間吉也（大阪大学）生理学／黒田実郎（聖和女子大学）心理学（社）　心理学　講読演習Ⅰ　発達心理学／澤井幸樹（帝塚山学院大学）心理学（経・商）／森村茂樹（武庫川病院）心理学臨床研究（院修士・博士）

昭和 42 年（1967）　今田恵（本学名誉教授）心理学特殊講義（院修士）心理学特殊講義（院博士）／黒田実郎（聖和女子大学）心理学講読演習Ⅳ　発達心理学／澤井幸樹（帝塚山学院大学）心理学（経・商）／仲谷洋平（京都市立美術大学）心理学（社）／森村茂樹（武庫川病院）心理学臨床研究（院修士・博士）

昭和43年（1968）　今田恵（本学名誉教授）心理学特殊講義Ⅰ（院修士）心理学特殊講義Ⅱ（院博士）／岩間吉也（大阪大学）生理学／黒田実郎（聖和女子大学）心理学（神）／仲谷洋平（京都市立美術大学）心理学（経・商）／森村茂樹（武庫川病院）心理学臨床研究（院修士・博士）

昭和44年（1969）　今田恵（本学名誉教授）心理学特殊講義Ⅰ（院修士）心理学特殊講義Ⅱ（院博士）／黒田実郎（聖和女子大学）心理学講読演習Ⅱ　発達心理学／澤井幸樹（手塚山学院大学）心理学（経・商）／滝野千春（奈良教育大学）心理測定Ⅰ／内藤徹（金城学院大学）心理学（神）／仲谷洋平（京都市立芸術大学）心理学（法）／森村茂樹（武庫川病院）心理学臨床研究（院修士・博士）

昭和45年（1970）　今田恵（本学名誉教授）心理学特殊講義Ⅰ（院修士・博士）　発達心理学特殊講義（院修士）／岩間吉也（大阪大学）生理学／賀集寛（ノートルダム清心女子大学）心理学（理）／黒田実郎（聖和女子大学）心理学講読演習Ⅳ／澤井幸樹（帝塚山学院大学）心理学（経・商）／松永一郎（武庫川病院）臨床心理学／森村茂樹（武庫川病院）心理学臨床研究（院修士・博士）／森本博（神戸山手女子短期大学）心理学（法）／横瀬善正（名古屋大学）心理学特殊講義Ⅱ（院修士・博士）

昭和46年（1971）　生沢雅夫（大阪市立大学）心理統計／賀集寛（ノートルダム清心女子大学）心理学講読Ⅱ　心理学特殊講義／澤井幸樹（帝塚山学院大学）心理学（経・商）／内藤徹（金城学院大学）心理学（社・理）／松永一郎（武庫川病院）臨床心理学／森村茂樹（武庫川病院）心理学臨床研究（院修士・博士）／森本博（神戸山手女子短期大学）心理学（法）

昭和47年（1972）　生沢雅夫（大阪市立大学）心理統計／岩間吉也（大阪大学）生理学／柿崎祐一（京都大学）心理学特殊講義Ⅱ（院修士・博士）／黒田実郎（聖和女子大学）心理学特殊講義／古武弥正（兵庫医科大学）心理学臨床研究（院修士・博士）　心理学特殊講義Ⅰ（院修士・博士）／澤井幸樹（帝塚山学院大学）心理学（経・商）／松永一郎（兵庫医科大学）臨床心理学／森本博（神戸山手女子短期大学）心理学（法・理）

昭和48年（1973）　石橋富和（大阪府立公衆衛生研究所）心理学特殊講義／柿崎祐一（京都大学）心理学特殊講義（院修士・博士）／黒田実郎（聖和女子大学）心理学講読Ⅰ／古武弥正（兵庫医科大学）心理学特殊講義（院修士・博士）　心理学臨床研究（院修士・博士）／澤井幸樹（帝塚山学院大学）心理学（経・商）／滝野千春（奈良教育大学）心理統計／内藤徹（金城学院大学）心理学（理）／松永一郎（兵庫医科大学）臨床心理学

付録 2　関西学院大学心理学研究室専任教員及び大学院生・研究員に交付された文部省（文部科学省）科学研究費補助金（1948～2002年度）

西暦年度	元号	研究者名	研究課題	交付総額	1年目	2年目	3年目	種類
1948	23	今田恵	態度の心理（実験的及社会心理学的研究）	15				各個研究
		古武弥正	学習の実験的研究	15				各個研究
1949	24	今田恵	態度の行動理論	50				各個研究
		今田恵	日本児童の精神発達（その文献的研究）	30				各個研究
1950	25	今田恵	態度と人格	30				各個研究
		古武弥正	学習行動の実験研究（条件反応理論について）	30				各個研究
		石原岩太郎	遡向抑制効果の時間的経過	10				各個研究
1952	27	古武弥正	条件形成の組織的実験研究	100				各個研究
1953	28	古武弥正	脳波を指標とした条件形成過程の分析（人間における条件形成の組織的研究の一部）	90				各個研究
1954	29	古武弥正	人間の条件反射における識閾下弁別の研究	70				各個研究
1955	30	古武弥正	実験神経症	100				各個研究
1956	31	古武弥正	実験神経症の成立に関する基礎的研究	100				各個研究
		新浜邦夫	猿による反応強度汎化の研究	30				助成研究
1957	32	石原岩太郎	意味汎化の研究	100				各個研究
1958	33	古武弥正	実験神経症の研究（人間の条件反応研究の一部）	120				各個研究
1959	34	古武弥正	人間条件反射における誘導の研究	90				各個研究
1961	36	古武弥正	認知における指南反射と条件反射	150				各個研究
1962	37	石原岩太郎	対連合学習における反応語の機制の研究	100				各個研究
1963	38	古武弥正	不明	12				各個研究
1964	39	古武弥正	不明	130				各個研究
1965	40	新浜邦夫	情動性と学習行動の関係に関する比較心理学的研究	108				各個研究
1967	42	古武弥正	意志に関する心理生理学的研究	180				各個研究
1968	43	古武弥正	条件形成理論の臨床への応用	1500				各個研究
1973	48	石原岩太郎	語の連合を規定する諸要因の研究	800				一般研究(C)
1975	50	今田寛	ストレスへの対処機制に関する基礎研究	1600				一般研究(C)
		賀集寛	意味論的記憶構造に関する研究	340				一般研究(D)
		石原岩太郎	短期記憶の項目水準に及ぼす意味的記憶の研究	330				一般研究(D)
1976	51	宮田洋	変化刺激提示法によるヒトの定位反応とその"慣れ"に関する精神生理学的研究	450				一般研究(C)
1977	52	今田寛	嫌悪刺激場面におけるラットの対処機制の分析	3600	(2600	700	300)	一般研究(B)
		石原岩太郎	漢字の情報処理に関する心理学的研究	2600	(2000	300	300)	一般研究(C)

西暦年度	元号	研究者名	研究課題	交付総額	1年目	2年目	3年目	種類
		宮田洋	ヒトの生理的変化に関する擬似情報が生理・心理機能におよぼす効果について	340				一般研究(D)
1978	53	賀集寛	日本語の連想メカニズムの心理言語学的研究	380				一般研究(D)
		島井哲志	有害事態における情動行動の基礎研究	?				奨励研究費
1979	54	宮田洋	古典的条件づけにおける「認知」の役割：とくに無条件反射の変容を中心として	1200	(900	300)		一般研究(C)
		賀集寛	漢字認知の図形処理的特質の分析	450				一般研究(D)
		島井哲志	嫌悪事態下における情動行動の多面的分析	?				奨励研究費
1980	55	石原岩太郎	表記タイプと読みの方向性が読解過程に及ぼす効果の心理学的研究	1800				一般研究(C)
		宮田洋	バイオフィードバック法の標準化に関する研究	5300	(4400	900)		試験研究(1)
1981	56	今田寛	24時間連続して適応過程の実験的分析が可能なラットの飼育環境の標準化	4000	(3000	1000)		試験研究(1)
1982	57	宮田洋	ヒトのパーフォーマンスにみられる概日リズム：生理、行動、人格特性からの分析	2290	(1690	600)		一般研究(C)
		今田寛	環境条件の"不確かさ"と動物行動の関係に関する基礎的研究	1900	(1500	400)		一般研究(C)
		本城由美子	人間の情報処理過程に関する生理・心理的研究	?				奨励研究費
		斉藤洋典	漢字と仮名の読みに関する認知心理学的研究	?				奨励研究費
1983	58	宮田洋	認知―行動系における生理過程および心理過程の対応とその意義に関する学際的研究	2200				総合研究(B)
1984	59	今田寛	動物の計数行動に関する基礎的研究―情報処理の観点から―	1100				一般研究(C)
		藤井正也	条件性抑制事態における古典的条件づけの検討	?				奨励研究費
		斉藤洋典	認知的カテゴリーの内的知識構造について：CROSS- & INTERLINGUISTIC CATEGORIZATION	?				奨励研究費
1985	60	今田寛	嫌悪刺激の予測不可能性と統制不可能性がラットの長期適応行動に及ぼす影響	1500	(1200	300)		一般研究(C)
1986	61	宮田洋	ヒトの終夜睡眠構造を規定する生理・心理的要因の同定	3300	(2500	800)		一般研究(B)
		八木昭宏	視覚的認知作業事態での眼球運動関連電位の研究	2300	(2000	300)		一般研究(C)
1988	63	宮田洋	視覚障害者の睡眠改善のための調査：ポリグラフによる生理心理学的研究	1200				一般研究(C)
		今田寛	嫌悪刺激の残効に関する情動の実験心理学的研究―特に相反過程理論との関係で―	1700	(1400	300)		一般研究(C)

付録2　文部省（文部科学省）科学研究費補助金（1948〜2002年度）　365

西暦年度	元号	研究者名	研究課題	交付総額	1年目	2年目	3年目	種類
1989	1	宮田洋	視覚障害者の睡眠に関する生理心理学的研究：日常生活場面における記録と分析	5500	(4100	800	600)	一般研究（B）
		片山順一	単語の意味処理に関する精神生理学的研究：事象関連電位を用いて	1900	(1000	900)		特別研究員奨励費
1990	2	皆川直凡	言語情報の精緻化に伴う情緒的意味理解の深化と大脳半球機能統合の過程	1900	(1000	900)		特別研究員奨励費
		宮田洋（Lyvers）	定位性皮膚電気反射およびウイスコンシン知能検査におよぼす喫煙の効果	1900	(1200	700)		特別研究員奨励費（外国人）
1991	3	今田寛	嫌悪刺激の各種情報の有無がラットの情動と行動に与える影響に関する実験的研究	900				一般研究（C）
1992	4	今田寛	異なる長さの嫌悪刺激の予期と残効に関する実験的・理論的研究	1700	(1400	300)		一般研究（C）
		賀集寛	日本語の表記形態の標準化とその認知心理学的妥当性の研究	1600	(1300	300)		一般研究（C）
1993	5	嶋崎恒雄	機能的結論としての随伴性の判断過程についての研究	900				奨励研究（A）
		井上徳子	ヒト乳幼児とチンパンジー乳幼児における「愛着」の発達の比較研究	2700	(900	900	900)	特別研究員奨励費
		中島定彦	オペラント条件づけにおける「反応—強化子」特定性	2300	(1400	900)		特別研究員奨励費
1994	6	嶋崎恒雄	随伴性の概念の多様性に関する基礎研究	1700	(800	900)		奨励研究（A）
		川合伸幸	パブロフ型条件づけにおいて被験体内計画によってUSの価値が強調される効果について	1800	(900	900)		特別研究員奨励費
1995	7	今田寛	嫌悪刺激のコントロール可能性／不可能性と情動	2500	(2100	400)		一般研究（C）
1996	8	川合伸幸	ザリガニの回避学習における刺激の制御性と運動反応について	3600	(1200	1200	1200)	特別研究員奨励費
1997	9	北口勝也	人間および動物の無関係性学習	3600	(1200	1200	1200)	特別研究員奨励費
1998	10	今田寛	競技・テスト場面におけるパフォーマンスの促進／抑制と情動の関係性	1800	(1000	800)		基盤研究（C）
		中島定彦	ハトの条件性弁別における刺激階層性の研究	2400	(1900	500)		奨励研究（A）
		澤幸祐	味覚嫌悪学習の刺激表象操作の効果	2700	(900	900	900)	特別研究員奨励費
1999	11	八木昭宏	眼球停留関連電位の時間経過解析システムの開発	8600	(6800	1000	800)	基盤研究（B）
		浮田潤	心理学研究のための日本語資源の整備に関する研究	2100	(800	500	800)	基盤研究（C）
2000	12	中島定彦	条件づけにおける要素的・形態的・階層的学習	2200	(1700	500)		奨励研究（A）
2002	14	小川洋和	複雑な動的場面における視覚的注意の制御機構の解明及びその脳内機構の検討	1500				特別研究員奨励費

(年度：論文提出年度)　　**付録3　2002年度までの修士論文一覧**

年度・氏名	題　　目	主査	副査	副査
1953				
勝山　信房	回避條件形成に於ける一研究 ―條件刺激強度に関する実験的研究	古武	今田恵	大伴
松永　一郎	動因累加の一実験	古武	今田恵	大伴
1954				
久保　和男	音韻相通の函数としての学習転移及び遡向抑制	今田恵	古武	大伴
宮田　洋	道具的条件反応の刺戟汎化 ―白鼠に於ける回避反応の刺激汎化に就いての一実験的研究	今田恵	古武	大伴
和田　綾	完了・未完了行動の再生　―その要因分析―	今田恵	古武	大伴
金　賢中	知覚に及ぼす要求の効果 ―生理的要求阻害条件下に於ける知覚の変容―	今田恵	古武	大伴
賀集　寛	言語学習における意味的汎化の一研究	今田恵	古武	大伴
1955				
大谷　璋	Subception 促進要因としての断片的手掛り	今田恵	古武	大伴
三宅　進	動物実験神経症 ―特に罹患因子としての興奮性に就いての考察	古武	今田恵	大伴
中田　義朗	文脈的意味の基礎的研究	今田恵	古武	大伴
荒木　潔	反応変動性に関する研究	古武	今田恵	大伴
植田　忠一	人間の眼瞼反射に於ける汎化及び分化と anxiety	今田恵	古武	大伴
1956				
西岡　昭	生物電気積算計について	古武	今田恵	大伴
内藤　徹	人間唾液條件反射に於ける系の形成	古武	今田恵	大伴
坂口　順治	意味関係と学習度の函数としての概念形成過程	今田恵	古武	大伴
石堂　一雄	自発的条件形成に於ける反応測度	今田恵	古武	大伴
廣瀬　栄治	條件形成事態における反応変動性に関する研究	今田恵	古武	大伴
1957				
神谷　伸子	眼瞼反射条件形成に於ける消去試行間隔と消去抵抗	古武	今田恵	大伴
1958				
今田　寛	回避反応に対する罰の効果についての一実験	古武	今田恵	大伴
1959				
宮本　健作	ラッテに於ける禁止要因に関する行動分析的研究	古武	今田恵	
鹿野　輝三	恐怖反応の消去に関する一実験 ―特に部分強化と消去抵抗の関係について	今田恵	古武	

年度・氏名	題目	主査	副査	副査
1960				
加藤 恭子	言語行動の一研究	今田恵	古武	
1961				
久野 能弘	反応遂行に及ぼす報酬量の効果	今田恵	古武	
佐久間 徹	唾液条件反射に関する一実験的研究 ―同時複合条件反射について―	古武	今田恵	
白岩 義夫	反応般化に関する一研究 ―反応強度般化と反応制止―	古武	今田恵	
1962				
福岡 修	回避学習に於ける刺戟般化の一研究	古武	石原	
1963				
柿木 昇治	瞳孔条件反射に関する研究	古武	石原	
斉藤 通明	動因累加に関する一研究	石原	今田恵	
西川 一廉	恐怖条件づけに関する研究 ―驚愕反応を指標として―	今田恵	古武	
1964				
濱野 恵一	人間に於ける延滞条件反射の基礎研究	古武	石原	
森脇 章次	随意運動形成過程の実験的分析	古武	今田恵	
山内 康弘	対連合学習に於ける研究 ―転移事態に於ける般化の方向性とT価の高さについて―	石原	古武	
長野 文典	検査作業の一研究	今田恵	石原	
1965				
川合 京子	人間の唾液条件反射に於ける有意統制の基礎研究	古武	石原	
木下 功	Connotative meaning の分析	石原	古武	
笹野 完二	人間条件反射の条件制止に関する研究	古武	石原	
下仲 順子	運動学習に関する一実験 ―動機づけの函数としての反応制止―	古武	石原	
1966				
岩内 一郎	定位反射と条件反射形成に於ける個体差の基礎研究	古武	石原	
内山 三郎	ことばの意味の研究（S.D.法と連想法とによる分析）	石原	古武	
大和田 健夫	鼡に於ける情緒的行動	古武	石原	
長谷川 節	孤立効果に関する一研究	石原	古武	

年度・氏名	題目	主査	副査	副査
1967				
大野 秀樹	Counter Conditioning の有効性に関する一研究 ―消去の汎化の問題を加えて―	古武	石原	
河内 知子	回避学習事態における情動性と電気ショック強度の関係について	古武	石原	
北川 睦彦	言語強化に関する研究	石原	古武	
桐村 雅彦	連想法による意味の因子分析的研究 ―類似・反対関係の分析―	石原	古武	
坂上 洋平	自発的交替反応に関する研究	古武	石原	
曽我 昌祺	罰の特性を明らかにするための基礎的実験 ―回避反応の消去過程に於ける罰の効果に関して―	古武	石原	
八木 昭宏	Anxiety, Fear, Relief 時における心拍率の変化について	古武	石原	
1968				
荒木 光	実験神経症に関する研究の動向	古武	石原	
橘 秀嗣	r_g の直接的測定に関する一研究 ―完了反応の古典的条件づけ側面から―	新浜	石原	
山村 健	部分強化に関する一実験的研究 ―眼瞼反射を指標として―	古武	新浜	
1969				
内田 照彦	自由連想法による発達的研究	石原	古武	
伊藤 敏明	時間経過知覚と作成法	古武	石原	
甲斐 雅子	回避反応の変動性 ―不安減少理論は回避反応の方向固着性を説明しうるか―	新浜	石原	
古賀 愛人	タッピング作業におけるパーソナリティ要因について	新浜	石原	
関 宏之	Instrumentalization に関する実験的研究 ―意識性関与について―	古武	石原	
田巻 義孝	ネズミの素因的要因としての情動性	新浜	古武	
福安 祥子	回避学習事態における分析的研究	新浜	古武	
森田 義宏	心拍反応を恐怖の指標とした回避学習機制の研究	古武	新浜	
吉田 恒子	有害刺激事態における弁別の問題に関する一研究	新浜	石原	
1970				
沖田 庸嵩	自律反応の道具的条件付け ―回避事態における可能性の検討―	古武	石原	

年度・氏名	題目	主査	副査	副査
折戸 由紀子	対連合学習とその保持に及ぼす項目間連想関係と刺激語使用頻度の効果	石原	新浜	
鴨野 元一	GSR条件づけに関する一問題 ―複合反応の分析について―	古武	新浜	
宮下 照子	恐怖条件づけにおけるProper Control Groupについて	新浜	石原	
村中 哲夫	図形弁別における幼児の選択行動の分析	新浜	古武	
1971				
石田 雅弘	学習事態における確率的モデルとComputer Simulationについての一考察	古武	石原	
小川 嗣夫	言語学習におけるIMAGERYの効果に関する一研究	石原	新浜	
小西 賢三	瞳孔反射に関する一基礎的研究 ―その定位性成分について―	古武	宮田	
瀧川 哲夫	繰返し零和2人ゲームにおける経験的ベイズ戦略	新浜	石原	
田中 憲太郎	弁別事態における知覚過程の研究	石原	宮田	
投石 保広	有害事態における安全期間及び逃避、回避反応の生活体に及ぼす効果の検討	新浜	宮田	
永田 徹	延滞条件づけに関する一実験的研究 ―ネズミの中脳網様体の単位発射を指標として―	古武	宮田	
森津 誠	情報選択過程としての注意に関する研究	古武	宮田	
三戸 秀樹	誘発電位を用いた近接2刺激と反応の研究	古武	新浜	
1972				
安藤 純子	系列学習の機構	石原	宮田	
木下 登志夫	嫌悪事象の予測に関する一実験研究	新浜	宮田	
獅々見 照	嫌悪条件づけの動物行動学的分析	新浜	石原	
杉本 剛佳	幼児の対連合学習における心像媒介過程の実験的研究	石原	宮田	
野村 幸正	短期記憶の要因分析 ―項目提示系列による反復の要因―	石原	新浜	
益田 義則	弁別コンフリクトに関する一研究―コンフリクト訓練にてのレディシグナルの色の後続弱コンフリクト遂行への効果―	新浜	石原	
美濃 哲郎	感覚刺激順応に於ける一研究 ―変化刺激反復提示法による検討―	新浜	宮田	
矢島 幸雄	誘発電位を用いたサッカディック抑制の研究	石原	宮田	

年度・氏名	題目	主査	副査	副査
1973				
磯 博行	Shuttle箱におけるSidman型回避反応に関する基礎研究 —条件性情動のモニター反応としての有効性の検討—	新浜	今田寛	
稲森 義雄	False feedbackが自律反応及び情動行動に及ぼす影響についての基礎研究	宮田	新浜	
烏野 博文	眼瞼条件づけとパーソナリティの関連についての一実験的研究	宮田	今田寛	
杉岡 幸三	有害事象のControllabilityがBEL, CERに及ぼす効果	新浜	宮田	
平野 信喜	ネズミにおける学習セット形成要因の分析に関する一考察	新浜	今田寛	
水野 高一郎	感覚刺激順応における一実験研究	宮田	石原	
宮本 幸枝	間接プライミング効果の要因に関する一研究 —2語の連想強度の要因—	石原	賀集	
1974				
上垣 博和	連続説対非連続説に関する一研究	新浜	今田寛	
岸本 陽一	VIGILANCE低下に関する諸問題	新浜	宮田	
島井 哲志	回避行動の実験的分析	新浜	今田寛	
土田 康江	自律反応のオペラント条件づけ手法の臨床的応用	宮田	賀集	
野呂 孝子	言語獲得に関する一研究	新浜	石原	
三橋 美典	Habituationに関する一研究	宮田	賀集	
山崎 直樹	複合条件づけの形成に於ける要素刺激の情報的要因	新浜	今田寛	
1975				
井上 道雄	意味論的記憶と文脈効果の検討	石原	賀集	
岡村 美幸	回避反応に関する一研究（II）	新浜	今田寛	
鎌田 浄	数概念形成への発達的アプローチ	新浜	今田寛	
木村 宏	短期記憶における記憶痕跡についての実験的研究	石原	賀集	
佐々木 仁	Kaminのblocking効果に関する一研究	宮田	新浜	
鈴木 隆男	Habituationに関する研究	宮田	今田寛	
寺嵜 正治	ストレス反応の個人差に関する実験的研究	新浜	宮田	
本城 由美子	概念的刺激のHabituationに関する研究	宮田	新浜	
1976				
荒井 洋一	同時複合条件形成に関する研究	宮田	今田寛	
小野 隆章	条件づけに於けるBlocking現象の分析	新浜	今田寛	
後藤 龍好	PSS現象に関する実験的研究	新浜	宮田	

年度・氏名	題目	主査	副査	副査
波多野 礼子	生活体の電撃への対処過程に関する基礎的研究	新浜	今田寛	
山田 冨美雄	付加刺激による反射の変容の研究	宮田	今田寛	
1977				
大久保 義美	幼児の記憶における検索過程	賀集	石原	
久保 克己	視覚情報処理に関する研究	宮田	新浜	
斉藤 洋典	漢字の情報処理に関する心理学的研究	石原	賀集	
関本 憲章	感性予備条件づけに関する実験的研究	宮田	新浜	
藤本 次郎	Self-control に関する精神生理学的アプローチ	宮田	新浜	
1978				
大木 祐治	ラットの海馬損傷が行動に及ぼす効果	新浜	今田寛	
岡 一幸	Taste-Aversion における CS-US 関係について	新浜	今田寛	
加藤 幸彦	OR に関する実験的研究	宮田	石原	
仁ノ平 肇	Counterconditioning に関する実験的研究 ―ラットにおける報酬による電撃の嫌悪性の減弱効果について―	新浜	今田寛	
前田 泰宏	比較文の判断に及ぼす諸要因	賀集	石原	
山崎 明彦	Kamin の blocking 現象に関する研究 ―要素刺激の相対的強度を問題として―	新浜	今田寛	
山崎 勝之	有意刺激の制御に及ぼす信号の効果	宮田	石原	
1979				
石原 金由	ヒトの日内リズムに関する生理心理学的研究	宮田	石原	
今田 純雄	嫌悪事態における行動の形成とその維持について ―古典的条件づけパラダイムによる誘発行動の変容―	新浜	今田寛	
大野 太郎	Cold Pressor Test における基礎的研究	宮田	賀集	
佐藤 義彦	EMG バイオフィードバックに関する基礎的研究	宮田	賀集	
藤井 正也	Second-order conditioning に関する実験的検討	新浜	今田寛	
1980				
浮田 潤	単語の認知過程に関する研究	賀集	石原	
小森 憲治郎	心拍率減少の古典的条件づけ	宮田	賀集	
佐々木 紀彦	運動準備活動に関する生理・心理学的研究	宮田	石原	
宿久 博康	有害事象の Predictability が生体の情動に及ぼす効果 ― Within-Subject Design を用いて―	今田寛	新浜	
津田 泰弘	Wagner の記憶モデルの検討 ―試行後エピソードが先行条件づけに及ぼす効果―	今田寛	新浜	

年度・氏名	題目	主査	副査	副査
山田 弘幸	逆向再認マスキング事態における短持続音の周波数弁別に関する研究	賀集	石原	
山本 利和	視覚ヴィジランス・パフォーマンスに及ぼす動機づけの効果 ―金銭報酬を用いて―	今田寛	新浜	
1981				
谷口 泰史	漢字認知における左右大脳半球優位性の検討	石原	賀集	
田中 早苗	外向性―内向性と定位反応	今田寛	新浜	
中山 誠	刺激連鎖と反射変容効果について	宮田	今田寛	
斉藤 敬	生体機能の日周リズムに見られる個人差に関する心理・生理学的研究	宮田	石原	
日岡 克明	情報処理過程に於ける注意機能の検討	宮田	賀集	
1982				
大久保 誠	ヒトの驚愕反応の慣れに関する基礎的研究	宮田	賀集	
井上 芳子	ヒトのサーカディアン・リズム現象に関する生理・心理学的研究	宮田	石原	
坂東 完雄	課題負荷が及ぼす心拍率の変容 ―スペクトル解析を用いて―	宮田	今田寛	
道広 和美	皮膚抵抗反応の変動に関する基礎的研究	宮田	石原	
中川 良次	Rescorlaの随伴性理論の検討	今田寛	新浜	
嶋崎 恒雄	不確実な事態下での行動選択に関する基礎的研究	今田寛	新浜	
1983				
水谷 充良	Fm θ に関する生理心理学的基礎研究	宮田	今田寛	
皆川 直凡	大脳半球の働きについての一考察 ―個人に特有な利き脳の要因―	賀集	石原	
1984				
日上 耕司	ニホンザルにおける食物選択行動の伝播に関する実験的検討	今田寛	新浜	
1985				
岡崎 昌樹	古典的嫌悪条件づけ状態における背景刺激（context）の役割に関する一実験的検討 ―潜在制止の手続きを用いて―	今田寛	新浜	
片山 順一	ラムダ複合に関する基礎研究 ―認知的精神生理学における指標としての妥当性―	宮田	新浜	
黒田 聖一	生理指標・パフォーマンスからみたパーソナリティの研究	宮田	今田寛	

付録3　2002年度までの修士論文一覧　373

年度・氏名	題　目	主査	副査	副査
橋本　まゆみ	痛み感受性の測定に関する方法論的検討 —Tsukuba 高・低情動反応系ラットを用いて—	今田寛	宮田	
保野　孝弘	ヒトの終夜睡眠中にみられる自発的目覚めの出現様相とその個人差	宮田	新浜	
松中　雅彦	知覚獲得—実験的検討と計算機シュミレーション—	賀集	新浜	
山野　晃	「時間」の刺激特性に関する実験的検討	今田寛	賀集	
1986				
宮崎　聡	ラットにおける幼児期健忘の存在とその緩和に関する研究	今田寛	宮田	
前沢　幸喜	再生可能語の再認の失敗に関する実験的検討 〈再認失敗関数からの逸脱〉	賀集	新浜	
免田　賢	触覚研究の方法に関しての一考察 —触知モード確立化の試み—	賀集	宮田	
東　斉彰	防御性 burying 行動の実験的分析	今田寛	新浜	
1987				
大門　若子	眼球停留時間と視覚情報処理に関する基礎研究 —日本語処理過程を用いて—	宮田	賀集	
渡辺　久美子	精神負荷と心拍変動性に関する基礎研究	宮田	新浜	
1988				
石原　辰男	言語遅滞児による言語獲得研究の試み	賀集	新浜	
竹中　康	精神作業負荷に関する研究	宮田	八木	
中谷　智恵	身体近辺の空間認知に関する一考察 —後方の認知を手がかりとして—	宮田	八木	
成田　健一	情動としての羞恥　—その状況の特徴について—	新浜	今田寛	
1989				
田中　雄治	Fm θ 出現時の意識体験について —時間評価を指標として—	宮田	今田寛	
1990				
尾形　美香	VDT 作業における負荷の評価について —眼球停留関連電位を指標として—	八木	賀集	
権藤　恭之	ねむけの精神生理学的研究	宮田	八木	
須貝　知之	信号あり強化に対する好みの形成についての実験的研究 —食餌性強化刺激を用いて—	今田寛	新浜	

年度・氏名	題　目	主査	副査	副査
杉島 一郎	日本語における単語の表記形態と意味との関連に関する研究序説 ―漢字・仮名問題へのアンチテーゼ―	賀集	宮田	
平田 薫	ストループ刺激を用いた課題における文字と色の干渉効果 ―処理陰性電位とN400成分に及ぼす効果からの考察―	八木	新浜	
松川 晋	VDT作業に及ぼすBGMの影響	今田寛	宮田	
元恒 真織	相反過程理論に対する一実験的検討 ―条件性抑制事態における脱抑制を指標として―	今田寛	新浜	
増井 幸恵	大規模空間に関する知識の形成過程について	今田寛	賀集	
1991				
川合 伸幸	A re-examination of the effect of US duration on licking conditioned suppression	今田寛	宮田	
1992				
井上 徳子	チンパンジー幼児における発達研究 ―アタッチメントおよび鏡映像認知について―	今田寛	八木	
喜多 かおり	周辺視がラムダ反応に及ぼす影響	八木	賀集	
北口 勝也	古典的条件づけにおける真にランダムな手続きについて	今田寛	宮田	
北村 雅由	ストレスによるラットの行動の変化について ―拘束ストレッサーを用いた場合―	今田寛	賀集	
河野 浩	目覚めの良否に関する生理心理学的研究	宮田	賀集	
古西 浩之	筋電図を指標とした表情の研究	八木	今田寛	
高雄 元晴	視覚誘発電位を用いた運動視の研究	宮田	賀集	
竹本 有里	入眠過程に関する生理心理学的研究 ―入眠パターンからの分析を中心として―	宮田	八木	
1993				
大森 慈子	瞬目を用いた印象形成に関する実験的研究	宮田	八木	
中道 希容	随伴事象の確率構造と随伴性判断 ―分離型試行課題を用いた実験的検討―	今田寛	賀集	
1994				
風井 浩志	ラムダ複合とサッケイド統合との関係 ―チェックパタンを刺激として―	八木	宮田	
治部 哲也	聴覚N400に関する基礎研究 ―言語情報処理へのアプローチ―	八木	賀集	
田野 礼子	瞬目と人格特性：集団観察法を用いて	宮田	今田寛	

年度・氏名	題　目	主査	副査	副査
平尾 直靖	自発的触覚時の生理反応による布地の風合い定量化	八木	今田寛	
1995				
岩原 昭彦	自伝的記憶と感情の関わり ―気分一致効果は作られた現象か？―	賀集	宮田	
大谷 賢	味覚誘発電位に関する基礎研究	八木	宮田	
沖 美予子	Nomological network に即した自尊感情測定尺度の日本語版作成に向けて（SE-SRS の作成）	今田寛	賀集	
武田 裕司	視覚的探索課題における inhibition of return のモデル化について	八木	賀集	
大本 浩司	脳波のゆらぎと精神生理 ―自律訓練のバイオフィードバック法を用いて―	八木	宮田	
藤本 清	視覚系が不完全な情報からの完全な構造を復元する仕組みについての一考察	八木	今田寛	
舟木 順子	ラットの弁別学習における DO（Differential Outcomes）手続きのメカニズムに関する研究	今田寛	賀集	
鹿嶽 昌彦	嫌悪刺激の到来における時間及び強度の予測不可能性の要因が人間の選択行動に及ぼす影響	今田寛	宮田	
1996				
西村 崇子	人間の随伴性判断における事象間の競合に関して ―実験事態の構造分析と判断における情報処理過程の検討―	今田寛	賀集	
永井 聖剛	Representational momentum に関する実験的研究 ―刺激形態の効果―	八木	宮田	
漆原 宏次	ラットの摂水反応をベースラインに用いた条件性抑制場面における逆行条件づけの研究Ⅱ	今田寛	宮田	
吉岡 千波	ラットの味覚嫌悪学習における文脈の効果について ―刺激の前提示との関わりから―	今田寛	宮田	
有光 興記	日常経験に基づく「あがり」現象の生起因・対処法の探求	今田寛	八木	
坂本 加代子	嫌悪刺激の統制可能性／不可能性が CER・BEL に及ぼす影響について	今田寛	宮田	
田中 光子	文字は認知処理を支配するか ―漢字とアルファベット―	賀集	八木	

年度・氏名	題目	主査	副査	副査
佐々木 祥子	対人的テスト事態における不安過程の一考察—大学生の就職活動において—	今田寛	宮田	
野口 雅司	日本語能力の判定基準における一考察	賀集	八木	
梅野 千絵	単調作業中の照明変化が集中感に与える影響について	八木	宮田	

1997

氏名	題目	主査	副査	副査
平野 哲司	記憶の自己選択効果における符号化方略説の妥当性	八木	宮田	
田中 紀久子	抑鬱傾向と認知の関係	今田寛	宮田	
土江 伸誉	法則性を内包する事象の学習に関する実験心理学的研究	今田寛	宮田	
仲村 彰	μ波に関する基礎研究とそのインターフェースとしての応用の検討	八木	宮田	
中山 道子	ラットの摂水反応をベースラインに用いた一般化した無関係性学習現象とその予防効果	今田寛	八木	
山崎 裕介	ジアゼパムの耐性獲得と補償的条件反応	今田寛	宮田	
澤 幸祐	食塩飢餓処置による味覚表象操作が味覚嫌悪学習に及ぼす影響	今田寛	宮田	
金重 耕太	二次条件づけの連合構造に関するCS2-CS1仮説の検討	今田寛	宮田	
宮下 友佳子	オペラント反応を用いたウマの行動研究	今田寛	八木	

1998

氏名	題目	主査	副査	副査
荘厳 依子	ピアノ演奏場面における演奏不安の実験的研究	今田寛	八木	
廣川 空美	「男らしさ・女らしさ」の社会的適応能力—ジェンダー・タイプがコミュニケーション・ストレスに及ぼす影響についての研究—	八木	今田寛	
福田 浩子	SEEKING A RELATIONSHIP BETWEEN SPATIAL ABILITY AND SUSCEPTIBILITY TO MOTION AND SIMULATOR SICKNESS	八木	今田寛	

1999

氏名	題目	主査	副査	副査
小川 洋和	複数の運動刺激に対するトラッキング及び視覚的記憶処理—オブジェクトに基づいた注意の観点から—	八木	浮田	
金森 庸浩	心的回転方略の違いによる回転中途刺激の表象化に関する実験的研究	八木	浮田	
小林 仁志	分化結果効果と獲得性等価・差異効果との関連についての実験的検討	今田寛	嶋崎	
杉本 貴史	臨場感についての多面的研究	八木	今田寛	
玉井 紀子	再発を示唆する消去後の反応の再出現に関する実験的研究	今田寛	嶋崎	

年度・氏名	題目	主査	副査	副査
豊見 綾子	Dopamine作動薬の増感作用と環境特異性増感作用の形成 — prepulse inhibitionを指標として —	今田寛	八木	
日比 優子	物体認知プロセスに関するglobal/local処理からの一考察	八木	浮田	
2000				
小林 由佳	人間の随伴性判断の情報処理過程に関する実験的検討	今田寛	八木	
林 寛子	自発的な回転カゴ走行をUSとした味覚嫌悪条件づけ —ヒトの神経性無食欲症の動物モデル—	今田寛	松見	
須藤 舞	リーチングにおける動作距離の知覚	八木	今田寛	
則武 厚	網膜情報と網膜外情報が空間定位に及ぼす影響	八木	松見	
増田 真徳	リラクセイションに関する多面的研究	八木	今田寛	
2001				
伊藤 慎子	人間の注意および不注意について	八木	松見	
中尾 将大	マウスのactivity-stressに関する実験的研究	今田寛	八木	
山下 美樹	運動学習においてフィードバックスケジュールが学習に及ぼす影響	今田寛	松見	
韓 星民	触覚における言語情報処理に関する基礎研究 —触覚における反復プライミング効果—	八木	松見	
2002				
柾木 隆寿	強制遊泳装置をUSとした味覚嫌悪学習についての一研究	今田寛	中島	
道城 裕貴	組織行動マネジメントにおけるフィードバックの効果	松見	中島	
丸山 智美	精神科デイケアにおける喫煙行動の実態調査と介入の実証的研究	松見	今田寛	
堀川 雅美	記憶における色の変化についての一研究	八木	松見	
伊村 知子	絵画的奥行知覚における比較認知科学的考察	今田寛	八木	
大対 香奈子	幼児のソーシャルスキルについての実験的アプローチ —発達と個人差—	松見	今田寛	
大塚 拓朗	エラー関連陰性電位に関する一考察 —事象関連電位を用いて—	八木	中島	

付録4　関西学院大学心理学学士会会報 No.1（1960年10月発行）

関西学院大学 心理学 学士会会報

1960. 10 No. 1

秋風に托して

今田　恵

今度心理学科の出身者と母校との繋ぐために発行されることになった会報の第一号を通じて出身者諸君の御健康を祈ることは、わたしにとって誠にうれしいことであります。

昨年は母校の創立七十年、大学開設二十五年に当り、わたしは大学開設以来の学院の心理学の回顧をかねてその記念の論文集に書いたのですが、何といっても関西学院の心理学として確立したのは大学に心理学専攻が設けられてからであり、昭和九年以来二十五年の歩みを経て、今日に至りましたが、その間に迎え送った諸君の顔が行列の如くわたしの瞼に浮びます。はじめの頃一学年に二人か三人かといった頃から、今は二十人三十人というて来ました。卒業生の大半は直接心理学に関係のある仕事に従事している人もあれば、その他の仕事に従事している人もあります。もちろん後者の方が多いのですが、比較的専攻の道を歩いている人の多いのが心理学科の特徴でありましょう。心理学そのものを生涯の仕事にする口はおそらく希望者の数ほどないのが実情です。

今度の心理学科の出身者と母校とを繋ぐために発行されることになった会報を伺ひ御健康を祈ることは、わたしにとって誠にうれしいことであります。（略）

このような二十五年の歩みに我々の研究室が日本の心理学界に相当確実な地歩を占めるに至ったことは、御historik御賜物であり、それは卒業生の各方面における着実な努力と輝かしい業績の賜でありますが、今後もなお一層研究と応用とに新生面を開かれることを祈って止みません。

しかし専門家を出すことだけが、大学教育の目的ではありません。大学の学業に中心があることは当然で、心理学の場合それは心理学でありますが、人生は広いのですから、その素養をもってあらゆる方面に活躍されることはよろこばしいことであります。

先日、心理学科開設当時ここに講師として教えられ、最後は京都大学教育心理学教授として昨年九月三日永眠された正木正教授の遺稿選集を共に收められたことを心から感謝するものであります。四年彼の死後机の引出しから見出された彼の日記や年代の中にあらわれた、人生の行者正木君の生涯にわたしは非常な感銘をうけました。機会があれば御読みになることを御すゝめします。二十五の歴史を経て、学院の心理学科も次第に幅を加え、深さを増して卒業生に申理学も次第に幅を加え、深さを増して卒業生に申します。基礎的な研究に込めば多少の残部はある筈ですその中

一文、昭和二十年に彼が浪速高等学校から、東北大学に招かれた反省も強化されねばならぬと思っています。と自成十数ヵ条のはじめわれわれ文明後半は日本心理学会の大会を再びわれがあります。「一、あなたは現在の職務、地位に本当に役立っているかどうかをよく考え、それらが少しでもあなたの利己心、名誉心を満足する手だてとして働くならば、それらは生活の現実の力となることはない。一、あなたの仕事をいつも使命として把らえ。単なる職業的習慣化に堕してはならない……」この手記は三十

わたしも六十七才という年になりましたが、益々努力したいと思っています。至極元気ですから御安心下さい。諸君と御家族の平安を祈ります。

（一九六〇、九、十六）

私のこと、研究室のこと

古武　弥正

今日は私の第四十八回目の誕生日、頭の中は「何をする気か」とむしろあわれんだ人もいた。ところが三万円かけて一寸立派なビルをみればロマンスグレイで六十才、顔をものにしたのは、「心理はあんないい建物を見ればつやつやしてきをもってけしからん」などといっている四十才位、平均値をとって五十位だろうと云われていたのが、ハミル館である。一寸したものであるが、他大学の心理学にくらべてひけめはあんまりいい事をとる。実験器具も相当そろった、雑誌も文献も相当ある。もうほんの一息で京大のレベルに達する。

問題は研究スタッフである。もがこれもガッチリ組んでやっている。今田先生から私、石原君、新浜君、宮田君、みんな元気でやっている。一週間前コロンビアのグレアム教授が来日、日本の心理学室についてリポートを書いた。十二の実験室をすぐれたものとして選んでいただいた時には文

実験室九室、教授研究室五室、助手研究室一室、大学院研究室一室、工作室一室、動物室一室、演習室一室、雑誌室一室、それに小客室、便所、玄関ホール等、ハミル館である。

八回目の誕生日、頭にいた。ところが三万円かけて一寸立派なけをしたところ一寸立派なものになったのは、争中は少年航空兵と云われていた。我々の大学は我々の手で順番によくしていくのがあたりまえ。つづいて現在は

註・今年夏に上写真の左端（北側）に新しく動物飼育室が建てられた。

心理学研究室（ハミル館）

卒業生通信欄

高橋調三（昭十二卒 新高輪盛大堂KK社長 住所……）

関西学院大学心理学研究室から年間にただ一人の精薄児と生活している。又先輩として御同慶に堪えません。異端者として御同している。

学院心理学専攻の卒業生も私を第一号として何年かに一人或は二人とこの分野の二人の少年から学び得たことは実に多年間一人の精神薄弱少年と生活した。私のこの二人の少年から学びたいと申出たのが最初先生の少年鑑別所として来られ、ねがわくば、もっともだしい分野に来ていただき又十八年に私の家で生れた仔猫のクロが死んだ。九月二十六日の午前六時、二ヶ月程前に私の家で生れた仔猫のクロが死んだ。

最初児童心理学を勉強したいと申出たのが最初先生の少年鑑別所にと申出たのが最初先生の少年鑑別所に大いに活躍してほしいと思います。現在九州で少年院長の小林亮太氏が宮崎少年院長として来られ、少年院とその分野に十余名いますが、私が十三年の第二回、弟達が九年の第九回と二十六年の第五回とそれぞれ熊本、金沢、大阪と別れましたが、今田先生とも縁あるもの思いますが、今田先生とも縁あるもの思いその少年に一外来講師という形でグループ活動を中核とした在り方にもってここ八街では院全体をグループ活動にわたり矯正心理学乃至犯罪心理学の問題を語りあって来た。

吉尾直純（昭卅六卒 八街少年院長 住所……）

九月二十六日の午前六時、二ヶ月程前に私の家で生れた仔猫のクロが死んだ。同時に生れた仔猫は四匹いたけれども、二匹は夫々元気であったが、白い仔猫と黒い仔猫の方は一見して仔猫が残されていたのだが、白の方はとりわけ可愛がり、愛嬌もよく、誰にも好かれるタイプであった。クロは毛の色もあまりよくなく、体も弱々しく、尻尾も曲っている。それだけに私達家族は、我々が見てやろうと特別に可愛がっていた。その仔猫が三日程前から少し体の具合がおかしかったので獣医に見てもらおうと思っていた内に死んでいった。子供達の作った墓には十字架の胸の中で毛布にくるまっていながら昇天した。子供達の作った墓には十字架のため庭の草花が挿されているみにくかった仔猫に対しても一緒に生活をしていた私達は愛情を感じ、いなくなって見ると色々と思い出され、いないと気持がなる。小学校五年と三年の子供の日記や作文には夫々仔猫との生活が書き残してあった。少年院の子供達、殊も毎日一日中の少年達と生活をしている子供であり、その少年達と生活をしていると子供であるように、兄弟であり、子供達と一緒、盛岡少年院のところには「男の子は家にいなくて淋しい」など、私は『男の子沢山いる』と答えたことをおぼえている。

少年院の現実は非行少年のみを責めるにはいかないが、子供達が私には「男の子沢山いる」と答えたことをおぼえている。社会の現実は非行少年のみを責めるにはいないが、私は夫々の少年の夫々の原因があってやりたい。そして夫々に適した手当を加えてやりたい。幸い私は心理学教室の三年間と卒業しての一年間の四安保反対のころ、ラジオやテレビが盛

那須聖（昭十五卒 毎日新聞社東京本社論説室勤 住所……）

人間の運命というものは妙なもので、昭和十五年に卒業しすぐ今田先生の御世話で当時の東京帝大航空研究所へ奉職した。一年ほどで太平洋戦争となり、二等兵で銃を担い、馬の背にまたがり北支、満州をさまよい歩いたこともあったが、昭和十八年四月から立川市の陸軍航空技術研究所と東大の航空研究所の両方に勤めて終戦。職を失い、その後毎日新聞社に職を得たが、米国コロンビア大学へ留学して、国際機構論の講義を聞いた。国際関係、軍事関係、科学技術、そんな関係で今でも航空関係、国際関係、軍事関係、科学技術論を担当している。戦争に負けなければ恐らく、航空心理学一本で来ていただろうが、そのときは心理学専攻の全学生で十名足らずの草分け時代で、私達の在学中は心理学専攻の全学生で金曜日のキツネ飯を食べながらの昼食会ももはや出来ない、次の機会に書きましょう。次の機会に書きましょう。最近は研究室に毎年五十余名もおられる由ですし、今回いよいよ年報が発刊されるまでに研究室が充実発展しましたその場で最善を尽していくべきだと考る。

森実（昭十年卒 熊本少年鑑別所長）

卒業して二十二年、昔流に言えば二昔になりますが、その間、学期試験前後、喧騒を振切って、大阪、松江、福井、長崎、松山、福井と転勤し、去る三十一年に再び九州の地熊本に来て既に四年半になりました。

伊達兼三郎（昭十八卒 NHK教育局テレビ学校教育部副部長 住所……）

手紙が長くなり、大学の様子を書くスペースがない。次の機会に書きましょう。どうか慰問状を前線の勇士にどんどん送って下さい。

×　　×

（一九六〇年九月二十五日記）

Iwataro Ishihara
Room 523, 1010 West Green
Street, Urbana, Illinois, U.S.A.

に三日間尼介になって、このGraduate Residence Hallに落着くことになった。ここは至って狭いことばかりで、七階建のビルが新築されたばかりで清潔だ。食事は三食とも五分とは歩いてつかない学内の食堂へ行かねばならない。寒くなったら骨だ、電熱は一切使ってはならぬという。家賃は月四十五ドルだ。このお茶ぐらいは……

Forbesと

手紙が長くなり、大学の様子を書くスペースがない。次の機会に書きましょう。どうか慰問状を前線の勇士にどんどん送って下さい。

石原教授米国だより

すでに御存知の方が多いと思いますが、研究室の石原岩太郎教授が去る九月三日日本を発たれて、イリノイ大学に勉学にならしれました。左は同窓生たちや特に会報のためにお寄せいただいた第一号の米国だよりです。誠に切ないホームシックの物語の予定は一年ですが無事もちますかどうか、ごゆっくりお読み下さい。

きされ会 送別会の石原教授

大阪駅を出る時は沢山のお見送りを頂き、とても良い気分でした。それから九月三日夕刻、横浜出帆までの数日間は、一時的離婚旅行であることも忘れて、コブ付きながら新婚旅行みたいなもので、これは頗る御機嫌、御馳走付きで横浜を船が出るときへ、一同に何かしらという事もなく、むしろ勇気颯々たるものがありました。幸いに航海は平穏、とは言え少々のピッチングはあり、相客の早大出身の青年と、二度目にアメリカへ渡るお嬢さんとはいくらか話がよく伸びていた様ですが、僕というものはどんな形をしたのかぼくというやつは知らなかった事でした。関長、事務長その他二人の技師、船長、機関長、いや大出身の有様、船長、機関長、その他無駄なおしゃべりに時を忘れたり、船に弱い午後のくしくしと頑張って、平気な顔をしていました。こうした相客に川崎重工の二人の技師、船客、事務長その他二人の技師、船長、機関長、いや有様、一体ホームシックというのは、いつ頃おそるものなろうかと不思議に思ったことでした。ところが奴の正体はやがて判明、とんでもない魔物であることを思い知らされました。十二日夕刻いよいよ桑港上陸となりました。その前夜、海賊水相手にお別れパーティとなり、ビール、ウイスキー、日本酒とここをせんどと飲んだあげく、十

二日は朝から二日酔でグロッキー、ろくに食べ物ものどを通らず、今まで一番元気だったやさが一番駄目になってしまった。さて検疫の移民官だかの税関だかのは英語がしゃべれとても平気で、無事通過、港には磯川夫人が早くから待っていて下さり、意気揚々と元気を回復、一日酔は完治（この頃には二日酔に食事に要するオンパレード、実に見事で、又沢山居る。China town は気に入って又沢山居る二度歩きました。

× × ×

翌朝はホテル前のミルク・バーへ一人で行って朝食、アメリカなんて軽いもんだ、と自信がついた、ここまではすべて満点。まず申分がなかったが、あとがすべて悪い。急転直下、大地にわかに振動し、忽ちに奈落の底に落ちてみました。つまりハミルトン館の紳士、淑女たちが御期待の気分になってしまった次第、ひものの仕儀とは相成り果てた次第です。すが、一流の日本料理店へ案内してきたとみそ汁などと盛り沢山の日本ンプーニ晩泊っていよいよロスアンゼルス行き、この頃には体力は落ちてくるし、食分は減少、全く最悪の状態かったかもっと。桑港に三晩泊っていよいよロスアンゼルス行き、この頃には体力は落ちてくるし、食分は減少、全く最悪の状態で、話としては伝えんとしたるものありません。なお Festinger 教授に電話したところ (person call)、夫人が出て、これからがいよいよ一人旅、拙い英語で「このリムジンは International air port へ行くか」とたしかめたところ、Prudential Building の屋上から市街をさして、Graybound Bus で出発、Bus のなか、正に悲惨そのものなりき。空港に来て「わたしゃつんぼで聞えません」という顔をしていたい、美しい婦人の係が来て、ちゃんとやってくれた。待合の椅子にカメラをさげた男たちやに日本人らしいのがえし、三時にならない丸ちろん話は出来ない。三時に出て七時四十分、それよりロスへ、飛行機のなかもずっと 窓際にし、空港に着くなり早朝にもかかわらず、山形大学農学部の某博士、早朝にもかかわらず、車にをつんで、ロスの十一時に出る飛行機に乗ると、その夜の十一時に出る飛行機に乗るという。依然同情して先輩顔よくて気持が良い。ぐっと気持が良くなって中食に行く。

× × ×

飛行機は二等ながら Jet 機、三人並の婦人、ただし少しさえあかちゃん、二人とも椅子のかけ方さえ知らないのを教えてやる。食事がすんで間もなく、機は相当にゆれだす。食事がすむと胴体と翼が別々に揺れだす。隣の夫人「飛行機が我々の消化を助けてくれた。半日も住む気になれない。仕方なし

街といえば、サンフランシスコは実にすばらしい。起伏する丘の上に整然と道路の目を立てて高いビルが並んでいる。アメリカの町の実際に慣れるためちょチョには徹底的に、ここには稲わらじをぬくし、ゴヨボヨと稲春君の目で案内してもらう外にとれない。彼の車に案内してもらうのが、自動車は静かに老人を待っている。ずっと東へ飛ぶまで砂漠に禿げ山、実に続華街を歩く老人は実に多い。老人の天国だと思いました。黒いのも黄色いのもこの頃にはらららたが、実にすっかりあきれとしいた。この間にも食事につまらん、やっと人心地がついた、小山女史（ライトのオンパレード、実に見事でこれを要するに桑港は飯さえ食べられる満点のところです。なお Festinger 教）という事にした。この夜は一緒に映画

× × ×

さてロスアンゼルス、これは全く広いる事が出来ない。

広いことは聞いて知っていたが実際に来てみて全く驚いた。車がないと動きがとれるところなどは上田などといわねばなるまい。関学同窓の二世の稲本君の家にシスコロス間の汽車の沿線は美しいと聞いていた、僕の稲本君の家に寄ってみるつもりでおいたが、ここに一週間おせわらじをぬくし、痩せたゴヨボヨと稲春君の目で案内してもらうつもりでアメリカの町の実際に慣れるためには全然禿げている、ここに一週間にチョチョには徹底的にの稲本君の家にれた。彼の家は市の中心から大分はれた。彼の家は市の中心から大分はれて、すっかりあきれて四日ほどロスから山脈を越えて相当東へ飛ぶまで砂漠に禿げ山、実にこのつて、すっかりあきれて四日ほど枯草ばかり、山は全部禿げている（僕のほどろじゃない）ロスから山脈を越えて相当東へ飛ぶまで砂漠に禿げ山、実に中西部平原はよく耕されている。やっと人心地がついた、小山女史（シカゴ到着、Palmer House に泊る。宿は未定だし、僕と一橋大の講師、この人も宿が未定で、一緒に泊まることにする。およそ言葉もよろしくないとの古武士だうのむしろ家境を偲ばせてもらうと、それんらんたい日本食、これはanxiety のさえ、anxiety の指標とすると、大分進まないことになった。この間にも食事につまらん、やっと人心地がついた、しかし中西部平原はよく耕されている。やっと人心地がついた、小山女史（シカゴ到着、Palmer House に泊る。宿は予約してわいた。勝手に決めていたがまずい。ここから身動きするにもこれは慶応生理」との連絡悪く、また見事に滅少、その代り home sick の見事に滅少、その代り home sick の見事に滅少、その代り home sick のそのさない、結局同じくらいで、大分進まないことになった。この間にも食事につまらん、その代り home sick のにと言葉もよろしくないとの古武士だのこの人ものと元気に乗りか姿、結局同じくらい、結局同じくらいでこと。途中でこの男が乗込んで来て、ちょんボとやってくれた。種類は違うが二人とも嘘に日本人とならしいのがえし、三時にならないうちにすっかり暮れてしまうと、車にをつんで、ロスの十一時に出る飛行機に乗ると、山形大学農学部の某博士、早朝にもかかわらず、車にをつんで、ロスから送っておいたカバンに「田中靖政君（学習院卒）」と Osgood 教授から自分の大きいロスにそそと、ずっと空港にむかっるすいてお迎えに来てくれていた。依然同情して先輩顔よくて気持が良い。ぐっと気持が良くなって中食に行く。Lincoln Hall でビールは決して悪くないようだ。ロスのビールは決して悪くないようだ。アメリカのビールは決して悪くないと思う。アメリカのビールは決して悪くないと思う。アメリカの夜は Forbes という学生寮（新築）の客室になる。

× × ×

翌日正午すぎ小山女史がきてくれ、車にをつんで、ロスから送っておいたカバンに「田中靖政君（学習院卒）」と Osgood 教授を御案内に来てくれた二人に乗るという。依然同情して先輩顔よくて気持が良い。ぐっと気持が良くなって中食に行く。Lincoln Hall でビールは決して悪くないようだ。ロスのビールは決して悪くないようだ。アメリカのビールは決して悪くないと思う。アメリカのビールは決して悪くないと思う。アメリカの夜は Forbes という学生寮（新築）の費用でとってお（月額）のアパートを見てすっかり見直した。大学には近いのだが、アメリカにもこんな汚い家があるのかとすっかり見直した。大学には近いのだが、アメリカにもこんな汚い家があるのかと驚いた。アメリカにもこんな汚い家があるのかと見るすっかり見直した。大学には近いのだが、アメリカにもこんな汚い家があるのかと

研究室現況

卒業生三名、二名、一名……といった小さな世帯だった創設当初の研究室にくらべて現在の心理学科は一年度生二十八名、二年度生三十五名、三年度生四十一名、四年度生二十九名・計百三十三名と莫大な数を示している。数における増大と並んで今一つの特徴は女子学生の増加にある。現在では百三十三名中、四十二名が女子学生中、四十二名が女子学生。一年生では四十八名中男子二十一名、女子十七名と学科はじまって以来の逆転現象がみられた。左図は昭和十二年の最初の学科卒業生以来の各年の卒業生数を示している。

これに対してスタッフの陣容は、教授は今田恵、古武弥正、石原岩太郎の三教授、助教授は新浜助教授、それに宮田専任講師と、今田寛、鹿野輝三の三助手が務めている。またこの他に講師として大学院に名古屋大学の横瀬善正、良女子大、沢井幸樹、岩原信九郎（奈には先輩諸氏の御協力をうけている。数の各氏が助けている。年々増加する学生の前には手不足の状態で卒業論文の際

尚右図は昭和二十七年以来の学士論文の傾向を示すためにまとめられたものである。

一方大学院は次のような陣容である。

（ ）内は専門領域。

修士課程─加藤恭子（言語学習）、北浦誠子（唾液条件反射）、久野能弘（動物学習、動因と誘因の交互関係）、佐久

博士課程・松永一郎（フラストレーション応の消去の問題）博士課程スクーリング修了在席者・賀集寛、仲田義則、大谷汎化）、今田寛（動物学習、不安及び回避学習、鹿野輝三（動物学習、回避反博、久保和男、荒木潔、三宅進、広瀬栄治、内藤徹（Ⅰ記）

年度 部門	27	28	29	30	31	32	33	34	35
Ⅰ 学習 条件反射		1	3	4			2	4	2
動物学習		2	2	4	3	4		3	6
言語学習	5		4	2		1	4		4
運動	5	1		2	1		1	3	
Ⅱ フラストレーション		1	2	1	5	2		1	
Ⅲ 知覚	1	1	1	2	1	4	2	3	
Ⅳ 人格（テスト等）	1	1	1	3		3	1	2	5
Ⅴ 応用一般	3	2	1	5	2	1		3	3
合　　　計	15	17	14	20	10	19	22	28	28

二つの学士会

……宝塚……

私達は最近二つの心理学学士会を持ちました。その一つは、昨年の秋、十月三十日に宝塚ホテルで開かれた研究室創設二十五周年を祝っての学士会でした。二十五年の長い歳月を経て、二〇〇余名にのぼる卒業生として実を結んだ一粒の種は、今田恵先生が蒔かれた一粒の種は、祈られる父親としての面影が伺えまし古武、高橋第一回生のあの辺りでグットまわって来た模様。ビールの酔がどこの私はビールの酔がど祝おうとこの嬉しい日を心からは、今田恵先生の今田恵先生で女子二〇名）、遠くは四国から来られた方々もいました。その上、研究室に非常に関係の深い方々として、中江藤仲含めて、総勢は八十五名の多数になを含めて、総勢は八十五名の多数になりました。

二十五年の長い歳月を経て、二〇〇余名にのぼる卒業生として結実を結んだ一粒の種は、今田恵先生が蒔かれたので、祈られる父親としての面影が伺えました。古武、高橋第一回生のあの辺りでグット酔ってまわって来た模様。ビールの酔がどこの私はビールの酔がどなりとは」と高橋会長、「ワハハッ」古武先生の大きな笑い声、「ここは、今の研究室の一層の発展に対する意気と闘志が感じられました。これが関学の女性史と口悪い同級生紹介された学院女性達が、浜口みづえ（写真による二十五年史）は大好評。

先輩が立ち上って「若い者は実験せい！あれは一人前になってから」口するとや！

　……東京……

もう一つの学士会は今年八月十八日、東京市ヶ谷・私学会館で開かれたもので、総会を持つことになり、年報、東大での日本心理学会を機会に、東京在住の方々と懇親の夕を持つことになりました。東京側からは、伊達、美浜、栗坂、西岡御夫妻、室井、北、山中、林、西見の諸卒業生に、関西勢

今田先生のお話し。「私達は本当に家族のようで、長男、古武君をはじめ、ポツリと開会の言葉。こうして祝賀会が開かれたのです。

先ず、総会を話し合った後、ビールで乾杯。続いて我々研究室育ての親、今田先生のお話し。「私達は本当に家族のようで、長男、古武君をはじめ、

卒業年度を書いたカードが置かれているテーブルのあちらこちらから「俺の席は？イヨッ元気か？」「いやーあんたら来てたん先生！？」握手、抱き合う、話し声、昔我かった大角さんも大変感慨無量そうな様子。この顕然とした光景に当日の司会をお願いした古田先生に記念のサインブックをお渡し一同が誰が誰やら分らなく拍手が大き高橋会長が大声で「神共にいまして……」を斉唱。再会を祈るもポツリと開会の言葉。こうして祝賀会

八時を過ぎた頃でした。学生服にかしこまった昔の自分の姿、学生服を懐しがられていた古田先生の夕食後、記念写真をとり、古田先生に記念のサインブックをお渡しもしくなかった方々に、少しでも学院心学士会のなごやかな雰囲気を、元気なよが違うのか、小さくなっていられまなな口をかしこまった昔の自分の姿、口述で御報告致します。私の下手な作文で御報告致します。私の下手な出席しなかった方々に、少しでも学院心学士会のなごやかな雰囲気を、元気な話し声、楽しそうな笑声がとどきます

ように。

宮田　洋記

談話会広告

研究室では、毎月談話会を開いておりますので、談話会員諸氏の御参加をおまちして御一報下さい。

（四）

荒田道子（旧姓 大和）（昭三〇卒 主婦）

二十五周年祝賀会よりはや一年をむかえようとしております。その後陰先生には航空自衛隊全体では心理幹部は約二十名で関西奈良には私の他、心理出身の者と二人で学生が入ってくると毎日検査と採点、統計検査にとりかかっていったところです。

十一月には自衛隊の医学心理関係の防衛衛生会があり、目下私の発表の資料整理のため多忙といったところです（今年丹羽君（三十四年）が幹部候補生学校に入ったので来年の春からミシガン大学に留学された。

航空自衛隊ではいろいろと優秀なパイロットを得るため心理適性検査が問題になっています。航空自衛隊ということが大きな問題になっています。航空自衛隊ともにパイロットの適性ということが大きな問題になっています。その器材とともに操縦要員にりっぱく高度の技術を要求されるわけとく、その器材とともに操縦要員にています。即ち入校した者全てに知能検査と性格検査を実施し、教育の一資料としています。又近年航空機の発達がいちじるしく、その器材とともに操縦要員にりっぱく高度の技術を要求されるわけ

大谷晃一（昭三一卒 朝日新聞大阪本社学芸部）

「彼女の心理の流れにリアリティがない」などとドラマに文句をつけるのは、テレビの機能を教室で学びました。「唯物論、いや唯理論というた方がよいタジの渋谷天外大先生に教室で学びました」という学者の強い立場です。古武先生がいわれたのは、戦争中でとく理学そのものは忘れた、というより初め理学そのものは忘れた、というより初め

科学的なものの考え方と見方。そのすべての場合、私にとって心理学は強い立場です。そのすべての場合、私にとって心理学は強い立場です。

これが僕の毎日です。

そして、また、テレビによるべき地の子どもたちの学習意欲のたかまりという報告を読みかえしている。

秋田県の小学校の先生と縁続きで送りあの人間の迫力はどうだという。子どもたちも興奮していたようだ。

——弟がおにいちゃん、アンポがさされたというので、みるとはぎこんがくるしそうにうめいてきている写真でした。ぼくは、ニュースをみると、どうしてあんなに拍手されている人が、こんなに拍手されているのかふじぎて。

これを見ながら、テレビを見るとバカになる、思考力を失うなどと、もっとらしいことをいう人がいたのを思いだした。

谷口恭子（昭三四卒 大阪家事調査官）

皆様お変りございませんか。私、昭和三十四年四月より、大阪家事裁判所で少年係の調査官として働いております。

社会学的な論文だと聞いた時、その視学と共に北海道一周旅行を試みましたが、すばらしい収穫は主人の学会が北大でありましたので、この機会を利用して妹と共に北海道一周旅行を試みました。とにかく十日間は全くすばらしい思いで、生命が新しくよみがえるような思いです。

最近の最大の収穫は主人の学会が北大でありましたので、この機会を利用して妹と共に北海道一周旅行を試みました。

塚口明（昭三三卒 奈良県航空自衛隊幹部候補生）

現在奈良にある航空自衛隊幹部候補生学校の学生課適性班に勤務しております。学校適性は主として次の二つを実施して

1. 理学研究室の事むつかしく申し出しておられないと思っていますが、時にふれ、心理学のお仕事ですが、関学で強かに大変結構ですが、ぜひ関心のある心理学に関係のあることでありたく努力しております。

社会学的な論文として、関学の大学院を出たばかりの少年の生活歴や家族構成を調べたり来たので、少年達の生活歴や家族構成を調べたり、環境調査に市内を歩いたり、ちょっと体の調子が悪く、欠勤しかりで、矢張り学生時代のようにかりで、矢張り学生時代のように、適当に寝ぼけをしたり、縁の芝生でのんびりと休んだり、ゆっくりと早朝割引の映画を楽しんだり出来ないせいでございましょう。皆様も何卒御休日だけは御大切になさって下さいませ。普段は御無沙汰しておりますが、折にふれ、心理学の事むつかしく申し出しておられ

往来

○石原教授に文学博士号

石原教授は学位請求論文として「意味汎化の研究」という論文を提出されたが本年二月二十五日付で文学博士号が授与された。

○県精神衛生協会々長に今田教授

去る五月十八日に発足した兵庫県精神衛生協会の会長に今田教授が就任された

○グレアム博士来訪

この会はコロンビア大学の心理学教授、C・H・グレアム博士が、大学院卒業後ハミル館に来られ、大学院生卒業後、博士は、米国政府の依頼により、日本における心理学の現状を視察に来られたもので、大学院の研究を行う会合として、当日、入念に十田研究室の研究状況を調査された。写真は当日、ハミル館前で、今田・古武両教授にはさまれた同博士。

○県中央児童相談所でテスト講習会

この会は村田孝次氏（昭24卒）、黒田健次郎氏（昭28卒）の御尽意によるもので、学院の有志、大学院の有志にテストの実際の指導を行う会合として、従来、実験を中心に行う会合、職場に出た場合、最初にとまどう事はテストの実施について不案内な事である。この点を少しでも改善するべく村田氏等により試みられたもので、氏の言を借りれば、「カンナのかけ方」を教える会との事。この会は今後週一回もたれる予定。

○昭和三十七年に東大で行われた日本心理学会関学大会関学

（左より今田教授、グレアム教授、古武教授）

○田中国夫氏社会学部に、坂口順治氏渡米

田中国夫氏が本学部に講師として我々になじみの深い、心理学の講師として我々になじみの深い、田中国夫氏が専任助教授として塚山学院短大の沢井幸樹氏（昭25卒）の渡米にともない、経商学部に帝塚山学院短大の沢井幸樹氏の渡米に従い、石原先生の社会学部にこられた。又、石原先生の社会学部にこられた。又、石原先生の社会学部にこられた。

従来、心理学の講師として我々になじみの深い、塚山学院短大の沢井幸樹氏（昭25卒）の渡米にともない、経商学部に帝塚山学院短大の沢井幸樹氏の渡米に従い、石原先生の社会学部にこられた。

去る四月に社会経学部に講師として沢井幸樹氏商経学部に講師として沢井幸樹氏商経学部に講師

○石原教授、坂口順治氏渡米

石原教授は九月三日横浜を発たれて、向う一年の予定で、イリノイ大学に御遊学、又、坂口氏（昭30卒）は、七月十五日羽田空港を発たれてミシガン大学に留学された。

学会第二十四回大会において、昭和三十七年度第二十六回大会は関西学院で催される事になった。

研究室日誌

昭和35年

1月1日 今田、古武両教授宅にて恒例の初交歓会。

1月7日 内海徹助手、梅花学園講師として出勤。

1月14日 今田中国先生本教室員として一度慶電気実験心理学引例行動論実験宽、一度復席出席。

1月30日 石原教授佐伯申請論文審査通過、修士論文条件形成及びその消去に関する研究、言語学習能力に関するT評価と連想型方向、ハミルカンスリー到達。

1月29日 今田教授「ネオームズの心理学」と題して大阪大学文学部で講演。

2月9日 学部入学願書締切り、心理学科応募者二百名（定員四十名）。
モリトグラム錯視図形。
竹井機器株式会社埃実験関具発注。

2月22日 チェコスロバキアの Institute & Human Nutrition から本研究室の業績を求める通信あり。

2月25日 石原教授、本日づけで教授に。

3月9日 学位論文口述試験。受験者二十九名。

3月12日 修士論文口述試験。受験者宮本他、百六十七名）。

3月11日 語録タイプライター購入。

3月23日 古武教授、NHK教育放送研究協議会出席。

3月25日 立花委員長、NHK学会に出席。
石原教授研究懇談会、立花委員長他十五名参加。

4月4日 条件反射研究会、テーマ「幼児のハミ腕について」、発表者、古武教授、宮下真佐子、永浦助教授、松永講師、青柳助教授、新浜助教授、松永・子、ゲスト、黒田博士、発表者古武教授、松永CRグループ研究会、講師新浜教授、松永子、ゲスト、黒田博士。

4月5日 第五回病院研究会。今田、薦野、異常行動研究懇話会、今田助教授卒業生が父兄を伴い十五名出席。

4月7日 第四回学士研究会、今田、薦野発表者、石原教授、ハミ腕を催す。

4月16日 四十一回研究発表会、発表者、佐久間敷野弘、佐久間、修士課程、北浦順子、久野能弘、修士課程、北浦順子、白岩義夫、博士課程。

勤務先変更

5月9-10日 岡村 嘉隆（昭34）創画カモメ座演出部
8月12日 石橋 直樹（昭33）七七、七五。
7月30日 吉岡 富和（昭31）千葉県八街町少年医院
8月27日 宮本 健作（昭24）ニューオリエントエキスプレス、営業部長（大阪㊄五一三七七―七五）。
9月18日 松添 壮（大阪㊄五三二）

慶弔事

昨年12月 慶事 新妻 達雄氏（博士中退）御結婚
1月15日 林 正一氏（昭32卒）何時の間にやら東京へ
1月24日 久保 知男氏（昭28卒）和男氏（昭28卒）と東京へ。
2月13日 武内 信子嬢（昭32卒）留学生と結ばれて
2月13日 上原 一夫氏（昭32卒）静かに、そして音もなく
3月21日 松井 叔子嬢（昭32卒）お許り造りのベテラン渡辺氏と
3月25日 今田 寛氏（昭33卒）青い空に鳶が飛び
4月8日 仲谷 洋平氏（昭24卒）愛久の教え子の中より一人
5月15日 村井 賀美氏（昭27卒）大将の馬を射る
10月12日 山下 栄一氏（昭31卒）さる美人と挙式

住所変更

5月20日 吉尾 直純（昭38）
5月21日 伊達悠三郎（昭38）
5月24日 大谷 昇一（昭23）
5月30日 仲谷 洋平（昭24）
5月11日 大鶴 俊彦（昭25）
6月19日 北 和夫（昭27）
6月23日 山中 恭子（昭29）
6月28日 賀集 寛（旧姓中田）
6月29日 宮本 節子（昭31）
7月4日 荒木 淑子（昭31）
7月26日 宮本 健作（昭33）
8月18日 岡村 嘉隆（昭34）
9月10日 今田 寛（昭33）

大阪府立公衆衛生研究所（旧労働科学研究所）大阪市東成区森町南一丁目七六（六坂㊄三八八五）

新入会員名簿（昭和三十五年三月卒業者）

青柳 栄智子 自家営業
浅井 繁 自家営業
池沢 勝蔵 自家営業
石橋 治 自家営業
石柳 静子 自家営業
神崎 雅洲 三洋電機株式会社
吉比 雅子 恵和商工
小林 信 自家営業
小寺 一央 関西学院大学大学院
久野 能弘 関西学院大学大学院
松本 広記 森下薬品商事会社
松下 純也 八幡コンスチール株式会社
宮下 一彦 香川県児童相談所

弔事

昨年12月28日 谷口 敏夫氏（昭31卒）死亡
10月16日 内藤 徹氏（昭30卒）ピアニストと御婚約、古武先生の二代目か。
11月11日 三宅 遊氏（昭28卒）友情より変愛へ、大石嬢（昭31卒）と挙式予定。
11月11日 大石 玲々子嬢（昭31卒）恋愛より結婚へ、三宅氏とオメデタ。
11月13日 布谷 和夫嬢（昭32卒）荒瀬氏と御結婚予定。
11月18日 絹谷 邦子嬢（昭33卒）松井氏と挙式予定。
下井 さる勇男子と挙式予定

宮下 麻佐子 航空自衛隊幹部学校
丹羽 聖尚 （株）寺内沼良内五守
西川 悠子 バイオレット産業株式会社
小川 広海 Ａ・Ｉ・Ｕ株式会社
大沢 聖司 関西学院大学大学院
佐久間 敏 関西学院大学大学院
白岩 義夫 関西学院大学大学院
庄本 益子 関西学院大学大学院
立花 敬麗 関西学院大学大学院
田井 昌子 大阪工業技術試験所池田分所
北浦 誠司 毎日放送
土田 弥津雄 関西学院大学大学院

後記

やっとこんなものが御送り出来るようになりました。これで日頃の怠慢を許して戴けるとは思いませんが、かなり立派だと自画自讃しているような次第です。尤もその良さの大部分は御送り下さった玉稿のおかげです。更めて御礼申し上げます。尚御慶事等、記載漏れがあるかも知れませんが不備の点は御許し下さい。一層楽しい会報にするべく努力したいと思いますが、御身辺の事柄など御暇の折にぜひ研究室に御連絡下さるよう御願い致します。

皆様の御多幸を御祈りしつつ。
新浜邦夫

関西学院大学心理学学士会会報第一号
昭和三十五年十月二十一日発行
編集　老新浜邦夫
発行人　学士会々長　高橋調三

西宮市上ヶ原
発行所　関西学院大学心理学学士会
電話西宮⑤〇九一五番

関西学院大学心理学研究室 80 年史 (1923〜2003)
―今田恵の定礎に立って―

2012 年 9 月 20 日初版第一刷発行

編　集	関西学院大学心理学研究室 80 年史編集委員会
発　行	関西学院大学心理学研究室
発　売 所在地	関西学院大学出版会 〒 662-0891 兵庫県西宮市上ケ原一番町 1-155
電　話	0798-53-7002
印　刷	株式会社クイックス

©2012 DEPARTMENT OF PSYCHOLOGY, Kwansei Gakuin University
Printed in Japan by Kwansei Gakuin University Press
ISBN 978-4-86283-120-0
乱丁・落丁本はお取り替えいたします。
本書の全部または一部を無断で複写・複製することを禁じます。
http://www.kwansei.ac.jp/press